全人教育英语专业本科教材系列
兰州大学教材建设基金资助

济慈诗歌全译

（英汉对照本／下）

李宗宏　译释

中国人民大学出版社
·北京·

译者序

中国共产党第二十次全国代表大会是全党全国各族人民迈上全面建设社会主义现代化国家新征程、向第二个百年奋斗目标进军的一次十分重要的会议。大会的主题是：高举中国特色社会主义伟大旗帜，全面贯彻新时代中国特色社会主义思想，弘扬伟大建党精神，自信自强、守正创新，踔厉奋发、勇毅前行，为全面建设社会主义现代化国家、全面推进中华民族伟大复兴而团结奋斗。党的二十大报告明确指出："中国式现代化是物质文明和精神文明相协调的现代化。物质富足、精神富有是社会主义现代化的根本要求。"

诗歌是人类优秀文明成果中一朵极富特色的绚烂鲜花，是一种十分凝练的语言文学艺术。学习、鉴赏诗歌，能使我们把马克思主义思想精髓同中华优秀传统文化精华贯通起来，同人民群众日用而不觉的共同价值观念融通起来，进而提高个人文化素养，丰富人文主义精神，最终促进学习型社会的建设和发展，有利于国家文化软实力的提升，符合2035年我国发展总体目标中关于建成"教育强国""文化强国"的要求。

本书作为面向英语专业学习者的教材，旨在引导学习者在品读世界优秀作家作品的过程中培养个人的文学审美能力、语言实践能力和跨文化交流能力。鉴赏并学习外国诗人的文学作品，要从思辨的角度出发，对照我国的时代需要，吸收其中优秀、精华的部分，培养具有爱国情怀、国际视野、开阔的胸襟、文化自信和思辨能力，能够践行唯学无际、求是创新的全面人才。在这个中外交流、合作日益频繁，文明、文化互鉴和人类命运共同体构建的过程中，帮助学生掌握地道的外语表达，锻炼和提高他们讲好中国故事的能力，从而为提升中华文化国际影响力和传播力做出努力与贡献，这充分体现了我国的全人教育的理念和人类命运共同体的伟大构想。

过去200余年，济慈诗歌翻译及研究方兴未艾、成果卓著。英国18世纪末至19世纪初的20—30年是继莎士比亚时代之后的另一影响深远的伟大时期，其间诗人济济，诗作烜赫，创造了英国文学史上又一个难以企及的黄金时代。

约翰·济慈（John Keats，1795 年 10 月 31 日—1821 年 2 月 23 日）正是这一时期浪漫主义诗人的杰出代表。济慈生于伦敦，诗于英伦、卒于罗马、葬于七丘（“七丘之城”是罗马的别称）。他一生坎坷崎岖，8 岁时，其父坠马身亡；14 岁时，其母死于肺痨。他尚未成年便父母双亡，他和两弟一妹相依为命。迫于生计，他中途辍学，去当学徒，后考入医学院，曾获得助理医师的资格。但由于他自幼酷爱文学，最终弃医从文，专注于诗歌创作。著名英国进步作家克里斯托弗·考德威尔称济慈为英国“浪漫主义复兴的旗手”，也是英国浪漫主义诗歌承前启后的关键人物。然而，上天不公，天嫉英才，济慈英年早逝。令人扼腕痛惜的是，昙花一现的天才诗人，并非孤例，还有英国的查特顿（1752—1770）、彭斯（1759—1796）、怀特（1785—1806）、拜伦（1788—1824）、雪莱（1792—1822）、欧文（1893—1918），我国唐代的王勃（650—676）、李贺（790—816），现代的徐志摩（1897—1931）、朱湘（1904—1933，被鲁迅称为“中国济慈”）、海子（查海生，1964—1989）等。济慈未满 26 岁的一生，写下了数百篇不同凡响、足以垂之久远的精美诗篇。他是英国浪漫主义时期最年轻、最完美的诗人。有人感叹“济慈之后再无诗人”，这也正如我国著名诗人、文艺评论家谢冕所言：海子之后无好诗，海子之后诗太容易写了。

济慈是 19 世纪初英国文坛的天才诗人，与雪莱、拜伦齐名，被推崇为欧洲浪漫主义运动的代表，是英国浪漫主义诗坛五位巨擘（华兹华斯、柯勒律治、雪莱、拜伦、济慈，又称浪漫“五杰”）之一，被誉为英国浪漫主义诗人最典型的代表和西方浪漫主义诗歌艺术最完美的体现者。1814 年，济慈创作了人生的第一首诗《仿斯宾塞》之后，1815 年他就读于伦敦国王大学，1817 年开始全身心写作。1818—1820 年，济慈先后完成《伊莎贝拉》《圣阿格尼斯之前夜》《海伯利安》《夜莺颂》《希腊古瓮颂》《秋颂》等作品。济慈作为诗人弥足珍贵的生命只有短短五余载，却星光灿烂，光芒四射。他对诗坛的贡献已大大超越了同龄的乔叟、莎士比亚和弥尔顿。他那短暂的年华里迸发出来的奇光异彩辉映了整个文学世界，给后世留下了无限的赞叹、惋怀和崇敬。1821 年 2 月 23 日，济慈因肺结核迅速恶化，病逝于意大利罗马。他的书信、手稿等作品大多收藏于哈佛大学珍善本图书馆（Houghton Library），部分收藏于大英图书馆和位于北伦敦的济慈纪念馆等处。

济慈自撰墓志铭：“此地长眠者，声名水上书。”纪伯伦在《火写的字》中评价“约翰·济慈应说，此地长眠者，他的声名是用火铸写在天空”。美国尼尔·S. 伯特在《世界 100 位文学大师排行榜》中指出：“除弥尔顿外，没有其他英国诗人对后人产生过像济慈这样深刻的影响。”我国著名学者王佐良先生的精辟分析称：“华兹华斯和柯勒律治是浪漫主义的创始者，拜伦使浪漫主义影响遍及全世界，雪莱透过浪漫主义前瞻大同世界，但他们在吸收前人精华和影响后人诗艺上，作用都不及济慈。”文学史对他的评价也很高，认为他是“原型的浪漫派天才”（the archetypal romantic genius），马修·阿诺德称其为“一个伟大的灵魂”（a great spirit），还有人认为他是“英国最重要诗人之一”（one of the foremost English poets）。由此可见济慈在英国和世界文学史上的地位。他短暂的生命如流星，却将美的诗篇凝固为永恒，绚丽夺目，光芒万丈。

济慈的诗歌体裁丰富，题材广泛，承载着对亲情、友情、爱情及对自然、艺术、社会和人类历史进程的感知、思忖和叩问。他的诗句逸兴遄飞，世人评价最高的是颂诗，其内容深刻、形式精美，其中，《夜莺颂》、《希腊古瓮颂》和《秋颂》可谓登峰造极之作。此外，他的十四行诗也是英语诗歌宝库中的珍品，其基本主题是对手足情深的珍爱，对自然永恒的歌颂，对生命短暂的惋惜，对友谊珍贵的礼赞，对爱情无常的嗟叹，这也是悲情诗人济慈真情的流露，以及内心的写照。他在继承传统颂诗和十四行诗诗体的前提下，大胆地进行再创造，创作出优美动人、灵活多样的颂诗诗体，对英语诗歌的发展做出了不可磨灭的贡献，因此，他的颂诗和十四行诗历来备受译者青睐。济慈本人最钟情于长诗，他认为写长诗就如同长久地在林中漫步，会让人享受到更多的心灵欢乐。济慈的长诗意象优美、天马行空、别有洞天，其中，《伊莎贝拉》代表他的诗歌走向成熟，在其创作生涯中具有转折性意义。

人间百态、花海淡香。济慈生活的时代，上层社会物欲横流、道德观念松弛，一旦中下层人士“上行下效”，便会遭到强烈抨击。《恩底弥翁》出版后，当时的杂志《黑森林》便刊出专文，咒骂济慈是一个黄毛未褪的“小儿”（bantling），发音尚且不清还要学着破坏规矩（already learned to lisp sedition）。这也就是说，诗人无权营造艺术殿堂，否则便是对所谓的上层社会艺术的亵渎。1818 年秋，《评论季刊》、《英国评论家》和《爱丁堡布拉克伍德杂志》都刊登文章批判、诋毁《恩底弥翁》，甚至对济慈进行恶意的人身攻击。这对济慈的身心是一次巨大打击。但他从来不是弱者和懦夫，却对《恩底弥翁》进行自我批评，这说明他具有探索真理、追求诗艺的非凡勇气，积极进取的精神贯穿于他的一生。

济慈一生的成就正是对这种恶毒攻击的有力回答。他超脱人生苦痛，化特殊为普遍；凭借诗的力量，在“仁慈的缪斯”的帮助下，飞翔九天，神驰八极；诗中的语言就像恩底弥翁之姊姊佩俄娜奏出的琵琶曲子一样优美。正如他在《恩底弥翁》中呼吁：

仁慈的缪斯！……

愿你将天国的仙露浇灌在我头顶，

即刻解放我的灵魂，
让我一路走去时，敢于
在乔叟作诗的地方私语。

创作之余，济慈不喜欢枯坐书斋，而是将日子过成了诗——喝酒、跳舞、玩牌、打球、看戏、交朋结友，用青年诗人热情好奇的眼光观察着大千世界，尽情领略生活的乐趣。为了开阔眼界、增长见闻，他和友人一道游览华兹华斯所住的湖区，徒步穿行彭斯的家乡苏格兰，将大不列颠最高峰本·内维斯山踩在脚下，并以此为灵感，创作了无数不朽的诗篇，有《睡与诗》为证：

我将游历向往已久的国度，
尽情品尝各地的清泉。
首先，我将要前往芙罗拉和潘神的领地：
困了睡在草地上，饿了吃红苹果、紫草莓，
追随幻想的指引，尽享欢愉；
……

济慈作为攀登诗艺高峰的勇者，其成长速度之快，没有别的诗人可比拟。20 岁时，他突然写出像《初探恰普曼英译的〈荷马史诗〉》这样声调昂扬、风格庄重的十四行诗来。同年，他又完成长诗《睡与诗》，并以伟大诗人们为榜样，为自己制订好诗歌创作规划：

啊，请给我十年光阴！
我定可以在诗里涅槃；
听从我那灵魂深处的召唤，
我必将可以大有作为。

然而，苍天吝啬，没有给他十年时间。济慈也许预感到自己可能会早逝，因此，以极大的紧迫感致力于诗歌事业。1817 年，他开始创作《恩底弥翁》，四千多行的长诗，一部内涵极其丰富却又出现多处令人费解的寓言，体现诗人对理想女性的寻求和对超凡脱俗的完美幸福的探索。他总是会通过诗意的想象力，创造出一个把现实与神话紧密凝缩在一起的想象世界，以此揭示现实社会的芸芸众生相，给人们带来冲击和思考。这首诗的许多章节展示了稳健的韵律、优美的修辞和成熟的诗风。虽然诗集出版后受到强烈抨击，但这丝毫没有让他失去信心。他在完成《恩底弥翁》之前就声称，权且当作“创作试验”，并开始设计另一部规模更宏大的神话史诗《海伯利安》。这首诗以英国 17 世纪伟大诗人弥尔顿的长篇叙事诗《失乐园》为楷模，于 1818 年 9 月动笔，但次年3—4月，他放弃了《海伯利安》的写作，使之成为一部未完成的作品。放弃的原因之一是他力图摆脱弥尔顿的那种耳鬓厮磨之影响。

济慈的三首叙事长诗《伊萨贝拉》、《圣阿格尼斯之前夜》和《拉米娅》都达到了用诗歌形式讲述故事的高超水平。尤其是《圣阿格尼斯之前夜》，以其内涵的丰富和色彩的绚丽，达到爱情故事诗的巅峰。他的成熟作品都具备诗人赋予的独特品格，舒徐优美的韵律、鲜明具体的描绘，将人体五官的触觉、味觉、听觉、视觉、嗅觉巧妙地组合起来，成为整个经验的总体感受和全面领悟。诗人对于身外客观事物的存在，产生极度愉悦的感受。诗人似乎失去了自我意识，与他所沉思的事物融为一体，这也就是诗人所说的"客体感受力"的实际体现。诗人妙笔生花、口吐珠玑，时而若雷过天际、隆隆震响，时而如风过柳林、轻声细语。

比之于雪莱和拜伦，济慈的名字是响亮的。济慈本人才能出众、学识渊博，但他却非常敬佩伟人和先贤，对莎士比亚、弥尔顿、彭斯等先驱都是尊重有加，他在诗歌中不断赞誉、引用、隐喻化这些宗师巨匠及其作品的同时，又不将之奉为圭臬，而是力求突破和超越，追求完美无瑕。如在《访彭斯墓》中，他直抒胸臆道：

彭斯！我一向尊重你。
伟大的灵魂，隐藏你的面容吧！
我冒犯了你故乡的天空。

再如，在《观弥尔顿头发有感》中，济慈尊崇弥尔顿为"肇始者、老学者"，并预言他的"精神永远不朽"，自己也将勇往直前，敢于战斗，不怕困难，前赴后继：

自然数字的肇始者！
专业领域的老学者！
你的精神永远不朽，
你的诗韵耳边回响，
永远，永远！

济慈是个忠于艺术的诗人，他对诗歌具有无比的热情，他深知作为诗人的责任感，知道只有通过不懈努力，才能攀登艺术高峰，这一点，在他给亲友的书信和他为《恩底弥翁》所写的序文中都有体现。可惜，被病魔摧残和被抑郁折磨的生活使他过早地离开了人间，否则以他的才赋，当有更优秀、更富于战斗性的作品问世。

济慈的诗从自然界的实物出发，通过掷地有声的真实描述来寻求结论，新意独显。如在《访彭斯墓》中，他一开始所写内容就是：

小镇，墓园，落日余晖，

乌云，树木，环山而现，
尽管美丽，却冰冷、陌生——
恍若深陷久违的梦魇。
……

他朴实无华的描写手法、措辞用语和诗句意境俨然就是我国元朝马致远的《天净沙·秋思》中的“枯藤老树昏鸦，小桥流水人家，古道西风瘦马。夕阳西下，断肠人在天涯。”这是东西方两大灵魂的时空相伴和高度吻合。

诗中多种景物并置，组合成短夏夕照图，让天涯游子出现在一派凄凉的景象之上，从中透出令人哀愁的情调，抒发一个飘零天涯的游子，在短促的夏天，思念已故伟人、倦于漂泊的凄苦愁楚之情，言简意丰，意蕴深远，结构精巧，顿挫有致。英国的夏天短暂而且阴冷，而悲夏是英国文坛古老的传统和特色，这和我国古代的悲秋主题极为相近，如欧阳修的《秋声赋》，马致远的《天净沙·秋思》。虽然他们所处的时代不同，国度不同，悲夏与悲秋看似相悖，但诗人的思想感情是相同、相通的。

济慈无与伦比的欢乐与悲伤都是诗，真乃爱之大纛，诗之丰碑。与同时代的其他诗人相比，济慈无疑是独特的。他历尽人生甘痛，却很少在诗歌中直接描述他的痛楚。那么,他的这种“逃避”倾向为什么会铸就一个丰富多彩的时空而又赢得读者的喜爱呢?正是因为天才般的诗人超越了时代、超越了自我，并且深入了人类的种种迷惑与梦想之中，因而他自身也成为这梦想的一部分。时代愈久远，诗人的魅力愈巨大，其诗作的意义也愈强烈。“逃避”并非唯美，诗才是来自那个世界最好的劝解和呼声。而济慈的诗作正捧出那个世界的精魂：那是爱，是激情，是沉思，是持久的沉湎，也是无限的喜悦和喜悦之后的静默。

济慈的诗词，个人风格强烈，既有自己独特的诗歌元素，同时又融入了前人的传统特点，两者相结合，颇具新意。对之后的英美诗歌，更有笼罩性的影响。他的诗源于自己的生活体验，和时代紧密相关。古代人云，“国家不幸诗家幸，生活不幸诗歌盛”“欢愉之辞难工，穷苦之言易好”。然而，不幸之中有大幸，社会的灾难对诗人的刺激是第一位的，因为，诗人的神经敏感，苦难对他们的冲击非常大，个人的不幸更能激发诗人的情感。诗人敏感的神经很容易感觉到时代的忧患，比如财富不均、不公平。这些隐忧、隐患勾起了诗人的忧患感。诗人忧患感的表达，不是秉笔直书，而是艺术的，是充满诗意的，是充满想象的。

济慈文采斐然、遗产丰厚，影响长久。在所有用英文写作的19世纪的作家中，深受济慈影响的诗人和艺术家主要有：浪漫派诗人托马斯·胡德，英国维多利亚时代最伟大的诗人艾尔弗雷德·丁尼森，前拉斐尔派诗人和画家但丁·加百利·罗塞蒂，象征派诗人威廉·巴特勒·叶芝以及死于第一次世界大战的年轻诗人威尔弗雷德·欧文（也被称为战争诗人，即 War Poet）等。济慈的影响也超越了国界和语言，成为世界共同拥有的宝贵精神财富。例如，我国著名诗人闻一多就曾说，在诗歌创作上济慈“对他的影响最大”。济慈为后世的诗歌提供了创作灵感、写诗的技巧、故事内容和主题风格。

济慈的人生苦旅是生命不能承受之重，像一首悲凉的短歌，感天地、泣鬼神。他命途多舛，又英年早逝，这让喜爱他诗歌的读者唏嘘叹惋。研读济慈的诗作以及他写给亲朋和爱人芳妮的书信，启示诸多：济慈的死亡应该是多方面原因综合作用的结果。家庭的重负、疾病的摧残、恋情的折磨以及对诗歌艺术殚精竭虑的追求等，均构成他羸弱生命中不能承受之重。这些重负最终摧毁他的生命，终结了他短暂的人生苦旅。他努力生活的痕迹，永远不会消失，就像美国作家海明威的《老人与海》中写的那样“一个人可以被毁灭，但不能被打败（A man can be destroyed but not defeated.）”。人间的苦，他都尝遍了，幸福，在天堂迎接他。

都说“寒门出贵子”，这句话不无道理。济慈家境不好，体弱多病，爱情上也不如意，被称为“贫病失意的杰出诗人”。在英国的大诗人中，几乎没有一个人比济慈的出身更为卑微。这使他有机会了解并理解底层社会，比如，他在《夜莺颂》中说道：

……
和你一同消逝在森林的深处——
远离，消失不见，完全忘记
在树叶间你从不知道的事情，
疲倦，烦恼，热情
在这里，人们坐下倾听彼此的呻吟；
麻痹摇晃着仅存的几根悲伤的白发，
年轻变得苍白，瘦削，死亡；
……

这些，正是对济慈亲身经历的苦难的表述。他就是诗中大地的歌者、不朽的夜莺。诗里“我”因不凡之鸟的歌声而欢欣鼓舞，“麻痹”里忽闻“你正倾泻你的灵魂”，这不得不使人萌发“和你一同消逝在森林的深处”。同时，他又坚信“你不会死去，不朽的鸟儿！”在《幻想》中，君临之处是“甜蜜的幻想”。甚至在《璀璨的星》里，诗人也感叹在“璀璨的星”的启示下带来的柔情的思恋。而这一切，都可以说是狂迷的欢乐。

它们都是诗人的亢奋诗思的升华之果。诗人在《希腊古瓮颂》中说，“听到的乐曲固然甜蜜，听不到的更加甜蜜。”以动求静，以思求诗，以狂迷中体验多彩的欢乐，济慈帮助读者寻找到了现代精神的一个共同形式，即，让生命充分扩张、延伸，并使之充满另一个世界。

天若有情天亦老，人间正道是沧桑。济慈家境贫困，体弱多病，爱情也是充满迷茫和不如意。但是，哪怕深陷泥潭，他从不抱怨、不垂头丧气，而是对生活充满热情和理性。极度深挚的爱情对于他犹如死亡的临近，他在《现代之爱》中保持着对爱情足够的清醒和成熟趋向。这首诗探讨人们对于爱情的期望是如何受到文学经典影响的，并强调现代人对爱情的思考不切实际。当然，济慈的“现代”指1818年左右，尽管时代不同，而此诗传达的信息依然具有永恒的现实意义。济慈提到了莎士比亚的两个爱情悲剧故事，即《罗密欧与朱丽叶》和《安东尼与克娄巴特拉》，以此来佐证现代人对爱情的期望。他将这些例子与寻常的街道和日常物品相提并论，来解释现代爱情并不应该像这两部作品一样充满悲剧色彩。这两部悲剧能帮助人们理解自己期盼的悲剧爱情故事有多么的荒诞。

济慈认为，人们愿意追求并享受爱情，即便它并不是真实的。在诗的开头，他问什么是爱，又立刻回答道：

是一个盛装的玩偶，
被宠爱，呵护，纵容；
……

爱情就像玩偶一样，让人们愿意装扮并精心照料它，即便它并不真实存在。人们之所以愿意这样做，是因为爱情让人精神愉悦——就像在跟玩偶玩耍的孩子，假装有东西需要你照料，会让你感觉心情放松。济慈说爱情：

如此神圣
愚蠢的年轻人觉得只要坠入爱河
就会是这样，……

爱情在年轻人眼中神圣无比，被爱的感觉十分美好，让他们觉得自己高人一等。济慈认为，爱情带来的感受源于对爱情的期望。而这种期待则来自关于爱情的经典名著，特别是那些悲剧。人们读了这些故事，并渴望这种爱情。这种愿望如此强烈，以至于让人们不自觉地代入这些角色。人们将自己口中的“爱情”与故事中的爱情相提并论。济慈认为这十分荒谬并直接说了出来：

直到少女的发卡变成珍珠宝冠，

普通的威灵顿靴变成罗密欧靴；……

爱情的感觉，无论是真是假，都会改变人们的世界观。人们给自己这样一种关于爱情的错觉，并将自己置于高处。理查德·沙这样评价济慈："济慈对传统美学，以及隐藏在美学中的阶级获得都嗤之以鼻。"济慈一直不喜欢那些仅凭某些武断的原因就认为自己高人一等的人，因此也十分厌恶为了满足虚荣心而开始的爱情。

济慈继续说道，仅仅因为这些故事讲述的对象，就将对爱情的期望建立在这些故事之上有多么荒谬。克娄巴特拉是埃及女王，而安东尼是继恺撒大帝后罗马的统治者之一。他们之间的爱情十分独特，这不仅是因为他们掌握的权力，更简单一点地说，也是因为他们之间的距离。他说：

直到克娄巴特拉住在七号，

安东尼住在布朗威克广场。

这两句诗的意思是说，假如克娄巴特拉和安东尼只是住在一条街上的两个普通人，他们之间的故事则会大有不同。因此，试图将剧中描绘的爱情投射到现代伦敦的普通爱情是不切实际的。代价不必那么高，因此我们也不应假装和他们是一样的。济慈诗中要说的最后一点很简单。他说：

傻瓜！遇到真爱的希望，就如修复

埃及女王融化的珍珠一样渺茫，倘若遇见，

就算没有海狸帽，你们还是会相爱。

首先，他理所当然地叫人们傻瓜。因为，在《罗密欧与朱丽叶》和《安东尼与克娄巴特拉》两部悲剧的最后，相爱的人最后都死去了。没有任何理由就去争取那种爱情，无疑是愚蠢的。诗歌的最后一行济慈在安慰读者，即无论别人怎么说，但他并不反对各种各样的爱。济慈相信真爱并不需要悲剧：

为什么这痛苦，还会如野草一样生生不息。

爱和痛苦并不是如影随形的。无论爱是什么，人们都会为之奋不顾身。即便他们都不知道什么是爱，在这种情况下，人们只能追求那种自己经历过的爱情。在济慈那个时代，这种经历来自文学作品。济慈认为，文学作品中描述的这种爱情悲剧，特别是莎士比亚的作品，与生活在现代社会的人们并无关联。这种想法十分有道理。经典的爱情悲剧将爱情的标准设计得十分高大，济慈认为，生活在现代社会中的普通人没必要非要够到这个标准。就算没有海狸帽，人们也可以相爱。

济慈的《璀璨的星》是写给芳妮的情诗，讲述他和芳妮之间的爱情故事，内容表现了生活、死亡、爱情和理想等永恒的主题，很好地体现了他对芳妮的刻骨铭心之爱。

1818年，23岁的穷诗人济慈与衣食无忧的18岁妙龄的芳妮悄悄地相恋。济慈一开始对芳妮的印象不是太好，以为她只是一般的轻佻女子，而芳妮对于济慈所钟爱的文学也毫无兴趣，对济慈的诗歌更是不屑一顾。但当芳妮得知济慈一直在照料患病的弟弟，善良的她主动提出了帮忙，这个举动让济慈对她的印象有所改观。于是，在芳妮要求济慈教她如何赏析诗歌的时候，济慈欣然答应。就这样，诗歌成为他们沟通的桥梁，两人之间也悄悄地燃起了爱的火花，芳妮则成了当时济慈创作的主要灵感来源。

但由于家庭背景不同，芳妮母亲的竭力阻止，又碍于各方的压力，深爱着对方的芳妮和济慈只能用书信表达彼此内心的情感，并私自订下婚约。一年后，济慈不幸染上肺病，不得不远赴意大利治病，最终被确诊为肺结核晚期。济慈去世之前没能再见芳妮一面。虽然二人没有正式成婚，但芳妮把自己当成是济慈的妻子，连续三年穿着黑衣为济慈守寡，每天在房中重温济慈写给她的书信，并独自徘徊在两人曾居住的城区。直到1833年，芳妮才开始新的生活，但她至死都没有摘下当初济慈求婚时送给她的戒指。在著名电影《明亮的星》中，济慈与芳妮的一往情深感天动地，影片把恋人之间刻骨铭心的爱演绎得淋漓尽致。

济慈幼时失去双亲，成年后又遭丧弟之痛，小妹寄人篱下凄凉度日，二弟移民北美陷入经济危机，自己的诗作饱受批评家的攻击，对恋人芳妮的刻骨相思，这桩桩件件都使他的病躯雪上加霜。悲惨的人生经历导致了他的英年早逝，这位爱美的诗人经历了人世间的种种苦难。然而他在诗歌和书信中却很少流露出忧郁与伤感，字里行间总是充溢着一种明朗豁达、乐观向上的生活激情，显示出他对美好事物的无限眷恋，并始终无怨无悔，甘之如饴。他的《在阴沉夜寒的十二月》表现出这种生气勃勃的情怀：

在阴沉夜寒的十二月，
树儿乐意融融，
它们的枝丫未曾记起
追逐绿意时的欢乐。
……

济慈之所以为济慈，就是因为他在“泪之谷”中始终绽开灿烂的笑颜，而且情感飘逸，拥有不同于常人的对真与美的独特感受力。阅读济慈诗歌和书信时，人们为之伤痛而又深感同情和钦佩的正是这种情怀，这种感受使人更热爱生活，更珍惜生命中有价值的事物。不管生活中存在多大压力，济慈仍然能够凭想象就寻找到自己的乐趣。

纵观研究济慈的历史，历经社会历史批评、新批评、结构主义、解构主义、文化批评、女性主义等批评理论，济慈诗歌和诗论的各个侧面几乎都得到了关注和评骘，在此主要介绍以下几个方面：

济慈诗歌有浓郁的宗教色彩。济慈诗论和诗歌创作深受基督教思想的熏陶和影响，这源于他少年时代所受的教育和当时的社会风尚。济慈虽倾心于异教精神，但基督教思想仍是他宗教思想的内核，正是这一原因使得济慈在创作高峰期对莎士比亚倍加推崇，并通过莎士比亚找到了自己的表达方式，最终登上了诗歌王国的高峰。他声称自己不是基督教徒，不是宗教诗人。正如多数批评家所持的观点，济慈是一位耽于感官享受的唯美诗人，世俗之美是济慈诗歌追求的终极目标。但这并不能解释济慈为何如此钟情于感性之美，而非理性的思忖。虽然济慈热爱生活，采取入世的态度对待人生，但事实上，济慈并非一个仅仅止于感性经验的诗人，相反，他是一个有深厚基督教情结的人。这一点，可以从济慈的生平、诗歌及诗学理论中得到证实。例如，在《城堡建造者》中，他不断提及宗教人物、宗教场所及“僧侣、修士、喇嘛、修道士”和“修道院”等概念。在《璀璨的星》中他用宗教术语“牧师、隐士、洗礼”做比喻，来表达庄重、坚定。

济慈的生平及创作生涯受到的宗教影响还源于一个多元化宗教思想背景，即基督教救赎思想和希腊异教思想的互渗与并存。他不是雪莱笔下脆弱的阿朵尼，而是具有莎士比亚式胸怀和思想的伟大诗人。从宗教的角度来看，济慈诗论中“两个房间”“消极能力”“诗人无个性”的演进轨迹是产生其思想基础和思想内蕴的核心要素。希腊泛神主义和基督教救赎精神共同构筑了济慈后期的人生信仰，使得“消极能力”与“诗人无个性”得以相继提出。济慈多元化的宗教思想以基督教救赎精神为内核，同时又饱含了异教精神。济慈的诗学思想最终指向东方的道家思想，他的诗论暗合了道家天人合一的思想。多元统一的宗教思想构建了济慈诗歌深厚的人文关怀，并赋予他的诗歌丰富的色调和深沉的思想内蕴，使他的诗歌历史在浪潮中拥有难以磨灭的魅力。

他的《无情的妖女》讲述了一个骑士被女性魅力迷惑、追求“妖女”和被妖女变为俘囚的惨痛经历，此诗以精确、严谨的歌谣体语言营造出一种令人战栗的艺术效果。还如，在《圣阿格尼斯之前夜》中，诗人用一系列宗教词汇即“祈祷者、圣母玛利亚、祷告、圣僧、忏悔、虔诚、祭神明、十字架、圣光、圣人、天使、异教徒、神殿、巫婆”来刻画人物，描写圣阿格尼斯节前的所有活动，该诗的第二十五节是这样的：

寒冬的月光洒满整个棂窗，
在玛德琳美丽的胸膛上映出了温暖的红色
她跪着祈求上天施恩；
她的双手紧握，映上了玫红色，

她那银十字架变成了紫色，
头发上洒满圣光，像一位圣人：
她看起来像一位圣洁的天使，刚刚换上新装，
只待插翅飞向天堂——波菲罗眩晕迷糊；
她跪着，如此纯洁，不沾染一丝凡尘。

济慈在《圣马克之前夜》中，也用很多与宗教相关的词汇介绍圣马克节前发生的一切，如：安息日、信众、祷告、神圣、虔诚、晚祷、殉道者、天堂、烛台、圣约、教堂、异教徒、隐士、圣十字、上帝、撒旦、圣人、保佑、殉道者、圣殿，等等。

他的诗蕴含着深刻的理性寓意，并非限于物质和感官层次，体现了诗人的宗教情怀，呈现出明显的宗教意象，同时套用了基督教模式。由该诗可以看出，济慈是一个透过世俗世界的感官体验，将精神升华至崇高境界的诗人。

济慈的诗歌饱含着丰富的医学元素。一是因为他有学医的经历，二是因为他母亲、小弟和自己患有严重的肺病，可谓久病成医，但终归还是顽疾难祛、英年早逝。疾病、身体、诗歌是济慈人生旅程的三部曲。肺结核这一疾病肆虐于19世纪初的欧洲，在那个时代的文化群体中，它成了具有审美意蕴的时代疾病。从身体学视域来看，结核病亦影响了浪漫主义诗学时尚，如崇尚自然、注重感性想象等。济慈是一名结核病患者，疾病凸显了身体的脆弱和生命的短暂，使其诗学呈现身体的维度。他的诗歌语言具有一种与肺结核相关的奇异之美，他的诗论思想也体现出对身体、生命、自然的热爱与眷恋。

在文学的范畴内，疾病因其特殊的病理症候一直被赋予超越医学意义的文化的、美学的隐喻。济慈作为一个肺病患者，在遭受结核带来的生理痛感的同时，又以敏锐的身体意识捕捉结核病赋予他的创作激情和诗性灵感。把结核这一“丰富而感性的意象”频繁地表现于其诗歌创作中，有其特殊的诗学和病理学的隐喻意义。济慈在自己的诗作中无数次提到阿波罗，因为他是古希腊神话中的医药之神，也是消灾解难之神，又司掌光明、预言、音乐。又如在《致芳妮》中，济慈直呼：

医者天性！让我得以精神振奋！
哦，让我诗心放松，让我休息；
把我扔到你的三脚桌上，直到千丝万缕
令人窒息的洪流从我满溢的胸中消退。

济慈平生追求自由、平等、真理，其诗歌和诗论表现出积极的民主意识。他的诗歌是社会政治意识与诗歌美学的高度结合，他早期的诗作中有不少作品都表现出对政

治的热情。但是，这种政治敏感在他对诗艺的不断追求与对人生的不断探索中，逐渐走向了对于生活和人性的更深刻、更具包容性的感悟，成为一种深藏在他的诗歌经验中的人文主义意识。并且，他将这种人文主义的精神同诗歌美学完美地结合起来，与他的想象力、永恒的美等艺术追求发生碰撞、互动，形成了一种具有丰富内涵的诗歌美学。

充沛、丰富的情感和积极乐观的人生态度，是济慈的一个突出标志。另一方面，济慈珍爱的诗歌主题也十分辽阔宏大，如：夜晚、自然、新生、死亡和群星，美、浪漫和爱，个人、自由、平等和民主……在《题于5月29日查理二世复位纪念日》中，诗人抨击当时近两年的政治事件，并且指出王朝复辟所导致的“共和”英雄如Sir Henry Vane和Algernon Sidney的死亡是不列颠“最可怕，最肮脏的耻辱”。济慈创作的最后一首诗如《上膛的武器》，预言民主和自由言论力量的联合最终将击溃暴君，并摧毁不正义的制度。在《咏和平》中，作者写道：

……

用你平和的额头抚慰我们黎明前的苦痛，
让三岛王国尽开颜？

……

挣脱锁链！勇敢地说你已自由！
叫君主守法——让枭雄有所羁绊！
等恐怖过去，你将获得新生！

济慈的诗歌充满了对大自然的无限赞美，带给人们以恬静与淡然，诗中多了一分闲适而少了一分躁动。他的《秋颂》歌唱生命与自然，歌颂劳动与创造。咏秋、赞秋是中西方诗歌、散文中常见的文学体裁，借物抒情，充分展示作者乐观豁达的人生态度。自古至今，秋季是很多文人墨客的赞颂对象，中国有之，外国也是如此。例如，我国宋朝范仲淹的《渔家傲·秋思》、唐朝杜牧的《山行》和张继的《枫桥夜泊》；英国诗人奥登（George Auden）的《罗马的秋天》、美国诗人弗罗斯特（Robert Frost）的《晚秋漫步》、俄国诗人屠格涅夫（Alexander Turgenev）的《秋天》，等等。济慈的《秋颂》描绘了一幅金秋时节的美丽画卷，将秋景刻画得栩栩如生。该诗作语言简洁、清新明快，向读者展现了秋天是一个丰收且满载希望的季节，充分体现出其独特的美学艺术风格，即生态美、自然美、和谐美、意象美、修辞美、结构美、韵律美。其中前几行平实自然的语言将秋天丰润的气息、诗人平和旷达的心态传达得淋漓尽致，这和峻青的散文《秋色赋》中赞美春华秋实的咏秋格调不谋而合，和刘禹锡《秋词二首》的静谧之秋、恬适、成熟之美高度一致，比如：

硕果圆熟的秋雾气弥散，
和催熟万物的太阳是挚友，
同他共谋着如何赐福藤蔓
让它挂住硕果攀绕茅檐；
……

《秋颂》为读者展现了一幅动静结合的全景式美景，有很强的视觉冲击力。自古逢秋悲寂寥，如欧阳修《秋声赋》中的“渥然丹者为槁木，黟然黑者为星星”，但济慈笔下的秋天不是人们刻板印象中的萧瑟与悲凉，而是富有生机活力与生活动态之美的、治愈人心的童话。济慈的秋天是姹紫嫣红的，是五彩缤纷的，放眼望去，每一处都如油画般饱满，犹如秋意的海洋。秋天是一个色彩最丰富的季节，从视觉的角度来说，色彩斑斓的秋季非常具有观赏性，因为秋天的大自然是一道亮丽的风景线，让人流连忘返。《秋颂》完美体现了济慈“美丽即是真理，真理即是美丽”的创作思想和主旋律。但是，他通过丰富的官能感受，从愉悦中发现忧伤，从痛苦中找到欢乐，当人们沉浸在《秋颂》所描绘的美丽之中时，诗人惜春、悲秋的忧虑基调和哀婉凄恻之情也会被隐隐感觉得到，如：

春歌在哪里？哎，春歌在哪里？
快别想春歌，——你有自己的旋律，
……
这时河边柳树下小飞虫
齐声似把哀歌吟唱，
乐曲随风起灭倏高时低；
……

济慈对自然的爱也是言说不尽，如在《致芳妮》中，他呼唤大自然：

主题！主题！大自然！赐我一个主题；
让我开始做梦。
梦境里——我看见你，好像站在那里，
召唤着我到那寒冷的空气中去。

在《璀璨的星》中，济慈用大自然的“星辰、海水、夜空、大地、海岸、白雪、高山”比拟、赞美自己心爱的人，如：

璀璨的星！我希望能像你那样的坚定——

但不是高挂在夜空中辉耀
注视着大地，永不阖眼，
像自然里坚韧不眠的隐士，
激涌的海水如神父般
一遍遍地洗礼着海岸
或者注视着白雪薄纱般
为大地和高山铺上新衣

济慈作为积极浪漫主义的代表，其诗歌特点主张求美、求真，他的诗想象丰富、绚丽多彩，诗中有画，具有一种永恒的自然美和和谐美，洋溢着进步的自由精神和人类的崇高理想。济慈擅长描绘自然景色和事物外貌，表现景物的色彩感和立体感，重视写作技巧，语言追求华美；描写手法细腻，以文辞声调之美著称，因此我们在翻译的时候应十分注意其诗歌原文的特点，在进行译文输出的同时，尽力向其靠拢，以达到真善美的传递。正如济慈在《希腊古瓮颂》的末尾归纳其所笃信之事：

美丽即真理，真理即美丽，——
这是你在尘世所知道以及需要知道的一切。

其实，在“真理”与“美丽”之间，“爱”发挥着至关重要的作用。“如果一种美丽不能为人所爱，它就不是真理，而只是事实。但事实不会变化，不会变为真理；能变化的是我们自己，是人间的爱。一切事实都是美丽的，正是我们重获天真以再现其美丽”。所以，他在《恩底弥翁》的一开始便说：

凡美的事物就是永恒的喜悦
它的美好只会有增无已；绝不会
湮灭；而会给我们留下
一处秘境，一个充满
美梦，健康，悠长呼吸的安眠。

这是济慈价值观、世界观、人生观的完美体现，他以精致的态度对待生活中的不幸、挫折、痛苦和困厄，这也成为诗人所有作品中最闪亮的坐标。济慈一生所创作的许多颂诗都非常经典、精致、优美，广受好评，细心品之，沁人心脾，在给人们带来美的体验的同时，也引发人们对自然、人生及世界的深思。

由于济慈对自然与生态给予特别的关注，他的诗歌中不仅有注重视觉的“风景”，更有以声音为特殊景观的“音景”。特别是在其《夜莺颂》和《秋颂》中，他有机地刻画出自然和生态中“风景”与“音景”的相互辉映，构成大自然的生态伦理秩序，彰显和谐的自然之美与人文之美。

济慈的诗歌包含丰富的希腊神话和英国元素。诗人从少年时期就开始关注并阅读古希腊神话方面的书籍，这种热爱一直贯穿他的青年时代。《恩底弥翁》《海伯利安》《拉米娅》三首长诗既是他理解和运用希腊神话进行创作的典范，也是他长诗中的精品。济慈生前展望自己死后将跻身于英国伟大诗人之列，并把成名的希望寄托到长诗的创作上，所以对长诗的研究和挖掘是全面解读济慈的必需。济慈清醒地认识到梦幻世界的无限吸引力和现实世界的巨大压力，他同时追求社会责任感和美学超脱，并能把二者有机结合。最终，他自己的诗歌帮他实现了入列“伟大诗人”之夙愿。《恩底弥翁》是济慈诗作中最长的一首，他以《古典词典》中黛安娜与恩底弥翁的爱情故事为引子，创作了恩底弥翁追求并获得圆满爱情的罗曼史。济慈模仿《奥德赛》的双线结构为《恩底弥翁》设置了双主题，即作者的理想和恩底弥翁的爱情；在情节安排上，恩底弥翁在历险中遇到的三段爱情故事在古希腊神话中原本与恩底弥翁没有交集，诗中三对情侣的故事促成了恩底弥翁思想的升华；在形象塑造上，济慈为月神设计了三个名字、四张面孔，对恩底弥翁的形象和性格进行了补充和创新。济慈将《恩底弥翁》的整个故事背景放在了英格兰的氛围之下，诗中的自然环境、花鸟虫鱼都具有典型的英格兰特色，诗人还在爱情主题之外加入了自己的诗歌理想和对祖国前景的展望。《海伯利安：片段》是济慈创作史诗体裁的首次尝试，而《海伯利安》则是其成熟之作，被拜伦称赞为“诗风崇高肃穆，堪与希腊埃斯库罗斯的悲剧相媲美”。这首诗并没有完全模仿弥尔顿的作品，而是受到弥尔顿风格的影响，它的恢宏气度和铿锵音调体现了济慈自己的风格，其成就显然超过《恩底弥翁》。

除了诗歌，济慈的书信也是后世研究的金银宝藏。他的许多书信具有非同一般的学术价值，在一封封、一页页致亲友的信里，他对诗才、想象力、真与美、善与恶等问题有自己独到的体会，对艺术、哲学与人类生存状况有敏锐的感受，那些才华横溢、直言无忌的滔滔论述构成他书信中最为引人入胜的篇章，也是非常少见的优美散文，从中可以厘清济慈思想与艺术形成的来龙去脉，反映出诗人为追求美好生活，采用新体裁、新诗路而做出的努力至死不渝。而且，它们被翻译家傅修延、王昕若等译成了中文，更成了济慈研究不可多得的真材实料和宝贵财富。

译无定法，译道无形。翻译理论、原则、标准是翻译活动的指标和完美译作的保镖。我们一向崇奉严复先生的“信、达、雅”三原则，其中“信”是核心，是第一要义，“达”和“雅”是两个侧面。“信”就是要忠实于原作的内容和精神；“达”就是要通顺、畅达，使读者能听懂、看懂；而“雅”指的是要在译作中体现原作的艺术风貌。没有

“信”就谈不上“达”“雅”,不“达”、不“雅”也就谈不上“信”。当然,作为现代人译诗,我们也凭仗许渊冲先生的“三美论”翻译原则，尽力使译文意美、形美、音美。

“百花齐放，百家争鸣”是翻译理论和翻译实践活动的基本原则。在翻译诗歌的过程中，追求“信、达、雅”与“真、善、美”是翻译的终极目标。但不管是许渊冲的“三美”谁先谁后，还是严复的“信、达、雅”等传统翻译标准的具体实践，都能为译者提供参照、航标或灯塔。关于翻译本身，特别是诗歌翻译，不只是对原文所表述的内容进行准确的翻译，更是对格律和押韵所蕴藏的难以言喻之美的翻译与表达。然而也正是内容和形式的完美结合，才能向读者完整地传递诗歌的美，才能使译文达标。缺少其中的任何一部分，译文都注定会变得残缺。

济慈诗歌体裁丰富，要将其不同体裁的诗作全部依原诗的形式进行翻译需要大量的时间、精力和功力。比如，济慈的六大颂诗语言结构复杂，韵式变化多端，意象繁复而意境悠远。要将这样的诗篇以准确、通达的语言译出，确实需要相当强的英汉语言能力和深厚的中西文化底蕴，才有可能译出“信、达、雅”和“三美”的诗文，才能使译文意到、理通、美在。

翻译的功能和使命自不必多说，自然是让国人了解世界，让世界认识吾国。正如一副对联所述:以“译”为桥跨五洲四海，以“译”为途通中西文化，“译”通天下（横批）。诗歌翻译尤其如此，这也是译者肩负的使命和责任，翻译对推进人类文明、促进各国之间的文化交流，对丰富甚至建构本民族的文化体系具有重大意义。没有翻译，我们就永远不会认识但丁、莎士比亚、塞万提斯……，西方就永远不会知道中国的屈原、陶渊明、李白、杜甫……；没有翻译就没有人类的文化交流和沟通，那样，各民族的文化就会被封闭在黑暗之中。因此,翻译成为人类文明进程中不可或缺的一个重要元素。我们将与先者、后者一道把济慈夜莺的歌声赓续不断地呈现给读者，传递给世界。

济慈诗作的汉语翻译工程，已有很多开拓者、奠基人和后继者。诸位贤者阅读广博、阅历丰富、才学出众，在译介济慈诗歌上做出了开拓性、建设性、创造性和颂诗性的工作，翻译家们个个都有自己的“绝活”和“刷子”，这在他们的译作中都有充分展示。例如，查良铮（穆旦）先生的《济慈诗选》(1958/2019)，朱维基先生的《济慈诗选》(1983)，余光中先生的《济慈名著译述》(2012)，罗美玲女士的《水中的音符：济慈诗选》(2018)，屠岸（蒋壁厚）先生的《济慈诗选》(2019/2020)。济慈书信的翻译有傅修延先生的《济慈书信集》(2002)，以及王昕若先生的《济慈书信选》(2003)；其他专家学者选译、节译、缩译或借译济慈的作品并将其作为文学欣赏、分析介绍和深入研究的也有不少。中国的读者，特别是诗歌爱好者不会忘记他们，他们的译作也给了我们前所未有之教益。

当然，济慈的诗歌历经200多年的风雨洗礼，如社会历史、科学技术的进步，语言的发展、语义的演化，译者理解、解读视角的不同，义项、音韵选择的偏爱，个人背景、个人喜好的差异，人名翻译的约定俗成等因素，前人的译文也会出现个别、少量的漏译、错译、误译或偏差现象，这是诗歌发展和翻译工作的自然规律，我们在推敲、斟酌之余，在原译基础之上给出了新译。如朱维基先生的《近代的恋爱》（本次译为《现代之爱》）中，“普通的威灵吞变为情种罗米欧”一行，本次直译为“普通的威灵顿靴变成罗密欧靴”，并做了详细的背景注解。希望读者慧眼甄别、择优而赏。当然，经过对各个中译本的对比研究，许多精美漂亮的译句仍然被视为弥足珍贵，便借用了过来。例如，屠岸先生在处理济慈不同形式和风格的作品时，尽可能做到与原作达到形式和气质风格方面的双重契合。他在翻译儿歌、童谣时，十分注重儿童的心理和语言表达口吻，将independence（独立）译为“谁也管不着”；把escape at bedtime译为“该睡的时候溜了”，一个“溜”字，十分传神地把孩子的心情和行为表达得极为生动，活灵活现。

济慈诗作形式多样、内容丰满、体裁丰富，涵盖颂诗、十四行诗、叙事诗、抒情诗、歌谣、传奇、史诗、戏剧及其他诗歌类型。本译本几乎收译了目前能够寻觅得到的诗人的全部传世作品，共计160余首（篇），总书名为《济慈诗歌全译（英汉对照本）》，分为上、下两部出版，第一本包括十四行诗、颂诗、叙事诗、抒情诗、歌谣和其他诗歌，第二本包括史诗、传奇和戏剧体裁。这套译本首次完成济慈诗歌的全部汉译工作，是迄今为止唯一的中文全译本，也是唯一的英汉对照本，并配有大量的、详细的注解来帮助读者全面、更好地理解诗歌背景。这套译本包含反映济慈诗歌艺术特色和成就的经典作品，同时展现了济慈温情脉脉、嬉笑调侃或针砭时弊的诗作全貌，能够全方位地把真实且伟大的济慈呈现给我国读者，供其批判性地借鉴。这套译本期盼为译海中遗漏的一颗颗明珠拭去灰尘，让更多中国读者看到它们的璀璨光芒。英汉对照排版印刷，便于广大读者对照阅读和欣赏，进一步领略英汉语言各自的魅力和韵味，徜徉于双语诗歌的海洋，更便于读者通过对照发现译者的不足、缺位、不妥之处。事实上，既不存在十全十美的译法和译文，也不可能有完全一模一样的译文。译者愿意不断听取意见，总结经验，以利于今后译诗工作的改进和提高。诗歌翻译永远是一门有遗憾的艺术，但译者一直力求将这种遗憾减少到最小，亦冀方家予以雅教。

译者依据的英语原本有：John Barnard编辑、英国企鹅图书出版公司（Penguin Books Ltd.）出版的*John Keats: The Complete Poems*（1988年）和该公司2006年出版的*The Complete Poems*版本。译者参考的主要文本还有：1994年Paul Wright编辑的

The Complete Poems of John Keats（Wordsworth Editions Limited），2005 年 J. Whale 编辑的 *John Keats*（Palgrave Macmillan）和 1981 年 W. William 编辑的 *Introduction to Keats*（Methuen & Co.）等。

本书付梓得到了许多良师益友的热心帮助和真心支持，在此谨表诚挚的谢意。本书参考了国内许多著名翻译家的译本和国内外学者的相关研究成果，这里谨向诸位作者表示深深的谢意和敬意。除了书后开列的书目，鉴于译者的学术视野，难免存在某些引用未能明确收入参考文献，祈望作者见谅，并向他们致歉、致谢、致敬。同时，译者还要感谢中国人民大学出版社，感谢他们对译者书稿的充分肯定、中肯的批评意见以及为本书出版所付出的辛勤工作。借此机会，译者还衷心感谢自己的父母、妻儿在本人生活和工作上的倾心鼓励、理解和鼎力支持。

囿于译者学识之局限，书中不足在所难免，恳请专家和读者不吝赐教。

参与翻译的主要人员：李宗宏、祁正妍、孙薇、鲜青宏、郭福音、任航、胡殿龙、徐小荣、李发睿。

2022 年春—2023 年夏 写于兰州

目录
CONTENTS

1
传奇·史诗

2
戏剧

3
其他

1

传奇·史诗

1. Hyperion: A Fragment

BOOK Ⅰ

Deep in the shady sadness of a vale,
Far sunken from the healthy breath of morn,
Far from the fiery noon, and eve's one star,
Sat grey-haired Saturn, quiet as a stone,
Still as the silence round about his lair;
Forest on forest hung above his head
Like cloud on cloud. No stir of air was there,
Not so much life as on a summer's day
Robs not one light seed from the feathered grass,
But where the dead leaf fell, there did it rest.
A stream went voiceless by, still deadened more
By reason of his fallen divinity

1. 海伯利安[1]：片段[2]

第一卷

山谷的深处笼罩着悲郁气息，
远离清晨山顶上健康的气息，
远离那正午的热，夜晚的星，
静坐如磐石者是农神萨图恩[3]，
像巢穴周围的空气一样沉寂；
他的上方层林叠翠如顶似盖
似密布的云朵。没一丝动静，
犹如已失去夏日盎然的生机
掀不动羽绒般小草上的种子，
只能在落叶停留的地方憩息。
小溪在静静流淌，死气沉沉
因他坠落的神性，溪水形成

1　海伯利安（Hyperion）：希腊神话中十二提坦（又译泰坦）之一，司掌光明之神，系太阳神赫利俄斯（阿波罗）之父，忒亚（Thea）之夫。按希腊神话，最古老的神是凯厄斯（Chaos，亦名 Caius），后来苍穹之神乌拉诺斯（Uranus/Ouranos）成为世界的主宰。天神乌拉诺斯掌管天空，他是盖娅（Gaea）的儿子，也是她的丈夫。乌拉诺斯和盖娅生下六男六女，即十二个提坦巨神（Titans），还生了三个独眼巨神和三百个百臂巨怪。乌拉诺斯贪恋权力，把盖娅与他所生的所有孩子都束缚在盖娅体内。盖娅十分愤怒，就号召孩子们起来反抗。其他孩子慑于父亲的淫威，不敢有所表示，只有最小也是最强壮的儿子克洛诺斯（Kronos）答应帮助母亲推翻父亲。盖娅交给克洛诺斯一把锋利的石镰刀，让他埋伏好，等到乌拉诺斯在盖娅身上发泄淫威时，克洛诺斯手持镰刀，一刀就割断了乌拉诺斯的命根子。乌拉诺斯惨叫一声，逃到了天上，从此再不敢回到地上。提坦之一的农神克洛诺斯，又名萨图恩（Saturn），意即“播种者”，推翻了乌拉诺斯的统治而称雄世界。乌拉诺斯和克洛诺斯是两代老神。济慈在这首未完成的诗里写的是以萨图恩为首的一代老神提坦巨神被以朱庇特（Jupiter，即宙斯 Zeus）为首的一代奥林匹斯新神推翻、驱逐，又不甘心失败的故事。乌拉诺斯的名字 Uranus 在希腊语中的含义是“天、天体”，由词干 uran-（天）和名词后缀 -us 构成。英语中表示“天”的词根 uran- 就来源于此。在天文学上，Uranus 表示“天王星”，其位置在土星（Saturn）外侧，土星在木星（Jupiter）的外侧。所以科学家便依序用克洛诺斯的父亲乌拉诺斯的名字 Uranus 来命名天王星。化学元素铀（uranium）也是以 Uranus 命名的（屠岸 2020：277）。

2　济慈原计划这部神话史诗《海伯利安：片段》的规模要比其长诗《恩底弥翁》（共 4050 行）更加宏大，但因诸多因素，他最终没有写完此诗，只有 883 行。不过，此诗仍然被视为济慈长诗的精品之一，是其成熟之作，拜伦称赞其诗风“崇高肃穆，堪与希腊埃斯库罗斯的悲剧相媲美”。

3　萨图恩：又名克洛诺斯，提坦之一，司掌农业之神。克洛诺斯和瑞亚（Rhea）生下三男三女，其中一个儿子宙斯长大后打败他的父亲，成为主神，掌管世界。宙斯和他的兄、姐及子女形成一代新神。罗马神话的 Saturn 等于希腊神话的克洛诺斯，是 Jupiter 的父亲。宙斯相当于罗马神话中的天神朱庇特（Jupiter），又名约夫（Jove）。

Spreading a shade: the Naiad 'mid her reeds
Pressed her cold finger closer to her lips.
Along the margin-sand large foot-marks went,
No further than to where his feet had strayed,
And slept there since. Upon the sodden ground
His old right hand lay nerveless, listless, dead,
Unsceptred; and his realmless eyes were closed;
While his bowed head seemed listening to the Earth,
His ancient mother, for some comfort yet.
It seemed no force could wake him from his place;
But there came one, who with a kindred hand
Touched his wide shoulders, after bending low
With reverence, though to one who knew it not.
She was a Goddess of the infant world;
By her in stature the tall Amazon
Had stood a pigmy's height: she would have ta'en
Achilles by the hair and bent his neck;
Or with a finger stayed Ixion's wheel.
Her face was large as that of Memphian sphinx,
Pedestalled haply in a palace court,

一片暗影：芦丛中那伊阿得[1]
用冰凉的手指压住嘴唇。
沙地边缘留有硕大脚印。
伸向他曾流浪休憩之地，
在那片湿漉漉的土地上
他放下苍暮倦怠麻木的右手，
无权杖；失疆域的双目紧闭；
他脑袋低垂仿佛倾听大地的声音，
向他古老的母亲，寻求一丝安慰。
似乎没有什么力量可以将他唤醒；
但是来了一位同族的人，用双手
轻触他宽阔的肩头，并向他虔诚
鞠躬之后，而他却漠然无知这些。
她就是那位创世的女神祇；
与她相比，高耸的亚马逊[2]
也变得矮小：她可以抓住
阿喀琉斯[3]的头发，以便使他弯下脖子；
她的手指可以停下伊克西翁[4]的火轮。
其面庞和孟菲斯[5]的斯芬克司[6]一样大，
那是宫廷柱脚之上的女怪，

1 那伊阿得（Naiad）：水泽仙女，指希腊、罗马神话中居住在河流、泉水和湖泊中的女神。

2 亚马孙（Amazon）：希腊神话中提坦一族的女战士。

3 阿喀琉斯（Achilles）：古希腊神话中最著名的半人半神英雄之一，他是海中女神忒提斯和国王帕琉斯之子，具有万夫不当之勇，自然跑得也很快。他也是《荷马史诗》中的特洛伊之战里的传奇英雄，出生时被其母亲拎着脚后跟浸泡过圣河之水，因此，他全身除脚踵外，刀枪不入，诸神难侵。现在，英语有习语 Achilles' heel（或 the heel of Achilles），指一个人的致命要害，唯一致命的弱点。

4 伊克西翁（Ixion）：希腊神话中他原是特萨利的国王。后来因追求天后赫拉，惹怒宙斯。宙斯将他罚入地狱，被缚缠在一个永远燃烧和转动的轮子上受折磨。

5 孟菲斯：埃及最古老的城市之一，狮身人面像的所在地。

6 斯芬克司（Sphinx）：最早源于古埃及神话，也常见于西亚神话和希腊神话中，是埃及第四王朝的法老哈夫拉按斯芬克司的形象在吉萨（Ghizeh）的金字塔附近建造的一尊巨大石像，后世称为狮身人面像，距今已有近六千年的历史（有说四千五百年或四千八百年的历史）。Sphinx 的词源可能来自拉丁语 Sphinx 和希腊语 Sphinks（绑、挤、勒），或俗化自埃及语 Szp-'nx (sheap-ankh)，神圣的雕像。斯芬克司起初是个女怪，有美女的头和胸、狮子的身躯、鹏鸟的羽翅、毒蛇的尾巴，是仁慈和高贵的象征，包括三种形象：人面狮身的 Androsphinx，羊头狮身的 Criosphinx 和鹰头狮身的 Hieracosphinx。但在希腊神话中，斯芬克司变成了雌性，代表着"神的惩罚"。据说，天后赫拉派斯芬克司蹲在底比斯城（Thebes）附近的一座悬崖上，用智慧女神缪斯所传授的怪谜语考验路人：什么东西早晨四条腿，中午两条腿，晚上三条腿？猜不出谜语的人就会被其吃掉。古希腊英雄俄狄浦斯（Oedipus）猜出了斯芬克司的谜语，谜底是"人"，因为人在婴儿阶段四脚着地爬着走，长大后用两只脚走路，年老体弱后拄着拐杖走。看到自己的谜语被猜中，斯芬克司恼羞成怒，于是跳崖而死。从上面的神话故事里，我们不难理解 Sphinx /sfɪŋks/ 还可作"谜一样的人（物）"理解。在英语中，sphinx 比喻"难以理解的人"，英语习语 a riddle of sphinx 比喻难题，难解之谜。

When sages looked to Egypt for their lore.
But O! how unlike marble was that face,
How beautiful, if sorrow had not made
Sorrow more beautiful than Beauty's self.
There was a listening fear in her regard,
As if calamity had but begun;
As if the vanward clouds of evil days
Had spent their malice, and the sullen rear
Was with its storèd thunder labouring up.
One hand she pressed upon that aching spot
Where beats the human heart, as if just there,
Though an immortal, she felt cruel pain;
The other upon Saturn's bended neck
She laid, and to the level of his ear
Leaning with parted lips, some words she spake
In solemn tenor and deep organ tone–
Some mourning words, which in our feeble tongue
Would come in these like accents (O how frail To that large utterance of the early Gods!):
Saturn, look up! —Though wherefore, poor old King?
I have no comfort for thee, no, not one:
I cannot say, 'O wherefore sleepest thou?'
For heaven is parted from thee, and the earth
Knows thee not, thus afflicted, for a God;
And ocean too, with all its solemn noise,
Has from thy sceptre passed; and all the air
Is emptied of thine hoary majesty.
Thy thunder, conscious of the new command,
Rumbles reluctant o'er our fallen house;
And thy sharp lightning in unpractised hands
Scorches and burns our once serene domain.
O aching time! O moments big as years!
All as ye pass swell out the monstrous truth,
And press it so upon our weary griefs
That unbelief has not a space to breathe.
Saturn, sleep on—O thoughtless, why did I
Thus violate thy slumbrous solitude?

在哲人向埃及探求学问时。
不过，啊！那脸和大理石大有不同，
那是多么美丽，如果她的悲伤没有
使悲伤超越美丽本身。
她聆听时，神色慌张，
仿佛那不幸的灾祸已经开始降临；
仿佛那不祥日子的先锋——乌云
已经开始散播其恶意，阴沉的云后
正在分娩，孕育生产出久集的雷电。
她把一只手放在胸口的痛处
仿佛是人的心脏就在那跳动，
虽然是永恒的神，可她也感觉到痛；
她将另一只手放在萨图恩弯曲的脖颈
俯下身，和他的耳朵齐平
张开嘴唇，说了一些话语
庄严如风琴的中音般深沉——
悲伤的话语，在我们无力的语言里
将是这样的口吻（哦，同早期诸神相比，这是多么的脆弱！）：
萨图恩，抬头！为什么，可怜的老国王？
我无法安慰你，一点儿办法也没有：
我不能说："哦，你为什么要沉睡？"
因为天堂已经离你远去，而这大地
对你一无所知，不知受折磨的是神；
海洋也是，连同它庄严的声音，
不顾你的王权；还有整个天空
已经没有你那白发苍苍的威严。
你的雷霆，感受到新王的命令，
勉勉强强掠过我们衰落的王室；
你那尖锐的霹雳，凭空手掌握
却烧毁了我们一度宁静的国土。
哦，痛苦时刻！哦，恍若经年！
你走时，可怕的真相到处浮现，
压在我们沉重的心灵之上
使怀疑不再有任何的余地。
萨图恩，睡吧！是我考虑不周，
为什么要打扰你寂静中的酣睡？

Why should I ope thy melancholy eyes?
Saturn, sleep on, while at thy feet I weep!
As when, upon a trancèd summer-night,
Those green-robed senators of mighty woods,
Tall oaks, branch-charmèd by the earnest stars,
Dream, and so dream all night without a stir,
Save from one gradual solitary gust
Which comes upon the silence, and dies off,
As if the ebbing air had but one wave;
So came these words and went; the while in tears
She touched her fair large forehead to the ground,
Just where her falling hair might be outspread
A soft and silken mat for Saturn's feet.
One moon, with alteration slow, had shed
Her silver seasons four upon the night,
And still these two were postured motionless,
Like natural sculpture in cathedral cavern;
The frozen God still couchant on the earth,
And the sad Goddess weeping at his feet:
Until at length old Saturn lifted up
His faded eyes, and saw his kingdom gone,
And all the gloom and sorrow of the place,
And that fair kneeling Goddess; and then spake,
As with a palsied tongue, and while his beard
hook horrid with such aspen-maady:
'O tender spouse of gold Hyperion,
Thea, I feel thee ere I see thy face;
Look up, and let me see our doom in it;
Look up, and tell me if this feeble shape
Is Saturn's; tell me, if thou hear'st the voice
Of Saturn; tell me, if this wrinkling brow,
Naked and bare of its great diadem,
Peers like the front of Saturn. Who had power
To make me desolate? Whence came the strength?
How was it nurtured to such bursting forth,

为什么非要你睁开忧郁的双眸?
萨图恩，继续睡，我在旁边哭!
仿佛是在一个昏昏欲睡的夏夜，
无垠的森林中身着绿袍的老者，
高大的橡树，树叶被星光催眠，
做着梦，整夜一动不动，
除非会有一阵大风渐起
盖过这里的宁静，渐渐归于寂静，
如果退潮的气息中只有一个浪花;
说过那些话；含着泪水
她用宽阔美丽的前额触碰着大地，
她那垂落的头发恰好
变成了萨图恩柔软丝滑的脚垫。
皓月当空，月光渐变，向夜空
洒下四季银色的光芒，
这两位还是一动不动，
似宏伟岩洞中自然形成的雕像;
被冷冻的神祇依然还伏在地上，
悲伤的女神在他的脚边哭泣:
一直到那年迈的萨图恩睁开
他已褪色的双眸，看见王国逝去，
看见这里所有的忧郁和悲伤，
看见跪着的美丽女神，他便开口，
舌头仿佛瘫痪，而他的胡须
因病像杨叶那样不停地颤抖:
“噢，金色海伯利安的温柔妻子，
忒亚[1]，即使没看到，我仍感觉到了你;
抬起头，让我看看你脸上我们的厄运;
抬起头，告诉我这个衰弱的身体
是不是萨图恩；告诉我，你听到的声音，
是不是萨图恩；告诉我，这紧皱的眉头，
失去了灿烂王冠的裸露前额，
是不是萨图恩?谁会有这个权力
让我难过?这力量究竟来自哪里?
它是怎样积蓄这样的力量，

1 忒亚：十二提坦神之一，海伯利安之妻。

While Fate seemed strangled in my nervous grasp?	让命运仿佛被我扼住喉咙？
But it is so; and I am smothered up,	但是它做到了；我已窒息而死，
And buried from all godlike exercise	被掩埋而无法再履行神的职能
Of influence benign on planets pale,	给苍白的行星施加仁慈的力量，
Of admonitions to the winds and seas,	向飓风以及大海发出谆谆告诫，
Of peaceful sway above man's harvesting,	把和平统治赐给人类的收获，
And all those acts which Deity supreme	以及所有至高无上神的行为
Doth ease its heart of love in. —I am gone	抚慰其充满爱的内心。——我已离开
Away from my own bosom; I have left	自己的胸怀；我已放下
My strong identity, my real self,	显赫的声明，真的自己
Somewhere between the throne and where I sit	在我的神座和我现在所坐之处
Here on this spot of earth. Search, Thea, search!	的中间。寻找，忒亚，在寻找！
Open thine eyes eterne, and sphere them round	睁开你永生的双眼，环顾四周
Upon all space—space starred, and lorn of light;	天空中——有星光点点，有万丈光芒；
Space regioned with life-air; and barren void;	也有生命之气，也有不毛之地；
Spaces of fire, and all the yawn of hell.	也有烈火，也有那地狱的裂口。
Search, Thea, search! And tell me, if thou seest	找，忒亚，找！告诉我，如果你看见
A certain shape or shadow, making way	一个固定的身体或阴影，带着
With wings or chariot fierce to repossess	双翼和战车一直在奋勇前进着
A heaven he lost erewhile: it must—it must	为夺回刚失去的天堂：它必须——它必须
Be of ripe progress: Saturn must be King.	适时的成熟：萨图恩必定为王。
Yes, there must be a golden victory;	是的，必定有一个辉煌的胜利；
There must be Gods thrown down, and trumpets blown	诸神必定会被推翻，会有号角
Of triumph calm, and hymns of festival	吹响和平凯歌，必定会有节日的赞歌
Upon the gold clouds metropolitan,	在那都城上空的金色云霞中萦绕徘徊，
Voices of soft proclaim, and silver stir	必定有温和的声音，还有银色的琴弦
Of strings in hollow shells; and there shall be	在里拉琴上颤动；也应有
Beautiful things made new, for the surprise	美丽的新鲜事物，惊吓了
Of the sky-children. I will give command:	天上的孩童。我会发号令：
Thea! Thea! Thea! Where is Saturn?'	忒亚！忒亚！忒亚！萨图恩在哪里？"
This passion lifted him upon his feet,	这感情让他站起，
And made his hands to struggle in the air,	双手在空中挥舞，
His Druid locks to shake and ooze with sweat,	他祭祀般的头发在颤抖，渗出汗水，
His eyes to fever out, his voice to cease.	双眼冒火，声音停滞。
He stood, and heard not Thea's sobbing deep;	他站着，听不见忒亚在深深地啜泣；
A little time, and then again he snatched	一会儿，他重新抓住机会
Utterance thus: 'But cannot I create?	说道："难道我不会创造？

Cannot I form? Cannot I fashion forth
Another world, another universe,
To overbear and crumble this to naught?
Where is another Chaos? Where?' —That word
Found way unto Olympus, and made quake
The rebel three. Thea was startled up,
And in her bearing was a sort of hope,
As thus she quick-voiced spake, yet full of awe.
'This cheers our fallen house: come to our friends,
O Saturn! Come away, and give them heart.
I know the covert, for thence came I hither.'
Thus brief; then with beseeching eyes she went
With backward footing through the shade a space:
He followed, and she turned to lead the way
Through agèd boughs, that yielded like the mist
Which eagles cleave up-mounting from their nest.
Meanwhile in other realms big tears were shed,
More sorrow like to this, and such like woe,
Too huge for mortal tongue or pen of scribe.
The Titans fierce, self-hid, or prison-bound,
Groaned for the old allegiance once more,
And listened in sharp pain for Saturn's voice.
But one of the whole mammoth-brood still kept
His sovereignty, and rule, and majesty—
Blazing Hyperion on his orbèd fire
Still sat, still snuffed the incense, teeming up
From man to the sun's God—yet unsecure:
For as among us mortals omens drear
Fright and perplex, so also shuddered he—
Not at dog's howl, or gloom-bird's hated screech,
Or the familiar visiting of one
Upon the first toll of his passing-bell,
Or prophesyings of the midnight lamp;
But horrors, portioned to a giant nerve,

难道我不能建立？难道我不能造出
另一个世界，另一个宇宙，
真的要把这一切碾压粉碎？
另一个混沌在哪？在哪？”——这话
找到通往奥林匹斯的路，让三个叛徒
瑟瑟发抖。忒亚吃惊跳起，
她的举止中显出一种希望，
她的声音急促，充满畏惧。
“这鼓舞我们坠落的王室，朋友们过来，
噢，萨图恩！过来，你向他们表明心迹。
我知道那隐秘之处，我正是刚从那里来。”
她说得简短，带着恳求的目光
穿越阴影，回身步行走了一程：
他跟着她，她一直在前面领路
穿越古老丛林，如同迷雾让道
雄鹰破开它们的巢穴攀缘而出。
其他的地方此时也放声痛哭，
更多相似的忧愁，类似的悲痛，
人们拿笔记录或口述着大灾难。
凶悍的提坦，自我隐藏，或囚于监狱，
呻吟着要再次表达往日的忠诚，
忍着剧痛，聆听萨图恩的声音。
但巨神族之中仍有一位保持着
他那神圣的权威、统治和威严——
耀眼的海伯利安依然在燃烧的星球上
端坐着，依然在吸收着人间
供奉的香火——但并不安稳：
因为这就像人间晦气的征兆
惊惧又困惑，他也为之颤抖——
不是因为犬吠或黑鸟的尖叫，
也不是因为一个熟悉的灵魂
在他的丧钟敲响的时候探望，
或是午夜油灯显示出的凶兆；
但是恐怖，指向巨大的不安，

Oft made Hyperion ache. His palace bright
Bastioned with pyramids of glowing gold,
And touched with shade of bronzèd obelisks,
Glared a blood-red through all its thousand courts,
Arches, and domes, and fiery galleries;
And all its curtains of Aurorian clouds
Flushed angerly, while sometimes eagle's wings,
Unseen before by Gods or wondering men,
Darkened the place, and neighing steeds were heard,
Not heard before by Gods or wondering men.
Also, when he would taste the spicy wreaths
Of incense, breathed aloft from sacred hills,
Instead of sweets, his ample palate took
Savour of poisonous brass and metal sick:
And so, when harboured in the sleepy west,
After the full completion of fair day,
For rest divine upon exalted couch
And slumber in the arms of melody,
He paced away the pleasant hours of ease
With stride colossal, on from hall to hall;
While far within each aisle and deep recess,
His wingèd minions in close clusters stood,
Amazed and full of fear; like anxious men
Who on wide plains gather in panting troops,
When earthquakes jar their battlements and towers.
Even now, while Saturn, roused from icy trance,
Went step for step with Thea through the woods,
Hyperion, leaving twilight in the rear,
Came slope upon the threshold of the west;
Then, as was wont, his palace-door flew ope
In smoothest silence, save what solemn tubes,
Blown by the serious Zephyrs, gave of sweet
And wandering sounds, slow-breathèd melodies—
And like a rose in vermeil tint and shape,
In fragrance soft, and coolness to the eye,

令海伯利安疼痛。宫殿辉煌
金光灿烂的金字塔是其城堡，
身披青铜方尖碑投下的阴影，
血红的光芒穿透宫殿的房间，
拱门，穹顶，以及似火的走廊；
用那七色朝霞[1]织就的所有窗帘
被云染成红色，有时鹰的翅膀，
从来未被神和好奇的人类窥见，
遮盖大地，嘶鸣和马蹄声可闻，
从未被神和好奇的人类偷听。
还有，他还想品尝那辛辣的
香火，从神圣的群峰中升起，
不是甜蜜，他的巨颚尝到了
一股破铜和烂铁的恶臭滋味：
于是，他隐藏于昏睡的西方，
在晴朗的白天结束之后，
为了在神圣的榻上小憩
在这旋律的怀抱中沉睡，
他步伐安逸，享受愉悦
泰然自若，走过一间间厅堂；
远在每间耳堂和深凹的壁龛，
他的士兵们都垂翅而立，带着
惊讶和恐惧；像焦虑的人们
在广袤平原之上喘着气集合，
当地震使城墙和塔楼晃动时，
萨图恩才从如冰睡眠中苏醒，
同忒亚一步一步穿越着森林，
海伯利安，将暮光留在身后，
从斜坡踏上通向西方的门槛；
宫门如同往昔般飞速地开启
寂静无声，只有庄严的笛声
被凄厉的西风奏响，传出甜美且
缥缈的音乐，缓缓流淌着的旋律——
像一朵朱红色的玫瑰，
芬芳柔软，带着凉意

1 七色朝霞（Aurorian clouds）：这里“朝霞”指古希腊、罗马神话中的奥罗拉（Aurora），她是掌管曙光（黎明）的女神，她在将光明带往人间的时候，爱上了忧郁的特洛伊王子梯托诺斯，并将王子带回奥林匹斯山。

That inlet to severe magnificence
Stood full blown, for the God to enter in.
He entered, but he entered full of wrath;
His flaming robes streamed out beyond his heels,
And gave a roar, as if of earthly fire,
That scared away the meek ethereal Hours
And made their dove-wings tremble. On he flared,
From stately nave to nave, from vault to vault,
Through bowers of fragrant and enwreathèd light,
And diamond-pavèd lustrous long arcades,
Until he reached the great main cupola.
There standing fierce beneath, he stamped his foot,
And from the basement deep to the high towers
Jarred his own golden region; and before
The quavering thunder thereupon had ceased,
His voice leapt out, despite of god-like curb,
To this result: 'O dreams of day and night!
O monstrous forms! O effigies of pain!
O spectres busy in a cold, cold gloom!
O lank-eared Phantoms of black-weeded pools!
Why do I know ye? Why have I seen ye? Why
Is my eternal essence thus distraught
To see and to behold these horrors new?
Saturn is fallen, am I too to fall?
Am I to leave this haven of my rest,
This cradle of my glory, this soft clime,
This calm luxuriance of blissful light,
These crystalline pavilions, and pure fanes,
Of all my lucent empire? It is left
Deserted, void, nor any haunt of mine.
The blaze, the splendour, and the symmetry,
I cannot see—but darkness, death and darkness.
Even here, into my centre of repose,
The shady visions come to domineer,
Insult, and blind, and stifle up my pomp.—

通向威严壮丽的入口
完全绽放，恭候巨神。
他走进，但满腔怒火；
红袍在他的脚边闪烁，
发出怒吼，仿佛人间的火焰，
惊走温柔优雅的荷莉女神们[1]，
他们鸽翅颤抖。他翅翼张开着，
穿过一间间殿堂，一座座穹顶，
穿过散发着芳香和光芒的亭榭，
还有钻石铺地晶莹璀璨的拱廊，
终于抵达巨型穹顶的主殿。
凶悍地站在主殿中，跺脚，
他从地下室来到高塔
振动金碧辉煌的领域，
颤抖的雷声停下之前，
他开始说话，不管神的束缚
他说："哦，日夜皆会梦到！
哦，奇形怪状！哦，痛苦的图像！
哦，在阴暗冰冷中奔忙的女鬼们！
哦，那黑草池塘里长耳的精灵啊！
我怎会认识你？见过你？为什么
我永恒的身体如此痛苦
还要看到这种新的惨状？
萨图恩已倒下，难道我也会？
难道我要离开这休憩的港湾，
我荣耀的摇篮，温馨的领地，
这样平静的光辉和繁华，
这晶莹剔透的亭台楼阁，
这属于我帝国的一切？这些被遗弃
的荒芜，空虚，不见我的任何踪迹。
火焰的光彩，绚丽的设计，
我无法看——只有黑暗、亡灵和漆黑。
甚至在这里，我休息的地方
阴暗的幽灵也出来作威作福，
羞辱、掩盖并扼杀我的辉煌。——

1 荷莉（Hours）：此处指时神 Horae，掌管时间的女神。

Fall! —No, by Tellus and her briny robes!
Over the fiery frontier of my realms
I will advance a terrible right arm
Shall scare that infant thunderer, rebel Jove,
And bid old Saturn take his throne again.' –
He spake, and ceased, the while a heavier threat
Held struggle with his throat but came not forth;
For as in theatres of crowded men
Hubbub increases more they call out 'Hush!',
So at Hyperion's words the Phantoms pale
Bestirred themselves, thrice horrible and cold;
And from the mirrored level where he stood
A mist arose, as from a scummy marsh.
At this, through all his bulk an agony
Crept gradual, from the feet unto the crown,
Like a lithe serpent vast and muscular
Making slow way, with head and neck convulsed
From over-strainèd might. Released, he fled
To the eastern gates, and full six dewy hours
Before the dawn in season due should blush,
He breathed fierce breath against the sleepy portals,
Cleared them of heavy vapours, burst them wide
Suddenly on the ocean's chilly streams.
The planet orb of fire, whereon he rode
Each day from east to west the heavens through,
Spun round in sable curtaining of clouds;
Not therefore veilèd quite, blindfold, and hid,
But ever and anon the glancing spheres,
Circles, and arcs, and broad-belting colure,
Glowed through, and wrought upon the muffling dark
Sweet-shapèd lightnings from the nadir deep
Up to the zenith—hieroglyphics old

倒下！——不，向忒鲁斯[1]和战袍起誓！
越过我国土炽热的边疆
我要伸出那可怕的右臂
震慑那愤怒的孩子，叛逆的约夫，
恭候年迈的萨图恩再次登上王位。”——
他欲言又止，一句更沉重的威胁
在他的喉头涌动，却没有说出口；
因为这就像是在人头攒动的剧场之内
人们越是喊着“安静”越是声音高亢。
听到海伯利安的话后幽灵们脸色苍白
忙忙碌碌，阴森又恐怖；
他站得和镜子一样的高
迷雾升起，仿佛来自有浮藻的沼泽。
看见这些，他感到痛苦正在全身
点点漫延，从脚下到王冠
活像一条又大又壮的巨蛇
缓缓爬过皮肤，蛇的头颈扭曲着
因为用力过度，他放松，他奔跑
向东门，用整整六滴露珠的时间
在那黎明时节布满红霞之前，
他朝昏睡的大门猛烈地吸气，
扫清门旁的浓雾，忽然间
在冰冷的海浪中突然打开。
燃烧的行星，是他的坐骑
每一天都骑着它穿越东西，
乌云遮蔽的行星旋转不停；
没有被完全地遮挡，隐藏，
只是不时会有闪烁的球体、
星环、光弧和宽阔的光圈
闪闪发光，从底到顶透出亮色，
在那昏暗的天幕上划出一道道
美丽的电光——古老象形文字

1 忒鲁斯（Tellus）：罗马神话中的大地女神（亦称大地之母），等同于希腊神话中的盖娅。希腊神话中认为世界在产生之前存在着混沌空间，即凯厄斯，她衍生出地神盖娅、黑暗神厄瑞玻斯（Erebus）、爱神厄洛斯（Eros）、地狱神塔耳塔洛斯（Tartarus）、黑夜神倪克斯（Nyx）。盖娅为五大创世神之首，是大地的本体，她生下天空乌拉诺斯、海洋蓬托斯和山脉乌瑞亚三神。

Which sages and keen-eyed astrologers	那些圣贤和眼光尖锐的占星师
Then living on the earth, with labouring thought	在地球上，花了多少力气
Won from the gaze of many centuries—	用几个世纪才能获得——
Now lost, save what we find on remnants huge	现已失传，我们将其找到
Of stone, or marble swart, their import gone,	在巨石和黑色大理石上，意义却无从知晓，
Their wisdom long since fled. Two wings this orb	他们的智慧早已消逝。星球的一对儿翅膀
Possessed for glory, two fair argent wings,	蕴含荣耀，一对美丽银色翅膀，
Ever exalted at the God's approach:	神祇降临时总是那样兴高采烈：
And now, from forth the gloom their plumes immense	而现在，他们的羽毛从黑暗中
Rose, one by one, till all outspreaded were;	一个个升起，直到全部展开；
While still the dazzling globe maintained eclipse,	炫目的地球依然停在日食中，
Awaiting for Hyperion's command.	正等待海伯利安的命令。
Fain would he have commanded, fain took throne	他想要命令，登上王座
And bid the day begin, if but for change.	宣告一天的开始，哪怕只是为了改变。
He might not. —No, though a primeval God:	但他不能。——不能，即使早期的神：
The sacred seasons might not be disturbed.	神圣的岁月更替不能被打乱。
Therefore the operations of the dawn	因此，黎明只能
Stayed in their birth, even as here 'tis told.	继续等待出声，就像人间的传说那样。
Those silver wings expanded sisterly,	银翅同时伸展着，
Eager to sail their orb; the porches wide	迫切地飞向它们的星球；宽阔的门廊
Opened upon the dusk demesnes of night;	向着那黄昏敞开；
And the bright Titan, frenzied with new woes,	光辉的提坦，因为新的灾难变得疯狂，
Unused to bend, by hard compulsion bent	不屈服，但是被逼迫屈服
His spirit to the sorrow of the time;	他的灵魂到了悲伤的时刻；
And all along a dismal rack of clouds,	一直沿着阴郁的云，
Upon the boundaries of day and night,	在昼夜的交替线上，
He stretched himself in grief and radiance faint.	他伸展自己的身体，悲痛地发出微光。
There as he lay, the Heaven with its stars	他躺在那里，苍穹伴着星光
Looked down on him with pity, and the voice	慈悲地望着他，还有那声音
Of Coelus, from the universal space,	属于克琉斯[1]，来自宇宙
Thus whispered low and solemn in his ear:	就在他的耳畔庄严低语：
'O brightest of my children dear, earth-born	"哦，我最优秀的孩子，天地之间
And sky-engendered, Son of Mysteries	最为光辉的奥秘之子
All unrevealèd even to the powers	这奥秘就是创造你时就存在的诸神
Which met at thy creating; at whose joys	也并不知晓；诸神的快乐

1　克琉斯（Coelus）：希腊神话中厄琉息斯的国王，希腊神话中的早期神。据赫西奥德（公元前 8 世纪希腊诗人）所著的《神谱》，克琉斯因受到孩子们的忤逆，发誓报复孩子们。

And palpitations sweet, and pleasures soft,
I, Coelus, wonder how they came and whence;
And at the fruits thereof what shapes they be,
Distinct, and visible—symbols divine,
Manifestations of that beauteous life
Diffused unseen throughout eternal space:
Of these new-formed art thou, O brightest child!
Of these, thy brethren and the Goddesses!
here is sad feud among ye, and rebellion
Of son against his sire. I saw him fall,
I saw my first-born tumbled from his throne!
To me his arms were spread, to me his voice
Found way from forth the thunders round his head!
Pale wox I, and in vapours hid my face.
Art thou, too, near such doom? Vague fear there is:
For I have seen my sons most unlike Gods.
Divine ye were created, and divine
In sad demeanour, solemn, undisturbed,
Unrufflèd, like high Gods, ye lived and ruled:
Now I behold in you fear, hope, and wrath;
Actions of rage and passion—even as
I see them, on the mortal world beneath,
In men who die. This is the grief, O Son!
Sad sign of ruin, sudden dismay, and fall!
Yet do thou strive; as thou art capable,
As thou canst move about, an evident God;
And canst oppose to each malignant hour
Ethereal presence. I am but a voice;
My life is but the life of winds and tides,
No more than winds and tides can I avail. —
But thou canst. —Be thou therefore in the van
Of circumstance; yea, seize the arrow's barb
Before the tense string murmur. —To the earth!
For there thou wilt find Saturn, and his woes.
Meantime I will keep watch on thy bright sun,
And of thy seasons be a careful nurse.'—
Ere half this region-whisper had come down,

甜蜜的心跳，柔和的快乐，
我，克琉斯，奇怪他们如何前来；
还有那果实，应该是什么样形状，
遥远可见的——是那神圣的标记，
那美丽生命的狂热
弥漫在永恒的空间：
在这里新生的你，啊，最优秀的孩子！
其中，你的兄弟和女神！
你们的惨烈斗争，背叛
儿子与父亲反目。我目睹了他的倒下，
我看见长子被推下王座！
他向我张开臂，其声音
和雷声在他的周围轰鸣！
我变得苍白，面容隐匿于迷雾之中。
你是否也接近此命运？怕是有可能：
我的儿子们不再像神祇。
你生来就神圣，神圣的
在你悲伤庄严的神态中，
泰然自若，如天神一般，存在和主宰
可现在我能看到你恐惧、期望、愤怒；
行为愤怒而炽热——
就像我所见到的那些人，在下界凡尘，
终归要死之人。如此悲伤，哦，孩子！
毁灭的悲兆，突然的绝望，最终覆灭！
但你要奋起，因为你能够，
能够到处行走，纯粹的神；
能够对抗每个邪恶的时刻
以神灵的气息。而我只是一个声音；
我的生命只是季风和海潮，
我所做的只是吹拂和潮汐。——
但是你不同。——因此你应该走在
形势之前；是的，抓住箭镞的倒钩
在弓弦响起之前。——隐入尘土中！
那里你将找到受难的萨图恩。
同时我将守望你辉煌的太阳，
小心照看你自己的人生四季。”——
这低语还没从天界降下一半，

Hyperion arose, and on the stars
Lifted his curvèd lids, and kept them wide
Until it ceased; and still he kept them wide;
And still they were the same bright, patient stars.
Then with a slow incline of his broad breast,
Like to a diver in the pearly seas,
Forward he stooped over the airy shore,
And plunged all noiseless into the deep night.

BOOK II

Just at the self-same beat of Time's wide wings,
Hyperion slid into the rustled air
And Saturn gained with Thea that sad place
Where Cybele and the bruised Titans mourned.
It was a den where no insulting light
Could glimmer on their tears; where their own groans
They felt, but heard not, for the solid roar
Of thunderous waterfalls and torrents hoarse,
Pouring a constant bulk, uncertain where.
Crag jutting forth to crag, and rocks that seemed
Ever as if just rising from a sleep,
Forehead to forehead held their monstrous horns;
And thus in thousand hugest fantasies
Made a fit roofing to this nest of woe.
Instead of thrones, hard flint they sat upon,
Couches of rugged stone, and slaty ridge
Stubborned with iron. All were not assembled:
Some chained in torture, and some wandering.
Coeus, and Gyges, and Briareüs,
Typhon, and Dolor, and Porphyrion,
With many more, the brawniest in assault,
Were pent in regions of laborious breath;
Dungeoned in opaque element, to keep
Their clenched teeth still clenched, and all their limbs

海伯利安站立着，挺向群星
抬起弯弯的眼睑，睁大双眼
直到它消失；依然双眼圆睁；
星宿依然隐忍而且闪烁。
然后斜倾他宽阔的胸膛，
仿佛珍珠海里的采珠人，
在高空的岸边倾身向前，
悄悄地跃入黑暗的深渊。

第二卷

时间的巨翼照常拍打时，
海伯利安急速升入天空，
萨图恩同忒亚来到了伤心之地，
而西布莉[1]与受伤的提坦在哭泣。
此处是兽穴，刺眼的光
无法去照耀他们的泪花；
而他们的呻吟，只能感知到却听不到，
瀑布飞泻而下如雷般轰鸣，激流呜咽，
持续敲打，不知在哪里。
悬崖峭壁，且众壑嶙峋
岩石似乎正在从睡梦中惊起，
头挨着头，竖起狰狞的犄角；
在无数最狂野的幻想中
为苦难之巢筑合适屋顶。
未拥王座，以燧石为席，
以糙石为椅，岩脊为凳，
全部坚硬如铁。聚集在此的并非所有神：
有的枷锁束缚受尽折磨，有的游荡漂泊。
科俄斯，古革斯，布里阿柔斯，
提丰，多洛耳还有波耳费里翁[2]，
以及众神，都是攻击的强手，
如今却困于此处，喘着粗气；
他们被囚禁于暗处，
牙关紧锁四肢蜷缩

1 西布莉（Cybele）：古代小亚细亚人崇拜的自然女神，天上万神和地上万物之母。她使大地回春，五谷丰收，相当于希腊神话中的瑞亚。

2 波耳费里翁（Porphyrion）：希腊神话的诸神，大都是天神乌拉诺斯和大地女神盖娅所生，他们为提坦助战或自己即提坦之一。

Locked up like veins of metal, cramped and screwed;
Without a motion, save of their big hearts
Heaving in pain, and horribly convulsed
With sanguine fev'rous boiling gurge of pulse.
Mnemosyne was straying in the world;
Far from her moon had Phoebe wandered;
And many else were free to roam abroad,
But for the main, here found they covert drear.
Scarce images of life, one here, one there,
Lay vast and edgeways; like a dismal cirque
Of Druid stones, upon a forlorn moor,
When the chill rain begins at shut of eve,
In dull November, and their chancel vault,
The Heaven itself, is blinded throughout night.
Each one kept shroud, nor to his neighbour gave
Or word, or look, or action of despair.
Creüs was one; his ponderous iron mace
Lay by him, and a shattered rib of rock
Told of his rage, ere he thus sank and pined.
Iäpetus another; in his grasp,
A serpent's plashy neck; its barbed tongue
Squeezed from the gorge, and all its uncurled length
Dead—and because the creature could not spit
Its poison in the eyes of conquering Jove.
Next Cottus; prone he lay, chin uppermost,
As though in pain, for still upon the flint
He ground severe his skull, with open mouth
And eyes at horrid working. Nearest him
Asia, born of most enormous Caf,

如金属条般拧曲着；
动弹不得，唯有其巨大的心脏
痛苦地起伏着，恐怖地抽搐着，
脉搏里涌动着鲜红沸腾的血液。
摩涅莫绪涅[1]正在尘世间游荡着；
福柏[2]已远远地离开了月亮；
还有许多神在外自由流浪，
但在这，大多数神发现的还是隐藏的悲伤。
鲜有生命迹象，这里有一个，那里有一个，
向外广阔分散，像平纹石组成的凄凉圆环
横卧于那荒凉的沼泽之上，
当冰雨在夜幕降临时落下，
阴郁十一月，他们的高坛拱顶，
亦是天堂本身，在雨夜中模糊。
每人都裹着寿衣，不向自己身边的人
说句话，看一眼，或做出绝望的行为。
克留斯[3]是其中之一；他那笨重的铁杖
横在他身旁，破碎的岩石
显示出痛苦倒下前的愤怒，
另一个是伊阿珀托斯[4]；手捏紧
巨蛇湿滑的颈部；带刺的蛇舌
被从咽喉中挤出，它身体僵直
死了——因为它无法朝征服者
约夫的眼中喷射毒液。
还有科托斯[5]；俯卧，下巴朝上，
仿佛处于痛苦中，他仍在燧石上
狠狠地打磨他的头颅，张大嘴巴
并且瞪大着眼睛盯着恐怖的行径。
离他最近的是亚细亚[6]，庞大无比的卡夫所生，

1 摩涅莫绪涅（Mnemosyne）：提坦族神之一，记忆女神，其女儿们为九位文艺女神。
2 福柏（Phoebe）：提坦之一，希腊神话中的月亮女神。
3 克留斯（Creüs）：巨神之一。
4 伊阿珀托斯（Iäpetus）：提坦之一，亚细亚之夫，普罗米修斯和阿特拉斯之父。
5 科托斯（Cottus）：百手三巨神之一，乌拉诺斯和盖娅之子，与布里阿柔斯和古革斯合称赫卡同刻伊瑞斯（Hecatoncheires），三神各有一百只手和五十个头。
6 亚细亚（Asia）：希腊神话中俄刻阿诺斯（海神）和忒梯斯（三千海洋女神和一切河流之神的母亲）的女儿，伊阿珀托斯之妻，普罗米修斯和阿特拉斯之母。济慈把亚细亚安排为卡夫和大地之神忒勒斯之女。卡夫是一座传说中的山，它围绕地球像一枚戒指围绕手指，像是地球的腰带，由星星缀成。济慈把亚细亚写成有这样血缘关系的提坦之一（屠岸 2020：299）。

Who cost her mother Tellus keener pangs,
Though feminine, than any of her sons:
More thought than woe was in her dusky face,
For she was prophesying of her glory;
And in her wide imagination stood
Palm-shaded temples, and high rival fanes,
By Oxus or in Ganges' sacred isles.
Even as Hope upon her anchor leans,
So leant she, not so fair, upon a tusk
Shed from the broadest of her elephants.
Above her, on a crag's uneasy shelve,
Upon his elbow raised, all prostrate else,
Shadowed Enceladus – once tame and mild
As grazing ox unworried in the meads;
Now tiger-passioned, lion-thoughted, wroth,
He meditated, plotted, and even now
Was hurling mountains in that second war,
Not long delayed, that scared the younger Gods
To hide themselves in forms of beast and bird.
Not far hence Atlas; and beside him prone
Phorcus, the sire of Gorgons. Neighboured close
Oceanus, and Tethys, in whose lap
Sobbed Clymene among her tangled hair.
In midst of all lay Themis, at the feet

虽是女孩，卡夫之母忒鲁斯生产时受尽苦难，
比她生儿子们时还要受罪：
阴暗脸庞上思虑多于悲伤，
因为她在预言自己的荣耀；
在她无边的想象中矗立着
棕榈树遮蔽的寺庙，同样高耸的神庙，
伫立于奥克苏斯河[1]旁或恒河畔的圣岛。
即便霍普也倚在她的锚上，
虽然不美，亚细亚也倚在
她饲养的巨象的长牙之上。
在她之上，阴影处的恩刻拉多斯[2]，
全身俯卧在嶙峋起伏的峭壁之上，
支撑的唯有他那抬起的手肘——
驯服又温和，像草地上无忧无虑吃草的公牛；
如今有老虎的激情，狮子的头脑，怒不可遏，
他在冥想，谋划，甚至还在
没有推迟太久的二战中抛掷高山，
使那些年轻的众神遭受到了惊吓，
纷纷幻化为野兽和鸟类躲了起来。
阿特拉斯[3]在不远处，他的身旁俯卧着
戈耳工[4]之父，福耳库斯[5]。旁边紧挨着
奥西娜斯[6]，忒梯斯，膝上趴着
头发杂乱的克吕墨涅[7]在哭泣着。
忒弥斯[8]躺在众神之中，俄普斯[9]

1 奥克苏斯河（Oxus）：现代阿姆河（Amu River），中亚河流。

2 恩刻拉多斯（Enceladus）：希腊神话中的巨神，三百个百只手巨怪之一，曾参加反对奥林匹斯诸神的战争。

3 阿特拉斯（Atlas）：属于提坦神族，擎天巨神，后因反对宙斯而被降罪去肩负地球，即用双肩支撑苍天。他与普勒伊俄涅生下七个女儿，后化为七星，即昴星团，名叫普勒阿得斯。

4 戈耳工（Gorgons）：希腊神话中的三个长有尖牙，头生毒蛇的恐怖女妖的总称，面貌丑陋可怕，她们的头发是一条条蛇，任何人一见她们的眼睛即化为石头。她们姐妹在变为怪兽之前都美丽不可方物，且都与蛇有关。她们的名字分别是斯忒诺、欧律阿勒和最小的墨杜萨。

5 福耳库斯（Phorcus）：他同妹妹刻托（Ceto）结合而生下戈耳工三女怪，即斯忒诺、欧律阿勒和墨杜萨。

6 奥西娜斯（Oceanus）：希腊神话中的海神（水之神），海伯利安的兄弟，孕育了地球上所有的河流和海洋，其妻是忒梯斯（Tethys），她有三千位身任河神的儿子和三千位身任海之女仙的女儿，该词源有“古老”之意，荷马称其为众神的始祖，也是十二提坦之一，沧海女神，被称为众神的始母，奥西娜斯一样古老。

7 克吕墨涅（Clymene）：奥西娜斯和忒梯斯之女，伊阿珀托斯之妻，阿特拉斯、普罗米修斯之母。传说中与亚细亚合为一身。

8 忒弥斯（Themis）：乌拉诺斯和盖娅之女，宙斯之妻，司法律和秩序的女神，也是预言女神。

9 俄普斯（Ops）：罗马神话中的播种和丰产女神，农神萨图恩之妻，相当于希腊神话中的瑞亚。

Of Ops the queen all clouded round from sight;
No shape distinguishable, more than when
Thick night confounds the pine-tops with the clouds—
And many else whose names may not be told.
For when the Muse's wings are air-ward spread,
Who shall delay her flight? And she must chant
Of Saturn, and his guide, who now had climbed
With damp and slippery footing from a depth
More horrid still. Above a sombre cliff
Their heads appeared, and up their stature grew
Till on the level height their steps found ease:
Then Thea spread abroad her trembling arms
Upon the precincts of this nest of pain,
And sidelong fixed her eye on Saturn's face.
There saw she direst strife—the supreme God
At war with all the frailty of grief,
Of rage, of fear, anxiety, revenge,
Remorse, spleen, hope, but most of all despair.
Against these plagues he strove in vain; for Fate
Had poured a mortal oil upon his head,
A disanointing poison, so that Thea,
Affrighted, kept her still, and let him pass
First onwards in, among the fallen tribe.
As with us mortal men, the laden heart
Is persecuted more, and fevered more,
When it is nighing to the mournful house
Where other hearts are sick of the same bruise;
So Saturn, as he walked into the midst,
Felt faint, and would have sunk among the rest,
But that he met Enceladus's eye,
Whose mightiness, and awe of him, at once
Came like an inspiration; and he shouted,

王后的脚下聚集着所有的众神；
认不出形状，甚至比浓云遮蔽
的松树顶梢更加模糊不清——
还有许多叫不出名字的神。
当缪斯[1]的双翼向上伸展时，
又有谁还能阻止她的飞翔？
她要歌唱萨图恩和其向导
从更加湿滑恐怖的深渊之中爬出来。
他们的头从昏暗的悬崖上伸了出来，
他们的身躯在向上伸展着，
在平坦高处他们站稳双脚；
然后在痛苦的巢穴之上
忒亚张开了颤抖的双臂
她的眼睛从一侧紧盯萨图恩的脸庞。
在那她看到可怕的冲突
无上神与所有脆弱斗争
悲伤、狂躁、恐惧、焦虑、仇恨、
懊悔、愤怒、希望，但多是绝望。
他与所有这一切的抗争只是徒劳；
因命运已当头泼了一剂致命油膏
那是废除神位的毒药。
因此，受惊吓的忒亚，一动不动，让他通过
穿梭在陷落的部落之中。
在凡人中，负载的心灵
受到更多迫害，更炽热，
对着那纪念堂哀伤叹息
其他心灵也遭受此重创。
此时，萨图恩走向众人，
他感到眩晕，似乎要倾倒于众人之中，
然而当他对上恩克拉多斯的目光之时，
那股强大而又敬畏之力立即鼓舞了他；
于是他便大着声音喊道，

1 缪斯（Muse）：古希腊和罗马神话中执掌诗歌、音乐和其他文学艺术分支的九位女神之一。希腊神话中宙斯和摩涅莫绪涅之女（一说乌拉诺斯和盖娅之女）。司文艺的女神共有九个：一、克利俄，司历史女神；二、欧忒耳佩，司抒情诗女神；三、塔利亚，司喜剧、牧歌及田园诗女神；四、墨尔波墨涅，司悲剧女神；五、忒耳普西科瑞，司歌唱和舞蹈女神；六、厄拉托，司爱情诗女神；七、波林尼亚，司颂歌女神；八、乌拉尼亚，司天文女神；九、卡利俄佩，司史诗女神。太阳神阿波罗同时是司音乐、诗歌、智慧之神，因此缪斯作为诗歌的保护神又与阿波罗联系在一起。阿波罗有一别名叫缪萨革忒斯，意思是“缪斯的领袖”。

'Titans, behold your God!' At which some groaned;
Some started on their feet; some also shouted;
Some wept, some wailed, all bowed with reverence;
And Ops, uplifting her black folded veil,
Showed her pale cheeks, and all her forehead wan,
Her eye-brows thin and jet, and hollow eyes.
There is a roaring in the bleak-grown pines
When Winter lifts his voice; there is a noise
Among immortals when a God gives sign,
With hushing finger, how he means to load
His tongue with the full weight of utterless thought,
With thunder, and with music, and with pomp:
Such noise is like the roar of bleak-grown pines,
Which, when it ceases in this mountained world,
No other sound succeeds; but ceasing here,
Among these fallen, Saturn's voice therefrom
Grew up like organ, that begins anew
Its strain, when other harmonies, stopped short,
Leave the dinned air vibrating silverly.
Thus grew it up: 'Not in my own sad breast,
Which is its own great judge and searcher-out,
Can I find reason why ye should be thus:
Not in the legends of the first of days,
Studied from that old spirit-leavèd book
Which starry Uranus with finger bright
Saved from the shores of darkness, when the waves
Low-ebbed still hid it up in shallow gloom—
And the which book ye know I ever kept
For my firm-basèd footstool —ah, infirm!
Not there, nor in sign, symbol, or portent
Of element, earth, water, air, and fire—
At war, at peace, or inter-quarrelling
One against one, or two, or three, or all
Each several one against the other three,
As fire with air loud warring when rain-floods
Drown both, and press them both against earth's face,

"提坦们，看你们的神！"有的呻吟；有的站起来；
有的呼喊；有的啜泣着，
有的恸哭，诸神都尊敬地鞠躬；
俄普斯掀起她黑色皱褶的面纱，
露出她那苍白的脸庞还有额头，
眉窄而黑，眼窝深陷。
稀疏松柏间一声轰鸣，
冬神提高了他的嗓门；
众神之间便一阵喧哗，
此时一位神伸出手指，示意安静；
他想用言语表达不能诉说的思想，
借助雷鸣声、音乐声和威严之势；
那喧哗好比枝疏叶稀的松柏嚎叫，
它一旦在山岭之间消失，
其他的声响也不复存在。
在这群败亡者之中，萨图恩的声音
犹如风琴一般响起，重新奏响乐曲
当其他合鸣的乐器之音戛然而止时，
只剩下受到惊扰的空气如银般震颤。
嗓门渐高："悲伤不在我心，
纵然它有自己的判断与感受，
却仍无法找到你们沦落之由：
不在那些创世滥觞之传说里，
不在记录古老传说的典籍里
那是乌拉诺斯用明亮的手指
从黑暗之滨救出
退去的潮水将它藏在阴影里
它就是我一直珍藏的那本书
我坚实的脚凳——啊，意志薄弱者！
不在那儿，也没有标志、迹象或预兆
用来指示土、水、气、火的元素——
处于战争、和平还是内部争斗状态
一对一、对二、对三，还是对全部，
每次都有几个人同时对战其他三人，
火与气激烈对战，而此时大雨滂沱
将双方淹没，将他们压制在地面上

Where, finding sulphur, a quadruple wrath
Unhinges the poor world—not in that strife,
Wherefrom I take strange lore, and read it deep,
Can I find reason why ye should be thus—
No, nowhere can unriddle, though I search,
And pore on Nature's universal scroll
Even to swooning, why ye, Divinities,
The first-born of all shaped and palpable Gods,
Should cower beneath what, in comparison,
Is untremendous might. Yet ye are here,
O'erwhelmed, and spurned, and battered, ye are here!
O Titans, shall I say, "Arise!"? —Ye groan:
Shall I say "Crouch!"? —Ye groan. What can I then?

O Heaven wide! O unseen parent dear!
What can I? Tell me, all ye brethren Gods,
How we can war, how engine our great wrath!
O speak your counsel now, for Saturn's ear
Is all a-hungered. Thou, Oceanus,
Ponderest high and deep, and in thy face
I see, astonied, that severe content
Which comes of thought and musing. Give us help!'
So ended Saturn; and the God of the Sea,
Sophist and sage from no Athenian grove,
But cogitation in his watery shades,
Arose, with locks not oozy, and began,
In murmurs which his first-endeavouring tongue
Caught infant-like from the far-foamèd sands.
'O ye, whom wrath consumes! Who, passion-stung,
Writhe at defeat, and nurse your agonies!
Shut up your senses, stifle up your ears,
My voice is not a bellows unto ire.
Yet listen, ye who will, whilst I bring proof
How ye, perforce, must be content to stoop;
And in the proof much comfort will I give,
If ye will take that comfort in its truth.
We fall by course of Nature's law, not force

而硫黄，出于四重的愤怒
从这个可怜的世间中挣脱——
从战斗中我汲取了生僻的知识，深入学习，
但依然无法找到可致你们于此的缘由——
不，虽然我一直都在寻找着，
在自然卷轴中冥思直至昏晕依然无法解开
这难题，为什么你们这些神灵，
诞生于身形各异、受人景仰的神，
竟然会蜷伏在相比并没有那么
强大的力量之下。然而你们在这里，
受尽惊吓，遭人藐视，被击垮于此！
啊，提坦们！我可以说‘起来’吗？
——你们呻吟：我能说‘蹲伏’吗？
——你们呻吟。我还能有啥办法吗？
啊，天哪！啊，冥冥之中的父亲呀！
我怎么做？告诉我，我的众神弟兄，
我们如何战斗，如何用我们的激愤！
啊，现在就说你们的意见，
让那急切的萨图恩能听到。
奥西娜斯，你在沉思苦索，
从你的脸上我惊讶地看到
沉思冥想的严肃表情。帮帮我们吧！”
萨图恩这么说完了；那位大海之神，
诡辩家及圣人，不是从雅典丛林来
而是躲在潮湿的暗处深思，
他站起来，头发却没沾湿，
开始竭尽全力地想要发声，
却像婴儿般只有轻声低鸣。
“啊，你被怒火吞噬！被热情激灼，
因失败而苦恼，收起你的痛苦吧！
不看不听，不去感知，
我不是煽风点火之人。
我拿出证据时，你们谁愿意听就听
但你们必会甘心屈服；
我的证据会带来安慰，
若你们欣然接受事实。
是自然律则而非雷霆或是约夫的

Of thunder, or of Jove. Great Saturn, thou
Hast sifted well the atom-universe;
But for this reason, that thou art the King,
And only blind from sheer supremacy,
One avenue was shaded from thine eyes,
Through which I wandered to eternal truth.
And first, as thou wast not the first of powers,
So art thou not the last; it cannot be:
Thou art not the beginning nor the end.
From Chaos and parental Darkness came
Light, the first fruits of that intestine broil,
That sullen ferment, which for wondrous ends
Was ripening in itself. The ripe hour came,
And with it Light, and Light, engendering
Upon its own producer, forthwith touched
The whole enormous matter into life.
Upon that very hour, our parentage,
The Heavens, and the Earth, were manifest:
Then thou first born, and we the giant race,
Found ourselves ruling new and beauteous realms.
Now comes the pain of truth, to whom 'tis pain—
O folly! For to bear all naked truths,
And to envisage circumstance, all calm,
That is the top of sovereignty. Mark well!
As Heaven and Earth are fairer, fairer far
Than Chaos and blank Darkness, though once chiefs;

And as we show beyond that Heaven and Earth
In form and shape compact and beautiful,
In will, in action free, companionship,
And thousand other signs of purer life;
So on our heels a fresh perfection treads,
A power more strong in beauty, born of us
And fated to excel us, as we pass
In glory that old Darkness: nor are we
Thereby more conquered, than by us the rule
Of shapeless Chaos. Say, doth the dull soil

暴力致我们陷落。伟大的萨图恩，
你已仔细检查过原子宇宙的情况；
但是，由于你是君王，
无上的权利让你盲目，
蒙蔽双眼看不清前路，
致使我徘徊路上到达不了真理。
首先，你不是象征权利的始祖，
也不是权利的终结；不可能是：
你不是开始也不是结束。
从混乱和家族黑暗中诞生了光
内斗的最初结果
阴郁的动乱，有着惊奇的目的
正在自身中成熟。
成熟时刻的来临，带来了光。
光，自诞生以来，
立即为所触万物赋予了生命。
就在那时，我们的父母，
天和地，变得清晰明显：
然后你就成为长子，我们巨神族，
发现自己统治着全新美丽的疆土。
真理的痛苦随之而来，对我们的确是痛苦——
啊，愚蠢！因为要承受所有赤裸裸的真相，
平静地面对各种情境，
这就是权利的最高点。好好记住！
因为天和地更加美丽，
比混沌和至黑要美丽得多，虽然他们也是曾经的王者；

而我们又在天和地之上，
形态就更加坚实和美丽，
意志坚定，行动自由，有人陪伴，
还有无数显示生命更纯洁的标志；
接踵而至的便是全新的尽善尽美，
更加美丽，青出于蓝注定胜于蓝，
当我们荣耀地战胜那黑暗的时刻：
我们虽然被征服，
但我们已统治了无形的混沌。
请问：那片枯燥无聊的土地

Quarrel with the proud forests it hath fed,
And feedeth still, more comely than itself?
Can it deny the chiefdom of green groves?
Or shall the tree be envious of the dove
Because it cooeth, and hath snowy wings
To wander wherewithal and find its joys?
We are such forest-trees and our fair boughs
Have bred forth, not pale solitary doves,
But eagles golden-feathered, who do tower
Above us in their beauty, and must reign
In right thereof. For 'tis the eternal law
That first in beauty should be first in might.
Yea, by that law, another race may drive
Our conquerors to mourn as we do now.
Have ye beheld the young God of the Seas,
My dispossessor? Have ye seen his face?
Have ye beheld his chariot, foamed along
By noble winged creatures he hath made?
I saw him on the calmèd waters scud,
With such a glow of beauty in his eyes,
That it enforced me to bid sad farewell
To all my empire: farewell sad I took,
And hither came, to see how dolorous fate
Had wrought upon ye; and how I might best
Give consolation in this woe extreme.
Receive the truth, and let it be your balm.'
Whether through posed conviction, or disdain,
They guarded silence, when Oceanus
Left murmuring, what deepest thought can tell?
But so it was; none answered for a space,
Save one whom none regarded, Clymene;
And yet she answered not, only complained,
With hectic lips, and eyes up-looking mild,
Thus wording timidly among the fierce:
'O Father, I am here the simplest voice,
And all my knowledge is that joy is gone,
And this thing woe crept in among our hearts,

会跟它哺育的，比自己更美，
骄傲的森林争吵吗？它仍在哺育
它能否认绿色丛林的统领地位吗？
还是说，树木应该妒忌鸽子，
就因为鸽子会咕咕叫，拥有雪白的翅膀
能够自由翱翔，寻找快乐？
我们就是这样的树木，我们美丽的枝干
哺育的不是灰白孤独的鸽子，
而是羽毛金黄的苍鹰，
在我们头顶展示它们的壮美，
也必须用它们的权利进行统治。
因这是永恒的律则，最美的应该最有力量。
是，按照这条律则，其他族群可以像我们
现在这般也让我们的征服者哀伤。
你们见过夺走了我位置的年轻的海洋之神？
你们看见过他的脸吗？
你们见过他的战车吧，
由他创造的带翼的生灵所驮？
我看到他在平静的水面疾驰，
眼中闪耀着那样美丽的光芒，
迫使我悲伤地告别我的帝国
悲伤告别之后，我来到这里，
看悲惨的命运如何折磨你们，
看我如何在这极度痛苦之时
给予你们最大安慰。
接受事实，让它成为你们的安慰剂。”
借既定之罪或蔑视，
他们守护着沉默，而那个奥西娜斯
只能低语，又能说什么深刻的想法？
但即便这样；还是没有人做出回答，
除谁都不注意的一个人，克吕墨涅；
但她并没有回答，只是抱怨着，
嘴唇泛红，眼睛温和地仰视着，
在一众凶猛的人中她怯怯说道：
“哦，父亲，我此处人微言轻，
我所了解的就是快乐已逝，
悲伤悄悄爬上我们的心头，

There to remain for ever, as I fear.	我担心，它会永远占据于此。
I would not bode of evil, if I thought	我不预测不幸，即使我认为
So weak a creature could turn off the help	如此弱小的生灵能够拒绝
Which by just right should come of mighty Gods;	大力众神们所给予的帮助；
Yet let me tell my sorrow, let me tell	但请让我诉说我的哀伤，让我诉说
Of what I heard, and how it made me weep,	我的听闻，以及这些事情如何让我
And know that we had parted, from all hope.	伤心落泪，我知道已失去所有希望。
I stood upon a shore, a pleasant shore,	我站在岸边，欢乐的岸边，
Where a sweet clime was breathed from a land	由那岸上吹来甜美的气息
Of fragrance, quietness, and trees, and flowers.	饱含芬芳与宁静，还有树木和花朵。
Full of calm joy it was, as I of grief;	充满祥和的欢乐，而我却饱尝痛苦；
Too full of joy and soft delicious warmth;	满溢欢乐还有轻柔甜蜜的温暖；
So that I felt a movement in my heart	以至让我内心感受到一阵悸动
To chide, and to reproach that solitude	用那悲惨的歌谣，哀伤的音乐，
With songs of misery, music of our woes;	来批评谴责那种孤独；
And sat me down, and took a mouthèd shell	我坐下来，拿起张着嘴的贝壳，
And murmured into it, and made melody—	对着它窃窃私语，奏起了乐曲——
O melody no more! For while I sang,	啊，乐曲消失！因为我唱歌时，
And with poor skill let pass into the breeze	没有技巧，只化作了一阵微风
The dull shell's echo, from a bowery strand	贝壳的低沉回音，来自那对面
Just opposite, an island of the sea,	海岛上树荫浓密的岸边，
There came enchantment with the shifting wind,	随着不定的风吹来了一阵欢愉，
That did both drown and keep alive my ears.	让我双耳浸入其中却依然听得见其他声音。
I threw my shell away upon the sand,	我把贝壳扔到那沙滩上，
And a wave filled it, as my sense was filled	海浪淹没了它，正如我的感官
With that new blissful golden melody.	被那新谱写的金色幸福的乐曲所淹没一般。
A living death was in each gush of sounds,	每一阵声响，每一组急促兴奋的音符，
Each family of rapturous hurried notes,	都诉说着生不如死的悲惨命运，
That fell, one after one, yet all at once,	音符一个接一个落下，然后又全落下，
Like pearl beads dropping sudden from their string;	像是突然从线上脱落的珍珠般掉落；
And then another, then another strain,	然后另一个，另一个曲调，
Each like a dove leaving its olive perch,	都像那离开自己栖息的橄榄枝的鸽子，
With music winged instead of silent plumes,	助它飞翔的是音乐而不是无声的羽毛，
To hover round my head, and make me sick	在我的头顶盘旋，让我既欢乐又悲伤。
Of joy and grief at once. Grief overcame,	悲伤占据了上风，
And I was stopping up my frantic ears,	我正在堵上我狂乱的耳朵，
When, past all hindrance of my trembling hands,	此时，克服了我那颤抖的双手的阻碍，

A voice came sweeter, sweeter than all tune,
And still it cried, "Apollo! young Apollo!
The morning-bright Apollo! young Apollo!"
I fled, it followed me, and cried "Apollo!"
O Father, and O Brethren, had ye felt
Those pains of mine—O Saturn, hadst thou felt,
Ye would not call this too indulged tongue
Presumptuous, in thus venturing to be heard.'
So far her voice flowed on, like timorous brook
That, lingering along a pebbled coast,
Doth fear to meet the sea: but sea it met,
And shuddered; for the overwhelming voice
Of huge Enceladus swallowed it in wrath:
The ponderous syllables, like sullen waves
In the half-glutted hollows of reef-rocks,
Came booming thus, while still upon his arm
He leaned—not rising, from supreme contempt:
'Or shall we listen to the over-wise,
Or to the over-foolish, Giant-Gods?
Not thunderbolt on thunderbolt, till all
That rebel Jove's whole armoury were spent,
Not world on world upon these shoulders piled
Could agonize me more than baby-words
In midst of this dethronement horrible.
Speak! Roar! Shout! Yell! Ye sleepy Titans all.
Do ye forget the blows, the buffets vile?
Are ye not smitten by a youngling arm?
Dost thou forget, sham Monarch of the Waves,
Thy scalding in the seas? What, have I roused
Your spleens with so few simple words as these
O joy! For now I see ye are not lost:
O joy! For now I see a thousand eyes
Wide-glaring for revenge!'—As this he said,
He lifted up his stature vast, and stood,

一个声音传来，甜美胜过所有的曲调，
它大喊道：'阿波罗[1]！年轻的阿波罗！
朝霞般明亮的阿波罗！年轻的阿波罗！'
我逃走了，它追着我，喊着'阿波罗！'
啊，父亲！啊，同胞们！
你们感受到了我的痛苦——
啊，萨图恩！你感受到了的话，
你就不会说我讲话肆无忌惮了
胆敢让人听到。"
她的发言继续，像害羞的小溪
流连在满地都是鹅卵石的岸边，
害怕见到大海：但终究还是会见到大海，
颤抖着；因庞大的恩刻拉多斯的震慑声
并将它吞没于愤怒之中：
音节沉重，像波浪恼怒
在半开口的礁石空洞里，
大声轰鸣，然而他依旧倚着自己的胳膊——
没从无上的蔑视中起身：
"或许我们应该听一下聪明过头
或愚蠢过头的巨神怎么说，众神？
不要以雷电对抗雷电，直到
叛军约夫[2]的所有兵械用光，
这些人肩膀担负起一个又一个的世界
都不如失去王位后的儿语令我更加痛苦。
说吧！吼吧！喊吧！叫吧！沉睡的提坦们！
你们难道忘了所受的打击，邪恶的冲击吗？
你们没被年轻的手臂痛击过吗？
难道都忘了，假冒的海浪之王，
在海里受尽折磨？我是否用这些简单的话语
激起了你的怒气？
啊，欢乐！因为现在我看你们没有迷失：
啊，欢乐！因为现在我看到了无数双眼
充斥着复仇的怒火！"——他如是说着，
他挺起巨身，站起来，

1 阿波罗（Apollo）：古希腊神话中司掌光明、预言、音乐和医药之神，消灾解难之神。也就是光明之神，太阳之神。他和月神辛西娅（阿耳忒弥斯或黛安、黛安娜）是孪生兄妹。
2 约夫（Jove）：希腊神话中的宙斯，在罗马神话中叫朱庇特。

Still without intermission speaking thus:
'Now ye are flames, I'll tell you how to burn,
and purge the ether of our enemies;
How to feed fierce the crooked stings of fire,
And singe away the swollen clouds of Jove,
Stifling that puny essence in its tent.
O let him feel the evil he hath done;
or though I scorn Oceanus's lore,
Much pain have I for more than loss of realms:
The days of peace and slumbrous calm are fled;
Those days, all innocent of scathing war,
When all the fair Existences of heaven
Came open-eyed to guess what we would speak—
That was before our brows were taught to frown,
Before our lips knew else but solemn sounds;
That was before we knew the wingèd thing,
Victory, might be lost, or might be won.
And be ye mindful that Hyperion,
Our brightest brother, still is undisgraced—
Hyperion, lo! His radiance is here!'
All eyes were on Enceladus's face,
And they beheld, while still Hyperion's name
Flew from his lips up to the vaulted rocks,
A pallid gleam across his features stern—
Not savage, for he saw full many a God
Wroth as himself. He looked upon them all,
And in each face he saw a gleam of light,
But splendider in Saturn's, whose hoar locks
Shone like the bubbling foam about a keel
When the prow sweeps into a midnight cove.
In pale and silver silence they remained,
Till suddenly a splendour, like the morn,
Pervaded all the beetling gloomy steeps,
All the sad spaces of oblivion,
And every gulf, and every chasm old,
And every height, and every sullen depth,
Voiceless, or hoarse with loud tormented streams;

没有停下，继续说道：
“现在你们是火焰，我告诉你们如何燃烧，
如何净化我们仇敌的苍穹；
如何能喂饱那火焰的毒刺，
把约夫那膨胀的云朵烤焦，
把稚弱的精魂扼杀在萌芽。
哦，让他感受一下他所犯下的邪恶之事；
虽然我藐视奥西娜斯的学识，
我的痛苦比失去的疆土更甚：
和平与宁静的日子一去不返；
那些没有战争苦痛的日子，
那时候天上所有美丽的神仙
睁大眼睛猜想我们会说什么——
那是在我们还不会皱眉之前，
在我们口中只会说出庄严的话语之前；
在我们认识那长翼的少女之前，
胜利，可能失去，或许会获得。
你们要记住，海伯利安，
我们最伟大的兄弟，仍披荣耀——
海伯利安，看！他的光芒在此！”
大家都盯着恩刻拉多斯的脸庞，
他们注视着，海伯利安的名字
从他的唇边飞向拱状的石岩顶，
一道道白光划过他坚定的面庞——
并不凶残，因为他见过许多神
像他一样的愤怒。他看着众神，
在每张脸上他都看到了一道光，
但是萨图恩尤其辉煌，他灰白的卷发
像船身龙骨上的飞沫般闪耀
当船头扎进那深夜里的港湾。
他们待在银灰色的寂静之中，
忽然一道灿烂的晨光，
笼罩所有阴暗的巉岩，
所有的悲伤都被遗忘，
每一道深渊，每一个古老的峡谷，
每一座高峰，每一个阴暗的深谷，
被吵闹的溪流冲刷得无声或嘶哑；

And all the everlasting cataracts,
And all the headlong torrents far and near,
Mantled before in darkness and huge shade,
Now saw the light and made it terrible.
It was Hyperion: a granite peak
His bright feet touched, and there he stayed to view
The misery his brilliance had betrayed
To the most hateful seeing of itself.
Golden his hair of short Numidian curl,
Regal his shape majestic, a vast shade
In midst of his own brightness, like the bulk
Of Memnon's image at the set of sun
To one who travels from the dusking East:
Sighs, too, as mournful as that Memnon's harp,
He uttered, while his hands contemplative
He pressed together, and in silence stood.
Despondence seized again the fallen Gods
At sight of the dejected King of Day,
And many hid their faces from the light:
But fierce Enceladus sent forth his eyes
Among the brotherhood; and, at their glare,
Uprose Iäpetus, and Creüs too,
And Phorcus, sea-born, and together strode
To where he towered on his eminence.
There those four shouted forth old Saturn's name;
Hyperion from the peak loud answered, 'Saturn!'
Saturn sat near the Mother of the Gods,
In whose face was no joy, though all the Gods
Gave from their hollow throats the name of 'Saturn!'

所有永恒流淌的那些瀑布，
远近之处向前奔腾的激流，
之前笼罩在黑暗巨影之中，
现在看到光，变得更可怕。
那是海伯利安：双脚发光，
踏在花岗岩顶他驻足观看
他的光芒所能揭示的悲惨
看到的是他最痛恨的景象。
他那金色的努米底亚[1]式的短卷发，
他的身躯庄严宏伟，
在自己的光辉中映出巨大的阴影，
犹如日暮之时那门农[2]的身形一般
出现在从昏暗东方来的旅人面前；
也在叹息，如门农的竖琴般悲伤
他说道，他的双手紧握着
他默默地站着，冥思苦想。
陷落的众神再次陷入悲伤
看到沮丧的白昼之王，
众神又遮住脸避开光：
但是凶猛的恩刻拉多斯把目光投向众弟兄，
在他们的注视之下，
伊阿珀托斯站了起来，克留斯也站了起来，
还有海中诞生的福尔库斯，一起大步向前，
走到他屹立的地方。
就在那里四神一起呼唤着老萨图恩的名字；
海伯利安在顶峰上高声回应：“萨图恩！”
萨图恩坐在众神之母的旁边，
她脸上没有笑容，尽管众神
从他们空洞的喉咙里呼喊着“萨图恩！”。

BOOK III

Thus in alternate uproar and sad peace,
Amazèd were those Titans utterly.
O leave them, Muse! O leave them to their woes;

第三卷

喧嚣和悲伤寂寥交替，
提坦们感到十分惊奇。
啊，放手吧，缪斯！啊，让他们继续痛苦；

1 努米底亚（Numidia）：北非古国，位于今阿尔及利亚北部。
2 门农（Memnon）：埃及底比斯城附近阿孟霍特普三世的巨大石像，每天在日出时发出竖琴声。公元 170 年经罗马皇帝修复后不再发声。

For thou art weak to sing such tumults dire:
A solitary sorrow best befits
Thy lips, and antheming a lonely grief.
Leave them, O Muse! for thou anon wilt find
Many a fallen old Divinity
Wandering in vain about bewildered shores.
Meantime touch piously the Delphic harp,
And not a wind of heaven but will breathe
In aid soft warble from the Dorian flute;
For lo! 'tis for the Father of all verse.
Flush every thing that hath a vermeil hue,
Let the rose glow intense and warm the air,
And let the clouds of even and of morn
Float in voluptuous fleeces o'er the hills;
Let the red wine within the goblet boil,
Cold as a bubbling well; let faint-lipped shells,
On sands, or in great deeps, vermilion turn
Through all their labyrinths; and let the maid
Blush keenly, as with some warm kiss surprised.
Chief isle of the embowered Cyclades,
Rejoice, O Delos, with thine olives green,
And poplars, and lawn-shading palms, and beech,
In which the Zephyr breathes the loudest song,
And hazels thick, dark-stemmed beneath the shade:
Apollo is once more the golden theme!
Where was he, when the Giant of the Sun
Stood bright, amid the sorrow of his peers?
Together had he left his mother fair
And his twin-sister sleeping in their bower,
And in the morning twilight wandered forth
Beside the osiers of a rivulet,
Full ankle-deep in lilies of the vale.

因为你不能歌唱如此骚乱的悲惨：
那孤独的悲伤最适合
你的嘴唇，颂唱寂寞的悲伤。
啊，放手吧，缪斯！因为你很快就会发现
许多沦落的老一辈神祇
在困惑的岸边空切徘徊。
同时还虔诚地抚弄着德尔斐竖琴，
天空的每阵风都在多利安[1]长笛上
奏出那婉转轻柔的音乐
看哪！这一切都是为了诗歌之父。
让沾染红色气息的东西瞬时发红，
让玫瑰更加鲜艳明亮，点燃空气
让那朝云以及暮云
一团团地飘过山峦；
让杯中的红酒沸腾
冰冷得像汩汩冒泡的井水，
让沙滩上、深海里双唇微张的贝壳
周身变为朱红色，让少女满脸通红
像被突然吻了一下。
那座树木茂密的基克拉迪群岛[2]的主要岛屿
啊，德洛斯岛[3]，和绿色橄榄树一起欢乐吧，
白杨树，荫蔽草地的棕榈树，还有山毛榉，
西风之神[4]在此唱出她那最嘹亮的歌声，
繁茂的榛子树，深深地扎根于阴影之中。
阿波罗再一次成为金色的主旋律！
当太阳神在众神的悲伤中站了起来，
他在哪里？
他已离开他美丽的母亲和孪生妹妹[5]
她俩仍在睡梦中，
在晨间的曙光中，
在溪边的柳树旁，
在山谷间没过脚踝的百合丛中前行。

1　多利安（Dorian）：古希腊的一个民族。
2　基克拉迪群岛（Cyclades）：这些岛屿属希腊，在爱琴海南部。其中的主岛德洛斯岛（Delos Isle）相传为阿波罗的诞生地。阿波罗为希腊神话中的太阳神，也是音乐之神和诗神之首。
3　德洛斯岛（Delos）：爱琴海西南部的希腊岛屿，希腊神话中阿波罗和阿耳忒弥斯的诞生地。
4　西风之神（Zephyr）：指西风神泽费罗斯（Zephyrus）。
5　这里指阿波罗的母亲，即女神勒托，以及阿波罗的孪生妹妹阿耳忒弥斯，即月神。

The nightingale had ceased, and a few stars
Were lingering in the heavens, while the thrush
Began calm-throated. Throughout all the isle
There was no covert, no retirèd cave
Unhaunted by the murmurous noise of waves,
Though scarcely heard in many a green recess.
He listened, and he wept, and his bright tears
Went trickling down the golden bow he held.
Thus with half-shut suffusèd eyes he stood,
While from beneath some cumbrous boughs hard by
With solemn step an awful Goddess came,
And there was purport in her looks for him,
Which he with eager guess began to read
Perplexed, the while melodiously he said:
'How cam'st thou over the unfooted sea?
Or hath that antique mien and robed form
Moved in these vales invisible till now?
Sure I have heard those vestments sweeping o'er
The fallen leaves, when I have sat alone
In cool mid-forest. Surely I have traced
The rustle of those ample skirts about
These grassy solitudes, and seen the flowers
Lift up their heads, as still the whisper passed.
Goddess! I have beheld those eyes before,
And their eternal calm, and all that face,
Or I have dreamed.' — 'Yes,' said the supreme shape,
'Thou hast dreamed of me; and awaking up
Didst find a lyre all golden by thy side,
Whose strings touched by thy fingers, all the vast
Unwearied ear of the whole universe
Listened in pain and pleasure at the birth
Of such new tuneful wonder. Is't not strange
That thou shouldst weep, so gifted? Tell me, youth,
What sorrow thou canst feel; for I am sad

夜莺停止了鸣叫，
天空中还有几颗徘徊的星星眨着眼，
画眉也闭口不言。
整个岛上没有可以隐蔽藏身的洞穴
能躲避那海浪无休无止的喧闹之声
虽然在许多绿色山坳里几乎听不到。
他倾听，他哭泣，晶莹的泪珠
都滴落在他手中的金色弓箭上。
他站着，眼睛半闭，噙满泪水，
从繁茂的树枝下面走来了一位
步伐庄严令人生畏的女神
他感到她的神情里有意图
他急切猜想，困惑地查看，
然后他用悦耳的声音说道：
“你如何从无路可走的海上而来？
还是说，古老的神采，着长袍者
在山谷中游走直到现在才被看见？
的确我听到过长袍抚过落叶之声
那是我独坐寂寥的丛林深处之时。
那的确是我宽大裙摆
掠过草地时的沙沙声
看到过那花儿抬起头
那飒飒声依然在飘过。
女神！我曾经见到过这双眼睛，
眼里蕴含永恒的宁静，那张脸，
我所梦见过的。”——“是的”，
无上的女神便说道：“你确实梦到过我，
醒来发现，你身边有一把纯金里尔琴[1]，
你的手指拨动着那琴弦，
整个宇宙不疲倦的耳朵
在听到初次演奏的新乐曲时悲喜交加。
拥有如此天赋却还流泪
这难道不奇怪吗？告诉我，年轻人，
是什么让你悲伤？

1 里尔琴（lyre）:（古希腊的）七弦竖琴。

When thou dost shed a tear. Explain thy griefs
To one who in this lonely isle hath been
The watcher of thy sleep and hours of life,
From the young day when first thy infant hand
Plucked witless the weak flowers, till thine arm
Could bend that bow heroic to all times.
Show thy heart's secret to an ancient Power
Who hath forsaken old and sacred thrones
For prophecies of thee, and for the sake
Of loveliness new born.' —Apollo then,
With sudden scrutiny and gloomless eyes,
Thus answered, while his white melodious throat
Throbbed with the syllables: 'Mnemosyne!
Thy name is on my tongue, I know not how;
Why should I tell thee what thou so well seest?
Why should I strive to show what from thy lips
Would come no mystery? For me, dark, dark,
And painful vile oblivion seals my eyes:
I strive to search wherefore I am so sad,
Until a melancholy numbs my limbs;
And then upon the grass I sit, and moan,
Like one who once had wings. O why should I
Feel cursed and thwarted, when the liegeless air
Yields to my step aspirant? Why should I
Spurn the green turf as hateful to my feet?
Goddess benign, point forth some unknown thing:
Are there not other regions than this isle?
What are the stars? There is the sun, the sun!
And the most patient brilliance of the moon!
And stars by thousands! Point me out the way
To any one particular beauteous star,
And I will flit into it with my lyre,
And make its silvery splendour pant with bliss.
I have heard the cloudy thunder. Where is power?
Whose hand, whose essence, what Divinity

因为你流泪我会伤心。把你的悲伤
说给在这个寂寞的岛上守护你睡眠
以及生命的人听
从你小手无意识地采摘嫩花的幼儿
时期到你的臂膀能
英雄般地将弓拉开。
把你内心的所有秘密都吐露给一位
已经放弃古老神圣宝座的老神听听
为了你所有的预言，
为了新生的爱。”——然后阿波罗
双眼明亮，仔细审视，
然后回答道，他发出纯洁优美声音的喉咙
也随之震动：“摩涅莫绪涅！”
你的名字就在我嘴边，我不知道这是为何；
我为什么要告诉你自己也看得真切的东西？
为什么我要努力告诉你，你说的并不神秘？
因为对我来说，黑暗、还是黑暗，
痛苦可恶的遗忘遮住了我的眼睛，
我努力追寻着我如此悲伤的原因，
直到忧郁麻痹了我的四肢；
然后我坐在草地上，悲叹，
就像我曾经拥有过翅膀一样。哦！
为什么我会有挫败感，被那怨念
无主的天空渴望臣服于我的脚步？
为什么我会愤恨踢向绿色的草地？
慈祥的女神，指出了未知的事件：
除了这座岛之外还有其他地方吗？
星星算是什么？有太阳，有太阳！
还有那个月亮的无限光辉！
数不清的星！请向我指出
通向任何一颗美丽星辰的道路，
我会带上我的里尔琴移居于此，
让它的银色光芒随祝福而跃动。
我听到了闷雷之声。权力在哪？
谁的手，谁在指使，哪位神明

Makes this alarum in the elements,
While I here idle listen on the shores
In fearless yet in aching ignorance?
O tell me, lonely Goddess, by thy harp,
That waileth every morn and eventide,
Tell me why thus I rave, about these groves!
Mute thou remainest—mute! Yet I can read
A wondrous lesson in thy silent face:
Knowledge enormous makes a God of me.
Names, deeds, grey legends, dire events, rebellions,
Majesties, sovran voices, agonies,
Creations and destroyings, all at once
Pour into the wide hollows of my brain,
And deify me, as if some blithe wine
Or bright elixir peerless I had drunk,
And so become immortal. —Thus the God,
While his enkindlèd eyes, with level glance
Beneath his white soft temples, steadfast kept
Trembling with light upon Mnemosyne.
Soon wild commotions shook him, and made flush
All the immortal fairness of his limbs—
Most like the struggle at the gate of death;
Or liker still to one who should take leave
Of pale immortal death, and with a pang
As hot as death's is chill, with fierce convulse
Die into life: so young Apollo anguished.
His very hair, his golden tresses famed
Kept undulation round his eager neck.
During the pain Mnemosyne upheld
Her arms as one who prophesied. —At length
Apollo shrieked—and lo! From all his limbs
Celestial….

在自然力量[1]中制造出这场惊慌?
而我则悠闲地坐在那岸边倾听
毫无畏惧却又因无知而痛苦着。
啊，请告诉我吧，孤独的女神，
用你日夜悲鸣的竖琴，告诉我，
告诉我，为什么我在丛林里咆哮!
你还继续沉默不语——沉默不语!
但我能从你安静的脸庞读到奇妙的信息：
无穷无尽的学问和知识让我成为神仙。
名字、功绩、旧传说、悲惨事件、反叛、
王权、君王的口吻、痛苦、
创立、毁灭，所有的一切
都涌入我空旷的脑海之中，
奉我为神，好像我曾喝过
无与伦比的美酒佳酿一般，
并永垂不朽。——而神，
双目有神，太阳穴光柔
坚定地平视摩涅莫绪涅，
眼睛因为放射出的光而颤抖。
很快狂暴的骚乱便撼动了他，
让他永恒美好的四肢顿时充斥光芒——
就像在死亡之门前的挣扎；
或许更像是向苍白不朽的死亡告别
痛苦之烈就如同死亡之冷
伴随着那非常剧烈的抽搐
由死入生：因此年轻的阿波罗极度痛苦。
他的头发，他那所有人所知的金色头发，
在他急切的脖颈处晃动。
痛苦之中像预言家一样
摩涅莫绪涅举起了双臂。——
阿波罗终于尖叫起来——瞧！用尽全力
升天了……

1 自然力量（elements），此处指公元前 5 世纪古希腊学者恩培多克勒（Empedocles，前 495—约前 435）的四元素说。该学说认为自然界的万物都是由火、气、水、土四种元素构成。罗马诗人奥维德进一步解释说，一切物质都是由土、水、风（空气）和火这四种元素构成的。他说："我认为这无穷的宇宙包含着四种元素，一切事物都由此产生。四者之中，土与水因重浊而下降，另一对即空气与火因轻清而上升，无人能使之下沉。"（《变形记》）其实，此说就是源于古希腊哲学家恩培多克勒的四元素说。

2. The Fall of Hyperion: A Dream

CANTO I

Fanatics have their dreams, wherewith they weave
A paradise for a sect; the savage too
From forth the loftiest fashion of his sleep
Guesses at Heaven: pity these have not
Traced upon vellum or wild Indian leaf
The shadows of melodious utterance.
But bare of laurel they live, dream, and die;
For Poesy alone can tell her dreams,
With the fine spell of words alone can save
Imagination from the sable charm
And dumb enchantment. Who alive can say,
'Thou art no Poet—mayst not tell thy dreams'?
Since every man whose soul is not a clod
Has visions, and would speak, if he had loved,
And been well nurtured in his mother tongue.
Whether the dream now purposed to rehearse
Be Poet's or Fanatic's will be known
When this warm scribe my hand is in the grave.
Methought I stood where trees of every clime,
Palm, myrtle, oak, and sycamore, and beech,
With plantain, and spice-blossoms, made a screen—
In neighbourhood of fountains, by the noise
Soft-showering in mine ears, and, by the touch
Of scent, not far from roses. Turning round,
I saw an arbour with a drooping roof
Of trellis vines, and bells, and larger blooms,
Like floral censers, swinging light in air;
Before its wreathèd doorway, on a mound
Of moss, was spread a feast of summer fruits,
Which, nearer seen, seemed refuse of a meal
By angel tasted, or our Mother Eve;
For empty shells were scattered on the grass,
And grape-stalks but half bare, and remnants more,
Sweet-smelling, whose pure kinds I could not know.

2. 海伯利安的陨落：一个梦境

卷一

狂热者做梦，用梦境编织
一派天堂；蛮族人也同样，
从这种最高深莫测的睡梦
臆测天堂：可惜二者不曾
在羊皮纸或野生印度贝叶上追溯到
那些悦耳诗语的影子。
他们没有诗意般活着、做梦、死亡；
因为只有诗神才能够讲述她的梦境，
只有文字的魔力才能
把想象从阴暗的魔咒
和不能言说的妖术中拯救。世人可能说，
“你不是诗人——也不能讲述你的梦吗？”
因为每个灵魂都不是土块做成的人
都有愿景，也愿意表达，只要曾经
在母语中得到过爱和受过良好培养。
不管眼下即将上演的是什么样的梦
是诗人还是狂热者之梦，自会见分晓，
在我这温暖的写作之手葬于坟墓之时。
我立足之处有各地的树木，
棕榈树、桃金娘和橡树、悬铃木、山毛榉
和车前草，还有那香料花，形成屏风——
喷泉附近，有声响传来，
轻柔地沐浴着我的双耳，
不远处还有玫瑰的馨香。
一转身，我看见一处藤架
顶上垂下藤蔓，铃铛和许多花朵，
如炼花炉一般，在空中轻轻摇曳；
花环装饰的门前土丘上长着苔藓，
铺摆着各种各样夏季水果的盛宴，
走近一看，仿佛天使或夏娃母亲
刚品尝过的一餐；
空贝壳散落草地，
葡萄茎半裸，还有更多其他残迹，
闻来香甜，我纯粹没见过的餐品。

Still was more plenty than the fabled horn
Thrice emptied could pour forth at banqueting
For Proserpine returned to her own fields,
Where the white heifers low. And appetite
More yearning than on earth I ever felt
Growing within, I ate deliciously;
And, after not long, thirsted, for thereby
Stood a cool vessel of transparent juice,
Sipped by the wandered bee, the which I took,
And, pledging all the mortals of the world,
And all the dead whose names are in our lips,
That full draught is parent of my theme.
No Asian poppy, nor elixir fine
Of the soon-fading jealous Caliphat;
No poison gendered in close monkish cell,
To thin the scarlet conclave of old men,
Could so have rapt unwilling life away.
Among the fragrant husks and berries crushed,
Upon the grass I struggled hard against
The domineering potion; but in vain –
The cloudy swoon came on, and down I sunk,
Like a Silenus on an antique vase.
How long I slumbered 'tis a chance to guess.
When sense of life returned, I started up
As if with wings; but the fair trees were gone,
The mossy mound and arbour were no more.
I looked around upon the carved sides
Of an old sanctuary with roof august,
Builded so high, it seemed that filmed clouds
Might spread beneath, as o'er the stars of heaven.
So old the place was, I remembered none
The like upon the earth: what I had seen
Of grey cathedrals, buttressed walls, rent towers,
The superannuations of sunk realms,
Or Nature's rocks toiled hard in waves and winds,

他们在宴会之上畅饮之酒
比传说中号角的三倍还多，
因着珀耳塞福涅回到自己的领地，
那里白色小母牛哞哞叫。那食欲
比我人间感受过的都要强，
流连于其间，我开怀朵颐；
不久后便渴了，因为附近
立着个凉爽汁液的透明容器，
漫游的蜜蜂啜饮着，
我以之敬所有苍生，
敬所有名字挂在我们嘴边的逝者，
一饮而尽。这草稿是我主题之初。
行将落没满怀嫉妒之意的哈里发
没有亚洲罂粟，也没有灵丹妙药；
密闭的僧侣室中亦无其他可用药，
以减少老人们罪恶的密谋集会，
如此原本就可以强制夺走生命。
在碾碎的芳香果壳和浆果之间，
我在那草地上与这厉害的饮剂
顽强地做斗争；但终归是徒劳——
铺天盖地的昏晕袭来，我倒了下去，
就好似古董花瓶上的西勒诺斯[1]。
不妨猜猜我沉睡了多久。
生命重新回到体内时，我飞起来了
仿佛生了翅膀；但美丽树木消失了，
生苔土丘和藤架全消失了。
我环视着屋顶甚是威严的
古老神殿四周的绘画雕刻，
神殿建得这般高，那薄薄的云
似乎飘在下面，如同苍穹之星。
此地年代太过久远，人间所见
与之迥然不同：我在那里只见
灰色大教堂、扶壁、残垣塔楼、
沉没王国的遗址，或是那海浪
以及狂风剧烈侵蚀的自然岩石，

1　西勒诺斯（Silenus）：希腊神话中半人半羊的森林诸神首领，酒神的养父和师傅，其形象是一个醉醺醺的骑驴者。

Seemed but the faulture of decrepit things
To that eternal domed monument.
Upon the marble at my feet there lay
Store of strange vessels and large draperies,
Which needs had been of dyed asbestos wove,
Or in that place the moth could not corrupt,
So white the linen; so, in some, distinct
Ran imageries from a sombre loom.
All in a mingled heap confused there lay
Robes, golden tongs, censer and chafing-dish,
Girdles, and chains, and holy jewelleries—
Turning from these with awe, once more I raised
My eyes to fathom the space every way—
The embossèd roof, the silent massy range
Of columns north and south, ending in mist
Of nothing, then to eastward, where black gates
Were shut against the sunrise evermore.
Then to the west I looked, and saw far off
An Image, huge of feature as a cloud,
At level of whose feet an altar slept,
To be approached on either side by steps,
And marble balustrade, and patient travail
To count with toil the innumerable degrees.
Towards the altar sober-paced I went,
Repressing haste, as too unholy there;
And, coming nearer, saw beside the shrine
One ministering; and there arose a flame.
When in mid-Mayst the sickening East wind
Shifts sudden to the south, the small warm rain
Melts out the frozen incense from all flowers,
And fills the air with so much pleasant health
That even the dying man forgets his shroud –
Even so that lofty sacrificial fire,
Sending forth Maian incense, spread around
Forgetfulness of everything but bliss,

似乎都不过是些破败的残迹，
向那些永恒的圆顶古迹致敬。
我脚下的大理石上放着很多
奇怪的器皿以及巨大的帷幔，
由业已着色的石棉编织而成，
或许飞蛾在上面也不会腐烂，
亚麻布那样洁白；故可清楚看到
昏暗织布机上绣着一些独特纹样。
一切都混在一起，乱成一团。
长袍、金钳、香炉以及边炉，
腰带、锁链和神圣珠宝——
我心怀敬畏转身，再次仰望
从四面八来方来端详这里——
上方是浮雕屋顶，寂静的巨大石柱
自北向南排开，消失在虚无薄雾中。
东边那些黑色的大门朝
着日出的方向永远紧闭。
向西我远远就能看见
一尊云朵般大的神像，
他脚下卧着一座祭坛，
通向祭坛的台阶两旁有大理石栏杆，
我便耐着性子拾级而上，
吃力数着数不清的台阶。
我步伐冷静地走向祭坛，
压着匆匆脚步，在此以免不够虔诚；
走得更近一点，看见神龛旁边
有个主事；随即一团火焰燃起。
五月中旬，孱弱的东风
突然南移，温暖的微雨
融解了所有花朵封冻的香气，
让空中充盈着那舒适的生气，
即使垂死之人也会忘记裹尸布——
尽管那高耸入云的祭祀之火，
使得那玛雅[1]的焚香四散开来，
叫人忘却一切，只留下欢乐，

1 玛雅（Maian）：罗马神话中的女神，专门司管春天和生命。

And clouded all the altar with soft smoke,
From whose white fragrant curtains thus I heard
Language pronounced: 'If thou canst not ascend
These steps, die on that marble where thou art.
Thy flesh, near cousin to the common dust,
Will parch for lack of nutriment—thy bones
Will wither in few years, and vanish so
That not the quickest eye could find a grain
Of what thou now art on that pavement cold.
The sands of thy short life are spent this hour,
And no hand in the universe can turn
Thy hourglass, if these gummèd leaves be burnt
Ere thou canst mount up these immortal steps.'
I heard, I looked: two senses both at once,
So fine, so subtle, felt the tyranny
Of that fierce threat, and the hard task proposed.
Prodigious seemed the toil; the leaves were yet
Burning—when suddenly a palsied chill
Struck from the pavèd level up my limbs,
And was ascending quick to put cold grasp
Upon those streams that pulse beside the throat.
I shrieked; and the sharp anguish of my shriek
Stung my own ears—I strove hard to escape
The numbness, strove to gain the lowest step.
Slow, heavy, deadly was my pace: the cold
Grew stifling, suffocating, at the heart;
And when I clasped my hands I felt them not.
One minute before death, my iced foot touched
The lowest stair; and as it touched, life seemed
To pour in at the toes: I mounted up,
As once fair Angels on a ladder flew
From the green turf to Heaven. 'Holy Power,'
Cried I, approaching near the hornèd shrine,
'What am I that should so be saved from death?
What am I that another death come not
To choke my utterance sacrilegious, here?'
Then said the veilèd shadow: 'Thou hast felt

轻烟也袅袅缠绕着整个祭坛，
从洁白芬芳的窗帘，我听到
有人在说："如果你不能沿着
这些台阶走上来，就会死于石阶。
你的肉体就和一般尘土一样无异，
没有滋养便会枯干——你的骨头
几年内便会腐烂，你就这样消失，
你脚下冰冷的石阶上连最锐利的
眼睛也找不见一粒你自己的尘埃。
你短暂的生命之沙就在此刻漏尽，
宇宙中没有任何一个人可以转动
你的沙漏，除非这些树胶叶子燃烧前，
你能够登上这些不朽的台阶。"
听着、看着，两种感觉立刻让我觉得
严酷紧迫感如此美好、微妙，
艰巨的任务已经提出并布置。
需付出千辛万苦；树叶已开始
燃烧——突然一阵麻痹的寒意
从地面袭上我的四肢，
又很快地继续蔓延至
我那喉边跳动的血管。
我尖叫；剧痛的尖叫
刺痛了我自己的耳朵——我奋力想挣脱
那麻木之感，迈过最低的台阶。
我的步伐缓慢、沉重，如死一般：寒冷
正在我的心间逐渐蔓延，令人窒息；
紧握双手时，我已经感觉不到它们。
死前一分钟，我一只冰冷的脚碰到
最低的台阶；触碰之时，生命似乎
从脚趾倾泻而入：我升到空中，
就像之前阶梯上那美丽的天使
从绿地飞上天堂。"神的力量，"
我喊道，一边靠近有角的圣殿，
"我是谁，竟能从死亡中得救？
我又是什么，若再没有死亡能
把我亵渎神明的话语扼杀于此？"
蒙面纱的影子说："你已感受过

What 'tis to die and live again before
Thy fated hour. That thou had power to do so
Is thy own safety; thou hast dated on
Thy doom.' 'High Prophetess,' said I, 'purge off,
Benign, if so it please thou, my mind's film.'
'None can usurp this height,' returned that shade,
'But those to whom the miseries of the world
Are misery, and will not let them rest.
All else who find a haven in the world,
Where they mayst thoughtless sleep away their days,
If by a chance into this fane they come,
Rot on the pavement where thou rotted'st half.'
'Are there not thousands in the world,' said I,
Encouraged by the sooth voice of the shade,
'Who love their fellows even to the death;
Who feel the giant agony of the world;
And more, like slaves to poor humanity,
Labour for mortal good? I sure should see
Other men here: but I am here alone.'
'They whom thou spak'st of are no visionaries,'
Rejoined that voice— 'They are no dreamers weak,
They seek no wonder but the human face;
No music but a happy-noted voice—
They come not here, they have no thought to come—
And thou art here, for thou art less than they—
What benefit canst thou do, or all thy tribe,
To the great world? Thou art a dreaming thing,
A fever of thyself. Think of the Earth;
What bliss even in hope is there for thou?
What haven? Every creature has its home;
Every sole man has days of joy and pain,
Whether his labours be sublime or low—
The pain alone; the joy alone; distinct:
Only the dreamer venoms all his days,
Bearing more woe than all his sins deserve.
Therefore, that happiness be somewhat shared,
Such things as thou art are admitted oft

命定时刻之前
死而复生的滋味。有权这么做，
事关你的安危；你已经和死亡
打过照面。”“尊敬的先知，”我便说道，
“善意地消除我心上的迷雾，如果你愿意。”
“没人能到达这般高度，”那个影子回答，
“除了那些以世人之苦难为己之苦难，
并因此为之所困而不能得以安眠的人。
而世间所有其他那些找到栖身处的人，
可能无所思索，日日安睡，虚度光阴，
如若可能碰巧来到这座神庙，
也会腐烂于那半腐的石阶上。”
“世间不是有千千万万人？”我说道，
那是因为影子的柔声所鼓舞，
“他们爱自己的同胞，至死不渝；
他们感受着人世间那巨大的痛苦；
很多人，如那些人性可怜的奴隶，
为世俗之利不辞辛苦？我当看看
这里其他人：可这儿只有我自个。”
“你所说的那些人并不是空想家，”
那声音接着说——“他们不是软弱的梦想家，
他们追求人脸而非奇迹；
追寻快乐节拍而非音乐——
他们不会来到这里，也不想到这里来——
而你却在这里，是因为你比他们软弱——
你和你的同类们又能
对这偌大人间有什么裨益呢？你活在梦中，
为自己狂热。想想这人间吧；
你能有什么快乐哪怕希望呢？
有什么栖身之所呢？万物皆有自己的家园；
每个人都有快乐和痛苦的日子，
不论他的劳动是崇高还是卑微——
单是痛苦；单是欢乐；很分明：
只有梦想家才会荼毒他的一生，
痛苦比他所有罪恶当受的更多。
因此，你便可以得到几分快乐，
你作品里时常言及的那种快乐，

Into like gardens thou did pass erewhile,
And suffered in these temples; for that cause
Thou standest safe beneath this statue's knees.'
'That I am favoured for unworthiness,
By such propitious parley medicined
In sickness not ignoble, I rejoice—
Ay, and could weep for love of such award.'
So answered I, continuing, 'If it please,
Majestic shadow, tell me: sure not all
Those melodies sung into the world's ear
Are useless: sure a poet is a sage,
A humanist, physician to all men.
That I am none I feel, as vultures feel
They are no birds when eagles are abroad.
What am I then? Thou spakest of my tribe:
What tribe?' —The tall shade veiled in drooping white

Then spake, so much more earnest, that the breath
Moved the thin linen folds that drooping hung
About a golden censer from the hand
Pendent. —'Art thou not of the dreamer tribe?
The poet and the dreamer are distinct,
Diverse, sheer opposite, antipodes.
The one pours out a balm upon the world,
The other vexes it.' Then shouted I,
Spite of myself, and with a Pythia's spleen,
'Apollo! faded, far-flown Apollo!
Where is thy misty pestilence to creep
Into the dwellings, through the door crannies,
Of all mock lyrists, large self-worshippers
And careless hectorers in proud bad verse.
Though I breathe death with them it will be life
To see them sprawl before me into graves.
Majestic shadow, tell me where I am,
Whose altar this; for whom this incense curls;

就像不久前你经过了那座花园，
又在这些庙宇受苦；正因如此，
你现在安全地站在这尊雕像膝下。”
“我本不配得到这恩惠，
饮下谈判这剂苦口良药，
患上并非不光彩的疾病，我高兴——
啊，我可以为爱这等奖赏而哭泣。”
我继而回答，“如果有可能的话，
尊敬的影子，请你肯定地告诉我：
并非所有唱给世人的旋律
都没有用处：诗人是智者，
也是人道主义者，还是所有人的医生。
这些我从不曾感受过，就像秃鹫那般，
野外有老鹰存在，它们便算不得鸟类。
那我又是什么呢？你说到我的同类们：
什么同类？”——高大的影子就隐在垂下的白纱中
说得更加认真，就连那呼吸都吹动了
亚麻面纱浅浅的褶皱，
手中持一只金色香炉，
向外伸出——“你不属梦想家那一类？
诗人和梦想家截然不同，
千差万别，完全对立，俨然就是两极。
一个向世间吐露着芬芳，
一个为世间增添着烦恼。”我便喊道，
被附体那般，带着皮提亚[1]的那股怒气，
“阿波罗！已经颓堕，远飞的阿波罗！
你如雾的瘟疫在那里蔓延，
从门缝穿入那漠不关心自吹自擂者的居所，
他们无病呻吟，自我崇拜，
自鸣得意，粗制滥造诗节。
尽管我们一道呼吸，同样会死去，但时间
会见证他们比我早进坟墓。
尊贵的影子，请告诉我现在何处，
这祭坛为谁而建，香又为谁而卷；

1 皮提亚（Pythia）：古希腊德尔斐城阿波罗神殿的女主祭司。

What image this, whose face I cannot see,
For the broad marble knees; and who thou art,
Of accent feminine so courteous?'
Then the tall shade, in drooping linens veiled,
Spake out, so much more earnest, that her breath
Stirred the thin folds of gauze that drooping hung
About a golden censer from her hand
Pendent; and by her voice I knew she shed
Long-treasured tears. 'This temple, sad and lone,
Is all spared from the thunder of a war
Foughten long since by giant hierarchy
Against rebellion; this old image here,
Whose carved features wrinkled as he fell,
Is Saturn's; I Moneta, left supreme
Sole priestess of his desolation.'
I had no words to answer, for my tongue,
Useless, could find about its roofèd home
No syllable of a fit majesty
To make rejoinder to Moneta's mourn.
There was a silence, while the altar's blaze
Was fainting for sweet food: I looked thereon,
And on the pavèd floor, where nigh were piled
Faggots of cinnamon, and many heaps
Of other crispèd spice-wood—then again
I looked upon the altar, and its horns
Whitened with ashes, and its languorous flame,
And then upon the offerings again;
And so by turns—till sad Moneta cried:
'The sacrifice is done, but not the less
Will I be kind to thou for thy goodwill.
My power, which to me is still a curse,
Shalt be to thou a wonder; for the scenes
Still swooning vivid through my globèd brain,

这是谁的神像，我看不见那宽阔
大理石膝盖遮住的脸；你又是谁，
女性柔美的口吻，这般彬彬有礼？”
这高大的影子，在亚麻面纱后面，
说得愈发认真，连呼吸
都搅动了垂下的薄纱褶。
她手里持一只金色香炉
伸向外；通过她的声音，我知道她流下
许久不曾滴落的泪。“这神庙，悲伤孤独，
最终幸免于战争的雷火，
长期是权力争夺的战场；
这里的旧神像
刻的是萨图恩；他倒下时，
脸上镌着皱纹；我摩涅塔[1]，
是他废墟上唯一留下的至尊女祭司。”
我无话可答，因为我的话语，
没能找到可以庇护它的去处。
没有一个合适的庄严的音节
可作为回应摩涅塔的哀悼。
四下一片寂静，祭坛之火燃着馨香木料
而暗淡无光，我由此看到，
铺砌的地面上，几乎堆满
成捆肉桂柴火，还有许多
其他干脆的香木——然后
我再次看向祭坛和祭坛上的角
为灰烬染白，还有倦怠的火焰，
然后看向那些祭品；
依次看过去——直到哀伤的摩涅塔喊道：
“献祭完成，但因你心存善意，
不会让我削弱减少对你的善待。
我的力量，于我而言仍是诅咒，
于你则将是神迹；一幕幕
仍清晰地在我大脑里眩晕，

1　摩涅塔（Moneta）：即摩涅莫绪涅，希腊神话中司记忆、语言、文字的女神，十二提坦之一，在罗马神话中被称作摩涅塔。

With an electral changing misery,
Thou should with those dull mortal eyes behold,
Free from all pain, if wonder pain thou not.'
As near as an immortal's sphered words
Could to a mother's soften, were these last:
But yet I had a terror of her robes,
And chiefly of the veils, that from her brow
Hung pale, and curtained her in mysteries
That made my heart too small to hold its blood.
This saw that Goddess, and with sacred hand
Parted the veils. Then saw I a wan face,
Not pined by human sorrows, but bright-blanched
By an immortal sickness which kills not;
It works a constant change, which happy death
Can put no end to; deathwards progressing
To no death was that visage; it had passed
The lily and the snow; and beyond these
I must not think now, though I saw that face—
But for her eyes I should have fled away.
They held me back, with a benignant light,
Soft-mitigated by divinest lids
Half-closed, and visionless entire they seemed
Of all external things—they saw me not,
But in blank splendour beamed like the mild moon,
Who comforts those she sees not, who knows not
What eyes are upward cast. As I had found
A grain of gold upon a mountain's side,
And twinged with avarice strained out my eyes
To search its sullen entrails rich with ore,
So at the view of sad Moneta's brow
I ached to see what things the hollow brain
Behind enwombèd; what high tragedy
In the dark secret chambers of her skull
Was acting, that could give so dread a stress
To her cold lips, and fill with such a light
Her planetary eyes; and touch her voice
With such a sorrow—'Shade of Memory!'

我的痛苦也在不断地加深，
你将以凡人俗眼看到一切，
一点不会痛苦，如若神迹不会让你痛苦。”
女神最后的这几句话
愈发如同母亲的柔语：
但我仍惧怕她的长袍，
主要是她眉际的面纱
苍白地悬落，将她罩在神秘之下，
使得我小小的心脏容却不下血液。
这时我看女神用圣手
拨开面纱。我看到一张发白的脸，
并非人类哀伤的苍白，而是亮白，
由一种恒久疾病所致，并不致命；
不断地起着变化，连快乐的死亡
也无法阻止；死亡的逼近也无法
毁灭那面容；已白过了
百合和雪花；除了这些，
我如今再想不到，虽然我看到了那张脸——
要不是她的那双眼睛，我早已逃之夭夭。
仁慈的目光把我拉回来，
由神圣的眼皮轻轻遮盖
半闭着，它们似看不到
一切外物——包括了我，
但闪着空茫的光，如同那轮轻柔的月亮，
安慰着那些她看不见的，谁也不知道的
世人所不屑的人。如同我发现了
山脚下的一粒金子，
就去探寻那矿石蕴含的隐秘财富，
如同贪婪刺痛双眼，
我看到了哀伤的摩涅塔眉头紧蹙，
我渴望看她空洞的大脑藏着什么；
什么样极度的悲剧
正在她头颅的幽暗的密室里上演，
给她冰冷的嘴唇这般可怕的压力，
又使她星辰般眼睛充满这样的光；
为她的声音抹上这般的悲伤痛苦
——“记忆之影！”

Cried I, with act adorant at her feet,
'By all the gloom hung round thy fallen house,
By this last temple, by the golden age,
By great Apollo, thy dear foster child,
And by thyself, forlorn divinity,
The pale Omega of a withered race,
Let me behold, according as thou said'st,
What in thy brain so ferments to and fro.'
No sooner had this conjuration passed
My devout lips, than side by side we stood
(Like a stunt bramble by a solemn pine)
Deep in the shady sadness of a vale,
Far sunken from the healthy breath of morn,
Far from the fiery noon and eve's one star.
Onward I looked beneath the gloomy boughs,
And saw, what first I thought an image huge,
Like to the image pedestalled so high
In Saturn's temple. Then Moneta's voice
Came brief upon mine ear: 'So Saturn sat
When he had lost his realms.' Whereon there grew
A power within me of enormous ken
To see as a God sees, and take the depth
Of things as nimbly as the outward eye
Can size and shape pervade. The lofty theme
At those few words hung vast before my mind,
With half-unravelled web. I set myself
Upon an eagle's watch, that I might see,
And seeing ne'er forget. No stir of life
Was in this shrouded vale, not so much air
As in zoning of a summer's day
Robs not one light seed from the feathered grass,
But where the dead leaf fell there did it rest.
A stream went voiceless by, still deadened more
By reason of the fallen divinity
Spreading more shade; the Naiad 'mid her reeds
Pressed her cold finger closer to her lips.
Along the margin-sand large footmarks went

我在她脚边祷告，
“以笼罩你陷落居所的所有阴暗，
以这最后的神殿，以这黄金时代，
以伟大的阿波罗，你亲爱的养子，
并以你自己，孤零的神啊，
颓败神族苍白的终章，
让我得见，如你所言，
什么在你脑中这般来来回回发酵。”
我虔诚地念完这祷语，
我们便已经并排站在
（如同荆棘有幸站在庄严的松树旁）
阴暗悲谷的幽深之处，
这里的气息与那清新的晨间，
炽热正午和傍晚的星辰相比，低沉得多。
我向前望见幽暗的树枝下面，
最初我以为是尊巨大的神像，
那就像萨图恩神庙里
高筑的那尊。随后摩涅塔一句简短的话
传入我耳朵中：“那坐着的便是萨图恩
他那时已失去了王国。”就此我的体内
生出一种力量，而且视野无比开阔，
我能看见神之所见，看到事物深处，
如同肉眼一般的灵活，
可参透万物大小和形状。崇高的主题，
这几个巨字如同半解开的网
悬在我的脑海中。我让自己
有鹰一般的视力，如此我便可以看到，
并永生难忘我所见。这荫蔽的山谷
没有一丝生气，不似夏天那
般应该有的蓬勃生机，
羽状草地上一粒轻的种子也没被吹走，
只能躺那在枯叶掉落的地方。
一条小溪在无声地流过那里，
愈发死寂，神迹的衰落扩散
更多阴霾；芦苇中水泽女仙
把冰冷手指向嘴唇贴得更近。
沿着沙地边缘走过的大脚印，

No farther than to where old Saturn's feet	在老萨图恩歇脚之处不再继续向前。
Had rested, and there slept—how long a sleep!	他在那儿睡觉——睡了长长的一觉！
Degraded, cold, upon the sodden ground	颓堕、寒冷、衰老的右手垂于湿地，
His old right hand lay nerveless, listless, dead,	麻木无力，无精打采，也死气沉沉，
Unsceptred; and his realmless eyes were closed,	神权已失；他眼神涣散，双眼阖闭，
While his bowed head seemed listening to the Earth,	低着头，仿佛正聆听着大地的声音，
His ancient mother, for some comfort yet.	向那古老的母亲，想求得一些安慰。
It seemed no force could wake him from his place;	此时似乎没有什么力量能把他叫醒；
But there came one who, with a kindred hand	不过来了一个人，崇敬地弯下腰身，
Touched his wide shoulders, after bending low	用和他相似的手，抚他宽阔的肩膀
With reverence, though to one who knew it not.	尽管萨图恩并不知情。
Then came the grieved voice of Mnemosyne,	然后传来了摩涅莫绪涅悲哀的声音，
And grieved I hearkened. 'That divinity	我留心听着，也很悲伤。"那位神灵，
Whom thou saw'st step from yon forlornest wood,	你从远方至荒林隔着几步远见到的，
And with slow pace approach our fallen King,	那位慢步走近我们失去权力的神王
Is Thea, softest-natured of our brood.'	是忒亚，她在我们一族中性情最柔。"
I marked the goddess in fair statuary	我对这位女神美丽塑像的初次印象
Surpassing wan Moneta by the head,	胜过了皮肤白皙的摩涅塔，
And in her sorrow nearer woman's tears.	她的悲哀更接近女人流泪，
There was a listening fear in her regard,	她怯于倾听，
As if calamity had but begun;	仿佛那大灾难才刚刚开始；
As if the vanward clouds of evil days	仿佛预示黑暗岁月的乌云先锋
Had spent their malice, and the sullen rear	已耗尽其恶意，而阴沉的后卫
Was with its storèd thunder labouring up.	却正携万钧雷霆欲迎头赶上。
One hand she pressed upon that aching spot	她一只手按在那疼痛的地方，
Where beats the human heart, as if just there,	那里跳动着人类的心脏，仿佛即使身为女神，
Though an immortal, she felt cruel pain;	她也同样地感受到了剧烈的痛苦；
The other upon Saturn's bended neck	另一只手放在萨图恩弯曲的脖颈。
She laid, and to the level of his hollow ear	她俯下身，张开嘴唇
Leaning with parted lips, some words she spake	在他耳边说了几句话，
In solemn tenor and deep organ tune,	喉咙深处的庄严之声，
Some mourning words, which in our feeble tongue	就是一些哀悼的话语，用人类无力的语言讲出来
Would come in this-like accenting—how frail	将是这样——与早期诸神的
To that large utterance of the early Gods!—	宏伟语调相比是多么无力啊！——
'Saturn! Look up—and for what, poor lost King?	"萨图恩！抬起头——何以这般，可怜失势的神王？

I have no comfort for thou, no—not one;
I cannot cry, wherefore thus sleepest thou?
For Heaven is parted from thou, and the Earth
Knows thou not, so afflicted, for a God;
And Ocean too, with all its solemn noise,
Has from thy sceptre passed, and all the air
Is emptied of thine hoary Majesty.
Thy thunder, captious at the new command,
Rumbles reluctant o'er our fallen house;
And thy sharp lightning, in unpractised hands,
Scorches and burns our once serene domain.
With such remorseless speed still come new woes
That unbelief has not a space to breathe.
Saturn! Sleep on. Me thoughtless, why should I
Thus violate thy slumbrous solitude?
Why should I ope thy melancholy eyes?
Saturn, sleep on, while at thy feet I weep.'
As when, upon a trancèd summer-night,
Forests, branch-charmèd by the earnest stars,
Dream, and so dream all night without a noise,
Save from one gradual solitary gust,
Swelling upon the silence; dying off;
As if the ebbing air had but one wave—
So came these words, and went; the while in tears
She pressed her fair large forehead to the earth,
Just where her fallen hair might spread in curls,
A soft and silken mat for Saturn's feet.
Long, long those two were postured motionless,
Like sculpture builded-up upon the grave
Of their own power. A long awful time
I looked upon them: still they were the same;
The frozen God still bending to the earth,
And the sad Goddess weeping at his feet;
Moneta silent. Without stay or prop,
But my own weak mortality, I bore
The load of this eternal quietude,
The unchanging gloom, and the three fixèd shapes

我不是来安慰你——不，完全不是；
我不能哭泣，你为何这样瞌睡？
因为天与你相离，地与你相弃，
对于神而言，是如此痛苦煎熬；
还有那海，伴着庄严的喧嚣声，
从你的权杖那里逃逸了，
你古老的威严荡然无存。
你的雷霆，不愿听命新王指示，
勉强在吾陷落的故土隆隆作响；
你锐利的闪电，在一双生手上，
烧灼着我们那曾经平静的领地。
新的灾难仍在无情地快速降临，
不依不饶，没有可喘息的空间。
萨图恩！接着睡。我思虑不周，
为何这样来打破你沉睡的孤寂？
我为何要让你睁开忧郁的眼睛？
萨图恩，睡吧，我就在你脚边哭泣。”
宛若一个恍惚的夏夜，
森林树枝被热忱的星星施了法，
做起了梦，整夜不出声地做梦，
只有一阵孤独的狂风渐渐刮起，
在寂静中膨胀又消止；
宛如潮水退去的空气只剩一丝波浪——
她边说话，边流着泪
把她那美丽宽大的额头贴在地上，
她垂下的头发在地面打卷的地方，
为萨图恩铺成了柔软光滑的脚垫。
他们俩久久地保持着这样的姿势，
就像岩洞里自然形成的雕像一般。
时间长得可怕，
我看着他们：他们仍保持着原样；
封冻的神仍俯身向着大地，
悲哀的女神在他脚下哭泣；
摩涅塔没说话。没什么可以支撑，
只有我自己虚弱的生命，我忍着
这永恒寂静的负荷，
无变化的阴暗和三个定柱的形体，

Ponderous upon my senses a whole moon.
For by my burning brain I measured sure
Her silver seasons shedded on the night,
And every day by day methought I grew
More gaunt and ghostly. Oftentimes I prayed
Intense, that death would take me from the vale
And all its burthens. Gasping with despair
Of change, hour after hour I cursed myself—
Until old Saturn raised his faded eyes,
And looked around and saw his kingdom gone,
And all the gloom and sorrow of the place,
And that fair kneeling Goddess at his feet.
As the moist scent of flowers, and grass, and leaves,
Fills forest dells with a pervading air
Known to the woodland nostril, so the words
Of Saturn filled the mossy glooms around,
Even to the hollows of time-eaten oaks,
And to the windings in the foxes' hole,
With sad low tones, while thus he spake, and sent
Strange musings to the solitary Pan:
'Moan, brethren, moan; for we are swallowed up

And buried from all godlike exercise
Of influence benign on planets pale,
And peaceful sway above man's harvesting,
And all those acts which deity supreme
Doth ease its heart of love in. Moan and wail.
Moan, brethren, moan; for lo! The rebel spheres
Spin round, the stars their ancient courses keep,
Clouds still with shadowy moisture haunt the earth,
Still suck their fill of light from sun and moon,
Still buds the tree, and still the sea-shores murmur.
There is no death in all the universe,
No smell of death—there shalt be death—moan, moan,

一轮满月沉重地压抑着我的感官。
我以快速工作的大脑准确地测量，
确信月亮的银光会在暗夜里流逝，
每天我都觉得自己变得更加憔悴，
形同幽灵。我时常热切地祈祷着
死亡能带我离开这个山谷，带走
所有负荷。我绝望地祈求着改变，
一小时又一小时地诅咒自己——
直到老萨图恩抬起他暗淡的眼睛，
环顾四周，看着他已失去的王国，
这个地方所有的阴郁和悲伤，
还有跪在他脚边的美丽女神。
花朵、青草和叶子的潮湿气味，
充斥着空气，弥漫森林之谷，
这样一来萨图恩的那些话语，
充满着四周绿苔覆盖的阴暗，
甚至填满岁月侵蚀的橡树洞，
还有那个蜿蜒崎岖的狐狸洞，
他一边用低沉的哀音诉说着，
一边向孤独的潘神[1]传达奇异的沉思：
"悲叹，弟兄们，悲叹啊；因我们被彻底吞没了
再无法行使一切的神权，
无法维系行星良好运转，
无法平静安排人类农收，
无法全部参与那至高无上神的行动，
将那在悲叹和哀号中爱的心灵抚慰。
悲叹，弟兄们，悲叹；看哪！反叛的势力
在周遭盘旋，星星还沿着它们古老的轨迹，
带着那阴暗湿气的云仍笼罩着大地，
仍然从太阳和月亮中吸取光亮，
树木依然抽芽，海岸依然低语。
整个世间干脆没有死亡的气息
——世间本应有死亡——悲叹，悲叹，

1 潘神（Pan）：希腊神话中半人半羊的山林和畜牧神。

Moan, Cybele, moan; for thy pernicious babes
Have changed a God into a shaking palsy.
Moan, brethren, moan, for I have no strength left,
Weak as the reed—weak—feeble as my voice—
O, O, the pain, the pain of feebleness.
Moan, moan, for still I thaw—or give me help:
Throw down those imps, and give me victory.
Let me hear other groans, and trumpets blown
Of triumph calm, and hymns of festival,
From the gold peaks of heaven's high-pilèd clouds—
Voices of soft proclaim, and silver stir
Of strings in hollow shells; and let there be
Beautiful things made new for the surprise
Of the sky-children—' So he feebly ceased,

With such a poor and sickly sounding pause,
Methought I heard some old man of the earth
Bewailing earthly loss; nor could my eyes
And ears act with that pleasant unison of sense
Which marries sweet sound with the grace of form
And dolorous accent from a tragic harp
With large-limbed visions. More I scrutinized:
Still fixed he sat beneath the sable trees,
Whose arms spread straggling in wild serpent forms,
With leaves all hushed; his awful presence there
(Now all was silent) gave a deadly lie
To what I erewhile heard—only his lips
Trembled amid the white curls of his beard.
They told the truth, though, round, the snowy locks
Hung nobly, as upon the face of heaven
A midday fleece of clouds. Thea arose,
And stretched her white arm through the hollow dark,
Pointing some whither; whereat he too rose
Like a vast giant, seen by men at sea
To grow pale from the waves at dull midnight.

悲叹，西布莉，悲叹吧；你恶毒的孩子
把神变作了行尸走肉。
哀号，弟兄们，哀号吧，我已经没有力气
芦苇般虚弱——衰弱——如我声音微弱——
啊，啊，痛苦，无力的痛苦。
悲叹吧，悲叹，我还在融解——或者帮我：
推翻那些小鬼，助力我凯旋。
让我听听他人悲叹，听到号角为
胜利的平静、节日的颂歌而吹响，
响彻那九霄层云之间的金顶——
那温和的宣告之声，
里尔琴的银弦熠动；
美丽的事物都焕然一新，
让天上的孩子吃惊——”他有气无力地停住了口，

这般又可怜又病态的有声缄默，
我以为我听到了人间某位老人
哀叹尘世的失利；我那眼睛和
耳朵都没办法达成感官的和谐，
把那悦耳之声与优雅体态结合，
把忧郁的竖琴奏出的哀乐声
与气势恢宏的幻想结合。我审视：
他坐在那阴暗的树下一动不动，
胳膊凌乱伸着，形似怪异之蛇，
树叶一片静默；他此刻的颓态
（现在一切都沉寂了）完全暴露
我适才听的只是谎言——仅他的嘴唇
在他白色鬈胡中震颤。
不过，它们所言不假，雪白的
圆形枷锁高悬在天上，
如同正午的天空浮着层云。忒亚起身，
伸出洁白手臂穿过空洞的黑暗，
指向某处；他随即也站了起来，
如出海之人所见到的巨人那般，
在昏沉午夜的海浪中逐渐暗淡。

They melted from my sight into the woods;
Ere I could turn, Moneta cried: 'These twain
Are speeding to the families of grief,
Where roofed in by black rocks they waste, in pain

And darkness, for no hope.' —And she spake on,
As ye mayst read who can unwearied pass
Onward from the antechamber of this dream,
Where even at the open doors awhile
I must delay, and glean my memory
Of her high phrase—perhaps no further dare.

CANTO II

'Mortal, that thou mayststt understand aright,
I humanize my sayings to thine ear,
Making comparisons of earthly things;
Or thou mightst better listen to the wind,
Whose language is to thou a barren noise,
Though it blows legend-laden through the trees—
In melancholy realms big tears are shed,
More sorrow like to this, and such-like woe,
Too huge for mortal tongue, or pen of scribe.
The Titans fierce, self-hid or prison-bound,
Groan for the old allegiance once more,
Listening in their doom for Saturn's voice.
But one of our whole eagle-brood still keeps
His sovereignty, and rule, and majesty;
Blazing Hyperion on his orbèd fire
Still sits, still snuffs the incense teeming up
From man to the sun's God—yet unsecure.
For as upon the earth dire prodigies
Fright and perplex, so also shudders he:
Nor at dog's howl or gloom-bird's even screech,
Or the familiar visitings of one
Upon the first toll of his passing-bell:
But horrors, portioned to a giant nerve,
Make great Hyperion ache. His palace bright,

我眼睁睁看着他们消失于林间；
我还未能够转身，摩涅塔喊道：
“这二人正在一步步坠入悲痛，
他们被关押在黑色的岩石之中，
在那痛苦和黑暗之中消磨殆尽，
因为无希望。”——她接着说，
如你们所知，我不能疲倦地穿过
从这个梦境的前厅继续往前行进，
即便大门开敞，我也得拖一会儿，
从我的记忆中收集她崇高的言语
——或许再不能冒险了。

卷二

“凡人啊，为了你能够正确地理解，
我用听着更像人类的方式向你讲述，
类比那些人间的事物；
或许你更熟悉的风声，
对你来说，它的话只是无聊的噪音，
尽管它满载着传说穿过那树林——
忧郁的国度中，有大滴泪珠洒落；
这般痛苦更多，这样的悲哀更多，
非凡人之舌或作家之笔所能描述。
勇猛的提坦神，或自行躲避，或遭囚禁，
渴望再次能如往日一般效忠，
在困厄中倾听萨图恩的声音。
但整个提坦一族的成员之中
仍有一人握有神权，统治和威严；
浑身烈焰的海伯利安在圣火坛上
静坐着，还嗅着人间供奉太阳神满溢的
香气——然而他的神位并不稳固。
因为世间一有可怕的预兆时人们
便又惊吓又困惑，故而他也战栗：
每当听到犬吠，黑鸟的刺耳尖叫，
或因为丧钟初撞时
有故人的鬼魂拜访：
然而恐惧，汇到海伯利安的神经上，
让这巨神感到疼痛。他明亮的宫殿，

Bastioned with pyramids of glowing gold,
And touched with shade of bronzèd obelisks,
Glares a blood-red through all the thousand courts,
Arches, and domes, and fiery galleries;
And all its curtains of Aurorian clouds
Flush angerly: when he would taste the wreaths
Of incense breathed aloft from sacred hills,
Instead of sweets, his ample palate takes
Savour of poisonous brass and metals sick.
Wherefore, when harboured in the sleepy West,
After the full completion of fair day,
For rest divine upon exalted couch
And slumber in the arms of melody,
He paces through the pleasant hours of ease
With strides colossal, on from hall to hall;
While far within each aisle and deep recess
His wingèd minions in close clusters stand
Amazed, and full of fear; like anxious men,
Who on a wide plain gather in sad troops,
When earthquakes jar their battlements and towers.
Even now, while Saturn, roused from icy trance,
Goes, step for step, with Thea from yon woods,
Hyperion, leaving twilight in the rear,
Is sloping to the threshold of the West—
Thither we tend.' —Now in clear light I stood,
Relieved from the dusk vale. Mnemosyne
Was sitting on a square-edged polished stone,
That in its lucid depth reflected pure
Her priestess-garments. My quick eyes ran on
From stately nave to nave, from vault to vault,
Through bowers of fragrant and enwreathèd light
And diamond-pavèd lustrous long arcades.
Anon rushed by the bright Hyperion;
His flaming robes streamed out beyond his heels,
And gave a roar, as if of earthly fire,
That scared away the meek ethereal Hours,
And made their dove-wings tremble. On he

以熠熠闪光的金塔作为堡垒，
与古铜色方尖碑的阴影相接，
血红的光芒穿透着千阁万室，
拱门、穹顶和炽热的走廊；
以及所有朝霞织成的帷幔
愤怒放光：每当他想品味
那圣山上飘来的阵阵熏香，
他敏感的嗅觉闻到的并非香气，
而是毒黄铜和生锈金属的味道。
为此，他便委身于冷清的西边，
在风平浪静的一天完全结束后，
为在高峻的睡榻上休息，
能在音乐的怀抱中安睡，
他大步走过一间间厅堂，
度过了几刻安逸的时光；
而每条过道和幽深之处；
他带翅的侍从成群站着，
惊诧，又满是恐惧；就像焦虑的凡人
在地震晃动城垛和塔楼之时，
慌张地聚在广阔的平原之上。
此时，萨图恩刚从冰冷的迷昏中醒来，
和忒亚一道，从远方的树林慢步走来，
海伯利安把暮色推后，
斜向西边的门槛而去——
我们去那儿。”现在我站在亮光之下，
从昏暗山谷中解脱出来。谟涅摩绪涅
坐在那磨光的方棱石头上，
它通彻透明，清晰地倒映
她着女祭司服装。我的目光敏捷扫过
一间间殿堂，一座座穹顶，
穿过散发着芳香和光芒的亭榭，
还有钻石铺地晶莹璀璨的拱廊，
海伯利安匆匆闪亮赶来；
烈焰长袍飘在脚跟之外，
发出人间火焰般的咆哮，
吓跑温顺优雅的时序神，
并使他们的鸽翼颤抖着。

flared…

他的翅翼一直在张开着……

3. Endymion: A Poetic Romance

'*The stretched metre of an antique song*'

Inscribed to the memory of Thomas Chatterton

BOOK I

A thing of beauty is a joy for ever:
Its loveliness increases; it will never
Pass into nothingness; but still will keep
A bower quiet for us, and a sleep
Full of sweet dreams, and health, and quiet breathing.
Therefore, on every morrow, are we wreathing
A flowery band to bind us to the earth,
Spite of despondence, of the inhuman dearth
Of noble natures, of the gloomy days,
Of all the unhealthy and o'er-darkened ways
Made for our searching: yes, in spite of all,
Some shape of beauty moves away the pall
From our dark spirits. Such the sun, the moon,
Trees old, and young, sprouting a shady boon
For simple sheep; and such are daffodils
With the green world they live in; and clear rills
That for themselves a cooling covert make
'Gainst the hot season; the mid forest brake,
Rich with a sprinkling of fair musk-rose blooms:

3. 恩底弥翁[1]：诗的浪漫之旅[2]

“一首古老歌谣的续写”

以此纪念托马斯·查特顿[3]

第一卷

凡美的事物就是永恒的喜悦：
它的美好只会有增无已；绝不会
湮灭；而会给我们留下
一处秘境，一个充满
美梦、健康、悠长呼吸的安眠。
由此，每日清晨，我们编制那
艳丽的彩带，将自己羁绊人世，
尽管悲观失望，无情的人缺少
崇高的品质，不管忧愁的岁月，
不管为我们探索设下的那些所有危险黑暗的
道路。是的，抛开一切，某种形式的美
总会为我们揭去
内心的黑幕。如同太阳、月亮，
为那天真的羊群；古树幼苗长得遮阴纳凉；也
如水仙生长的
那一片翠绿世界；还有那清流
为自己准备好凉荫以抵御夏日；
林中灌木点缀富丽的麝香蔷薇：
都是这样的美好事物：

1　恩底弥翁（Endymion）：希腊神话中的美男子，英俊的牧羊人，是卡吕刻（Calyce）与厄利斯国王埃特利俄斯之子，一说为宙斯（Zeus）之子。相传宙斯喜爱他的美貌，把他娶到天上，但恩底弥翁爱上了天后赫拉，宙斯大怒，使他长睡不醒。又一说月神阿耳忒弥斯爱上了他，使他在卡亚（Caria）的拉特摩斯（Latmos）山谷里长睡不醒，以便能长久亲吻这位美少年。本诗中有时出现“凯利亚青年”“拉特摩斯人”等，即指恩底弥翁。恩底弥翁最著名的传说是与月亮女神塞勒涅（Selene）的恋情，据说是恩底弥翁最后处于长眠状态，永葆青春，每夜在睡梦中与塞勒涅相会。

2　济慈的这首《恩底弥翁：诗的浪漫之旅》，共 4 050 行，被称为“诗之传奇”，是济慈诗作中最长的一首。诗人在其 1817 年春写给弟弟乔治的信中（此信现已失传，但同年 10 月 8 日致朋友贝莱的信中有转述）写道：“（该诗）是对我的想象力和创造力的一次考验。”

3　托马斯·查特顿（Thomas Chatterton，1752—1770）是英国诗歌史上最短命的天才。他冒充 15 世纪诗人罗利写出“罗利诗篇”（Rowley），其中有不少精彩的传奇故事。他的诗作虽是伪托，却充分显示出他的才华。他还写有讽刺诗和歌剧。他终因穷困潦倒，而在绝望中自杀，卒年 18 岁。他被看作英国浪漫主义诗歌的先驱之一，成为英国浪漫主义诗人心目中的英雄（屠岸，2020：29）。

And such too is the grandeur of the dooms
We have imagined for the mighty dead;
All lovely tales that we have heard or read—
An endless fountain of immortal drink,
Pouring unto us from the heaven's brink.
Nor do we merely feel these essences
For one short hour; no, even as the trees
That whisper round a temple become soon
Dear as the temple's self, so does the moon,
The passion poesy, glories infinite,
Haunt us till they become a cheering light
Unto our souls, and bound to us so fast,
That, whether there be shine, or gloom o'ercast,
They alway must be with us, or we die.
Therefore, 'tis with full happiness that I
Will trace the story of Endymion.
The very music of the name has gone
Into my being, and each pleasant scene
Is growing fresh before me as the green
Of our own valleys: so I will begin
Now while I cannot hear the city's din;
Now while the early budders are just new,
And run in mazes of the youngest hue
About old forests; while the willow trails
Its delicate amber; and the dairy pails
Bring home increase of milk. And, as the year
Grows lush in juicy stalks, I'll smoothly steer
My little boat, for many quiet hours,
With streams that deepen freshly into bowers.
Many and many a verse I hope to write,
Before the daisies, vermeil-rimmed and white,
Hide in deep herbage; and ere yet the bees
Hum about globes of clover and sweet peas,
I must be near the middle of my story.
O may no wintry season, bare and hoary,
See it half finished; but let Autumn bold,
With universal tinge of sober gold,

同样还有我们对伟人
壮丽命运的想象猜测。
我们所听所读的那些动人故事——
都是永无穷尽、永不枯竭的仙泉，
由那天际流进我们的灵魂深处。
我们对这些事物本质的感受并非
只有短短的一小时；是的，正如
在庙宇旁低语的树木不久会变得，
如庙宇般那样亲切，月亮，
热情的诗歌，无穷的荣耀
伴随我们，直到成为鼓舞
我们灵魂的光。同我们紧密相连，
不论是阴晴还是风雨，
必须始终与我们一起，否则我们就死去。
因此，我满怀着欣喜
追寻恩底弥翁的足迹。
这一动听的名字已经
进入了我的生命，一幕幕美景
在我的眼前活灵活现，
仿佛故乡的绿溪谷：故此刻起，
趁着远离那城市的喧嚣；
趁着新芽冒出的那抹绿，
在古树旧枝间曲折婉转；
趁着那柳枝的挥舞炫耀
初染嫩黄伴着翠绿初苗；
带回家满桶的乳酪。等到岁月更迭，
茎秆饱满，我要轻轻
驾着扁舟，任意东西，
随着溪流进入那阴凉秘境。
我希望在红白镶边的雏菊，
隐入密林前，我能写出好多的诗句，
在蜜蜂绕着三叶草和豌豆花嗡鸣前，

我一定能讲出这一半的故事。
但愿不要在荒凉苍白的冬季
看到它半途而废；只盼最后
让秋高气爽和天地间的金黄

Be all about me when I make an end.
And now at once, adventuresome, I send
My herald thought into a wilderness—
There let its trumpet blow, and quickly dress
My uncertain path with green, that I may speed
Easily onward, thorough flowers and weed.
Upon the sides of Latmos was outspread
A mighty forest; for the moist earth fed
So plenteously all weed-hidden roots
Into o'er-hanging boughs, and precious fruits.
And it had gloomy shades, sequestered deep,
Where no man went; and if from shepherd's keep
A lamb strayed far a-down those inmost glens,
Never again saw he the happy pens
Whither his brethren, bleating with content,
Over the hills at every nightfall went.
Among the shepherds, 'twas believèd ever,
That not one fleecy lamb which thus did sever
From the white flock, but passed unworrièd
By angry wolf, or pard with prying head,
Until it came to some unfooted plains
Where fed the herds of Pan—aye great his gains
Who thus one lamb did lose. Paths there were many,
Winding through palmy fern, and rushes fenny,
And ivy banks; all leading pleasantly
To a wide lawn, whence one could only see
Stems thronging all around between the swell
Of turf and slanting branches: who could tell
The freshness of the space of heaven above,
Edged round with dark tree tops? Through which a dove
Would often beat its wings, and often too
A little cloud would move across the blue.
Full in the middle of this pleasantness
There stood a marble altar, with a tress
Of flowers budded newly; and the dew
Had taken fairy fantasies to strew
Daisies upon the sacred sward last eve,

环绕在我的周围。
现在，我先斗胆
把我的预兆并想法送往荒野——
让其在那吹响号角，迅速地
用绿色打扮我那未知的道路，
可以使我纵情地在娇花野草中徜徉。
可以在拉特摩斯山腰上坐拥着一片
巨大的森林，土地的肥沃，
滋养着野草下交错的树根，
枝丫交错，硕果累累。
树荫浓密，隐匿静谧，
为人迹所罕至；若羊羔离开
牧童的保护，离开这些幽谷
它将再见不到它幸福的圈栏
它那些满足啼叫的弟兄们在
夜幕降临时，翻山走向那里。
牧童们始终都会相信，
任何一只羔羊迷了路，
离了群，在遇到豺狼时
只有低头发抖的份
直到来到安全的平原，
回归潘神的羊群中才可以放心——
这样丢掉一只羊的人利多害少。
羊肠小道穿绕过茂盛的羊齿草，
沼泽地域和那爬满青藤的河岸，
全都通向一片广阔的绿色草地，
那里只见四处茎干聚拢的草丛
和横斜的枝条间：有谁能说出
那片被黑色树梢包围着的天空
有多么的鲜亮？枝丫间有鸽子
振翼飞翔，
云也舒卷变幻，
掠过蓝空。
一座大理石祭坛伫立着，伴有
勃勃花蕾的枝条；前夜的露水
奇思妙想地把雏菊洒满
那片圣洁神奇的绿草地，

And so the dawnèd light in pomp receive.	这样才好盛装迎接曙光。
For 'twas the morn: Apollo's upward fire	正因是早晨：阿波罗的火焰升起，
Made every eastern cloud a silvery pyre	将东方的霓虹染成银堆，
Of brightness so unsullied, that therein	在这样圣洁的光辉之中，
A melancholy spirit well might win	忧郁的灵魂会遗忘一切，
Oblivion, and melt out his essence fine	并且把他的精髓同真谛
Into the winds: rain-scented eglantine	化作清风。雨中野蔷薇
Gave temperate sweets to that well-wooing sun;	把温和芳香赠给真心求爱的太阳。
The lark was lost in him; cold springs had run	那云雀在阳光中纵情飞翔，寒泉
To warm their chilliest bubbles in the grass;	汩汩流淌，去到草丛中暖暖身子。
Man's voice was on the mountains; and the mass	人声回荡徘徊在群山之中；无数
Of nature's lives and wonders pulsed tenfold,	自然的生命和奇迹都在活跃苏醒，
To feel this sun-rise and its glories old.	来感受日出和它悠久古老的荣光。
Now while the silent workings of the dawn	当那天边的暮色曙光悄无声息变
Were busiest, into that self-same lawn	至最忙碌时，一群戴花冠的孩童，
All suddenly, with joyful cries, there sped	突然出现，欢声大喊，
A troop of little children garlanded;	飞奔着跑向那片草地；
Who gathering round the altar, seemed to pry	聚集围在祭坛的四周，
Earnestly round, as wishing to espy	认真四下观望，似乎
Some folk of holiday: nor had they waited	希望能找到过节的人：
For many moments, ere their ears were sated	没多久，他们便听到缥缈的音乐，
With a faint breath of music, which even then	当这音乐渐渐明朗时，
Filled out its voice, and died away again.	又寂静下去稍过了会，
Within a little space again it gave	音乐又轻快婉转起来。
Its airy swellings, with a gentle wave,	飞向林间，
To light-hung leaves, in smoothest echoes breaking	变成那最悦耳的回声
Through copse-clad valleys—ere their death, o'ertaking	穿过密林深谷——在消逝前，
The surgy murmurs of the lonely sea.	追上了荒海浪涛的澎湃之声。
And now, as deep into the wood as we	正如我们能在树林的深处
Might mark a lynx's eye, there glimmered light	看见山猫的锐眼，闪着光
Fair faces and a rush of garments white,	美丽的面庞，白色的裙摆
Plainer and plainer showing, till at last	越来越清晰，一直到最后
Into the widest alley they all passed,	他们都隐入最宽阔的小径，
Making directly for the woodland altar.	径直通向那座林中的祭坛。
O kindly Muse! Let not my weak tongue falter	哦，仁慈的缪斯！别让我讲述
In telling of this goodly company,	这美好同伴的故事时结巴支吾，
Of their old piety, and of their glee:	讲述他们的诚心，他们的欢喜：

But let a portion of ethereal dew
Fall on my head, and presently unmew
My soul—that I may dare, in wayfaring,
To stammer where old Chaucer used to sing.
Leading the way, young damsels danced along,
Bearing the burden of a shepherd song;
Each having a white wicker over-brimmed
With April's tender younglings; next, well trimmed,
A crowd of shepherds with as sunburnt looks
As may be read of in Arcadian books,
Such as sat listening round Apollo's pipe,
When the great deity, for earth too ripe,
Let his divinity o'er flowing die
In music, through the vales of Thessaly;
Some idly trailed their sheep-hooks on the ground,
And some kept up a shrilly mellow sound
With ebon-tippèd flutes; close after these,
Now coming from beneath the forest trees,
A venerable priest full soberly,
Begirt with ministering looks: alway his eye
Steadfast upon the matted turf he kept,
And after him his sacred vestments swept.
From his right hand there swung a vase, milk-white,
Of mingled wine, out-sparkling generous light;
And in his left he held a basket full
Of all sweet herbs that searching eye could cull:
Wild thyme, and valley-lilies whiter still
Than Leda's love, and cresses from the rill.
His agèd head, crownèd with beechen wreath,
Seemed like a poll of ivy in the teeth
Of winter hoar. Then came another crowd
Of shepherds, lifting in due time aloud
Their share of the ditty. After them appeared,

愿你将天国仙露浇灌在我头顶，
即刻就能解放我的灵魂，
让我一路走去时，敢于
在乔叟作诗的地方私语。
年轻的少女一路载歌载舞，
唱着牧羊人的悠扬舞曲，
每人挽着白色的柳条筐，
里面装满了四月的小花。接着，
一群衣着整洁的牧羊人，面孔黝黑，
如同记载世外桃源的书中说的那样，
他们坐下来聆听并欣赏阿波罗吹笛，
为了那成熟的土地，
让自己的神性随着
笛音，消散在塞萨利[1]群谷之中。
有牧童悠闲地把牧杆拖在地上，
有的用乌木横笛吹出
尖锐浑圆的声音；紧跟在他们
后面，从树底下走过来的那位，
是一位可敬的祭司。
面容严肃，
他的目光紧紧盯着草地，
他的祭服在身后飘扬着，
右手拎着只乳白的陶瓶，
盛着晶莹透光的混合酒，
左手挽着只篮子，装满
只有细心人才可以采到的芳草，
百里香，山间百合，洁白赛过
勒达[2]之情郎，还有溪边的水芹。
他苍老的头颅，戴着柏枝花冠，
看上去像一大簇常春藤
抵御着寒冬。然后又来了一群
牧羊人，放声高唱着
他们的歌谣。紧接着又出现了

1　塞萨利（Thessaly）：希腊的一个地区。
2　勒达（Leda）：希腊神话中斯巴达王廷达瑞俄斯之妻。相传主神宙斯用天鹅之形引诱勒达，与她亲近，生出女儿——绝世美人海伦和波吕丢刻斯。这里勒达的情郎喻指天鹅。

Up-followed by a multitude that reared
Their voices to the clouds, a fair-wrought car,
Easily rolling so as scarce to mar
The freedom of three steeds of dapple brown.
Who stood therein did seem of great renown
Among the throng. His youth was fully blown,
Showing like Ganymede to manhood grown;
And, for those simple times, his garments were
A chieftain king's: beneath his breast, half bare,
Was hung a silver bugle, and between
His nervy knees there lay a boar-spear keen.
A smile was on his countenance; he seemed,
To common lookers-on, like one who dreamed
Of idleness in groves Elysian:
But there were some who feelingly could scan
A lurking trouble in his nether lip,
And see that oftentimes the reins would slip
Through his forgotten hands: then would they sigh,
And think of yellow leaves, of owlet's cry,
Of logs piled solemnly. Ah, well-a-day.
Why should our young Endymion pine away?
Soon the assembly, in a circle ranged,
Stood silent round the shrine: each look was changed
To sudden veneration: women meek
Beckoned their sons to silence; while each cheek
Of virgin bloom paled gently for slight fear.
Endymion too, without a forest peer,
Stood, wan, and pale, and with an awèd face,
Among his brothers of the mountain chase.
In midst of all, the venerable priest
Eyed them with joy from greatest to the least,
And, after lifting up his agèd hands,
Thus spake he: 'Men of Latmos! Shepherd bands!
Whose care it is to guard a thousand flocks:
Whether descended from beneath the rocks

一大群
歌声震天的人，跟着精美马车，
车轮在轻巧地转动着，
毫不妨碍三匹花斑马驰骋向前。
车里面的那位，似乎声名极盛。
他正逢青春芳华之时，
像那伽倪墨得斯[1]就要步入壮年。
在那个淳朴的时代，他的衣袍
是酋长的服饰，他半袒的胸前，
挂着一只银白色号角，
他的两膝间夹着支锋利的长矛。
他的脸上洋溢着笑容；
在一般旁观者的眼中，
他就像沉浸在天堂的闲适之中
但也有人能感同身受地察觉到，
他唇间隐匿的那抹久违的烦恼。
也有人能看到那缰绳会不时地：
从他手中滑落，于是不禁叹息，
想到萎黄的树叶，夜枭的悲鸣，
郑重其事堆放的原木。可悲啊，
为什么我们年轻的恩底弥翁会憔悴？
很快这群人站成一圈，
默默地围在神龛四周，
个个面容瞬间变肃穆，
妇女们示意孩子安静；
姑娘的娇容因微微惊恐而略显苍白。
恩底弥翁，没有同伴，
面色憔悴，脸带愁容
站在一同狩猎的弟兄们中间，
在众人中央，那可敬的祭司
欣然地看着他们，
举起苍老的双手，
说道：“拉特摩斯人们啊！牧羊队！
你们的职责是看守成千的羊群；
不论是从山顶的岩石之中穿过，

1　伽倪墨得斯（Ganymede）：希腊神话中被宙斯带去为众神司酒的美少年。

That overtop your mountains; whether come
From valleys where the pipe is never dumb;
Or from your swelling downs, where sweet air stirs
Blue hare-bells lightly, and where prickly furze
Buds lavish gold; or ye, whose precious charge
Nibble their fill at ocean's very marge,
Whose mellow reeds are touched with sounds forlorn
By the dim echoes of old Triton's horn;
Mothers and wives! Who day by day prepare
The scrip, with needments, for the mountain air;
And all ye gentle girls who foster up
Udderless lambs, and in a little cup
Will put choice honey for a favoured youth—
Yea, every one attend! For in good truth
Our vows are wanting to our great god Pan.
Are not our lowing heifers sleeker than
Night-swollen mushrooms? Are not our wide plains
Speckled with countless fleeces? Have not rains
Greened over April's lap? No howling sad
Sickens our fearful ewes; and we have had
Great bounty from Endymion our lord.
The earth is glad: the merry lark has poured
His early song against yon breèzy sky,
That spreads so clear o'er our solemnity.'
Thus ending, on the shrine he heaped a spire
Of teeming sweets, enkindling sacred fire;
Anon he stained the thick and spongy sod
With wine, in honour of the shepherd-god.
Now while the earth was drinking it, and while
Bay leaves were crackling in the fragrant pile,
And gummy frankincense was sparkling bright
'Neath smothering parsley, and a hazy light
Spread greyly eastward, thus a chorus sang:
'O thou, whose mighty palace roof doth hang
From jagged trunks, and overshadoweth

还是从笛声悠扬的山谷中走来，
或从那些和风轻柔的丘陵而来，
那里蓝色的风铃草轻轻地摇曳，
多刺的金雀花尽染金黄；或者
你们，看管的宝贝羊群在海边饱餐，
你们让芦苇接受特里同[1]螺号的共鸣，
而发出那凄凉的音调；
母亲们！妻子们！你们在日复一日
准备去高山的必需品，
还有那温柔的少女们，
你们在照顾着小羊羔，
用小杯盛满蜜糖送给她的意中人——
好了，大家都听着！说句实在话，
我们还没对伟大的牧神潘许下心愿。
难道我们的小母牛不比
一夜长大的蘑菇更光洁？
难道平原上没有遍布着
无数的羊？难道雨水没有洒遍四月
的山谷？狼嚎不曾惊扰我们的母羊；
我们从主人恩底弥翁那得到了巨大
的恩惠。大地上喜气洋洋：欢悦的
百灵鸟在微风轻拂的空中高唱晨歌，
天空如此的明净又清朗。”
说罢，他在神龛上堆起
香草尖塔，点燃起圣火；
随即洒酒于松厚的土地，
来向这位牧神致敬。
大地在痛饮着琼浆，
月桂叶在香堆噼啪作响，
黏稠的乳香爆出了火花
在欧芹的覆盖下，
朦胧的光亮射向东方，响起合唱：
“您啊，您宏伟宫殿的屋顶
从树干间悬下来，用阴影把
看不到的花朵的低语、忧郁、生死，

1 特里同（Triton）：希腊神话中人身鱼尾的海神特里同，常根据其父波塞冬的指令吹起螺号，使海上卷起狂风恶浪。

Eternal whispers, glooms, the birth, life, death
Of unseen flowers in heavy peacefulness;
Who lov'st to see the hamadryads dress
Their ruffled locks where meeting hazels darken;
And through whole solemn hours dost sit, and hearken
The dreary melody of bedded reeds
In desolate places, where dank moisture breeds
The pipy hemlockto strange overgrowth;
Bethinking thee, how melancholy loth
Thou wast to lose fair Syrinx—do thou now—
By thy love's milky brow!—
By all the trembling mazes that she ran—
Hear us, great Pan!'
'O thou, for whose soul-soothing quiet, turtles
Passion their voices cooingly 'mong myrtles,
What time thou wanderest at eventide
Through sunny meadows, that outskirt the side
Of thine enmossèd realms: O thou, to whom
Broad-leavèd fig trees even now foredoom
Their ripened fruitage; yellow-girted bees
Their golden honeycombs; our village leas
Their fairest-blossomed beans and poppied corn;
The chuckling linnet its five young unborn
To sing for thee; low creeping strawberries
Their summer coolness; pent up butterflies
Their freckled wings; yea, the fresh budding year

All its completions—be quickly near,
By every wind that nods the mountain pine,
O forester divine!'
'Thou, to whom every faun and satyr flies
For willing service; whether to surprise
The squatted hare while in half-sleeping fit;
Or upward ragged precipices flit

遮掩在静谧中；
您爱看树神们
在榛树阴影处，
梳理妆容；
您正襟危坐，度过这庄严时光。
聆听着河床上芦苇凄凉的曲调。
这阴冷的潮气培育了针状的铁杉，使它异常茂盛。
您心中想着，多么郁郁不乐地
失去美丽的西琳克丝[1]——您知道——
以您爱人那乳白色的弯眉！——
以她走过的曲径迷廊的名义——
伟大的潘神啊！请聆听我们！”
“哦，为了使您的灵魂能安宁，
斑鸠在桃金娘丛中热情咕鸣，
正值黄昏，您正信步于
阳光遍洒的草地，位于
苔绿领地的边缘。听到
阔叶无花果树向您预报
它们成熟的果实；黄蜜
预报它们那金色的蜂房；
我们村的土地预报着豆花和玉米。
鸣叫的红雀预告五只待生的小鸟
为你歌唱；低爬的草莓
预告夏天的凉意，被幽闭的蝴蝶
预告自己那布满斑点的美丽翅膀。
是呀，春天来了，
一切都准备好了——快快地来吧，
借吹动山松的风之名，
啊，森林中的神祇！”
“您，一切山林牧畜之神
都听从您的驱策。
不论是袭击正在睡梦中的野兔子；
或是飞向陡峭的山壁上面，

1 西琳克丝（Syrinx）：希腊神话中的女神，司掌山林，为牧神潘所爱，但她不爱潘，为了躲避潘，她投入河中，请求河神把她变成了芦苇。潘用那枝芦苇做成了箫（亦作笛）。

To save poor lambkins from the eagle's maw;
Or by mysterious enticement draw
Bewildered shepherds to their path again;
Or to tread breathless round the frothy main,
And gather up all fancifullest shells
For thee to tumble into Naiads' cells,
And, being hidden, laugh at their out-peeping;
Or to delight thee with fantastic leaping,
The while they pelt each other on the crown
With silvery oak apples, and fir cones brown—
By all the echoes that about thee ring,
Hear us, O satyr king!'
'O Hearkener to the loud clapping shears
While ever and anon to his shorn peers
A ram goes bleating; Winder of the horn,
When snouted wild-boars routing tender corn
Anger our huntsmen; Breather round our farms,
To keep off mildews, and all weather harms;
Strange ministrant of undescribèd sounds,
That come a-swooning over hollow grounds,
And wither drearily on barren moors;
Dread opener of the mysterious doors
Leading to universal knowledge—see,
Great son of Dryope,
The many that are come to pay their vows
With leaves about their brows!'
'Be still the unimaginable lodge
For solitary thinkings; such as dodge
Conception to the very bourne of heaven,
Then leave the naked brain; be still the leaven,
That spreading in this dull and clodded earth
Gives it a touch ethereal—a new birth;

把可怜的小羊从鹰嘴救出；
还是用那神秘莫测的方法
把惊讶的牧羊人引回原路；
还是绕着翻腾的大海自由地行走，
收集那些最美丽奇异的各种贝壳，
你把它们倒在那伊阿得的洞穴里，
暗中偷偷嘲笑她们探首窥寻；
又或是看她们用银白色橡果
和棕色松球，互相抛在头上，
然后奋力一跃为你寻得开心——
凭围绕在你四周的声声回响，
听听我们吧，哦，森林之王！”
“啊，听那剪刀咔嚓有声
在一头公羊啼叫着走向剪了毛的
同伴时；在野猪即将因
践踏玉米地而激怒猎人时；
你吹响号角。在我们庄园四周，
你吹气驱逐霉湿的晦气和病害。
你驱散那不可名状的声响，
神情恍惚地走过茫茫大地，
然后凄凉地消逝在荒原上；
你敬畏地打开神秘的门扉，
直通向那无限广博的知识——看，
那伟大的德律奥佩[1]的儿子，
请看这群前来要还愿的，
额前戴着树叶的众生吧！”
“愿你仍是冥想休憩的归宿；
正如你这样逃脱，
把万物起源推脱给仙界天国。
不必白费脑筋，愿你仍然是
散布在沉闷呆钝尘世的酵母，
给它轻灵接触——带来新生；

1 德律奥佩（Dryope）：希腊神话中的山泉女神。德律奥佩是奥卡利亚国王德吕奥普斯的女儿，阿波罗看到德律奥佩与树精们玩耍，情不自禁地爱上了她。于是阿波罗就变作一只乌龟去接近德律奥佩。当德律奥佩捡起这只乌龟时，它又突然变成了一条蛇，这样一来就把树精们吓跑了。阿波罗得以一亲德律奥佩的芳颜，德律奥佩为阿波罗生下了男孩安菲苏斯，日后他创建了奥特（Oeti）城。后来树精们劫掠了德律奥佩，把她也变成了树精。之后在德律奥佩遭到绑架的地方只留下一棵白杨树和一道泉水。

Be still a symbol of immensity;
A firmament reflected in a sea;
An element filling the space between,
An unknown—but no more! We humbly screen
With uplift hands our foreheads, lowly bending,
And giving out a shout most heaven rending,
Conjure thee to receive our humble paean,
Upon thy Mount Lycean!'
Even while they brought the burden to a close,
A shout from the whole multitude arose,
That lingered in the air like dying rolls
Of abrupt thunder, when Ionian shoals
Of dolphins bob their noses through the brine.
Meantime, on shady levels, mossy fine,
Young companies nimbly began dancing
To the swift treble pipe, and humming string.
Ay, those fair living forms swam heavenly
To tunes forgotten—out of memory;
Fair creatures! Whose young children's children bred
Thermopylae its heroes—not yet dead,
But in old marbles ever beautiful.
High genitors, unconscious did they cull
Time's sweet first-fruits—they danced to weariness,
And then in quiet circles did they press
The hillock turf, and caught the latter end
Of some strange history, potent to send
A young mind from its bodily tenement.
Or they might watch the quoit-pitchers, intent
On either side; pitying the sad death
Of Hyacinthus, when the cruel breath

愿你仍然是广大无限的象征；
是倒映在大海中的那广袤天穹；
是充斥天地间一个
未知的元素——但无须再多！
我们谦卑地抬起手遮住前额，
深深鞠躬，并发出一声震裂
苍穹的长啸，祈求你在那座
利西亚[1]山巅，接受我们谦卑的赞歌！”
在他们结束那主题之际，
一阵呼声从人群中升起，
久久盘旋在空中就像那
伊奥尼亚海[2]的海豚们把鼻子露出
海面疾冲时，那滚雷渐逝的轰鸣声。
同时，树荫多苔的平地上，
那些年轻的同伴们正和着
繁弦急管的节拍翩翩起舞。
啊，漂亮舞姿似天仙云游——
伴随着已经被忘却的曲调；
那美丽的生灵们！你们孩子的孩子
为德摩比利[3]生了很多英雄——仍在世，
而是在古老的大理石上永远美丽。
崇高的祖先们在无意之中摘取了
时间初结的甜果——他们舞倦了。
静静地围成圈，
躺在那草丘上，
恰好听到能使年轻的心灵飞扬的
一个传奇故事的结尾。
或许他们在观望那注视
两旁的那些掷铁环的人。
怜悯那海辛瑟斯[4]的惨状，

1 利西亚（Lycean）：小亚细亚半岛西南部邻近地中海的古国。
2 伊奥尼亚海（Ionian）：地中海的一部分，在希腊和西西里岛之间。
3 德摩比利（Thermopylae）：希腊中东部的一个狭窄通道，公元前 480 年斯巴达与波斯人奋战失败之处。斯巴达王列奥尼达率精兵三百在此抵抗入侵的波斯大军，连战三日，三百人全部壮烈牺牲。德摩比利又译为温泉关。
4 海辛瑟斯（Hyacinthus）：希腊神话中的一名美少年，为阿波罗所喜爱，是掌管历史的缪斯女神克利俄（Clio）和马其顿国王皮埃罗斯的儿子，宙斯的外孙。海阿肯托斯和阿波罗一起掷铁饼为戏，西风神泽费罗斯（Zephyrus）出于嫉妒，吹风使阿波罗的铁饼击中海阿肯托斯的头部，使他流血而死，他的血染到的地方长出风信子花。

Of Zephyr slew him—Zephyr penitent,
Who now, ere Phoebus mounts the firmament,
Fondles the flower amid the sobbing rain.
The archers too, upon a wider plain,
Beside the feathery whizzing of the shaft,
And the dull twanging bowstring, and the raft
Branch down sweeping from a tall ash top,
Called up a thousand thoughts to envelop
Those who would watch. Perhaps, the trembling knee
And frantic gape of lonely Niobe—
Poor, lonely Niobe! —when her lovely young
Were dead and gone, and her caressing tongue
Lay a lost thing upon her paly lip,
And very, very deadliness did nip
Her motherly cheeks. Aroused from this sad mood
By one, who at a distance loud hallooed,
Uplifting his strong bow into the air,
Many might after brighter visions stare:
After the Argonauts, in blind amaze
Tossing about on Neptune's restless ways,
Until, from the horizon's vaulted side,
There shot a golden splendour far and wide,
Spangling those million poutings of the brine
With quivering ore—'twas even an awful shine
From the exaltation of Apollo's bow;
A heavenly beacon in their dreary woe.
Who thus were ripe for high contemplating,
Might turn their steps towards the sober ring
Where sat Endymion and the agèd priest
'Mong shepherds gone in eld, whose looks increased
The silvery setting of their mortal star.

是泽费罗斯残酷地杀了他——
如今泽费罗斯悔悟，每天趁
福波斯[1]升上那苍穹之前，
在滂沱大雨中抚摸那支花。
宽广平原上的那些弓手，
加上羽箭摩擦的飒飒声，弓弦的振动，
树枝从那杨树冠上坠落，
这些唤起了千万种思绪，笼罩着大家。
也许想起什么，双膝颤抖，张口结舌，
孤寂的尼俄伯[2]——
可怜孤独的尼俄伯——
她可爱的子女们
永远消失并离去，她珍爱的
言语留在了她那苍白的嘴边，
阴沉的死气笼罩在她慈爱的脸庞上。
一个在远处大声疾呼的人，
使人们从这一忧郁情绪中回过神来，
他紧握弓箭，高高举向天，
让许多人看向更光明的景象：
看阿尔戈[3]英雄们茫然失措地
在尼普顿[4]的怒涛上颠簸摇摆，
直到地平面的穹顶之边，
远远射来一道金色光辉
以闪闪金砂装饰那朵朵浪花——这正是那
从阿波罗高高举起的弓上射来的可畏光辉；
他们在凄怆悲痛中看到仙火。
但凡这样成熟深思的人
都会回身走向那清醒的人群，
恩底弥翁和老祭司坐在
已故牧羊人中间，他们的神情
令星辰如水银般地泻落。

1 福波斯（Phoebus）：希腊神话中的太阳神，阿波罗。
2 尼俄伯（Niobe）：希腊神话中的底比斯王后，她有六子六女（一说十四个儿子），以此夸耀，终遭祸殃，这些子女全被杀死，她自己悲伤不已，后化为山岩，这座山岩一直在流泪。
3 阿尔戈（Areonault）：希腊传说中同伊阿宋一道乘快船“阿尔戈号”去海外科尔基斯（Colchis）的阿瑞斯圣林觅取金羊毛的50位英雄。
4 尼普顿（Neptune）：太阳系八大星系之一，也是已知太阳系中离太阳最远的星系。

There they discoursed upon the fragile bar
That keeps us from our homes ethereal,
And what our duties there: to nightly call
Vesper, the beauty-crest of summer weather;
To summon all the downiest clouds together
For the sun's purple couch; to emulate
In ministering the potent rule of fate
With speed of fire-tailèd exhalations:
To tint her pallid cheek with bloom, who cons
Sweet poesy by moonlight: besides these,
A world of other unguessed offices.
Anon they wandered, by divine converse,
Into Elysium, vying to rehearse
Each one his own anticipated bliss.
One felt heart-certain that he could not miss
His quick-gone love, among fair blossomed boughs,
Where every zephyr-sigh pouts, and endows
Her lips with music for the welcoming.
Another wished, mid that eternal spring,
To meet his rosy child, with feathery sails,
Sweeping, eye-earnestly, through almond vales—

Who, suddenly, should stoop through the smooth wind,
And with the balmiest leaves his temples bind;
And, ever after, through those regions be
His messenger, his little Mercury.
Some were athirst in soul to see again
Their fellow huntsmen o'er the wide champaign
In times long past; to sit with them, and talk
Of all the chances in their earthly walk;
Comparing, joyfully, their plenteous stores
Of happiness, to when upon the moors,
Benighted, close they huddled from the cold,
And shared their famished scrips. Thus all out-told
Their fond imaginations—saving him

他们在那里谈论：脆弱的肉躯
将我们和仙界分隔开来，
我们的仙职是每晚召来
黄昏星，那是夏空中美的巅峰；
召集一切最轻柔的浮云来铺垫太阳的紫榻；
要去竭力地侍奉命运那种无可动摇的统治，
用仿佛拖着火尾的速度：
用花朵染红少女的愁容，
她反对在月光之下吟诗：
除此之外，
还有无数猜不到的职务。
不久，他们借神圣交谈
漫游到天堂乐土。大家争着排演
各自期望着的祝福内容。
有人心中明白，他不会怀念
即将逝去的爱人，在花枝间，
阵阵西风传来了喟叹，
令她唱出欢迎的颂歌。
另一人希望，
在这个永恒的春季里，轻帆扬起，
泪目诚挚，与他可爱的孩子相见，
驶过杏仁状的溪谷——
突然，那孩子从柔风中俯下身子，
用芳香的叶子簪上他的双鬓；
此后，这孩子将在这里永远
做他的信使，他的小墨丘利[1]。
有人灵魂里渴望能重新看见
从前一起打猎的伙伴们，
和他们坐在一起，聊聊
自己所遇到的人间奇景；
细数他们那无穷的幸福，
回想起过往，日暮时分在旷野上行走，
紧挨在一起抵御寒冷，
共享袋里仅有的食物。
大家说出了自己心中畅享——除了他，

1 墨丘利（Mercury）：是罗马神话中众神的使者，以及畜牧、小偷、商业、交通、旅游和体育之神，罗马十二主神之一。

Whose eyelids curtained up their jewels dim,
Endymion: yet hourly had he striven
To hide the cankering venom, that had riven
His fainting recollections. Now indeed
His senses had swooned off; he did not heed
The sudden silence, or the whispers low,
Or the old eyes dissolving at his woe,
Or anxious calls, or close of trembling palms,
Or maiden's sigh, that grief itself embalms:
But in the self-same fixèd trance he kept,
Like one who on the earth had never stepped.
Ay, even as dead still as a marble man,
Frozen in that old tale Arabian.
Who whispers him so pantingly and close?
Peona, his sweet sister—of all those,
His friends, the dearest. Hushing signs she made,
And breathed a sister's sorrow to persuade
A yielding up, a cradling on her care.
Her eloquence did breathe away the curse:
She led him, like some midnight spirit-nurse
Of happy changes in emphatic dreams,
Along a path between two little streams—
Guarding his forehead, with her round elbow,
From low-grown branches, and his footsteps slow
From stumbling over stumps and hillocks small—
Until they came to where these streamlets fall,
With mingled bubblings and a gentle rush,
Into a river, clear, brimful, and flush
With crystal mocking of the trees and sky.
A little shallop, floating there hard by,
Pointed its beak over the fringèd bank;
And soon it lightly dipped, and rose, and sank,
And dipped again, with the young couple's weight—
Peona guiding, through the water straight,
Towards a bowery island opposite,
Which gaining presently, she steerèd light
Into a shady, fresh, and ripply cove,

眼皮遮着他们那深色的眼珠，
恩底弥翁，他一直竭力地想
隐藏那试图破坏他微弱回忆的
苦恼毒疽，现如今他
感觉晕厥；他没有注意
这骤然的寂静，窃窃的私语，
或为他的痛苦而盈泪的老人，
那急切的呼喊，颤抖的手掌，
少女的叹息，悲伤中仍散发着芬芳：
他始终处于恍惚状态，仿佛他不存在于
这人世间，啊，像座冰冷的大理石像，
如古代阿拉伯故事里讲的。
是谁喘着气对他耳语不止？
他可爱的姐姐，佩俄娜——
所有朋友中，最亲的那个，
她示意众人别出声，
怀着自己姐姐的忧伤，
说服他由她照顾抚慰。
她伶俐的口才消解了诅咒：
她像一个午夜出现的精灵，
在幸福变幻的睡梦中，
带他走小路，在两溪之间——
用她的手臂护着他的额头，
防止被低矮的枝丫碰到，慢步走去
以防被树桩和小丘绊倒——
终于来到了这处秘境，
溪流汇集，淙淙细流，
注入了一条清澈见底的河流中，
河面映着水晶般的树木和天空。
飘荡在附近的一艘小艇，
尖尖的船头就靠着河岸；
这对年轻人跳上去，船就轻晃，
升起，又落下，拍打着水面——
佩俄娜驾着小船，顺流而下，
驶向正对面树林茂盛的小岛
不一会就到那，她轻轻驶进
那凉荫覆盖的港湾。

Where nested was an arbour, overwove	水湾边有一座草亭，
By many a summer's silent fingering;	巧匠花好多夏天的工夫才筑成；
To whose cool bosom she was used to bring	她经常会把玩伴们引领到这里
Her playmates, with their needle broidery,	投入凉爽的怀抱，随身带针线
And minstrel memories of times gone by.	和吟游诗人们弹唱的古代故事。
So she was gently glad to see him laid	她感到轻松又愉快，
Under her favourite bower's quiet shade,	看他躺在自己最喜爱的凉荫下，
On her own couch, new made of flower leaves,	躺在她那最新铺满花瓣的床上。
Dried carefully on the cooler side of sheaves	这些花瓣是那秋阳散开的金发，
When last the sun his autumn tresses shook,	黝黑的稻农两臂抱满了庄稼时，
And the tanned harvesters rich armfuls took.	她小心地在木堆阴凉处晾干的。
Soon was he quieted to slumbrous rest:	他很快就平静下来，陷入酣睡：
But, ere it crept upon him, he had pressed	但在睡意来袭之前，他已经把
Peona's busy hand against his lips,	姐姐的手指压在了他的嘴巴上，
And still, a-sleeping, held her finger-tips	在睡梦中还轻轻握紧她的指尖，
In tender pressure. And as a willow keeps	像柳枝耐心地守望着
A patient watch over the stream that creeps	蜿蜒流去的溪水，
Windingly by it, so the quiet maid	这位淑静的少女也是默不出声：
Held her in peace: so that a whispering blade	以至于叶片的低语，蚊虫悲鸣，
Of grass, a wailful gnat, a bee bustling	蜜蜂匆忙钻进桔梗花里，
Down in the blue-bells, or a wren light rustling	鹪鹩在枯枝残叶中作响，
Among sere leaves and twigs, might all be heard.	细枝嫩叶间的种种，都传入耳。
O magic sleep! O comfortable bird,	哦，神奇的睡眠！哦，令人慰藉的小鸟！
That broodest o'er the troubled sea of the mind	你伏在忧思缭绕的心海之上，
Till it is hushed and smooth! O unconfined	直到它停了下来，风浪平息！
Restraint! Imprisoned liberty! Great key	约束限制！桎梏自由！
To golden palaces, strange minstrelsy,	你是通往皇宫的钥匙，壮丽的史诗，
Fountains grotesque, new trees, bespangled caves,	怪泉奇枝，闪耀的洞穴，
Echoing grottoes, full of tumbling waves	回声激荡，月色同水面翻涌；
And moonlight; ay, to all the mazy world	哎呀，通往那里所有神奇的
Of silvery enchantment! Who, upfurled	扑朔迷离之境！且在你的
Beneath thy drowsy wing a triple hour	慵懒翅翼下蜷伏三个小时，
But renovates and lives? —Thus, in the bower,	谁能不恢复生机？——于是，凉亭中，
Endymion was calmed to life again.	恩底弥翁在抚慰中活了过来，
Opening his eyelids with a healthier brain,	他生机复苏，重新睁开双眼，
He said: 'I feel this thine endearing love	说：“我感到你的深厚情谊，
All through my bosom: thou art as a dove	直达我内心，你就像只斑鸠

Trembling its closed eyes and sleekèd wings
About me; and the pearliest dew not brings
Such morning incense from the fields of May,
As do those brighter drops that twinkling stray
From those kind eyes—the very home and haunt
Of sisterly affection. Can I want
Aught else, aught nearer heaven, than such tears?
Yet dry them up, in bidding hence all fears
That, any longer, I will pass my days
Alone and sad. No, I will once more raise
My voice upon the mountain-heights; once more
Make my horn parley from their foreheads hoar;
Again my trooping hounds their tongues shall loll
Around the breathed boar; again I'll poll
The fair-grown yew tree for a chosen bow;
And, when the pleasant sun is getting low,
Again I'll linger in a sloping mead
To hear the speckled thrushes, and see feed
Our idle sheep. So be thou cheered, sweet,
And, if thy lute is here, softly entreat
My soul to keep in its resolvèd course.'
Hereat Peona, in their silver source,
Shut her pure sorrow-drops with glad exclaim,
And took a lute, from which there pulsing came
A lively prelude, fashioning the way
In which her voice should wander. 'Twas a lay
More subtle cadenced, more forest wild
Than Dryope's lone lulling of her child;
And nothing since has floated in the air
So mournful strange. Surely some influence rare
Went, spiritual, through the damsel's hand;
For still, with Delphic emphasis, she spanned
The quick invisible strings, even though she saw
Endymion's spirit melt away and thaw
Before the deep intoxication.
But soon she came, with sudden burst, upon
Her self-possession—swung the lute aside,

双眼抖动，翅翼光亮；
五月间田园里的露珠
带来的清晨清香，也比不过
这双慈目溢出的泪光——
姊妹亲情，无以言表，我还祈求什么，
哪怕是在更加地接近天堂，
还有什么比你的泪水珍贵？
把泪水擦干吧，无须恐惧，
我再也不会去孤独凄凉地
度过余生，不，我要再次
在山巅高歌；
再一次号角响彻雪峰：
再一次让猎犬围住那喘息的野猪；
再一次用最好的紫衫，一把良弓；
再一次，在太阳西沉时，
沿着那起伏的草地漫步，
倾听那画眉的婉转之声，
看着羊群在悠闲地吃草。
亲爱的，请振作起来吧，
如果你手边有一架诗琴，
你就可以轻声让我的灵魂继续前行。”
于此佩娥娜欢叫着擦干
自己的泪珠，
拿起了诗琴，
奏响生动活泼的序曲，
配合着她婉转的歌喉，
比德律奥佩的摇篮曲
还温柔生动；
此后空中再没飘荡过
如此忧伤凄凉的音乐。
少女的手指定然有神奇的功效，
她用那高超的技法，
拨动那玄妙的琴弦；
尽管她已经发觉
恩底弥翁的精神在陷入陶醉前，
已经被软化溶解。
但是倏然之间，她乍停下弹奏——

And earnestly said: ‘Brother, ’tis vain to hide
That thou dost know of things mysterious,
Immortal, starry; such alone could thus
Weigh down thy nature. Hast thou sinned in aught

Offensive to the heavenly powers? Caught
A Paphian dove upon a message sent?
Thy deathful bow against some deer-head bent
Sacred to Dian? Haply, thou hast seen
Her naked limbs among the alders green—
And that, alas! Is death. No, I can trace
Something more high-perplexing in thy face!’
Endymion looked at her, and pressed her hand,
And said, ‘Art thou so pale, who wast so bland
And merry in our meadows? How is this?
Tell me thine ailment—tell me all amiss!
Ah! Thou hast been unhappy at the change
Wrought suddenly in me. What indeed more strange?

Or more complete to overwhelm surmise?
Ambition is no sluggard: ’tis no prize,
That toiling years would put within my grasp,
That I have sighed for; with so deadly gasp
No man e’er panted for a mortal love.
So all have set my heavier grief above
These things which happen. Rightly have they done:
I, who still saw the horizontal sun
Heave his broad shoulder o’er the edge of the world,
Out-facing Lucifer, and then had hurled
My spear aloft, as signal for the chase—
I, who, for very sport of heart, would race
With my own steed from Araby; pluck down
A vulture from his towery perching; frown
A lion into growling, loth retire—
To lose, at once, all my toil-breeding fire,
And sink thus low! But I will ease my breast
Of secret grief, here in this bowery nest.

收起诗琴，
诚挚地问道：“兄弟，你这样隐瞒
你所有知道的神秘莫测，
不朽神奇之事都是徒劳；
这样只会让你意气消沉。
你有冒犯天上的神明吗？
你抓过帕福斯的信鸽吗？
你射杀过黛安的鹿群吗？”
或许你已在树荫中见过
她赤裸的身子——
啊，这是死罪！不，我能
从你脸上看出更大的困惑！”
恩底弥翁看着她，紧握她的手，
说：“在草原上温柔愉快的你，
怎么现在如此的苍白？”
把你心痛的都告诉我——
告诉我所有的不顺心！
啊，你对我身上的突变忧虑。
还有什么能比这更怪诞的呢？
还有什么能比这更难以琢磨？
雄心并非是偷懒：
不会在艰难的时候
给予我渴望的东西，
没有人能这样拼命地追求人间之爱，
所有这一切发生得都使我的悲伤比
这些常见之事更沉重。他们做得对：
我，还能见到初升的太阳，
在大地边缘露出半个身子，
压过启明星，我还能向上
猛掷标枪，作为开始狩猎的信号——
我，即使为了内心的喜悦，
要同我的阿拉伯骏马赛跑；
把秃鹫从高栖的巢中拽下；
让躁怒的雄狮咆哮，退却——
我失去了辛勤培育的烈火，
坠入深渊！但在这凉窝中，
我需要缓解我心中的悲痛。

'This river does not see the naked sky,
Till it begins to progress silverly
Around the western border of the wood,
Whence, from a certain spot, its winding flood
Seems at the distance like a crescent moon:
And in that nook, the very pride of June,
Had I been used to pass my weary eves;
The rather for the sun unwilling leaves
So dear a picture of his sovereign power,
And I could witness his most kingly hour,
When he doth tighten up the golden reins,
And paces leisurely down amber plains
His snorting four. Now when his chariot last
Its beams against the zodiac-lion cast,
There blossomed suddenly a magic bed
Of sacred ditamy, and poppies red:
At which I wondered greatly, knowing well
That but one night had wrought this flowery spell;
And, sitting down close by, began to muse
What it might mean. Perhaps, thought I, Morpheus,

In passing here, his owlet pinions shook;
Or, it may be, ere matron Night uptook
Her ebon urn, young Mercury, by stealth,
Had dipped his rod in it: such garland wealth
Came not by common growth. Thus on I thought,

Until my head was dizzy and distraught.
Moreover, through the dancing poppies stole
A breeze, most softly lulling to my soul,
And shaping visions all about my sight
Of colours, wings, and bursts of spangly light;
The which became more strange, and strange, and dim,
And then were gulfed in a tumultuous swim—

"这条河若看见晴朗的天空，
只有当它如银带般
从林子西端绕过去，
从远处望去，弯曲的河身
就像那空中的新月：
我在六月引以为豪的密境，
消磨这样令人沉闷的傍晚；
太阳很是依依不舍，
不愿放手它的统治，
我目视着这一威严的时刻，
他紧紧地勒住黄金的缰绳，
让他的四匹神驹慢慢悠悠
沿着那琥珀色的平原而行。
当那日光射向黄道狮子座时，
一张不可思议的床突然地出现，
如般红的罂粟和圣洁的白藓：
我大为惊奇，而心里却清楚，
能一夜造就这样绚丽的魔法；
我紧贴着床坐下，开始沉思
这意味着什么。我想，
也许摩耳甫斯[1]曾经路过此地，
抖动过他的无音翅翼，
也可能是，夜之女神在打开
乌木罐之前，墨丘利已暗中
用仙仗在里面蘸了一下：这样富丽的花，
等闲的草木长不出。
我就这样思索着，
直到我头脑晕眩，
再说，罂粟摆动，传来清风
使我的灵魂变得安宁，
绚烂的色彩，羽翼，迸发的金辉
在我四周编织着幻象；
越来越离奇怪诞，朦胧难辨，
然后我被卷入纷扰喧闹的眩晕里——

1 摩耳甫斯（Morpheus）：希腊神话中的梦神，即 Morphea。他能够在人的梦中化成不同人的形象。英国诗人埃德蒙·斯宾塞于 1590 年创作的《仙后》中也提及摩耳甫斯。他在一个灯火昏暗的洞穴里，睡在一张黑檀木制的床上，周围布满罂粟花。

And then I fell asleep. Ah, can I tell	陷入沉眠。啊，我该不该
The enchantment that afterwards befell?	说出降临之后的快乐？
Yet it was but a dream: yet such a dream	可那仅仅是一场梦：只是这场梦
That never tongue, although it overteem	无论用怎样的巧舌妙语，
With mellow utterance, like a cavern spring,	哪怕像山中清泉那般的动人描绘，
Could figure out and to conception bring	都无法形容我的
All I beheld and felt. Methought I lay	所观所感。我仿佛躺着
Watching the zenith, where the milky way	观看天顶，银河
Among the stars in virgin splendour pours;	在繁星之中倾洒着光辉：
And travelling my eye, until the doors	我流转目光，直到天空
Of heaven appeared to open for my flight,	似乎敞开要我飞去，
I became loth and fearful to alight	在如此的高空之中，
From such high soaring by a downward glance:	我不敢向下面观望：
So kept me steadfast in that airy trance,	只有让自己在恍惚中保持镇定，
Spreading imaginary pinions wide.	放胆想象。
When, presently, the stars began to glide,	就在这时，
And faint away, before my eager view:	群星开始逐渐隐去，
At which I sighed that I could not pursue,	在我渴望的注视中，
And dropped my vision to the horizon's verge—	我叹息无法追上它们的身影，
And lo! From opening clouds, I saw emerge	把目光转向视线的极点——
The loveliest moon, that ever silvered o'er	快瞧！天开云散，升起一轮
A shell for Neptune's goblet: she did soar	明月，那是曾照亮
So passionately bright, my dazzled soul	海神尼普顿酒杯以来最美的月亮，
Commingling with her argent spheres did roll	她飞射出的银辉同我的灵魂交融，
Through clear and cloudy, even when she went	同悲同喜，直到最后
At last into a dark and vapoury tent—	她飞入那黑暗的天幕——
Whereat, methought, the lidless-eyèd train	这时，那串亮星
Of planets all were in the blue again.	重新又回到蓝天。
To commune with those orbs, once more I raised	试图与他们亲近，
My sight right upward: but it was quite dazed	我再次看向他们，
By a bright something, sailing down apace,	有一个发光的东西急速地下落，
Making me quickly veil my eyes and face:	照得我几乎睁不开眼睛：
Again I looked, and, O ye deities,	再看时，哦，诸位神明，
Who from Olympus watch our destinies	正从奥林匹斯山顶注视着我们的命运！
Whence that completed form of all completeness?	那样十全十美的身姿来自何方？
Whence came that high perfection of all sweetness?	那样完美的甜美容貌来自何处？
Speak, stubborn earth, and tell me where, O where	说吧，顽固的大地，告诉我在哪里，哦，

Hast thou a symbol of her golden hair?
Not oat-sheaves drooping in the western sun;
Not—thy soft hand, fair sister! Let me shun
Such follying before thee—yet she had,
Indeed, locks bright enough to make me mad;
And they were simply gordianed up and braided,
Leaving, in naked comeliness, unshaded,
Her pearl-round ears, white neck, and orbèd brow;
The which were blended in, I know not how,
With such a paradise of lips and eyes,
Blush-tinted cheeks, half smiles, and faintest sighs,
That, when I think thereon, my spirit clings
And plays about its fancy, till the stings
Of human neighbourhood envenom all.
Unto what awful power shall I call?
To what high fane? —Ah! See her hovering feet,
More bluely veined, more soft, more whitely sweet
Than those of sea-born Venus, when she rose
From out her cradle shell. The wind out-blows
Her scarf into a fluttering pavilion;
'Tis blue, and over-spangled with a million
Of little eyes, as though thou wert to shed,
Over the darkest, lushest blue-bell bed,
Handfuls of daisies.'—'Endymion, how strange!
Dream within dream!' — 'She took an airy range,
And then, towards me, like a very maid,
Came blushing, waning, willing, and afraid,
And pressed me by the hand: Ah! 'twas too much;
Methought I fainted at the charmèd touch,
Yet held my recollection, even as one
Who dives three fathoms where the waters run
Gurgling in beds of coral: for anon,
I felt up-mounted in that region
Where falling stars dart their artillery forth,

在哪里能找到她金发的象征?
不是那些夕阳中下垂的麦穗;
不是——也不是——您的纤手，靓姐!
我不该在您面前说这种蠢话——但她
的确有足够亮丽的秀发使我变得疯狂;
就那样辫起来盘在了头上，
显露出她那玉洁般的耳朵，
雪白的脖颈，弯弯的眉毛;
这一切，不知怎的，
同那天仙般的娇唇明眸结合在一起，
羞红的粉颊，微笑，最美妙的呼吸，
使我一想，就心神不定
联翩幻想，直到纷扰的
人世用毒刺破灭这一切。
我该向哪位敬畏的神灵
或宏伟的神庙呼号?——啊!看她的玉足，
白里透红，柔美娇嫩，胜过那海中出生的
被贝壳包裹着的维纳斯[1]。
清风徐来把她的披肩刮起
吹进一座翕动的亭阁;
那缀满的蓝色闪光饰片就像亿万颗星眼，
仿佛是你将一捧捧雏菊
撒落在那最幽暗茂盛的风信子之上”——
“恩底弥翁，好奇怪!梦中之梦!”——
“她在空中徘徊了一会，
向我走过来，像个少女，
娇羞无力，还又惊又喜，
握着我的手：啊!这也太幸福了;
这迷醉的触感让我差点就昏迷，
我回过神来，
正如一个潜入海里三寻深的人，
四周水流汩汩流过珊瑚：不久
我感到自己仿佛已升上了天空，
星辰光芒四射，

1 维纳斯（Venus）：指金星，罗马神话中司掌爱与美的女神，是主神宙斯之女，代表爱情、美丽与性欲，是十二主神之一。相当于希腊神话中的阿芙洛狄忒（Aphrodite），一说她是海水泡沫所生，“阿芙洛狄忒”这个名字就是“从海水泡沫里诞生”的意思。

And eagles struggle with the buffeting north
That balances the heavy meteor-stone—
Felt too, I was not fearful, nor alone,
But lapped and lulled along the dangerous sky.
Soon, as it seemed, we left our journeying high,
And straightway into frightful eddies swooped,
Such as aye muster where grey time has scooped
Huge dens and caverns in a mountain's side:
There hollow sounds aroused me, and I sighed
To faint once more by looking on my bliss—
I was distracted; madly did I kiss
The wooing arms which held me, and did give
My eyes at once to death—but 'twas to live,
To take in draughts of life from the gold fount
Of kind and passionate looks; to count, and count
The moments, by some greedy help that seemed
A second self, that each might be redeemed
And plundered of its load of blessedness.
Ah, desperate mortal! I e'en dared to press
Her very cheek against my crowned lip,
And, at that moment, felt my body dip
Into a warmer air—a moment more,
Our feet were soft in flowers. There was store
Of newest joys upon that alp. Sometimes
A scent of violets, and blossoming limes,
Loitered around us; then of honey cells,
Made delicate from all white-flower bells;
And once, above the edges of our nest,
An arch face peeped—an Oread as I guessed.'
'Why did I dream that sleep o'er-powered me
In midst of all this heaven? Why not see,
Far off, the shadows of his pinions dark,
And stare them from me? But no, like a spark
That needs must die, although its little beam
Reflects upon a diamond, my sweet dream

雄鹰在那能使陨星浮起的
剧烈北风之中搏击着——
我并不害怕，也并不孤独，
却被吹激着飞向那险恶的天空。
不久后，我们似乎停下了脚步，
径直向那可怕的漩涡俯冲而下，
就像在古老的巨大石洞中汇合：
空洞的回响惊醒了我，
再次见到我的女神，我叹息着
晕厥了——
我已魂不守舍；疯狂地亲吻着
抱着我求爱的双臂，我仿佛在
瞬间看到了死亡——但我的确是活着，
从金泉和热诚的长相中汲取生命之水；
每分每秒是数了又数，
依靠看似朋友实为贪婪的帮助，
赎回时光承载的幸福，
夺回那属于我的祝福。
啊，罔顾死活的凡人！
我竟敢把她脸颊压上我的嘴唇，
那一刻，我感到我的整个身体
仿佛坠入温暖的空气——又过了一会，
我们的脚仿佛在柔软的花朵中
在高山之巅藏有最新奇的快乐，
有时是一阵阵紫罗兰和青柠香，
在我的周围徘徊；接着又传来
白花铃制成的花蜜香；
一次，在我们香巢边，
偷偷露出半张脸——我猜是俄瑞阿得[1]。”
“为什么我会梦见在这极乐中被睡眠
征服？为什么不看
远处那黑色的羽翼，
让它离开我？
但是不行，像火花定然会熄灭，
即使它的微光照在那钻石之上，

1 俄瑞阿得（Oread）：希腊神话中的山岳女神，高山仙女之一。山岳诸女神和海洋、河流、山谷、草原、森林诸女神合称为自然诸女神。

Fell into nothing—into stupid sleep.
And so it was, until a gentle creep,
A careful moving, caught my waking ears,
And up I started. Ah! My sighs, my tears,
My clenchèd hands—for lo! The poppies hung
Dew-dabbled on their stalks, the ouzel sung
A heavy ditty, and the sullen day
Had chidden herald Hesperus away,
With leaden looks: the solitary breeze
Blustered, and slept, and its wild self did tease
With wayward melancholy; and I thought,
Mark me, Peona! That sometimes it brought
Faint fare-thee-wells, and sigh-shrillèd adieus! —
Away I wandered—all the pleasant hues
Of heaven and earth had faded: deepest shades
Were deepest dungeons; heaths and sunny gladcs
Were full of pestilent light; our taintless rills
Seemed sooty, and o'er-spread with upturned gills

Of dying fish; the vermeil rose had blown
In frightful scarlet, and its thorns out-grown
Like spiked aloe. If an innocent bird
Before my heedless footsteps stirred and stirred
In little journeys, I beheld in it
A disguised demon, missionèd to knit
My soul with under-darkness, to entice
My stumblings down some monstrous precipice:
Therefore I eager followed, and did curse
The disappointment. Time, that agèd nurse,
Rocked me to patience. Now, thank gentle heaven!

These things, with all their comfortings, are given
To my down-sunken hours, and with thee,
Sweet sister, help to stem the ebbing sea
Of weary life.'

我的美梦也已经消失——变成昏睡。
就这样，随着一阵轻微的蠕动，
我惊醒了，我猛然起身。
啊！我叹息着，我流泪，
紧握双手——因为看啊！
那罂粟花挂满着露珠，
乌鸫唱着悲伤的曲调，
露着怒容：昏沉的白昼遣走赫斯珀洛斯[1]，
听孤风劲吹，入睡，
它以倔强忧伤嘲弄自己；
我想，听我说，佩娥娜！
有时候风会传来
模糊暗淡的告别！——
我漫步走去——
天上人间里
一切色彩都已褪去：幽深的林荫
成了阴森的监牢，荒野和草地充
溢着致命的霞光；洁净的小溪也
变得污浊，
河面上浮满了已死亡的鱼儿；
鲜艳的玫瑰变成可怕的猩红，
上面的棘刺就像尖锐的芦荟。
若一只无辜的小鸟在我轻率的步伐前
走一小段，我就发现一个伪装的恶魔，
奉命来把我的灵魂拉入黑暗，
诱使我踉跄跌下险峻的怪崖：
于是我赶忙跟上，
诅咒这样的失望。
时光，那位年迈的乳母，
一直把我摇得耐心有加。
现在，感谢柔和的苍天！
这些事物及其所有慰藉，
同你一起，来到我这消沉的岁月，
亲爱的姐姐，请帮我逆倦怠生命
的落潮之流而行。”

1 赫斯珀洛斯（Hesperus）：希腊神话中的晚星之神，即金星、长庚星，通常指黄昏时的金星，因在晨昏出现，故又称黄昏星、启明星或晨星。

Thus ended he, and both
Sat silent: for the maid was very loth
To answer; feeling well that breathèd words
Would all be lost, unheard, and vain as swords
Against the enchasèd crocodile, or leaps
Of grasshoppers against the sun. She weeps,
And wonders; struggles to devise some blame;
To put on such a look as would say, 'Shame
On this poor weakness!' But, for all her strife,
She could as soon have crushed away the life
From a sick dove. At length, to break the pause,
She said with trembling chance: 'Is this the cause
This all? Yet it is strange, and sad, alas!
That one who through this middle earth should pass
Most like a sojourning demi-god, and leave
His name upon the harp-string, should achieve
No higher bard than simple maidenhood,
Singing alone, and fearfully—how the blood
Left his young cheek; and how he used to stray
He knew not where; and how he would say, nay,
If any said 'twas love—and yet 'twas love;
What could it be but love? How a ring-dove
Let fall a sprig of yew tree in his path;
And how he died; and then, that love doth scathe
The gentle heart, as northern blasts do roses;
And then the ballad of his sad life closes
With sighs, and an "alas"! —Endymion!
Be rather in the trumpet's mouth—anon
Among the winds at large, that all may hearken!
Although, before the crystal heavens darken,
I watch and dote upon the silver lakes
Pictured in western cloudiness, that takes
The semblance of gold rocks and bright gold sands,
Islands, and creeks, and amber-fretted strands
With horses prancing o'er them, palaces
And towers of amethyst—would I so tease
My pleasant days, because I could not mount

他说罢，两人默然而坐：
姐姐沉思不语；
明知说出的话会石沉大海，
好比用刀徒劳地劈砍嵌着盔甲的鳄鱼，
又像蚱蜢扑向太阳。
她哭泣，疑虑；
竭思着如何责备他；
她假装着说“羞耻！这个可怜的懦夫！”
但她的这一切行为
倒比弄死一只病鸽还要困难。
最终，为了打破这样的沉默，
她颤抖着说：“就因为这个吗？
没别的？哎，也够惊奇沮丧。
有一个人，他路过人间，
像寄居他乡的半神，
把名字留在琴弦上，
却也不如少女单纯的歌声，
他独自怯怯地唱着歌——
唱激情如何从他脸上褪去；
他如何常常迷失方向；
他如何否决别人所说的爱——那确是爱；
这不是爱又是什么呢？
斑鸠让紫衫枝落在地上；
它怎么就死了；
爱情着实伤害了他的真心，
犹如北风摧残玫瑰，接着，
他叹着结束歌谣，‘啊！’——恩底弥翁！
你不如吹起那只号角——
让号声随风飘扬，人人都能听到！
虽然，在晴空暗淡下去前，
我爱遥望在西方的云巅上
幻化的银湖，
还有那云雾变幻出的金沙、
岛屿、港湾、琥珀色海岸，
有骏马飞驰，还有
紫水晶搭建的楼宇——
难道因为我无法飞去仙境，

Into those regions? The Morphean fount
Of that fine element that visions, dreams,
And fitful whims of sleep are made of, streams
Into its airy channels with so subtle,
So thin a breathing, not the spider's shuttle,
Circled a million times within the space
Of a swallow's nest-door, could delay a trace,
A tinting of its quality: how light
Must dreams themselves be, seeing they're more slight
Than the mere nothing that engenders them!
Then wherefore sully the entrusted gem
Of high and noble life with thoughts so sick?
Why pierce high-fronted honor to the quick
For nothing but a dream?' Hereat the youth
Looked up: a conflicting of shame and ruth
Was in his plaited brow: yet, his eyelids
Widened a little, as when Zephyr bids
A little breeze to creep between the fans
Of careless butterflies. Amid his pains
He seemed to taste a drop of manna-dew,
Full palatable; and a colour grew
Upon his cheek, while thus he lifeful spake.
'Peona! Ever have I longed to slake
My thirst for the world's praises: nothing base,
No merely slumbrous phantasm, could unlace
The stubborn canvas for my voyage prepared—
Though now 'tis tattered, leaving my bark bared
And sullenly drifting: yet my higher hope
Is of too wide, too rainbow-large a scope,
To fret at myriads of earthly wrecks.
Wherein lies happiness? In that which becks
Our ready minds to fellowship divine,
A fellowship with essence; till we shine,
Full alchemized, and free of space. Behold
The clear religion of heaven! Fold
A rose leaf round thy finger's taperness,
And soothe thy lips; hist, when the airy stress

就要如此嘲弄我这幸福快乐的时光吗?
那构成幻象、梦境和阵阵怪想的根源,
衍化成摩尔甫斯神泉,
流入那些空灵的河道,
呼出如此缥缈的气息,
蜘蛛在燕巢出口处编织了千遍的网,
也能留下那一点痕迹:
那梦本身多么的轻盈,
他们比产生他们的虚无更脆弱虚无!
那为何用恼人的思绪玷污这样的无瑕之宝?
为何仅仅为了一个梦
就要损害堂堂的荣耀?"
这时,青年抬起头来:
额头交织着悔恨羞愧:
但他的眼皮微微张大,
就像那泽菲尔唤起了
凉风吹过那漫不经心的
群蝶的翅翼。
痛苦中他似尝到仙露,
精神焕发,脸色红润
重新回到了他的面颊,
他激动地说道。
"佩娥娜!我无论何时都想满足
我对人世赞美的渴望:卑贱之物,
模糊的幻象,都无法解下
我为起航准备的篷帆——
虽然它已破碎,
让我一无所有:
但我有宏伟的希望,
如同彩虹那般广大,
不能因为世间有无数困难就焦急。
幸福究竟在何处啊?
就在那心灵浸入的神圣的友谊之中,
在精髓中凝练令我们闪耀的东西中。
看那通透蔚蓝的天空!
用玫瑰花瓣绕上纤指,
再轻抚你的唇;空气中轻快的节奏

Of music's kiss impregnates the free winds,
And with a sympathetic touch unbinds
Aeolian magic from their lucid wombs:
Then old songs waken from enclouded tombs;
Old ditties sigh above their father's grave;
Ghosts of melodious prophesyings rave
Round every spot where trod Apollo's foot;
Bronze clarions awake, and faintly bruit,
Where long ago a giant battle was;
And, from the turf, a lullaby doth pass
In every place where infant Orpheus slept.
Feel we these things? —That moment have we stepped
Into a sort of oneness, and our state
Is like a floating spirit's. But there are
Richer entanglements, enthralments far
More self-destroying, leading, by degrees,
To the chief intensity: the crown of these
Is made of love and friendship, and sits high
Upon the forehead of humanity.
All its more ponderous and bulky worth
Is friendship, whence there ever issues forth
A steady splendour; but at the tip-top,
There hangs by unseen film, an orbèd drop
Of light, and that is love: its influence,
Thrown in our eyes, genders a novel sense,
At which we start and fret; till in the end,
Melting into its radiance, we blend,
Mingle, and so become a part of it—
Nor with aught else can our souls interknit
So wingedly. When we combine therewith,
Life's self is nourished by its proper pith,
And we are nurtured like a pelican brood.
Ay, so delicious is the unsating food,

充盈了阵阵自由之风，
只有充满同情的触碰，
才能从光明起源地解除伊奥利亚[1]的魔法：
接着古曲从先祖墓中响起；
在他们父辈的墓前叹息着；
那幽灵们盘旋在
阿波罗所到之处，
铜号响起，轻呓着，
不久前刚有过血战，
从草地上，响起了一首摇篮曲，
飘过俄耳甫斯[2]婴儿时睡的地方。
我们感受到了吗？——此刻我们已经
踏入这浑然和谐的境地，
我们就像那游荡的精灵。
但还有更多的纠缠，
更加甚过自我毁灭，
会走向极端的激情：
这一切的王冠是由爱情和友谊构成，
高高地戴在人类的前额之上。
人类最笨重的财富就是友谊，
从中射出永恒的光芒：
但在顶端上，
无形的细丝悬着浑圆的明珠，
这便是爱情。
它的那魅力投入我们的眼睛，
带来新奇，我们便惊讶苦恼，
最终，我们不免融入它的光辉之中，
我们与它合为一体——
我们的灵魂无法与他物交织。
当我们凝聚之时，
生命便自生自灭，
我们如同那待哺的鹈鹕。
啊，这使人沉醉的珍馐，

1 伊奥利亚（Aeolia）：此处指西风之神泽费罗斯。
2 俄耳甫斯（Orpheus）：古希腊神话中的歌手、诗人，善弹里尔琴，据说他的音乐可以感动鸟兽木石。他的妻子欧律狄刻在新婚之际被蟒蛇咬死，俄耳甫斯到冥界用音乐打动冥界女王，才能领回妻子，规定条件是在走出冥界之前不能回头看她，但他爱妻心切，最终还未走出冥界便回头一望，从此阴阳两隔。

That men, who might have towered in the van
Of all the congregated world, to fan
And winnow from the coming step of time
All chaff of custom, wipe away all slime
Left by men-slugs and human serpentry,
Have been content to let occasion die,
Whilst they did sleep in love's elysium.
And, truly, I would rather be struck dumb,
Than speak against this ardent listlessness:
For I have ever thought that it might bless
The world with benefits unknowingly,
As does the nightingale, up-perchèd high,
And cloistered among cool and bunchèd leaves –
She sings but to her love, nor e'er conceives
How tip-toe Night holds back her dark-grey hood.
Just so may love, although 'tis understood
The mere commingling of passionate breath,
Produce more than our searching witnesseth –
What I know not: but who, of men, can tell
That flowers would bloom, or that green fruit would swell
To melting pulp, that fish would have bright mail,
The earth its dower of river, wood, and vale,
The meadows runnels, runnels pebble-stones,
The seed its harvest, or the lute its tones,
Tones ravishment, or ravishment its sweet,
If human souls did never kiss and greet?'
'Now, if this earthly love has power to make
Men's being mortal, immortal; to shake
Ambition from their memories, and brim
Their measure of content; what merest whim,
Seems all this poor endeavour after fame,
To one, who keeps within his steadfast aim
A love immortal, an immortal too.
Look not so wildered; for these things are true,
And never can be born of atomies
That buzz about our slumbers, like brain-flies,

人本来就可以在这纷繁的
世界出人头地，可从
时间的脚步中悔改进步，
丢掉旧俗，擦去懒汉
和蛇蝎留下的黏液，
可他们宁愿沉浸
在爱情的乐园中。
确实，我宁可变成个哑巴，
也不愿诋毁这极端的冷漠。
因为我始终认为在不知不觉间
这会造福于人世间。
犹如夜莺栖于树顶，
潜伏在凉荫中——
只管向她的爱人尽情歌唱，
也不知黑夜何时收起头巾。
正如爱情虽然被理解
为那一时激情的融合，
却多于我们肉眼所见——
我不知那是什么，
但人们谁可以说
花儿会盛开，果儿会成熟，
鱼儿会长出鳞片，
大地会演化出河流、森林、溪谷，
草地上会有溪流，
里面会有鹅卵石，
种子会发芽收获，诗琴会有曲调，
乐声会使人陶醉，陶醉以至销魂，
倘若人类的灵魂从不接吻、相爱？”
“假若人世间的爱具有强大威力，
能使凡人不朽；
让那野心从人们的记忆中消失吧，
使他们心满意足的程度达到饱和；
那么竭力地追逐名声，
对于那追求不朽爱情
而自己也不朽者来说，
是多么的怪诞和离奇。
不用那么惊奇；这些都是真实的，

Leaving us fancy-sick. No, no, I'm sure,
My restless spirit never could endure
To brood so long upon one luxury,
Unless it did, though fearfully, espy
A hope beyond the shadow of a dream.
My sayings will the less obscurèd seem,
When I have told thee how my waking sight
Has made me scruple whether that same night
Was passed in dreaming. Hearken, sweet Peona!
Beyond the matron-temple of Latona,
Which we should see but for these darkening boughs,
Lies a deep hollow, from whose ragged brows
Bushes and trees do lean all round athwart
And meet so nearly, that with wings outraught,
And spreaded tail, a vulture could not glide
Past them, but he must brush on every side.
Some mouldered steps lead into this cool cell,
Far as the slabbèd margin of a well,
Whose patient level peeps its crystal eye
Right upward, through the bushes, to the sky.
Oft have I brought thee flowers, on their stalks set
Like vestal primroses, but dark velvet
Edges them round, and they have golden pits:
'Twas there I got them, from the gaps and slits
In a mossy stone, that sometimes was my seat,
When all above was faint with midday heat.
And there in strife no burning thoughts to heed,
I'd bubble up the water through a reed;
So reaching back to boyhood; make me ships
Of moulted feathers, touchwood, alder chips,
With leaves stuck in them; and the Neptune be
Of their petty ocean. Oftener, heavily,
When love-lorn hours had left me less a child,
I sat contemplating the figures wild
Of o'er-head clouds melting the mirror through.

而不是昏睡中的幻想。
脑中嗡嗡作响的嗡鸣，
使我们沉溺于幻想。不，我确信，
我这不安定的心绝不允许
长久地逗留在那享乐之中，
除非吾心穿透梦影，小心翼翼窥视希望。
等我对你讲完我如何醒着度过，
那一夜是否在梦中，你就会明白，
听着，可爱的佩娥娜！
在树荫遮挡中的拉托那[1]神庙，
在神庙的另一头，有个幽深的洞窟，
嶙峋的岩石前面，
树木藤蔓向四周攀爬，
紧密相连，鹫鹰展翅，
也飞不过这山洞，
只能是四处碰撞。
崩裂的石阶通向阴暗的洞府，
直达铺着那青石板的井边，
平静的井水用透亮的眼睛，
从杂树间直接窥视着天空。
我时常送鲜花给你，
这花就像樱草，素净地长在根茎之上，
四周镶嵌着黑丝绒，
花心中有金色小窝：
我从苔石的缝隙间，
采到这些花儿，
正午的热浪正在把大地蒸得迷迷糊糊。
我坐在苔石上，
不必留心思考斗争，用芦苇吹着泡泡；
回忆着那些童年的往事；
把羽毛、朽木、桤木片，
插在树叶之上当作帆船；
俨然成了这一方海洋的神灵。
更经常的是，当失恋让我变得幼稚，
我抑郁地坐着，

1　拉托那（Latona）：罗马神话中的女神，也就是希腊神话中的勒托，宙斯之妻，阿波罗之母。希腊神话中的提坦女神。

Upon a day, while thus I watched, by flew
A cloudy Cupid, with his bow and quiver,
So plainly charactered, no breeze would shiver
The happy chance: so happy, I was fain
To follow it upon the open plain,
And, therefore, was just going, when, behold!
A wonder, fair as any I have told—
The same bright face I tasted in my sleep,
Smiling in the clear well. My heart did leap
Through the cool depth.—It moved as if to flee—

I started up—when lo! Refreshfully,
There came upon my face in plenteous showers,
Dew-drops, and dewy buds, and leaves, and flowers,
Wrapping all objects from my smothered sight,
Bathing my spirit in a new delight.
Ay, such a breathless honey-feel of bliss
Alone preserved me from the drear abyss
Of death, for the fair form had gone again.
Pleasure is oft a visitant; but pain
Clings cruelly to us, like the gnawing sloth
On the deer's tender haunches: late, and loth,
'Tis scared away by slow returning pleasure.
How sickening, how dark the dreadful leisure
Of weary days, made deeper exquisite,
By a fore-knowledge of unslumbrous night!
Like sorrow came upon me, heavier still,
Than when I wandered from the poppy hill:
And a whole age of lingering moments crept
Sluggishly by, ere more contentment swept
Away at once the deadly yellow spleen.
Yes, thrice have I this fair enchantment seen;
Once more been tortured with renewèd life.
When last the wintry gusts gave over strife
With the conquering sun of spring, and left the skies
Warm and serene, but yet with moistened eyes
In pity of the shattered infant buds—

盯着天上的云朵在如镜的水中溶去。
有一天，我看到了一个模糊的爱神
带着弓箭飞过，清晰地倒映在水中，
幸福的机会：微风也吹不皱这机缘。
我十分乐意能跟随他到广阔的平原，
因此，当我要走时，看，
奇迹出现了，我告诉过你——
像我梦到的那惊艳的脸庞，
泉水晶莹映照出她的笑容。
我的心直跳进了深泉——
那影子一动，仿佛要逃离——
我猛地站起身——看！
却被夹杂着雨露花蕾，
绿叶娇花迷住了眼睛
洗涤着我的灵魂
啊，这令人屏息的甜蜜快乐，
使我不至跌入死亡深渊，
只是那美丽的倩影又消失了。
快乐往往总是短暂的；
但是痛苦常盘旋紧依，
就像熊咬住鹿的后肢：
最后还是不甘心地被
渐渐想起的快乐惊走。
这样的不眠夜晚要比
那种百无聊赖的白昼，
更加难堪。
它那可怕的闲暇多么沉闷！
同样的忧愁袭来，
比我漫步离开罂粟花山时还要沉重：
在更多令人心悦的事把那郁结惆怅
赶走之前，
是的，这迷人的美艳我见了三次，
又一次被这体验折磨，
等到冬天的狂风终于放弃与春日的太阳争斗，
留得一方温暖澄澈的晴空
但是泪眼怜惜
被摧残的初蕾——

That time thou didst adorn, with amber studs,
My hunting cap, because I laughed and smiled,
Chatted with thee, and many days exiled
All torment from my breast—'twas even then,
Straying about, yet, cooped up in the den
Of helpless discontent, hurling my lance
From place to place, and following at chance,
At last, by hap, through some young trees it struck,
And, plashing among bedded pebbles, stuck
In the middle of a brook, whose silver ramble
Down twenty little falls, through reeds and bramble,
Tracing along, it brought me to a cave,
Whence it ran brightly forth, and white did lave
The nether sides of mossy stones and rock—
'Mong which it gurgled blythe adieus, to mock
Its own sweet grief at parting. Overhead,
Hung a lush screen of drooping weeds, and spread
Thick, as to curtain up some wood-nymph's home.
"Ah! Impious mortal, whither do I roam?"
Said I, low voiced: "Ah, whither! 'Tis the grot
Of Proserpine, when Hell, obscure and hot,
Doth her resign, and where her tender hands
She dabbles, on the cool and sluicy sands;
Or 'tis the cell of Echo, where she sits,
And babbles thorough silence, till her wits
Are gone in tender madness, and anon,
Faints into sleep, with many a dying tone
Of sadness. O that she would take my vows,
And breathe them sighingly among the boughs,
To sue her gentle ears for whose fair head,
Daily, I pluck sweet flowerets from their bed,
And weave them dyingly—send honey-whispers
Round every leaf, that all those gentle lispers
May sigh my love unto her pitying!

那时你用琥珀装饰
我的猎帽，
我大笑着，喜悦，同你交谈，
连日里驱散了我心中的苦闷——就在这时，
却给关在那洞穴中一筹莫展，
无人援助，我投掷长矛，
在不断地在寻找着机会，
直到机缘巧合间穿过了树林
扎进鹅卵石之中，
立在河床的中心，
银亮的河水分为二十道小瀑，
穿过芦苇和荆棘，带我到一处山洞，
那里透光的河水奔流，
拍打在布满绿苔的卵石和山岩底部——
同岩石欢快地告了别，
以挖苦自己分手时的懦弱。
头顶悬着野草织成的幕布，
严密地遮挡着山林女神的居所。
'哎！不恭的凡人！我来到了哪里？'
我低声说：'啊，这里！
这是冥后珀耳塞福涅[1]离开黑暗炽热
地狱后居住的洞穴，
她在这用纤手玩弄着那阴凉的泥沙；
也许这就是山林女神厄科[2]正在静坐
怯声低语的密室，
一直到她的理智变成不甘心的痴狂。
后来，随着消逝的哀乐，陷入沉睡。
哦，愿带走我的誓愿，
在树枝间轻声地回响，
恳求那女孩前来倾听，
我每日为她采集鲜花，
竭力编织——同每片花瓣倾诉衷肠，
所有那些温柔的情话，
愿能将我的爱意传达给她！

1　珀耳塞福涅（Proserpine）：冥府的王后。

2　厄科（Echo）：宙斯的妻子赫拉嫉妒山林女神厄科的美貌，让她失去了正常的说话能力，只能重复别人的话的最后三个字（这也就是 Echo 后来成为“回声”的由来）。

O charitable Echo! Hear, and sing
This ditty to her! Tell her—" So I stayed
My foolish tongue, and listening, half afraid,
Stood stupefied with my own empty folly,
And blushing for the freaks of melancholy.
Salt tears were coming, when I heard my name
Most fondly lipped, and then these accents came:
"Endymion! the cave is secreter
Than the isle of Delos. Echo hence shall stir
No sighs but sigh-warm kisses, or light noise
Of thy combing hand, the while it travelling cloys
And trembles through my labyrinthine hair."
At that oppressed I hurried in. Ah! where
Are those swift moments? Whither are they fled?
I'll smile no more, Peona; nor will wed
Sorrow the way to death; but patiently
Bear up against it—so farewell, sad sigh;
And come instead demurest meditation,
To occupy me wholly, and to fashion
My pilgrimage for the world's dusky brink.
No more will I count over, link by link,
My chain of grief: no longer strive to find
A half-forgetfulness in mountain wind
Blustering about my ears. Ay, thou shalt see,
Dearest of sisters, what my life shall be;
What a calm round of hours shall make my days.
There is a paly flame of hope that plays
Where'er I look; but yet, I'll say 'tis naught—
And here I bid it die. Have not I caught,
Already, a more healthy countenance?
By this the sun is setting; we may chance
Meet some of our near-dwellers with my car.'
This said, he rose, faint-smiling like a star
Through autumn mists, and took Peona's hand:
They stepped into the boat, and launched from land.

啊，仁慈的厄科！请听着，
为她唱这支歌曲！告诉她——'
我停下我的痴语，忐忑地听着，
茫然地站立着，
为我这愚蠢怪异的举动而脸红。
听到有人亲切呼唤自己的名字，
我热泪盈眶，接着听到：
'恩底弥翁！这洞比德洛斯岛隐秘。
厄科从这传出的不是叹息，
而是低喘的热吻，
或是颤抖的手指，
梳理我长发时发出的声音。'
听到此处我心头压抑，赶忙走进，
啊！那些甜蜜的过往去了哪里？
我不复笑容，佩娥娜；也不复烦恼，
这走向死亡的路；却耐心地忍受它——
永别了，悲切的叹息；
我用最沉重的沉思作为代替，
定下我将走向人间阴暗边缘的行程。
我不复数着我一环一环的悲痛之链，
更不会发疯地寻找
像在我的耳边呼啸
山风中残留的回忆。
啊，亲爱的姐姐，
你将会看到我的生活会变何样，
我的日子会变得多么宁静安详，
无论看向哪里，都会有希望之光；
但我说那是虚妄——即命其消失。
我的脸不是已有了红润的血色吗？
太阳已经开始落山，
登上我的战车也可能会遇见一些近邻。"
说完，起身，浅笑着似秋雾中的明星，
他牵着佩娥娜的手：
他们跨上船，
并离岸使去。

BOOK II

O sovereign power of love! O grief! O balm!
All records, saving thine, come cool, and calm,
And shadowy, through the mist of passèd years:
For others, good or bad, hatred and tears
Have become indolent, but touching thine,
One sigh doth echo, one poor sob doth pine,
One kiss brings honey-dew from buried days.
The woes of Troy, towers smothering o'er their blaze,
Stiff-holden shields, far-piercing spears, keen blades,
Struggling, and blood, and shrieks—all dimly fades

Into some backward corner of the brain:
Yet, in our very souls, we feel amain
The close of Troilus and Cressid sweet.
Hence, pageant history! Hence, gilded cheat!
Swart planet in the universe of deeds!
Wide sea, that one continuous murmur breeds
Along the pebbled shore of memory!
Many old rotten-timbered boats there be
Upon thy vaporous bosom, magnified
To goodly vessels; many a sail of pride,
And golden keeled, is left unlaunched and dry.
But wherefore this? What care, though owl did fly

About the great Athenian admiral's mast?
What care, though striding Alexander passed
The Indus with his Macedonian numbers?
Though old Ulysses tortured from his slumbers

第二卷

爱情的至高权利！是悲痛！也是安慰！
除去你的记载，其他的都是冰冷严肃、
朦胧的，在往昔的迷雾中流转：
这些记载不论好坏，都已激不起痛恨
或眼泪。但只要涉及的是你，
叹息令人同情，呜咽令人痛苦，
一个吻就能够带来过往的甜蜜。
特洛伊[1]灾祸，战火包围的塔楼，
紧握的盾牌，利刃长矛，搏斗，
鲜血和惨叫——
所有这一切都被抛在了脑后，
在我们灵魂深处，猛然感到
特罗洛斯与克雷茜达[2]的结局。
去吧，壮丽的历史！
去吧，镀金的欺骗！
那灿烂宇宙中黝黑的星球！
击打着记忆垒砌的卵石滩，
发出低沉轰鸣的大海！
许多老朽的船在蒸汽朦胧的海面上，
被说成是辉煌的巨轮。
许多有黄金龙骨的帆船在浅滩休息，
但为什么要讲这些呢？
尽管鸱鸺曾经都绕着
雅典旗舰的桅杆飞翔，
那又怎样呢？
亚历山大[3]率领马其顿大军横渡印度河，
那又怎样呢？
尽管尤利西斯惩治了那个库克罗普斯[4]，

---

1 特洛伊（Troy）：小亚细亚西北部古城。特洛伊王子帕里斯（Paris）访问希腊，诱走王后海伦（Helen），希腊人因此远征特洛伊，战争延续十年，最后希腊人以木马计攻下特洛伊，特洛伊惨遭灭亡。荷马史诗《伊利亚特》即以此为题材。

2 特罗洛斯（Troilus）：特洛伊国王普里阿摩斯的小儿子。克雷茜达（Cressida）是特罗洛斯的情人，二人在特洛伊战争时结合，但最后克雷茜达背叛了特罗洛斯。

3 亚历山大大帝（Alexander the Great，公元前 356—前 323），古代马其顿王国国王，公元前 336 年即位后，先后征服希腊、埃及和波斯，并侵入印度，建立亚历山大帝国。

4 库克罗普斯（Cyclopes），希腊神话中的独眼巨人族。尤利西斯曾用计谋逃出了独眼巨人族之一波吕斐摩斯（Polyphemus）的山洞。

The glutted Cyclops, what care? —Juliet leaning
Amid her window-flowers, sighing, weaning
Tenderly her fancy from its maiden snow,
Doth more avail than these. The silver flow
Of Hero's tears, the swoon of Imogen,
Fair Pastorella in the bandit's den,
Are things to brood on with more ardency
Than the death-day of empires. Fearfully
Must such conviction come upon his head,
Who, thus far, discontent, has dared to tread,
Without one muse's smile, or kind behest,
The path of love and poesy. But rest,
In chafing restlessness, is yet more drear
Than to be crushed in striving to uprear
Love's standard on the battlements of song.
So once more days and nights aid me along,
Like legioned soldiers.
Brain-sick shepherd prince,
What promise hast thou faithful guarded since
The day of sacrifice? Or, have new sorrows
Come with the constant dawn upon thy morrows?
Alas! 'tis his old grief. For many days,
Has he been wandering in uncertain ways:
Through wilderness, and woods of mossèd oaks,
Counting his woe-worn minutes, by the strokes
Of the lone woodcutter; and listening still,
Hour after hour, to each lush-leaved rill.
Now he is sitting by a shady spring,
And elbow-deep with feverous fingering
Stems the up-bursting cold: a wild rose tree
Pavilions him in bloom, and he doth see
A bud which snares his fancy. Lo! But now

让他从睡梦中惊醒，
那又怎样呢？——朱丽叶[1]正
倚在窗边，望着花，叹息着
回想着自己的情思，
比这些更有用。海罗[2]的泪珠
晶莹剔透；伊摩琴[3]已经昏厥，
美丽的帕斯托雷拉[4]陷入匪穴，
这些比起帝国的覆灭更令人怀念。
这样可怕的念头出现在他的脑海，
他在爱和诗的道路上勇敢地前行，
未曾不满，
却得不到缪斯的青睐和谕旨。
但在激动和不安中得到休息，
却比奋力将爱的旗帜立在歌的城垛上
遭受毁灭更为悲戚。
那么，白昼和黑夜，
请再次像士兵一样带我前行。
疯迷的牧羊王子！祭司那天
耿耿守着的是什么愿望？
还是那新愁紧跟着黎明
常常一起来到你的清晨？
唉！这是他的旧恨。连日以来，
他徘徊在迷惘的道路；
穿过荒原，披着苔藓的橡树林，
用伐木声计数着
他那悲哀的分秒；
整日里聆听茂叶覆盖下的小溪，
此时他坐在树荫清泉下，
用灼热的手指伸进泉水，
顶住那喷涌而出的凉意：
一株野蔷薇用花瓣将他遮盖，
他看见花蕾勾住了他的幻想：瞧！

1 朱丽叶（Juliet）：莎士比亚悲剧《罗密欧与朱丽叶》中的女主人公，意大利维罗那城贵族凯普莱特的女儿。
2 海罗（Hero）：希腊神话中的一位女祭司。
3 伊摩琴（Imogen）：莎士比亚的传奇剧《辛白林》中的人物，不列颠国王辛白林之女，是勇敢、坚定、贞节和真诚的体现者。
4 帕斯托雷拉（Pastorella）：斯宾塞的《仙后》第六卷中的女主人公。

He plucks it, dips its stalk in the water: how!
It swells, it buds, it flowers beneath his sight;
And, in the middle, there is softly pight
A golden butterfly, upon whose wings
There must be surely charactered strange things,
For with wide eye he wonders, and smiles oft.
Lightly this little herald flew aloft,
Followed by glad Endymion's clasped hands:
Onward it flies. From languor's sullen bands
His limbs are loosed, and eager, on he hies
Dazzled to trace it in the sunny skies.
It seemed he flew, the way so easy was;
And like a new-born spirit did he pass
Through the green evening quiet in the sun,
O'er many a heath, through many a woodland dun,
Through buried paths, where sleepy twilight dreams
The summer time away. One track unseams
A wooded cleft, and, far away, the blue
Of ocean fades upon him; then, anew,
He sinks adown a solitary glen,
Where there was never sound of mortal men,
Saving, perhaps, some snow-light cadences
Melting to silence, when upon the breeze
Some holy bark let forth an anthem sweet,
To cheer itself to Delphi. Still his feet
Went swift beneath the merry-winged guide,
Until it reached a splashing fountain's side
That, near a cavern's mouth, for ever poured
Unto the temperate air: then high it soared,
And, downward, suddenly began to dip,
As if, athirst with so much toil, 'twould sip
The crystal spout-head: so it did, with touch
Most delicate, as though afraid to smutch
Even with mealy gold the waters clear.
But, at that very touch, to disappear

他摘下它，浸入泉水，
看它长大发芽，盛开：
一只金色蝴蝶停在花瓣中央，
在翅膀上定然画着奇异怪形，
因为他睁眼凝视，嘴含微笑。
小信使轻轻盈盈地飞往高处，
快乐的恩底弥翁合手后面追赶：
继续向前飞行。
他的肢体不再慵懒，
急忙向前追去，
在明媚的天空找寻蝴蝶的踪迹。
他仿佛飞了起来，
那么轻盈自如：
像个新生的精灵，
穿过斜阳下静谧的黄昏，跨过荒野和森林，
穿过遮蔽的小径，慵倦的暮霭
送走了夏日的时光。
一条路撕开那森林，
通向那遥远的彼方，
大海的蓝光渐渐地消逝；
他重又沉入寂寞的峡谷，
这里不曾有过人声，
也许除却一条圣舟
为了鼓舞自己而驶向德尔斐[1]，
随风送出一曲美妙的颂歌时，
传来一些化为沉寂白雪一般轻飘的尾声。
他的双足依在振翼欢飞的向导下面疾走，
直到它到达水花四溅的泉水边，
近岩洞口，泉水止不住地喷向
温暖的空气中：飞向高处，接着向下落，
仿佛经历过这般后口干舌燥，
一心尝澄澈的泉水：它啜了，
轻轻一碰，似乎怕金色细粉玷污那泉水。
但就这么轻轻一碰，
就像仙人一样忽然不见了，

1　德尔斐（Delphi）：古希腊城市，城中有著名的阿波罗神庙。

So fairy-quick, was strange! Bewilderèd,
Endymion sought around, and shook each bed
Of covert flowers in vain; and then he flung
Himself along the grass. What gentle tongue,
What whisperer disturbed his gloomy rest?
It was a nymph uprisen to the breast
In the fountain's pebbly margin, and she stood
'Mong lilies, like the youngest of the brood.
To him her dripping hand she softly kissed,
And anxiously began to plait and twist
Her ringlets round her fingers, saying: 'Youth!
Too long, alas, hast thou starved on the ruth,
The bitterness of love: too long indeed,
Seeing thou art so gentle. Could I weed
Thy soul of care, by heavens, I would offer
All the bright riches of my crystal coffer
To Amphitrite; all my clear-eyed fish
Golden, or rainbow-sided, or purplish,
Vermilion-tailed, or finned with silvery gauze;
Yea, or my veinèd pebble-floor, that draws
A virgin light to the deep; my grotto-sands
Tawny and gold, oozed slowly from far lands
By my diligent springs; my level lilies, shells,
My charming rod, my potent river spells;
Yes, every thing, even to the pearly cup
Meander gave me—for I bubbled up
To fainting creatures in a desert wild.
But woe is me, I am but as a child
To gladden thee; and all I dare to say,
Is, that I pity thee; that on this day
I've been thy guide; that thou must wander far
In other regions, past the scanty bar
To mortal steps, before thou canst be ta'en
From every wasting sigh, from every pain,
Into the gentle bosom of thy love.

多么的神奇！
恩底弥翁疑惑地四处寻觅着
但翻遍每片花丛也徒劳无获，然后他躺
在草地上。是什么密语悄然干扰他入睡？
是位水神，从河岸轻探出身，
在百合花丛中站立，
像是最小的那一个。
她轻吻着自己滴着水的纤手，
急忙将自己的长发绕在手指，
说："年轻人！
你受爱情的折磨摧残太久了，
你这么的温柔，
如果我能消除你心中的那疑惑，
我愿拿出水晶库中的一切财富，
献给安菲忒里特[1]；
我的亮眼鱼，金色的，
彩虹色的，淡紫色的，
朱红尾的，或是银鳍的；
是呀，把一道纯洁的光吸引到
我脉纹四布的鹅卵石清泉床上，
洞里的细沙，
百合，朱贝，
我的魔杖和那强大的咒语；
是啊，这里所有的一切，
包括河湾赠我的珍珠杯——
因我在荒原上为昏厥的生灵降下甘露。
但是，悲痛啊，
我只能像孩童让你快活，
我敢说，我怜惜你，若不是我引导你，
你定会在这片土地迷失，
越过那阻挡凡人的障碍，
才能摆脱那伤神的忧伤，
和痛苦忧愁，
投入你爱人的怀抱。
为什么会是这样呢？

1 安菲忒里特（Amphitrite）：希腊神话中的海洋女神，海神波塞冬之妻，涅柔斯之女，特赖登之母，海中50位仙女之一。

Why it is thus, one knows in heaven above:
But, a poor Naiad, I guess not. Farewell!
I have a ditty for my hollow cell.'
Hereat, she vanished from Endymion's gaze,
Who brooded o'er the water in amaze:
The dashing fount poured on, and where its pool
Lay, half asleep, in grass and rushes cool,
Quick waterflies and gnats were sporting still,
And fish were dimpling, as if good nor ill
Had fallen out that hour. The wanderer,
Holding his forehead, to keep off the burr
Of smothering fancies, patiently sat down;
And, while beneath the evening's sleepy frown
Glow-worms began to trim their starry lamps,
Thus breathed he to himself: 'Whoso encamps
To take a fancied city of delight,
O what a wretch is he! And when 'tis his,
After long toil and travailing, to miss
The kernel of his hopes, how more than vile:
Yet, for him there's refreshment even in toil;
Another city doth he set about,
Free from the smallest pebble-bead of doubt

That he will seize on trickling honey-combs—
Alas, he finds them dry; and then he foams,
And onward to another city speeds.
But this is human life: the war, the deeds,
The disappointment, the anxiety,
Imagination's struggles, far and nigh,
All human; bearing in themselves this good,
That they are still the air, the subtle food,
To make us feel existence, and to show
How quiet death is. Where soil is men grow,
Whether to weeds or flowers; but for me,
There is no depth to strike in. I can see
Naught earthly worth my compassing; so stand
Upon a misty, jutting head of land—

天上有一个人知道：
我，可怜的水神，却也猜不到，
保重！我要去为我的洞穴唱歌。"
她随即从恩底弥翁的眼前消失，
他惊愕地对着泉水沉思：
湍流一直在流淌，
水潭似半睡躺在阴冷的杂草中，
水蝇和蚊子嬉戏飞舞，
鱼儿也激起涟漪，
仿佛此时任何善恶都不曾发生。
那游子耐心地坐下，捧着头，
像要拂开那破灭的幻想，
当黄昏降临时
萤火虫点起那星光般的银灯，
他自言自语道：
"凡有人安营占据虚幻的快乐之城，
是多么的可怜！
等到他经过艰苦跋涉占领之后，
却丢掉了希望的核心，
是多么的可悲！
可他在痛苦中也可以找到乐趣，
他动身寻找另一座城，
心中充满信心，
确信会找到流蜜的蜂巢。
可惜，他发觉蜂巢干了；
他口吐白沫，转而奔向下一座城。
但这是人生：战争、功绩、失落、
焦虑、挣扎的想象，一切的人和事。
他们原有这样的好处，
他们有空气，有美食，
使我们感到存在，
让死亡变得那么恬静。
只要有土壤，人们就会栽种，
不论是花还是草；
但我没地方逃避。
我不知世间有什么让我设法；
站在那迷雾笼罩的海峡之上——

Alone? No, no; and, by the Orphean lute,
When mad Eurydice is listening to't,
I'd rather stand upon this misty peak,
With not a thing to sigh for, or to seek,
But the soft shadow of my thrice-seen love,
Than be—I care not what. O meekest dove
Of heaven! O Cynthia, ten-times bright and fair!
From thy blue throne, now filling all the air,
Glance but one little beam of tempered light
Into my bosom, that the dreadful might
And tyranny of love be somewhat scared!
Yet do not so, sweet queen; one torment spared,
Would give a pang to jealous misery,
Worse than the torment's self; but rather tie
Large wings upon my shoulders, and point out
My love's far dwelling. Though the playful rout
Of Cupids shun thee, too divine art thou,
Too keen in beauty, for thy silver prow
Not to have dipped in love's most gentle stream.
O be propitious, nor severely deem
My madness impious; for, by all the stars
That tend thy bidding, I do think the bars
That kept my spirit in are burst—that I
Am sailing with thee through the dizzy sky!
How beautiful thou art! The world how deep!
How tremulous-dazzlingly the wheels sweep
Around their axle! Then these gleaming reins,
How lithe! When this thy chariot attains
Its airy goal, haply some bower veils
Those twilight eyes? Those eyes! —My spirit fails

Dear goddess, help! Or the wide-gaping air
Will gulf me—help!' At this with maddened stare
And lifted hands, and trembling lips he stood;

独自一人？不，不，凭痴迷的欧律狄刻
倾听的俄耳甫斯的美妙诗琴，
我宁愿站在这里，
对任何事都不追求渴望，
除了我见过的三次倩影——
我不管天上那最柔和的斑鸠，
辛西娅[1]，有百倍光芒和美丽！
你充斥着天宇间蓝色的宝座，
只要把柔光射入我胸怀，
就能惊走爱的可怕力量和专横！
但是不要这样做，美丽的仙后。
免去我的折磨，会加剧爱慕的痛苦，
比原来的痛苦更难堪；
我宁可求你给我的双肩插上巨翅，
为我指出爱人的住处。
虽然丘比特的华宴回避你，
你太过神圣，对美太敏感，
你的银舟不会驶入爱的清流，
愿你能仁慈，
别严格地认为我的痴迷是不敬，
凭所有听你差遣的星辰起誓，
我确信围困我心灵的铁栏已破，
而我正同你一起在炫目的高空驶过！
你如此的美丽！
世界如此深邃！
星球绕着各自的轴心运转
令人眼花缭乱！
而闪光的绳套多么的柔软！
待你的车驾驶入缥缈的终点，
也许有浓阴遮住这朦胧的双眼？
这双眼！——我神思恍惚，女神，救我！
不然大口处的空气会吞没我——救我吧！”
说罢，他站在那痴痴地望着，
双唇颤抖着，双手也高举着；

1 辛西娅（Cynthia）：希腊、罗马神话中司掌月亮和狩猎之女神，又叫黛安，或阿耳忒弥斯。

Like old Deucalion mountained o'er the flood,
Or blind Orion hungry for the morn.
And, but from the deep cavern there was borne
A voice, he had been froze to senseless stone;
Nor sigh of his, nor plaint, nor passioned moan
Had more been heard. Thus swelled it forth: 'Descend,
Young mountaineer! descend where alleys bend
Into the sparry hollows of the world!
Oft hast thou seen bolts of the thunder hurled
As from thy threshold; day by day hast been
A little lower than the chilly sheen
Of icy pinnacles, and dippedst thine arms
Into the deadening ether that still charms
Their marble being: now, as deep profound
As those are high, descend! He ne'er is crowned
With immortality, who fears to follow
Where airy voices lead: so through the hollow,
The silent mysteries of earth, descend!'
He heard but the last words, nor could contend
One moment in reflection: for he fled
Into the fearful deep, to hide his head
From the clear moon, the trees, and coming madness.

'Twas far too strange, and wonderful for sadness;
Sharpening, by degrees, his appetite
To dive into the deepest. Dark, nor light,
The region; nor bright, nor sombre wholly,
But mingled up; a gleaming melancholy;
A dusky empire and its diadems;
One faint eternal eventide of gems.
Ay, millions sparkled on a vein of gold,
Along whose track the prince quick footsteps told,

像丢卡利翁[1]洪水时避在山头，
像失明的俄里翁[2]渴望黎明，
若不是深洞里传来的声音，
他早已僵成了石头。
再听不到他的叹息，怨诉。
那声音传出来：
“下来吧，年轻人！
下到小径通往石洞的地方来吧！
你会常见霹雳炸起，
在你脚边；见天冷过冰峰的寒冷，
把两臂深进麻木的空气中，
大气围着冰峰：如今，
像你曾在高处时那样，
下到深处来吧！
不敢追随空寂声音的人：
绝不会成为不朽，
那就下来吧！
穿过这大地空寂的玄奥！”
他只是听到最后的话语，
内心也不曾斗争：
逃入可怕的深渊，
把头颅隐藏起来，
避开明月、树木和将来临的疯狂。
这太奇妙古怪，不容哀伤；
欲望驱使他跃入那深渊，
无光，也并不那么漆黑，
而是明暗掺杂着；
一种闪烁的伤悲；
一座忧郁帝国和冠冕；
一片宝石永远朦胧的暮光，
啊，数百万颗宝石在矿脉闪烁，
王子正循着脉络走得匆忙，

1 丢卡利翁（Deucalion）：普罗米修斯的一个儿子，他与妻子皮拉制造了挪亚方舟（Noah's Ark），乘着它在宙斯引发的大洪水中逃生。

2 俄里翁（Orion）：希腊神话中玻俄提亚的巨人，美丽的猎手。他爱上了墨罗佩，但态度粗暴，墨罗佩的父亲俄诺皮翁便把他的眼睛弄瞎。太阳神赫利俄斯的光线使他复明。最后他被阿耳忒弥斯的箭射死，死后化为天上的猎户星座。

With all its lines abrupt and angular:
Out-shooting sometimes, like a meteor-star,
Through a vast antre; then the metal woof,
Like Vulcan's rainbow, with some monstrous roof

Curves hugely: now, far in the deep abyss,
It seems an angry lightning, and doth hiss
Fancy into belief: anon it leads
Through winding passages, where sameness breeds
Vexing conceptions of some sudden change,
Whether to silver grots, or giant range
Of sapphire columns, or fantastic bridge
Athwart a flood of crystal. On a ridge
Now fareth he, that o'er the vast beneath
Towers like an ocean-cliff, and whence he seeth
A hundred waterfalls, whose voices come
But as the murmuring surge. Chilly and numb
His bosom grew, when first he, far away
Descried an orbèd diamond, set to fray
Old darkness from his throne. 'Twas like the sun
Uprisen o'er chaos, and with such a stun
Came the amazement, that, absorbed in it,

He saw not fiercer wonders—past the wit
Of any spirit to tell, but one of those
Who, when this planet's sphering time doth close,
Will be its high remembrancers. Who they?
The mighty ones who have made eternal day
For Greece and England. While astonishment
With deep-drawn sighs was quieting, he went
Into a marble gallery, passing through
A mimic temple, so complete and true
In sacred custom, that he well nigh feared
To search it inwards; whence far off appeared,
Through a long pillared vista, a fair shrine,

路途险阻突兀：
像一颗陨星从巨窟中射出；
在这之后，
与怪异的顶架，
弯成巨穹，
金纬就像那伏尔甘[1]的彩虹：
如今，在深渊的远方，
一道怒射的闪电，
将幻想变成信念：
随即穿过曲折的路，这永恒不变的景色
孕养出恼人的异变，
不论是银窟、青柱，
或横跨水晶河流的怪异桥梁
他在一道背脊上走着，
像从大海升出的岩峭，
他看到了白条的飞瀑，
洪涛低诉。
他的胸膛变得麻木冰冷，
这是他初见远处嵌着的一颗蓝宝石，
要把黑暗从王座上赶走，
像太阳从混沌之中升起，
他惊讶得那样目瞪口呆，
全神贯注，
再见不到更狰狞的奇观——
这是任何天才都没办法描述的，
除了一位，当行星停止运转时，
有着他回忆的顶级天才。是谁？
是为了希腊和英格兰
创造永恒白昼的人们。
伴着一声长叹停息后，
他走进那大理石走廊，
穿过一座伪装的庙宇，
多么完整地遵照习俗，
他不敢向深处探索，
柱廊向远方延伸着，

1 伏尔甘（Vulcan）：罗马神话中的火与工匠之神，罗马十二主神之一。朱庇特之子，对应希腊神话中的赫菲斯托斯。

And, just beyond, on light tip-toe divine,
A quivered Dian. Stepping awfully,
The youth approached, oft turning his veiled eye
Down sidelong aisles, and into niches old.
And when, more near against the marble cold
He had touched his forehead, he began to thread
All courts and passages, where silence dead,
Roused by his whispering footsteps, murmured faint:

And long he traversed to and fro, to acquaint
Himself with every mystery, and awe;
Till, weary, he sat down before the maw
Of a wide outlet, fathomless and dim,
To wild uncertainty and shadows grim.
There, when new wonders ceased to float before,
And thoughts of self came on, how crude and sore
The journey homeward to habitual self!
A mad-pursuing of the fog-born elf,
Whose flitting lantern, through rude nettle-briar,
Cheats us into a swamp, into a fire,
Into the bosom of a hated thing.
What misery most drowningly doth sing
In lone Endymion's ear, now he has raught
The goal of consciousness? Ah, 'tis the thought,
The deadly feel of solitude: for lo!
He cannot see the heavens, nor the flow
Of rivers, nor hill-flowers running wild
In pink and purple chequer, nor, up-piled,
The cloudy rack slow journeying in the west,
Like herded elephants; nor felt, nor pressed
Cool grass, nor tasted the fresh slumbrous air;
But far from such companionship to wear
An unknown time, surcharged with grief, away,
Was now his lot. And must he patient stay,
Tracing fantastic figures with his spear?
'No!' exclaimed he, 'why should I tarry here?'
'No!' loudly echoed times innumerable.

远处出现了美丽的神龛，
月神黛安背负箭袋，轻点脚步，
青年步步逼近，心里怀着敬畏，
不时遮着眼睛看向两边的侧廊，
他向前走去，
他的额角碰到那冰冷的大理石，
他穿过所有的那些庭院和通道，
死般的寂静环绕着他的脚步声，
微弱地嘟哝着：
他走了很久，让自己熟悉
这一切的神秘和敬畏所在；
直到累得坐下，
面对一个广阔的出口，朦胧难测，
通往不可知的和狰狞的黑色阴影。
等再没有新的奇景浮现，
想起自我的时候，
我复归故里的旅程太过崎岖艰苦！
好像是追逐迷雾中的妖魔，
它在丛林中诱使
我们投入那火焰
投入那种可恨事物的怀抱。
是什么苦难在他耳边响彻？
恩底弥翁现已抓到了意识的目标，
啊，是这个，感到致命的孤独
思想：因为，看呐！
他还没法见到天空，
也没法见江河奔流，
看不见山花的盛开，
颜色的交错，云野向西方漫行着，
像象群；感受不到，
触不到冰凉的青草，尝不到清新空气；
但远离这样的友谊，
消磨忧愁，怅怀时光，
就是他现在的命运。
他必须保持耐心，用他的枪矛勾画幻想，
“不！”他叫道：“为什么我要在此停留？”
“不！”高亢嘹亮的回声响起了无数次。

At which he straightway started, and 'gan tell
His paces back into the temple's chief,
Warming and glowing strong in the belief
Of help from Dian: so that when again
He caught her airy form, thus did he plain,
Moving more near the while: 'O Haunter chaste
Of river sides, and woods, and heathy waste,
Where with thy silver bow and arrows keen
Art thou now forested! O woodland Queen,
What smoothest air thy smoother forehead woos?

Where dost thou listen to the wide halloos
Of thy disparted nymphs? Through what dark tree

Glimmers thy crescent? Wheresoe'er it be,
'Tis in the breath of heaven: thou dost taste
Freedom as none can taste it, nor dost waste
Thy loveliness in dismal elements;
But, finding on our green earth sweet contents,
There livest blissfully. Ah, if to thee
It feels Elysian, how rich to me,
An exil'd mortal, sounds its pleasant name!
Within my breast there lives a choking flame—
O let me cool't the zephyr-boughs among!
A homeward fever parches up my tongue—
O let me slake it at the running springs!
Upon my ear a noisy nothing rings—
O let me once more hear the linnet's note!
Before mine eyes thick films and shadows float—
O let me 'noint them with the heaven's light!
Dost thou now lave thy feet and ankles white?
O think how sweet to me the freshening sluice!
Dost thou now please thy thirst with berry-juice?
O think how this dry palate would rejoice!
If in soft slumber thou dost hear my voice,
O think how I should love a bed of flowers!—
Young, goddess! Let me see my native bowers!

他立刻惊起，
开始迈步向前走去，
进入庙宇的主殿他感到温暖坚强，
相信黛安会帮助他，
当他再一次见到那轻盈的体态时，
他一面走一面诉说：“贞洁猎神！
河流、树林、荒原上的仙灵！
你带着银弓利箭，
遨游在哪座森林！
哦，森林的仙后，
是哪阵和风轻抚过你的柔额？
你在哪里听仙女们放声大喊？
你那新月射出的幽光穿过哪棵树？
无论是在哪里，
它总在天空中，
你尝到了那无人能尝到的自由，
你也不能虚度你的美丽，
在这翠绿的人间找到称心之处，
你生活在至福中。
啊，假如你觉得人间像是乐土，
那么对于我这放逐的凡人来说，
是多么美妙。
我的胸中燃着一团炽热的火焰——
让我把它放在微风之间凉一凉！
思乡使我唇枯舌燥——
让我品尝一口这湍流的泉水！
在我的耳边虚无的声音响着——
哦，让我再听听红雀的歌声！
我眼前荫翳交错浮现——
哦，让我用天光为我的眼睛涂上圣膏。
你是在洗雪白的纤足和玉踝吗？
哦，想想那流水对我多么可亲！
你如今在用果汁止渴吗？
哦，想想那干渴的口腔多欢悦。
假如你安睡时能听到我的声音，
哦，想一想我会多么喜爱鲜花！——
年轻的女神！

Deliver me from this rapacious deep!'	让我看到故乡的亭苑吧！
Thus ending loudly, as he would o'erleap	把我从这深渊中救出吧！”
His destiny, alert he stood: but when	他这样高声说完后，
Obstinate silence came heavily again,	为了越过他的命运，
Feeling about for its old couch of space	他机警地站着：
And airy cradle, lowly bowed his face	但难挨的沉静再次袭来，
Desponding, o'er the marble floor's cold thrill.	四下里摸索着古榻和缥缈的摇篮，
But 'twas not long; for, sweeter than the rill	他失望地把脸贴在冰冷的石地板。
To its cold channel, or a swollen tide	但不久；小溪回流，海潮涌向那岸柳，
To margin sallows, were the leaves he spied,	都不如这些美好：
And flowers, and wreaths, and ready myrtle crowns	那鲜花、花环、爱神木花冠，
Up-heaping through the slab. Refreshment drowns	从石板间涌起，使人神清气爽，
Itself, and strives its own delights to hide—	试图掩藏自己的快乐——
Nor in one spot alone; the floral pride	不单在一处；
In a long whispering birth enchanted grew	繁茂的花枝在低语中成长，
Before his footsteps; as when heaved anew	受魔力驱使在他脚边长大，
Old ocean rolls a lengthened wave to the shore,	有如重新涌起的古老海洋向岸边卷去，
Down whose green back the short-lived foam, all hoar,	在绿色沿岸，雪白的飞沫四溅，
Bursts gradual, with a wayward indolence.	任性慵懒地逐个湮灭。
Increasing still in heart, and pleasant sense,	心境和愉悦不断增加，
Upon his fairy journey on he hastes;	他急忙赶去仙界；
So anxious for the end, he scarcely wastes	期盼着终点，他没有耽搁一分一秒，
One moment with his hand among the sweets:	也不去触碰一花一草：他继续向前——
Onward he goes—he stops—his bosom beats	他停了停——他的心跳动着，传进耳边，
As plainly in his ear, as the faint charm	清晰得如同产生这心跳微弱的魔力。
Of which the throbs were born. This still alarm,	这静寂的警告，
This sleepy music, forced him walk tip-toe:	催眠的音乐，使他蹑步前行：
For it came more softly than the east could blow	因为这声音轻柔地胜过东风
Arion's magic to the Atlantic isles;	吹向大西洋诸岛的阿里昂[1]的歌声
Or than the west, made jealous by the smiles	胜过因阿波罗微笑而
Of throned Apollo, could breathe back the lyre	产生妒意的西风，吹向
To seas Ionian and Tyrian.	伊奥尼亚海和蒂尔海[2]的琴韵。
O did he ever live, that lonely man,	哦，这世间可有过那么寂寞的人？

1 阿里昂（Arion）：希腊诗人、音乐家、酒神颂歌（希腊悲剧的前身）的创始人（大约生活在公元前7世纪至公元前6世纪）。他乘船从意大利回希腊途中，水手们欲图财害命，于是他跳入海中。一群海豚听他的演唱入了迷，就围住了他，将他托起至海面上，送他到目的地。

2 蒂尔海（Tyrian Sea）：这里指沿着黎巴嫩南部蒂尔城一带的地中海东部（今苏尔，古推罗城）。

Who loved—and music slew not? 'Tis the pest
Of love, that fairest joys give most unrest;
That things of delicate and tenderest worth
Are swallowed all, and made a searèd dearth,
By one consuming flame—it doth immerse
And suffocate true blessings in a curse.
Half-happy, by comparison of bliss,
Is miserable. 'Twas even so with this
Dew-dropping melody, in the Carian's ear;
First heaven, then hell, and then forgotten clear,
Vanished in elemental passion.
And down some swart abysm he had gone,
Had not a heavenly guide benignant led
To where thick myrtle branches, 'gainst his head
Brushing, awakened: then the sounds again
Went noiseless as a passing noontide rain
Over a bower, where little space he stood;
For as the sunset peeps into a wood
So saw he panting light, and towards it went
Through winding alleys—and lo, wonderment!
Upon soft verdure saw, one here, one there,
Cupids a-slumbering on their pinions fair.
After a thousand mazes overgone,
At last, with sudden step, he came upon
A chamber, myrtle walled, embowered high,
Full of light, incense, tender minstrelsy,
And more of beautiful and strange beside:
For on a silken couch of rosy pride,
In midst of all, there lay a sleeping youth
Of fondest beauty; fonder, in fair sooth,
Than sighs could fathom, or contentment reach:
And coverlids gold-tinted like the peach,
Or ripe October faded marigolds,
Fell sleek about him in a thousand folds—
Not hiding up an Apollonian curve

他恋爱——音乐没杀死他；这爱的灾难，
最高的欢乐带给人的的确是那最大的不安。
那些精美娇弱的宝贵事物，
被一场大火给全部吞没，
只留下一片焦黑的遗迹。
它用诅咒把真正的祝福浸没窒息，
同天赐的幸福相比，这半个幸福
是悲惨的。这滴露的歌曲
在卡亚人[1]听来，就是这样。
先像天堂，然后像地狱，最后全然忘却，
全部消失在那原始的激情中。
他早就沉没入黑暗的深渊中，
假如没有上天的向导带他来
这爱神木轻拂他脑袋
使他醒来的地方。接着那声音
又陷入沉寂，像午间的骤雨般，
洒过凉亭，他伫立在那小地方；
夕阳的斜光射进森林，穿过曲折小径，
他看到光线，走过去——看呐，奇观！
在那柔软的草地上，在这里，在那里，
小爱神在靠着翅膀打盹。
走过无数的曲折弯路后，
他终于来到了
一间卧房，爱神木作墙，
高隐入丛林中，充满着阳光香气，
柔婉的歌曲，
还有更多的美丽和奇珍：
在一切的中间，
一美少年睡在玫瑰般艳丽的丝绸榻上，
美得叫人痴迷，实话说，
比叹气或惬意所能达到的更令人痴迷。
像桃花，或像十月里凋谢的金盏花般
金色的被衾，
在他的四周褶下无数皱痕——
露出那颈和肩高贵的曲线，

1　卡亚人（Carian）：古代小亚细亚西南部的卡亚地方的人，这里指恩底弥翁。

Of neck and shoulder, nor the tenting swerve
Of knee from knee, nor ankles pointing light;
But rather, giving them to the fillèd sight
Officiously. Sideway his face reposed
On one white arm, and tenderly unclosed,
By tenderest pressure, a faint damask mouth
To slumbery pout; just as the morning south
Disparts a dew-lipped rose. Above his head,
Four lily stalks did their white honours wed
To make a coronal; and round him grew
All tendrils green, of every bloom and hue,
Together intertwined and trammelled fresh:
The vine of glossy sprout; the ivy mesh,
Shading its Ethiope berries; and woodbine,
Of velvet leaves and bugle-blooms divine;
Convolvulus in streakèd vases flush;
The creeper, mellowing for an autumn blush;
And virgin's bower, trailing airily;
With others of the sisterhood. Hard by,
Stood serene Cupids watching silently.
One, kneeling to a lyre, touched the strings,
Muffling to death the pathos with his wings;
And, ever and anon, uprose to look
At the youth's slumber; while another took
A willow-bough, distilling odorous dew,
And shook it on his hair; another flew
In through the woven roof, and fluttering-wise
Rained violets upon his sleeping eyes.
At these enchantments, and yet many more,
The breathless Latmian wondered o'er and o'er;
Until, impatient in embarrassment,
He forthright passed, and lightly treading went
To that same feathered lyrist, who straightway,
Smiling, thus whispered: 'Though from upper day
Thou art a wanderer, and thy presence here
Might seem unholy, be of happy cheer!
For 'tis the nicest touch of human honour,

也没遮去双膝间天穹般的弯曲，
而是殷勤地把这一切
献给那看够了的眼睛。
他的脸斜息在白臂上，
使用那最轻柔的力气，
喘息，困倦地噘着嘴；
就像晨间的南风吹开一朵含露的玫瑰，
在他的头顶，
四枝百合花茎围在一起编成一只花冠；
他的周围长着各种各样的花朵和碧蔓，
鲜艳地交织，缠绕在一起：
还有那葡萄藤光滑的嫩枝；
常春藤遮蔽着的黑色浆果，
还有长着丝绒叶和喇叭花的忍冬，
生着发红条纹的旋花，
还有渐露秋色的蔓草，
轻轻摇曳着的蛇葡萄，
和其他的眷属们一起。
站在小爱神旁边守望。
一个人，跪在里尔琴旁拨动琴弦，
用他的双翼捂住那乐声中的悲怆，
又不时站起来看那个睡着的少年；
另一个拿着一根滴着甘露的柳枝，
洒在他的头上，
又有一个飞进茂盛的屋顶，
边飞边把紫罗兰般的雨点
散在他的眼上。
对着这些以及其他奇异的事物
让气喘的拉托马斯人频频惊奇；
直到在困窘中不耐烦了，
向前走去，轻步走向拉
里尔琴的旁边，
后者微笑低声说：
"虽然你来自人间，
你的来临像是亵渎，
但庆幸吧！
这是人类最大的荣耀，

When some ethereal and high-favouring donor	上天长久宽宏的馈赠
Presents immortal bowers to mortal sense—	把不朽华亭赠给凡人——
As now 'tis done to thee, Endymion. Hence	就像现在对你做的，恩底弥翁。因此
Was I in no wise startled. So recline	我一点也不惊讶。
Upon these living flowers. Here is wine,	你躺在这鲜花上吧。这是闪光的美酒，
Alive with sparkles—never, I aver,	我敢说自从阿里阿德涅[1]酿酒以来——
Since Ariadne was a vintager,	从未品尝过这样的佳酿：
So cool a purple: taste these juicy pears,	再尝尝这些多汁的梨子，
Sent me by sad Vertumnus, when his fears	这是悲伤的花果之神[2]，他惧怕
Were high about Pomona: here is cream,	果树女神[3]送给我的：这是乳酪，
Deepening to richness from a snowy gleam;	正从雪白的光泽变为富丽的深色；
Sweeter than that nurse Amalthea skimmed	比那阿玛耳忒亚[4]喂养
For the boy Jupiter: and here, undimmed	朱庇特的乳汁还要甜：
By any touch, a bunch of blooming plums	这些未曾碰过的梅子，
Ready to melt between an infant's gums:	放在婴孩的齿龈间也会化掉。
And here is manna picked from Syrian trees,	这是看守金苹果园的三姐妹[5]自叙利亚树上
In starlight, by the three Hesperides.	采摘的鲜果，享用吧，
Feast on, and meanwhile I will let thee know	同时我要让你知道，
Of all these things around us.' He did so,	我们周围的一切事物。"他这样做了，
Still brooding o'er the cadence of his lyre;	依然思索着他的弦音，说道：
And thus: 'I need not any hearing tire	"我不必向人絮叨
By telling how the sea-born goddess pined	那海中诞生的神女[6]是如何想念
For a mortal youth, and how she strove to bind	一个人类青年[7]，
Him all in all unto her doting self.	她如何设法让那青年受她痴爱的控制。
Who would not be so prisoned? but, fond elf,	谁不愿受这样的囚禁？但是，傻孩子，
He was content to let her amorous plea	他甘愿让她的多情的恳求
Faint through his careless arms; content to see	消逝在他冷漠的双臂之中；
An unseized heaven dying at his feet;	甘愿得不到的天堂在他的脚下灭亡。
Content, O fool! to make a cold retreat,	这个傻瓜！宁愿冷漠退却，

1 阿里阿德涅（Ariadne）：希腊神话中国王弥诺斯的女儿。

2 威耳廷努斯（Vertumnus），这里指罗马神话中的果园和土地耕作之神，即花果之神。传说他爱上了波摩娜，为取悦于她，曾做各种变化，最后变成一个美少年。

3 波摩娜（Pomona），罗马神话中司掌果树的女神。

4 阿玛耳忒亚（Amalthea），这里指希腊神话中宙斯（朱庇特）的乳母。传说阿玛耳忒亚是一头山羊。婴儿时的宙斯被藏在山洞里，阿玛耳忒亚用自己的乳汁哺育了宙斯。

5 这里指赫斯珀里得斯（Hesperides），希腊神话中为天后赫拉看守金苹果园的众仙女。

6 此处指希腊神话中的美神和爱情之神阿芙洛狄忒，即罗马神话中的维纳斯，宙斯和海洋女神狄俄涅之女。一说她是海水泡沫所生。

7 这里指阿多尼斯，希腊神话中掌管每年植物死而复生的神。

When on the pleasant grass such love, lovelorn,
Lay sorrowing; when every tear was born
Of diverse passion; when her lips and eyes
Were closed in sullen moisture, and quick sighs
Came vexed and pettish through her nostrils small.
Hush! no exclaim—yet, justly mightest thou call
Curses upon his head. —I was half glad,
But my poor mistress went distract and mad,
When the boar tusked him: so away she flew
To Jove's high throne, and by her plainings drew
Immortal tear-drops down the thunderer's beard;
Whereon, it was decreed he should be reared
Each summer-time to life. Lo! this is he,
That same Adonis, safe in the privacy
Of this still region all his winter-sleep.
Ay, sleep; for when our love-sick queen did weep
Over his wanèd corse, the tremulous shower
Healed up the wound, and, with a balmy power,
Medicined death to a lengthened drowsiness:
The which she fills with visions, and doth dress
In all this quiet luxury; and hath set
Us young immortals, without any let,
To watch his slumber through. 'Tis well nigh passed,

Even to a moment's filling up, and fast
She scuds with summer breezes, to pant through
The first long kiss, warm firstling, to renew
Embowered sports in Cytherea's isle.
Look! How those wingèd listeners all this while
Stand anxious! See! Behold!' —This clamant word
Broke through the careful silence; for they heard
A rustling noise of leaves, and out there fluttered
Pigeons and doves: Adonis something muttered
The while one hand, that erst upon his thigh
Lay dormant, moved convulsed and gradually

让失恋的情人在心中忧郁，
躺在绿荫上，
泪水从种种激情之中流出，
她嘴唇和眼睛被潮气蒙住，
接连的叹息从她的鼻孔中愤怒地发出。
嘘！不要叫喊——可是，你该把诅咒
召来降临在他身上——我是喜忧参半，
我那可怜的女主人悲痛欲绝，
只因野猪伤了他：她立即飞到主神座前，
哭诉哀嚎让仙泪沿着约夫的胡子流下来；
为此，这青年受神谕，
每逢夏天便恢复活力。
你看！这就是他，
阿多尼斯，在这寂静幽秘之地
他安然冬眠。
啊，冬眠；因我们那相思的
女神向他的遗体哭泣，
颤抖的泪珠为他医好了创伤，
又以香膏的药力将他的死亡，
转为永恒的长眠：
她送去美梦，
又为他披上这么安静的盛装；
还要我们年轻的神护他安眠。
这件事将要过去，
甚至不需要一刻，
她要同夏风飞驰，
喘着气接受第一个吻，温暖的初吻，
重新在库忒瑞亚岛[1]的树荫中玩游戏，
看呐！这些生翼的听众多么
焦急地等着！看！瞧！——这喊叫
打破了长久以来的那种沉默，
他们听到树叶沙沙的声音，
斑鸠和白鸽飞出：阿多尼斯自言自语，
他一只手原放在大腿上，
现在逐渐地移到了额头。

1 库忒瑞亚岛（Cytherea's isle）：伊俄尼亚海上著名的岛屿。这个岛与塞浦路斯岛竞争，在阿芙洛狄忒从海浪中出生后，最先踏上的就是这个岛屿。库忒瑞亚是阿芙洛狄忒（维纳斯）的别名。

Up to his forehead. Then there was a hum
Of sudden voices, echoing, 'Come! come!
Arise! Awake! Clear summer has forth walked
Unto the clover-sward, and she has talked
Full soothingly to every nested finch:
Rise, Cupids! Or we'll give the blue-bell pinch
To your dimpled arms. Once more sweet life begin!'

At this, from every side they hurried in,
Rubbing their sleepy eyes with lazy wrists,
And doubling over head their little fists
In backward yawns. But all were soon alive:
For as delicious wine doth, sparkling, dive
In nectared clouds and curls through water fair,
So from the arbour roof down swelled an air
Odorous and enlivening; making all
To laugh, and play, and sing, and loudly call
For their sweet queen—when lo! The wreathèd green
Disparted, and far upward could be seen
Blue heaven, and a silver car, air-borne,
Whose silent wheels, fresh wet from clouds of morn,
Spun off a drizzling dew, which falling chill
On soft Adonis' shoulders, made him still
Nestle and turn uneasily about.
Soon were the white doves plain, with necks stretched out,
And silken traces tightened in descent;
And soon, returning from love's banishment,
Queen Venus leaning downward open-armed.
Her shadow fell upon his breast, and charmed
A tumult to his heart, and a new life
Into his eyes. Ah, miserable strife,
But for her comforting! Unhappy sight,
But meeting her blue orbs! Who, who can write
Of these first minutes? The Unchariest Muse
To embracements warm as theirs makes coy excuse.

一会传来突然的嗡嗡声，
回响着："来啊！来啊！
醒来！快起来！明朗的夏天到这苜蓿地，
她百般爱抚地
向所有巢中梅花雀讲话：
起来吧，爱神，
不然我们要用风信子挠你的臂窝。
美妙生活开始！"
听到这里，他们从各方赶来，
慵懒地擦着他们惺忪的睡眼，
把小手叠在头上，
仰着身打着哈欠。
但很快大家就都活跃起来了；
因为像甘醇的美酒，
闪着光从云端降下，
芳香的气流从藤蔓交织的树顶倾斜而下，
使众人欢笑、嬉戏、歌唱、高呼
迎接他们美丽的仙后——这时看！
交织的翠绿分开来，
高处是蓝色的天空，
银车和御风，
被朝云弄湿的车轮飞溅着露水，
冰冷落在阿多尼斯的酥软肩上，
使得他蜷缩着身子，辗转反侧，
不久白鸽出现，脖子高高昂起，
飞下时如丝般的痕迹
像闪电似的发出光芒；
不久，从爱情流亡归来的女王
维纳斯弯下腰，张开了那双玉臂。
她的影子落在他胸上，
在他的心中激起骚动，
给他的双眼注入新生。啊，多么悲惨的斗争，
若没有她的安慰！
若不是同她蓝色的双眼相遇，
多不幸的光景！谁，谁能写这最初的分秒？
最残酷的缪斯也会羞涩地
宽恕他们的拥抱。

O it has ruffled every spirit there,
Saving Love's self, who stands superb to share
The general gladness. Awfully he stands;
A sovereign quell is in his waving hands;
No sight can bear the lightning of his bow;
His quiver is mysterious, none can know
What themselves think of it; from forth his eyes
There darts strange light of varied hues and dyes;

A scowl is sometimes on his brow, but who
Look full upon it feel anon the blue
Of his fair eyes run liquid through their souls.
Endymion feels it, and no more controls
The burning prayer within him; so, bent low,
He had begun a plaining of his woe.
But Venus, bending forward, said: 'My child,
Favour this gentle youth; his days are wild
With love—he—but alas! Too well I see
Thou know'st the deepness of his misery.
Ah, smile not so, my son: I tell thee true,
That when through heavy hours I used to rue
The endless sleep of this new-born Adon',
This stranger aye I pitied. For upon
A dreary morning once I fled away
Into the breezy clouds, to weep and pray
For this my love, for vexing Mars had teased
Me even to tears. Thence, when a little eased,
Down-looking, vacant, through a hazy wood,
I saw this youth as he despairing stood:
Those same dark curls blown vagrant in the wind;

Those same full-fringèd lids a constant blind
Over his sullen eyes. I saw him throw
Himself on withered leaves, even as though

哦，这使所有的仙灵都惊动了，
唯爱神[1]不然，
他卓然站着分享大家的欢悦。
他令人敬畏地站着，
在他挥舞的双手之间有着宏大的伟力。
无人敢直视他的弓发出的光芒，
他的箭袋神秘莫测，
无人知晓自己对它做何想法。
从他的眼睛里迸射出颜色奇异的豪光；
有时他的眉弯露出怒色，
但只要正面看他的脸色
就会感到他那美丽的蓝眼睛流入灵魂。
恩底弥翁感同身受，
不复控制心里那种如火焰一样的祈求，
他躬身，开始诉说他满腔的哀伤心酸。
但维纳斯俯身向前，说“孩子[2]，
眷顾这温雅的青年吧；
他的日子因爱变得疯狂——不过，唉，
我知晓你能看出他有着怎样的痛苦。
啊，不要笑，我老实告诉你，
在沉痛的岁月中，
我痛惜那陷入无尽休眠的阿多尼斯，
我始终在怜悯这个陌生人。
有一次在一个阴沉的早晨，我飞进
轻拂的云朵里，为我爱人流泪祈祷，
因为恼人的战神[3]惹哭了我。
后来，稍稍宽慰后，
我从云端茫然俯望，
透过那晦暗的森林，
我看到他绝望地站立着，
黑色的鬈发在风中飘散；
那浓密睫毛遮着他阴郁的双眼。
我看到他倒在树叶上，
似乎死神已突然降临；

1 爱神（Love）：指罗马神话的丘比特（Cupid），相当于希腊神话中的爱与情欲之神厄洛斯。
2 这里“孩子”也指爱神丘比特，他是维纳斯的儿子。
3 玛尔斯（Mars）：罗马神话中的国土、战争、农业和春天之神，罗马十二主神之一，相当于希腊神话中的阿瑞斯（Ares）。

Death had come sudden; for no jot he moved,
Yet muttered wildly. I could hear he loved
Some fair immortal, and that his embrace
Had zoned her through the night. There is no trace
Of this in heaven: I have marked each cheek,
And find it is the vainest thing to seek;
And that of all things 'tis kept secretest.
Endymion! One day thou wilt be blest:
So still obey the guiding hand that fends
Thee safely through these wonders for sweet ends.
'Tis a concealment needful in extreme,
And if I guessed not so, the sunny beam
Thou shouldst mount up to with me. Now adieu!
Here must we leave thee.'—At these words up-flew
The impatient doves, up-rose the floating car,
Up went the hum celestial. High afar
The Latmian saw them minish into naught;
And, when all were clear vanished, still he caught

A vivid lightning from that dreadful bow.
When all was darkened, with Aetnean throe
The earth closed—gave a solitary moan—
And left him once again in twilight lone.
He did not rave, he did not stare aghast,
For all those visions were o'ergone, and passed,
And he in loneliness: he felt assured
Of happy times, when all he had endured
Would seem a feather to the mighty prize.
So, with unusual gladness, on he hies
Through caves, and palaces of mottled ore,
Gold dome, and crystal wall, and turquoise floor,
Black polished porticoes of awful shade,
And, at the last, a diamond balustrade,
Leading afar past wild magnificence,
Spiral through ruggedest loopholes, and thence
Stretching across a void, then guiding o'er
Enormous chasms, where, all foam and roar,

他一动不动，满口的呓语。
我能听出他爱一个美丽的仙女，
他曾在夜晚用双臂拥抱她入怀。
这在天上没有迹象：
我注意过每个脸颊，
发觉无法查询此事；
万事之中这件事藏匿得最隐秘。
恩底弥翁！你总归会得到祝福：
所以还是听从那指引你的人吧。
他领你通过奇境走向幸福终点。
这件事需要严加保密，
如果不是我猜的那样，
阳光才是你需要一同我走向的地方。再会！
我们要离开你了！”——话说到这里时，
鸽子不耐烦地已经飞起，
漂浮的银车上升，
同那嗡嗡声向天上飞去。
远飞向高空，
拉托马斯人看他们消失；
他仍看到那张弓射来的可怕闪电，
天地一片昏暗，埃特纳一阵震颤，
大地合拢——发出孤寂的哀嚎声——
又一次把他留在暮色中。
他不发言语，
不惊异注视，
因这一切幻境都已消失，
他在孤寂中。
他对幸福的时光深信不疑。
届时他所忍受的比之他得到的将轻如鸿毛。
他抱着非凡的欢喜，匆匆前行，穿越岩洞，斑斓的矿石宫殿，金色的圆顶，水晶壁，
绿松石地板，投射可怕阴影的乌黑门廊，
最后，一排钻石镶嵌的栏杆通向了远处。
经过宏伟壮丽的奇景，
盘旋着通过崎岖石孔，
再跨越巨大的峡谷，
任浪花滚滚，

Streams subterranean tease their granite beds;
Then heightened just above the silvery heads
Of a thousand fountains, so that he could dash
The waters with his spear—but at the splash,
Done heedlessly, those spouting columns rose
Sudden a poplar's height, and 'gan enclose
His diamond path with fretwork, streaming round
Alive, and dazzling cool, and with a sound,
Haply, like dolphin tumults, when sweet shells
Welcome the float of Thetis. Long he dwells
On this delight; for, every minute's space,
The streams with changèd magic interlace:
Sometimes like delicatest lattices,
Covered with crystal vines; then weeping trees,
Moving about as in a gentle wind,
Which, in a wink, to watery gauze refined,
Poured into shapes of curtained canopies,
Spangled, and rich with liquid broideries
Of flowers, peacocks, swans, and naiads fair.
Swifter than lightning went these wonders rare;
And then the water, into stubborn streams
Collecting, mimicked the wrought oaken beams,
Pillars, and frieze, and high fantastic roof,
Of those dusk places in times far aloof
Cathedrals called. He bade a loth farewell
To these founts Protean, passing gulf, and dell,
And torrent, and ten thousand jutting shapes,
Half seen through deepest gloom, and grisly gapes,

Blackening on every side, and overhead
A vaulted dome like Heaven's, far bespread
With starlight gems: ay, all so huge and strange,
The solitary felt a hurried change
Working within him into something dreary—
Vexed like a morning eagle, lost, and weary,

地下的激流逗弄着花岗岩石床，
飞升到千股泉水之上的那银沫，
这样他就可以用长矛拨弄流水，
但突然喷涌的水柱
升到了白杨那么高，
从四周围住他的钻石小路，迸射开，
发出海豚嬉戏的声音，
冰凉耀眼，令人目眩，
就像美丽的海螺一般
欢迎那忒提斯[1]的木筏，
他久久沉醉于这欢乐中，
在这每分钟，
流水像魔术般万千变化，
有时像剔透晶莹的格子，
挂着水晶藤，
有时像垂柳在风中轻摇，
瞬间，变成精致的水绸，
倾泻而下形成各式华盖，
缀满了那如水般的锦绣，
上面有鲜花、孔雀、天鹅、河仙，
许多奇观消逝，快如闪电。
流水汇成溪流，
模仿橡木横梁，
圆柱、雕带、高耸诡异的屋顶，
就像人间的教堂那般阴暗
他依依辞别了这些变幻的泉水，
跨过深渊幽谷、湍流，
千万个形体半隐在幽暗深处，
那黑暗可怕的裂口遍布四周，
头顶是苍天般的圆穹。
遍洒着星光似的宝石：
啊，一切是那么的宏大奇异，
孤独者感到发生急剧的变化，
在心中变成凄凉——烦恼得像一只晨鹰，
疲倦迷茫，在午夜多雾的荒原里迷了眼，

1　忒提斯（Thetis）：海洋仙女。

And purblind amid foggy, midnight wolds.
But he revives at once: for who beholds
New sudden things, nor casts his mental slough?
Forth from a rugged arch, in the dusk below,
Came mother Cybele! Alone—alone—
In sombre chariot; dark foldings thrown
About her majesty, and front death-pale,
With turrets crowned. Four manèd lions hale
The sluggish wheels; solemn their toothèd maws,

Their surly eyes brow-hidden, heavy paws
Uplifted drowsily, and nervy tails
Cowering their tawny brushes. Silent sails
This shadowy queen athwart, and faints away
In another gloomy arch.
Wherefore delay,
Young traveller, in such a mournful place?
Art thou wayworn, or canst not further trace
The diamond path? And does it indeed end
Abrupt in middle air? Yet earthward bend
Thy forehead, and to Jupiter cloud-borne
Call ardently! He was indeed wayworn;
Abrupt, in middle air, his way was lost;
To cloud-borne Jove he bowed, and there crossed
Towards him a large eagle, 'twixt whose wings,
Without one impious word, himself he flings,
Committed to the darkness and the gloom:
Down, down, uncertain to what pleasant doom,
Swift as a fathoming plummet down he fell
Through unknown things, till exhaled asphodel,
And rose, with spicy fannings interbreathed,
Came swelling forth where little caves were wreathed
So thick with leaves and mosses, that they seemed
Large honey-combs of green, and freshly teemed
With airs delicious. In the greenest nook
The eagle landed him, and farewell took.
It was a jasmine bower, all bestrown

但他立即苏醒：因谁能看清
新事物而不抛弃绝望？
从峥嵘的拱门，下界的暮光，
走出西布莉神母！独自一人——独自
一人——
乘着颜色昏暗的车架；
黑衣垂在她尊贵的身体周围，
面色苍白，头戴塔冠。
四头鬣狮拉着车缓行着；龇牙咧嘴很威严，
倨傲的眼睛被眉毛遮着，
沉甸甸的爪慢吞吞举起，
黄褐色的尾巴卷起毛发。
如影般的仙后斜驰而去，
隐入另一座阴森的拱门。
为什么要耽搁呢，年轻的旅人啊，
在这样凄凉的地方？你疲于赶路，
还是不能再走前方那钻石之道路？
那条路半空中骤然停止了？
把头俯向人间，
祈求腾云的天神朱庇特吧！
他确实由于旅途太过劳顿，
道路在半空中迷失，
他向驾云约夫鞠躬，
一只巨鹰向他飞来，
不说一句亵渎神的话语，
纵身向巨鹰的双翼跃下，
置身于黑暗和朦胧之中，
往下，往下，不知坠向什么好运，
像测深锤向下坠，
穿过未知的事物，
直到长春花和玫瑰把芳香同香风交融，
从那个小石洞中一涌而出，
洞中积着厚厚的树叶苔藓，
如同一个巨大的绿色蜂巢，
那里的空气又清新又甜美，
巨鹰把他放在绿荫深处，辞去。
这是个茉莉花凉亭，

With golden moss. His every sense had grown	长满了金色的青苔。
Ethereal for pleasure; ’bove his head	他所有的感官因愉快飘然。
Flew a delight half-graspable; his tread	头顶上飞舞着大半的快乐；
Was Hesperian; to his capable ears	他的走路步态是西方式的；
Silence was music from the holy spheres;	对他来说，沉静是来自天堂的圣乐；
A dewy luxury was in his eyes;	他湿润的眼睛里隐藏着奢侈的快活；
The little flowers felt his pleasant sighs	小花察觉到他愉快的叹息，
And stirred them faintly. Verdant cave and cell	轻轻晃动。葱郁的山洞和石窟他一一漫步，
He wandered through, oft wondering at such swell	不时惊奇情绪突然高扬。
Of sudden exaltation: but, ‘Alas!’	不过，他说：“哎！难道
Said he, ‘will all this gush of feeling pass	这一切感情的涌流要消散
Away in solitude? And must they wane,	在孤寂中？难道都要像那
Like melodies upon a sandy plain,	歌声一般消逝在沙土之中，
Without an echo? Then shall I be left	毫无回声？如果这样的话，
So sad, so melancholy, so bereft!	我也会落得如此忧郁伤悲，
Yet still I feel immortal! O my love,	孤独寂寞！可是我仍然感觉不朽！
My breath of life, where art thou? High above,	哦，我的爱啊，
Dancing before the morning gates of heaven?	我的生命！你在哪里？
Or keeping watch among those starry seven,	在高耸的天门前跳舞？
Old Atlas’ children? Art a maid of the waters,	还是在阿特拉斯的女儿
One of shell-winding Triton’s bright-haired daughters?	七颗星星前守望？你是水中仙女，
	吹螺者特里同之女？
Or art—impossible—a nymph of Dian’s,	或者——不可能——你是黛安的女侍，
Weaving a coronal of tender scions	为了消遣，用嫩叶编织出了花冠？
For very idleness? Where’er thou art,	不论你在哪，
Methinks it now is at my will to start	我想，现在我能随心地投向你的怀抱，
Into thine arms; to scare Aurora’s train,	吓走奥罗拉[1]的扈从，
And snatch thee from the morning; o’er the main	把你从晨光中夺来，
	像海上飞翔的野鸟，
To scud like a wild bird, and take thee off	从浪花织成的摇篮中把你抢走，
From thy sea-foamy cradle; or to doff	或脱去你牧羊人的外衣，
Thy shepherd vest, and woo thee mid fresh leaves.	在那绿叶中间向你求爱。
No, no, too eagerly my soul deceives	不，不，我的灵魂太过急于欺骗
Its powerless self: I know this cannot be.	无力的自己：我知道这不会发生。
O let me then by some sweet dreaming flee	哦，让我在美梦中遁入她的美丽。

1　奥罗拉（Aurora）：古希腊神话中司掌黎明的女神，即罗马神话中的厄俄斯（Eos）。

To her entrancements. Hither, Sleep, awhile!
Hither, most gentle Sleep! And soothing foil
For some few hours the coming solitude.'
Thus spake he, and that moment felt endued
With power to dream deliciously; so wound
Through a dim passage, searching till he found
The smoothest mossy bed and deepest, where
He threw himself, and just into the air
Stretching his indolent arms, he took—O bliss! —
A naked waist: 'Fair Cupid, whence is this?'
A well-known voice sighed, 'Sweetest, here am I!'

At which soft ravishment, with doting cry
They trembled to each other. —Helicon!
O fountained hill! Old Homer's Helicon!
That thou wouldst spout a little streamlet o'er
These sorry pages! Then the verse would soar
And sing above this gentle pair, like lark
Over his nested young: but all is dark
Around thine agèd top, and thy clear fount
Exhales in mists to heaven. Ay, the count
Of mighty Poets is made up; the scroll
Is folded by the Muses; the bright roll
Is in Apollo's hand: our dazèd eyes
Have seen a new tinge in the western skies:
The world has done its duty. Yet, oh yet,
Although the sun of poesy is set,
These lovers did embrace, and we must weep
That there is no old power left to steep
A quill immortal in their joyous tears.
Long time in silence did their anxious fears
Question that thus it was; long time they lay
Fondling and kissing every doubt away;
Long time ere soft caressing sobs began
To mellow into words, and then there ran
Two bubbling springs of talk from their sweet lips.

来这里小憩一会，安恬地入睡吧！
安抚即将来临的寂寞，
让它迟来一会。”
他就这样说着，
此刻感到有了做一场美梦的力量；
于是他绕道穿过幽暗的道路，
搜寻着直到发现最柔软隐蔽的苔藓床，
他倒在上面，向空中张开慵懒的双臂，
他抱住——哦，天呐——
一个赤裸的腰身，“爱神啊，这是哪来的？”
一个熟悉的声音响起，
“亲爱的，我在这！”
在这销魂的时刻，
彼此相对颤抖着。——
赫利孔山！灵泉之山！
那老荷马的赫利孔山，
只要在这可怜的诗页上喷出一股小泉，
那诗句会向这对情侣
歌唱，就像百灵鸟，
向巢中的幼雏鸣叫：
但那黑暗笼罩着你，
那清澈的泉水冒出水汽，散入空中，
是的，伟大诗人们的数目已经点清；
卷册也被缪斯收起，
交入阿波罗手中，我们看到
西方天空上显露出新的色彩，令人目眩。
人间的职责已完成了。
可是啊，可是，尽管诗歌已经落幕，
但这对情人已拥抱过，
我们必须哀叹再没有
成熟的才智能握笔描绘他们的喜泪。
他们沉默良久，
心里满是敬畏；
怀疑这里发生的一切，躺卧了好久，
爱抚又亲吻，把一切怀疑赶走之后，
百般温存的体贴才变成话语，
他们甜蜜的唇吻间流出汩汩说话的泉水。

'O known Unknown! From whom my being sips
Such darling essence, wherefore may I not
Be ever in these arms? In this sweet spot
Pillow my chin for ever? Ever press
These toying hands and kiss their smooth excess?

Why not for ever and for ever feel
That breath about my eyes? Ah, thou wilt steal
Away from me again, indeed, indeed—
Thou wilt be gone away, and wilt not heed
My lonely madness. Speak, delicious fair!
Is—is it to be so? No! Who will dare
To pluck thee from me? And, of thine own will,
Full well I feel thou wouldst not leave me. Still
Let me entwine thee surer, surer—now
How can we part? Elysium! Who art thou?
Who, that thou canst not be for ever here,
Or lift me with thee to some starry sphere?
Enchantress! Tell me by this soft embrace,
By the most soft completion of thy face,
Those lips, O slippery blisses, twinkling eyes
And by these tenderest, milky sovereignties—
These tenderest—and by the nectar-wine,
The passion—' 'O doved Ida the divine!
Endymion! Dearest! Ah, unhappy me!
His soul will 'scape us—O felicity!
How he does love me! His poor temples beat
To the very tune of love—how sweet, sweet, sweet.
Revive, dear youth, or I shall faint and die;
Revive, or these soft hours will hurry by
In trancèd dullness; speak, and let that spell
Affright this lethargy! I cannot quell
Its heavy pressure, and will press at least
My lips to thine, that they may richly feast
Until we taste the life of love again.
What! Dost thou move? Dost kiss? O bliss! O pain!
I love thee, youth, more than I can conceive;

"哦，已知的谜啊！
我从你身上吸取可爱的精华，
为什么我不能永远同你相拥？
不能永远把下颌放在这个美丽的地方？
永远握住这双不停戏弄的手
而吻它的柔润？
为什么不能永远在我眼前感受那气息？
啊，你会悄悄溜走，再度离开我，
是的，你会的——你会再次离去，
不顾我那凄清的痴狂。
说啊，我的美人！
会——会这样吗？不！谁敢
把你从我这里抢走？而且，
我感受到你也不愿意离开我，
让我把你抱得更紧些，更紧些——
现在我们怎么会分开？极乐界！
你是谁？不可能永远留在这里，
或者带我同你一起离去。
仙女啊！告诉我，凭这温存的拥抱，
凭你那温柔动人的容颜，
那朱唇，哦，这滑腻的幸福，明眸，
还有那柔软乳白的至尊事物——
这些最温柔的——凭这佳酿，
凭这激情——""哦，那圣灵的艾达山，
恩底弥翁！最亲爱的！我多么不幸！
他灵魂将被我们遗忘——哦，幸福！
他多么爱我！他可怜的思想
合着爱的节拍跳动——多甜蜜！
醒来吧，青年人！不然我会晕死过去，
醒来吧，不然温馨的时刻会匆匆流去；
说话啊，就让魔力吓跑那昏沉的睡眠！
我不能平息这昏睡的欲望，
让我至少吻你吧，
直到再次尝到那爱的活力。
什么？你在动吗？在吻吗？
至福啊！痛苦啊！
青年人，我爱你已出乎我自己的预料。

And so long absence from thee doth bereave
My soul of any rest—yet must I hence.
Yet, can I not to starry eminence
Uplift thee; nor for very shame can own
Myself to thee. Ah, dearest, do not groan
Or thou wilt force me from this secrecy,
And I must blush in heaven. O that I
Had done 't already; that the dreadful smiles
At my lost brightness, my impassioned wiles,
Had wanèd from Olympus' solemn height,
And from all serious Gods; that our delight
Was quite forgotten, save of us alone!
And wherefore so ashamed? 'Tis but to atone
For endless pleasure, by some coward blushes:
Yet must I be a coward! —Horror rushes
Too palpable before me—the sad look
Of Jove, Minerva's start—no bosom shook
With awe of purity, no Cupid pinion
In reverence vailed, my crystalline dominion
Half lost, and all old hymns made nullity!
But what is this to love? O I could fly
With thee into the ken of heavenly powers,
So thou wouldst thus, for many sequent hours,
Press me so sweetly. Now I swear at once
That I am wise, that Pallas is a dunce—
Perhaps her love like mine is but unknown—
O I do think that I have been alone
In chastity! Yes, Pallas has been sighing,
While every eve saw me my hair up-tying
With fingers cool as aspen leaves. Sweet love,
I was as vague as solitary dove,
Nor knew that nests were built. Now a soft kiss—

长久和你分离使我的灵魂得不到安息——
可是我必须要离去啊，
我不能使你升到星空，
出于害羞我也不敢让你占有。
啊，亲爱的，请不要抱怨。
否则你会逼得我守不住这个秘密，
我定然会在天上羞红了脸，
但愿那可怕笑意对我失去的光彩
对我激情诡计所露出的可怕微笑，
已从奥林匹斯山庄严的高处，
已从一切严肃的众神间淡去。
愿我们的欢乐能被别人遗忘，
只留在我们心中！为什么要羞惭呢？
这不过是同羞惭为无尽的欢乐赎罪。
可我只能怯懦！——可怕的景象
出现在我面前——那主神沉着脸——
密涅瓦[1]惊叹着——没有谁会为纯情而
惊叹振动。爱神不再恭敬地垂下翅膀，
我水晶般的仙境也丢了一半，
那古老的颂歌都化为了泡影！
但这对爱又怎样呢？
哦，我可以带你飞入天上神明之处，
使你可以连续数小时都能
紧抱着我。现在我赌咒说
我是最聪明的。帕拉斯[2]是个笨蛋——
也许她的爱同我的一样也不可知——
哦，我一直认为只有我是
贞洁的！是啊，每日黄昏，
帕拉斯见我用冷如柳叶般的手指
绾起头发，便叹息。亲爱的，
我就像孤独的鸽子那般迷茫，
不知巢已筑成。请轻轻吻我——

1 密涅瓦（Minerva）：希腊神话中的智慧女神雅典娜，即罗马神话中的智慧仙女，她以冷面示人，智勇双全，在特洛伊战争中表现活跃。传说她是宙斯与聪慧女神墨提斯（Metis）所生，让她永远编织。她把造福人类的纺织、缝纫、制陶、园艺等技艺带到人间，其象征是能在黑夜里看到前方的猫头鹰。又说她是从大神丘比特的脑袋里生出来的。

2 帕拉斯（Pallas）：就是 Pallas Athena，即智慧女神雅典娜。

Ay, by that kiss, I vow an endless bliss,	啊，我要对这个吻发誓，
An immortality of passion's thine.	你已经得到无穷的至福
Ere long I will exalt thee to the shine	和那永远不退却的热情，
Of heaven ambrosial: and we will shade	不久我要带你升上天国：
Ourselves whole summers by a river glade;	我们会在夏日河边林地上乘凉，
And I will tell thee stories of the sky,	我会给你讲述很多天上的故事，
And breathe thee whispers of its minstrelsy.	为你低唱那天上的歌曲，
My happy love will overwing all bounds!	我的幸福会超越那一切的界限！
O let me melt into thee; let the sounds	哦，让我融在你里面；让我们
Of our close voices marry at their birth;	的低语一诞生就能互相交融着；
Let us entwine hoveringly—O dearth	让我们缠绵交织吧——哦，
Of human words! Roughness of mortal speech!	人类的语言多贫乏！
Lispings empyrean will I sometime teach	人间说话多么粗陋！
Thine honeyed tongue—lute-breathings, which I gasp	我要教你含蜜的舌尖上的稚语，
	我要竭力使你懂得诗琴的低语，
To have thee understand, now while I clasp	我要把你紧紧抱着，
Thee thus, and weep for fondness—I am pained,	痴心流泪，我痛苦，
Endymion. Woe! Woe! Is grief contained	恩底弥翁。可悲啊！可悲！难道悲伤
In the very deeps of pleasure, my sole life?'—	在快乐的深处吗，我唯一的生命？"——
Hereat, with many sobs, her gentle strife	啜泣着，她的温柔的斗争
Melted into a languor. He returned	化为了倦怠，而他则报以
Entrancèd vows and tears.	痴迷的盟誓和眼泪。
Ye who have yearned	怀着太多恋慕热情的你们，
With too much passion, will here stay and pity	要留在此表示自己的同情，
For the mere sake of truth, as 'tis a ditty	只为了真理，
Not of these days, but long ago 'twas told	因这不是一支现在的歌曲，
By a cavern wind unto a forest old;	而是长久前穴风唱给古老森林的；
And then the forest told it in a dream	接着森林在梦中就把歌谣讲给那
To a sleeping lake, whose cool and level gleam	沉睡的湖泊，湖水的凉意和清辉
A poet caught as he was journeying	被一位诗人看到，他去日神庙的途中，
To Phoebus' shrine; and in it he did fling	把疲惫的身躯浸入湖水中，
His weary limbs, bathing an hour's space,	沐浴了一个小时，
And after, straight in that inspired place	后来，在充满灵感的密境，
He sang the story up into the air,	他唱出了这歌谣，
Giving it universal freedom. There	使它飘于天地间。
Has it been ever sounding for those ears	那些耳尖发热的人们听着歌谣，
Whose tips are glowing hot. The legend cheers	传说鼓舞着彼此守望者的星辰；

Yon sentinel stars; and he who listens to it
Must surely be self-doomed or he will rue it:
For quenchless burnings come upon the heart,
Made fiercer by a fear lest any part
Should be engulfed in the eddying wind.
As much as here is penned doth always find
A resting place, thus much comes clear and plain.
Anon the strange voice is upon the wane—
And 'tis but echoed from departing sound,
That the fair visitant at last unwound
Her gentle limbs, and left the youth asleep. —
Thus the tradition of the gusty deep.
Now turn we to our former chroniclers. —
Endymion awoke, that grief of hers
Sweet-paining on his ear: he sickly guessed
How lone he was once more, and sadly pressed
His empty arms together, hung his head,
And most forlorn upon that widowed bed
Sat silently. Love's madness he had known
Often with more than tortured lion's groan
Moanings had burst from him; but now that rage
Had passed away. No longer did he wage
A rough-voiced war against the dooming stars.
No, he had felt too much for such harsh jars.
The lyre of his soul Aeolian-tuned
Forgot all violence, and but communed
With melancholy thought. O he had swooned
Drunken from Pleasure's nipple; and his love
Henceforth was dove-like. Loth was he to move
From the imprinted couch, and when he did,
'Twas with slow, languid paces, and face hid
In muffling hands. So tempered, out he strayed
Half seeing visions that might have dismayed
Alecto's serpents; ravishments more keen

听的人一定会主宰自己的命运：
否则将后悔，
因为心头燃起了不熄的烈火，
因为怕狂风吞没任何一部分，
所以要让这火烧得更猛烈些，
这里写下的这些总是要结束，
结束后这一切变得清楚明了，
那个奇异的声音很快就消亡——
只从那里传来回声，
那个美丽的来访者终于舒展
温存的四肢，留下沉睡青年，
那狂风深处的传说就是如此。
现在我们回头讲先前的故事。——
恩底弥翁醒来，
是她的忧思刺痛了他的耳朵，
他恹恹地揣度自己如何凄凉，
抱着空荡手臂伤心，低下头，
无限悲清地默坐在床上。
他尝过了那爱情的痴迷，
他的胸中不时发出比
受折磨的狮子更胜的呻吟，
现在那种愤怒已经过去，
他不再像那些凶恶的星宿厉声抗争。
他经受太多，受不了的刺耳的震颤，
他调节柔和的灵魂之弦忘却那狂暴，
只同哀思交流。
他曾经心醉神迷痛饮过欢乐的乳汁，
他的爱变得天真无邪。
他不愿离开那一张留有印痕的床榻，
而在离开时，
脚步无精打采，
双手蒙着脸。
带着这心情，他走出去，
依稀看到使阿勒克托[1]的毒蛇吃惊的幻象；

1 阿勒克托（Alecto）：希腊神话中的复仇三女神厄里倪厄斯（Erinyes）之一。她们的形象是丑老太婆，手执鞭子，头缠海蛇。

Than Hermes' pipe, when anxious he did lean
Over eclipsing eyes; and at the last
It was a sounding grotto, vaulted vast,
O'er-studded with a thousand, thousand pearls,
And crimson-mouthèd shells with stubborn curls,
Of every shape and size, even to the bulk
In which whales arbour close, to brood and sulk
Against an endless storm. Moreover too,
Fish-semblances, of green and azure hue,
Ready to snort their streams. In this cool wonder
Endymion sat down, and 'gan to ponder
On all his life: his youth, up to the day
When 'mid acclaim, and feasts, and garlands gay,
He stepped upon his shepherd throne; the look
Of his white palace in wild forest nook,
And all the revels he had lorded there;
Each tender maiden whom he once thought fair,
With every friend and fellow-woodlander—
Passed like a dream before him. Then the spur
Of the old bards to mighty deeds; his plans
To nurse the golden age 'mong shepherd clans;
That wondrous night; the great Pan-festival;
His sister's sorrow; and his wanderings all,
Until into the earth's deep maw he rushed;
Then all its buried magic, till it flushed
High with excessive love. 'And now', thought he,
'How long must I remain in jeopardy
Of blank amazements that amaze no more?
Now I have tasted her sweet soul to the core
All other depths are shallow: essences,
Once spiritual, are like muddy lees,
Meant but to fertilize my earthly root,
And make my branches lift a golden fruit
Into the bloom of heaven. Other light,
Though it be quick and sharp enough to blight

见到比赫尔墨斯[1]吹的笛子都醉人的事物，
他投过渴望的目光；
直到看到鸣响拱形的巨窟，
镶嵌着成千的珍珠。
和有坚固螺纹的红嘴贝壳，
有的大得可以藏进那鲸鱼，
默默生气，以渡过那无尽的风暴。
此外还看到，
那青绿蔚蓝色的鱼形生物
正准备喷水，在这清冷的奇景中，
恩底弥翁坐了下来，开始沉思着，
想他的生活：从少年直到那一天，
周围遍布欢呼，筵席，
鲜艳的花环。他登上牧童的宝座；
他隐于那森林深处的白色宫殿，
还有他主持的一切狂欢；
他一度认为的美丽少女，
每个林中的伙伴，友人——
在他面前像梦一样闪过。然后
古诗人激励伟大的事业；
在牧羊人氏族中设计培植黄金时代的计划，
那奇妙的夜，牧神的盛大节日；
他姐姐的哀愁，以及他的漫游，
一直到他冲进那个大地的深洞，
埋藏的无数奇珍发出爱的红光。
“现在”，他思忖着，
“我还得在危险中停留多少时候，
经受那已经不再令人惊讶的诧异？
我尝过她甜美的灵魂，
其他的并非深不可测：
一度仙灵的香泽成了泥浆的沉淀，
只望肥沃尘世的根株，
要我的枝丫结出黄金果伸向高空。
其他的光芒
虽敏锐锋利，可损伤

1　赫尔墨斯（Hermes）：古希腊神话中的商业、旅者、小偷和畜牧之神。

The Olympian eagle's vision, is dark,
Dark as the parentage of chaos. Hark!
My silent thoughts are echoing from these shells;
Or they are but the ghosts, the dying swells
Of noises far away? —list!' —Hereupon
He kept an anxious ear. The humming tone
Came louder, and behold, there as he lay,
On either side out-gushed, with misty spray,
A copious spring; and both together dashed
Swift, mad, fantastic round the rocks, and lashed
Among the conches and shells of the lofty grot,
Leaving a trickling dew. At last they shot
Down from the ceiling's height, pouring a noise
As of some breathless racers whose hopes poise
Upon the last few steps, and with spent force
Along the ground they took a winding course.
Endymion followed—for it seemed that one
Ever pursued, the other strove to shun—
Followed their languid mazes, till well nigh
He had left thinking of the mystery,
And was now rapt in tender hoverings
Over the vanished bliss. Ah! What is it sings
His dream away? What melodies are these?
They sound as through the whispering of trees,
Not native in such barren vaults. Give ear!
'O Arethusa, peerless nymph! Why fear
Such tenderness as mine? Great Dian, why,
Why didst thou hear her prayer? O that I
Were rippling round her dainty fairness now,
Circling about her waist, and striving how
To entice her to a dive! Then stealing in
Between her luscious lips and eyelids thin!
O that her shining hair was in the sun,
And I distilling from it thence to run
In amorous rillets down her shrinking form!

奥林匹斯山鹰的眼，却是黑暗的，
暗得像混沌的起源。听！
我的沉思正在从贝壳中发出回声；
还是只是远方幽灵的声音，那逐渐
消逝的振荡？——听啊！”——
此刻他竖起耳朵，嗡嗡声
变得越来越喧闹，看啊，他躺在那里，
两边涌出巨泉，
溅出水花，两股泉绕着岩石
冲击迅捷，疯狂，怪异，奔驰在高窟、
海螺和贝壳间，
留下细流。最后两股泉
从那顶部冲下，
就像赛跑把希望寄托于冲刺，
然后余力贴着地面蜿蜒而过，
恩底弥翁追逐着——似乎有
一股泉在追赶，
另一股在竭力躲闪——
追逐着迷泉，直到他不再去深思
那神秘，如今只倾心于轻柔飞翔，
飞临那消逝的幸福。
啊，是谁在唱歌，唱走了他的梦？
这是什么歌曲？
歌声像来自树林的私语，
不为荒凉的山洞所本有。听啊！
“哦，阿瑞托萨[1]！绝世的美人！
为什么怕我的温存？伟大的黛安，为何
聆听她的祷告？哦，
但愿我在她四周回流，
环抱她的腰身，尽力诱使她入水！
偷偷溜进
她甘美的嘴唇和薄薄的眼皮之间！
哦，但愿她的乌发在阳光中闪烁，
我把发梢滴下的水汇成爱情涓流
顺着她那日渐消瘦的躯体往下流！

1 阿瑞托萨（Arethusa）：希腊神话中的山林仙女，化为泉水女神。后来她又同月神黛安合在一起。

To linger on her lily shoulders, warm
Between her kissing breasts, and every charm
Touch-raptured! —See how painfully I flow;
Fair maid, be pitiful to my great woe.
Stay, stay thy weary course, and let me lead,
A happy wooer, to the flowery mead
Where all that beauty snared me.' —'Cruel god,
Desist! Or my offended mistress' nod
Will stagnate all thy fountains—tease me not
With siren words—Ah, have I really got
Such power to madden thee? And is it true—
Away, away, or I shall dearly rue
My very thoughts: in mercy then away,
Kindest Alpheus, for should I obey
My own dear will, 'twould be a deadly bane.
O, Oread-Queen! Would that thou hadst a pain
Like this of mine, then would I fearless turn
And be a criminal. Alas, I burn,
I shudder—gentle river, get thee hence.
Alpheus! Thou enchanter! Every sense
Of mine was once made perfect in these woods.
Fresh breezes, bowery lawns, and innocent floods,

Ripe fruits, and lonely couch, contentment gave;
But ever since I heedlessly did lave
In thy deceitful stream, a panting glow
Grew strong within me: wherefore serve me so,
And call it love? Alas, 'twas cruelty.
Not once more did I close my happy eye
Amid the thrushes' song. Away! Avaunt!
O 'twas a cruel thing.' —'Now thou dost taunt
So softly, Arethusa, that I think
If thou wast playing on my shady brink,
Thou wouldst bathe once again. Innocent maid!
Stifle thine heart no more; nor be afraid

逗留在她百合般的肩上，
在她的胸间取暖，种种魅力，
一触销魂！——看，我浮游得多痛苦；
美丽的少女，垂怜我的悲惨！
停下，停下这段疲倦的旅程，
让我幸福的追求者，率先去花地，
那里一切都吸引着我。”——“残酷的神！
放弃吧！否则我那被激怒的情人一点头即
让你的泉水停流——
不要用妖言迷惑我——啊，
我真的已经得到了那股使你疯狂的力量？
这可是真的？——
去吧，去吧，不然我会为我的想法懊悔：
出于慈悲，去吧，最和善的阿尔菲厄斯[1]，
假如我意气用事，那将会是灭亡。
啊，山林仙后，但愿你像我一样，
经受痛苦折磨，我就什么都不怕，
成为那罪犯。唉，我在燃烧，
我发抖——那温和的河流，
请你离去，阿尔菲厄斯！你这迷人精！
我全部的感官都在这片林中变得完美。
清风，草地，无瑕的流水，
成熟的瓜果，单人的床榻，都使我满意；
但自从我在你那狡诈的流水里沐浴以来，
悸动的烈火就在我的心中燃烧：
为何这样对我，
又把这叫爱？唉，这是多残忍。
我不止一次地闭上幸福的眼睛，
听着鸫鸟唱着
去吧！去吧！
这是多么残酷的事”——“现在你的
嘲骂如此温和，阿瑞托萨，
我想，如果你在我荫蔽的河边一直玩耍，
你会再次沐浴。
天真的少女！别再压抑内心；

1　阿尔菲厄斯（Alpheus）：希腊神话中的河水之神。他追求仙女阿瑞托萨，后者化为泉水，他便化为河流，与泉水汇合。

Of angry powers—there are deities
Will shade us with their wings. Those fitful sighs

'Tis almost death to hear. O let me pour
A dewy balm upon them! —Fear no more,
Sweet Arethusa! Dian's self must feel
Sometimes these very pangs. Dear maiden, steal
Blushing into my soul, and let us fly
These dreary caverns for the open sky.
I will delight thee all my winding course,
From the green sea up to my hidden source
About Arcadian forests; and will show
The channels where my coolest waters flow
Through mossy rocks; where, 'mid exuberant green,

I roam in pleasant darkness, more unseen
Than Saturn in his exile; where I brim
Round flowery islands, and take thence a skim
Of mealy sweets, which myriads of bees
Buzz from their honeyed wings: and thou shouldst
please
Thyself to choose the richest, where we might
Be incense-pillowed every summer night.
Doff all sad fears, thou white deliciousness,
And let us be thus comforted; unless
Thou couldst rejoice to see my hopeless stream
Hurry distracted from Sol's temperate beam,
And pour to death along some hungry sands.'—
'What can I do, Alpheus? Dian stands
Severe before me. Persecuting fate!
Unhappy Arethusa! Thou wast late
A huntress free in—' At this, sudden fell
Those two sad streams adown a fearful dell.
The Latmian listened, but he heard no more,
Save echo, faint repeating o'er and o'er
The name of Arethusa. On the verge
Of that dark gulf he wept, and said: 'I urge

也无须畏惧众神的伟力——
有的神会用那双翼遮蔽我们。
喟叹让人听着断肠。
哦，就让我把甘露浇在上面！
——再也不用恐惧，
可爱的阿瑞托萨！黛安有时也不免
痛苦。亲爱的少女，请来到我的
灵魂里吧，让我们离开这凄凉的山洞，
飞向那片广袤的天空吧。
一路曲折我会让你愉悦，
从碧海到我藏身的源头
阿卡迪亚森林；
我要给你看清冷的溪水
在苔石中间流过那河道；
在茂绿中，
我漫游在愉快的黑暗中，
比流亡的萨图恩更隐秘。
绕着花岛，
从千万只蜜蜂的花翼上
摘取甜蜜花粉：你可以
随意挑选一处佳境，
让我们头枕花香度过每个盛夏夜晚。
摆脱一切忧伤，
洁白的美人，
让我们舒适一会；
除非你忍心看着我无望的流水匆匆
离开太阳的光辉。
沿着饥渴的沙地向死亡流去。”——
“我能做什么，阿尔菲厄斯？
那黛安严肃地站在我的面前，
恼人的命运！不幸的阿瑞托萨！
你还是个女猎手，自由地——”这时，
那两道忧郁的流水跌入那可怕的山谷，
拉托马斯人听着，但无声可闻。
除了遍遍回声，微弱无迹，
重复着那阿瑞托萨的名字。
在黑暗深渊之边他潸然泪下，说道：

Thee, gentle Goddess of my pilgrimage,
By our eternal hopes, to soothe, to assuage,
If thou art powerful, these lovers' pains;
And make them happy in some happy plains.'
He turned—there was a whelming sound—
he stepped—
There was a cooler light; and so he kept
Towards it by a sandy path, and lo!
More suddenly than doth a moment go,
The visions of the earth were gone and fled—
He saw the giant sea above his head.

BOOK III

There are who lord it o'er their fellow-men
With most prevailing tinsel: who unpen
Their baaing vanities, to browse away
The comfortable green and juicy hay
From human pastures; or—O torturing fact! —
Who, through an idiot blink, will see unpacked
Fire-branded foxes to sear up and singe
Our gold and ripe-eared hopes. With not one tinge

Of sanctuary splendour, not a sight
Able to face an owl's, they still are dight
By the blear-eyed nations in empurpled vests,
And crowns, and turbans. With unladen breasts,
Save of blown self-applause, they proudly mount
To their spirit's perch, their being's high account,
Their tip-top nothings, their dull skies, their thrones—
Amid the fierce intoxicating tones
Of trumpets, shoutings, and belaboured drums,
And sudden cannon. Ah! how all this hums,
In wakeful ears, like uproar passed and gone—
Like thunder clouds that spake to Babylon,
And set those old Chaldeans to their tasks. —

"引导我旅途的温和女神！
凭我们永恒的希望，用无上的伟力，
请您减轻、缓和这一对恋人的痛苦；
请让他们幸福地生活在这平原上吧。"
他转身——听到一阵巨响——
他举步——
却见寒芒升起；
于是他沿着砂石路向光芒走去，看！
比一刻前发生的更为突然，
大地上种种幻象都不见了——
他看到大海就在他的头顶。

第三卷

有些人身披着绮绣鄙夷他们的同胞：
放出显示虚荣的羊儿，
让它们吃掉人类牧场上美味的牧草
以及那些多汁的草料；
抑或——哦，这痛苦的事实！——
他们痴呆地看着狐狸被放出，
叼着火炬，
把我们心头成熟的希望浇灭，
并没有留下一丝庙堂的光彩
如同夜枭四目相对，
他们仍用那扑朔的眼神凝望着国家，
冠冕和丝巾。
他们都胸无大志地自吹自擂，
他们自豪地攀上精神的栖木，
人生的制高点，
他们无所事事，空洞的天，他们的宝座——
周遭醉酒之人高声呼喊
喇叭奏响，行人呼喊，鼓声阵阵，
炮声忽鸣。啊！这嗡嗡声，唤醒了
沉睡的耳朵，像经历了轩然大波——
突如其来的雷雨云出现在古巴比伦[1]上空，
迦勒底[2]的老人们抢收作物。——

1　巴比伦（Babylon）：古代东方奴隶制国家巴比伦王国（Babylonia）的首都。
2　迦勒底（Chaldea）：巴比伦王国南部一地区。

Are then regalities all gilded masks?
No, there are thronèd seats unscalable
But by a patient wing, a constant spell,
Or by ethereal things that, unconfined,
Can make a ladder of the eternal wind,
And poise about in cloudy thunder-tents
To watch the abysm-birth of elements.
Ay, 'bove the withering of old-lipped Fate
A thousand Powers keep religious state,
In water, fiery realm, and airy bourne,
And, silent as a consecrated urn,
Hold sphery sessions for a season due.
Yet few of these far majesties—ah, few! —
Have bared their operations to this globe—
Few, who with gorgeous pageantry enrobe
Our piece of heaven—whose benevolence
Shakes hand with our own Ceres, every sense
Filling with spiritual sweets to plenitude,
As bees gorge full their cells. And, by the feud
'Twixt Nothing and Creation, I here swear,
Eterne Apollo! that thy Sister fair
Is of all these the gentlier-mightiest.
When thy gold breath is misting in the west,
She unobservèd steals unto her throne,
And there she sits most meek and most alone;
As if she had not pomp subservient;
As if thine eye, high Poet, was not bent
Towards her with the Muses in thine heart;
As if the ministering stars kept not apart,
Waiting for silver-footed messages.
O Moon! The oldest shades 'mong oldest trees
Feel palpitations when thou lookest in:
O Moon! Old boughs lisp forth a holier din
The while they feel thine airy fellowship.
Thou dost bless everywhere, with silver lip

王权皆伴着镀金的面具吗?
不，王位并不是唾手可得
只有不断挥舞翅膀，持续念着咒语，
或者经由某种无拘无束的灵气，
制造出那永恒的天风化作阶梯，
在雷雨密布的阴幕中镇定自若
来观看一场王权的诞生。
嗯，那是旧命运的凋零
有钱有势的权贵们庄严肃穆，
在流水、火焰和空气之中
他们的骨灰翁被静静地安放，
在这个季节里沉寂。
而这些庄严的神灵很少——啊，很少！——
向凡人们公开他们的活动——
很少有人拥有华丽的盛装
我们所在的天堂——是仁慈
刻瑞斯[1]与我们握手
我们感官充斥着精神的甘甜，
像蜂巢中饱食美餐的蜜蜂们，
在虚无和创造之间，我这样发誓，
永恒的阿波罗！你的妹妹的确是
一众神灵里最美艳的那位。
当她的金色气息化为西天的云彩，
她趁人不备溜上宝座，
温顺孤寂地坐在上面；
她仿佛从未卑躬屈膝；
仿佛高贵诗人不在心中，
而是闪耀在眼里怀着那缪斯女神的心；
众星仿佛并未四散开来，
它们等待着闪着银光徐徐而来的神谕。
哦，月亮！你深藏在古树的荫蔽之处
你探视之时会感到心有余悸：
哦，月亮！古树的树枝与你嬉戏打闹
当它们感受到你愉悦的友谊。
你四处祈福。用你的银唇将那死去的

1　刻瑞斯（Ceres）：罗马神话中司掌谷物和耕作之女神。

Kissing dead things to life. The sleeping kine,
Couched in thy brightness,
dream of fields divine:
Innumerable mountains rise, and rise,
Ambitious for the hallowing of thine eyes;
And yet thy benediction passeth not
One obscure hiding-place, one little spot
Where pleasure may be sent. The nested wren
Has thy fair face within its tranquil ken,
And from beneath a sheltering ivy leaf
Takes glimpses of thee; thou art a relief
To the poor patient oyster, where it sleeps
Within its pearly house. The mighty deeps,
The monstrous sea is thine—the myriad sea!
O Moon! Far-spooming Ocean bows to thee,
And Tellus feels his forehead's cumbrous load.
Cynthia! Where art thou now? What far abode
Of green or silvery bower doth enshrine
Such utmost beauty? Alas, thou dost pine
For one as sorrowful: thy cheek is pale
For one whose cheek is pale: thou dost bewail
His tears, who weeps for thee. Where dost thou sigh?

Ah! Surely that light peeps from Vesper's eye,
Or what a thing is love! 'Tis She, but lo!
How changed, how full of ache, how gone in woe!
She dies at the thinnest cloud; her loveliness
Is wan on Neptune's blue: yet there's a stress
Of love-spangles, just off yon cape of trees,
Dancing upon the waves, as if to please
The curly foam with amorous influence.
O, not so idle—for down-glancing thence
She fathoms eddies, and runs wild about
O'erwhelming water-courses; scaring out
The thorny sharks from hiding-holes, and frightening

灵魂吻回阳间，
牛群沉睡在你的光辉里，
梦回神圣的田野：
无数山峦跌宕起伏，
人们的双眼充满雄心壮志；
然而你的祝福从未落过任何一个隐蔽
藏身之处，那些不起眼的栖息之地上
都充满了快乐气息。
巢中的鹪鹩在一片宁静中，
在窥视着你的容颜，
从常春藤遮蔽的绿叶下面瞥见你；
你安慰、抚慰那可怜、坚韧的牡蛎，
它睡在珍珠屋里。可怕的深渊，浩瀚的大海，
属于你——浩荡的汪洋！
哦，月亮！碧波万顷的海洋向你屈膝，
连忒鲁斯都感到额头上负担沉重。
辛西娅！您现在在哪里？是哪座翠绿
或银色的建筑供奉着
你这绝世粉黛？唉，为了那病入膏肓的人
你为他憔悴：你的脸颊苍白
你为了他脸色苍白：
而他为了你潸然流泪，你为他流泪。
为他叹息？
啊！爱的光芒从维斯珀[1]的眼睛里窥见，
爱是什么东西！爱就是她，但是请看！
爱使她改变，何其痛苦，何其不幸！
她在云端消逝。
她的丽质恰似尼普顿的光晕：
爱的宝藏在远方那郁郁葱葱的海峡外，
踏浪起舞，仿佛用铿锵的爱
给那一缕缕的浪花带去欢乐。
哦，她并不懒散——她向下俯视
她迷恋涡流，疯狂奔跑，
沿着那巨大的水道；
她吓跑躲在洞中的鲨鱼，

1 维斯珀（Vesper）：又叫昏星、金星。

Their savage eyes with unaccustomed lightning.

Where will the splendour be content to reach?
O love! How potent hast thou been to teach
Strange journeyings! Wherever beauty dwells,
In gulf or eyrie, mountains or deep dells,
In light, in gloom, in star or blazing sun,
Thou pointest out the way, and straight 'tis won.

Amid his toil thou gav'st Leander breath;
Thou leddest Orpheus through the gleams of death;
Thou madest Pluto bear thin element;
And now, O wingèd Chieftain! Thou hast sent
A moon-beam to the deep, deep water-world,
To find Endymion.
On gold sand impearled
With lily shells, and pebbles milky-white,
Poor Cynthia greeted him, and soothed her light
Against his pallid face: he felt the charm
To breathlessness, and suddenly a warm
Of his heart's blood. 'Twas very sweet. He stayed

His wandering steps, and half-entrancèd laid
His head upon a tuft of straggling weeds,
To taste the gentle moon, and freshening beads,
Lashed from the crystal roof by fishes' tails.
And so he kept, until the rosy veils
Mantling the east by Aurora's peering hand
Were lifted from the water's breast, and fanned
Into sweet air and sobered morning came
Meekly through billows—when like taper-flame
Left sudden by a dallying breath of air,
He rose in silence, and once more 'gan fare
Along his fated way.
Far had he roamed,

她凶神恶煞的眼神
惊呆了凶狠的鲨鱼
光辉要播洒到什么地方才能满足?
啊，爱情！你让人领悟多舛的旅途，
你有异常的魔力，
无论美栖息何处，
在巨谷高巢或山顶深渊，
抑或是在亮处，或暗处，
戴烈日或者披星斗，
你一指路，美立马出现。
你给了垂死挣扎的利安得一口气；
指引俄耳甫斯走出那死亡的阴霾；
你能使普路托[1]忍受那稀薄的空气；
现在，挥舞翅膀的仙后！
你送来一束月光去到深不见底的水底王国，
去找恩底弥翁。
那金色的沙地上镶嵌着
洁白的扇贝以及白卵石，
金色的沙滩上，
可怜的辛西娅在迎接他，
让她的光抚慰他苍白的面颊：
使他得以安慰，他屏息凝视，
突然血脉偾张，他感到非常甜蜜；
他停止踱步，飘飘欲仙地躺在了
一片肆意蔓延的野草地上歇息，
品味柔和的月光，新鲜的水滴，
那是水晶顶上鱼尾甩落的水珠。
他静静回味，直到太阳的瑰色光芒
笼罩东方，奥罗拉伸手从波涛汹涌的
海平面上将其掀起，
让它随清晨的风飘动，
清晨温柔地乘风破浪——他默默地起身，
像那幽暗的烛光被四处飘散的轻风，
一口气吹灭，
他再度启程沿着命运之路。

1　普路托（Pluto）：希腊神话中的冥王，即哈得斯（Hades）。

With nothing save the hollow vast, that foamed,
Above, around, and at his feet—save things
More dead than Morpheus' imaginings:
Old rusted anchors, helmets, breast-plates large
Of gone sea-warriors; brazen beaks and targe;
Rudders that for a hundred years had lost
The sway of human hand; gold vase embossed
With long-forgotten story, and wherein
No reveller had ever dipped a chin
But those of Saturn's vintage; mouldering scrolls,

Writ in the tongue of heaven, by those souls
Who first were on the earth; and sculptures rude

In ponderous stone, developing the mood
Of ancient Nox; —then skeletons of man,
Of beast, behemoth, and leviathan,
And elephant, and eagle, and huge jaw
Of nameless monster. A cold leaden awe
These secrets struck into him—and unless
Dian had chased away that heaviness,
He might have died: but now, with cheerèd feel,

He onward kept, wooing these thoughts to steal
About the labyrinth in his soul of love.
What is there in thee, Moon! That thou shouldst move

My heart so potently? When yet a child
I oft have dried my tears when thou hast smiled.
Thou seemedst my sister: hand in hand we went
From eve to morn across the firmament.
No apples would I gather from the tree,
Till thou hadst cooled their cheeks deliciously;
No tumbling water ever spake romance,

他一路远航，
眼前空旷无物，只见那些凹陷的深谷，
四周水花翻飞——
还有比摩耳甫斯的幻象更沉寂的东西：
生锈的锚点、头盔、硕大的胸铠、
水手勇士的遗物、铜舰首、盾牌。
遗失了那百年未曾被
人类的手操纵的船舵；
镀金的酒杯，
浮雕上刻着早已被遗忘的传说，
只有痛饮萨图恩美酒的狂欢者[1]；
保留着那些卷轴，
上面刻的是天书，
由原始居民刻写；
那些简陋的雕刻，
由巨大岩石凿成，
古代诺克斯[2]的风格因此弘扬；
尸骨、骷髅人和牲口、河马、海中巨兽、
大象、鹰的遗骸，
巨的腭骨是无名之兽的遗骸。
这些秘密使他肃然起敬——
要不是黛安驱散心中阴霾，
他可能就会死去：但是现在，
他满心欢喜，
继续向前，他恳请自己思绪
印刻在他的灵魂伴侣的坟旁。
天上的月儿啊！
你心里想什么，
竟这般直击吾心？孩提时代，
一见到你的微笑我便不再流泪。
你像我的姐姐：我们牵着手从夜晚到清早，
遨游于苍穹之上。
我不愿从树上摘下苹果，
除非你让苹果更加香甜

1　狂欢者（reveller）：罗马神话认为，农神萨图恩的统治地位被他的儿子朱庇特推翻后，他便逃到意大利的拉丁姆地区，教人民从事农业、种植葡萄等，深受人民爱戴，葡萄用来酿酒，人们饮酒狂欢表示祝贺。
2　诺克斯（Nox）：罗马神话中的司夜女神，相当于希腊神话中的倪克斯（Nyx）。

But when my eyes with thine thereon could dance;
No woods were green enough, no bower divine,
Until thou liftedst up thine eyelids fine;
In sowing time ne'er would I dibble take,
Or drop a seed, till thou wast wide awake;
And, in the summer-tide of blossoming,
No one but thee hath heard me blithely sing
And mesh my dewy flowers all the night.
No melody was like a passing sprite
If it went not to solemnize thy reign.
Yes, in my boyhood, every joy and pain
By thee were fashioned to the self-same end,
And as I grew in years, still didst thou blend
With all my ardours: thou wast the deep glen—
Thou wast the mountain-top—the sage's pen—
The poet's harp—the voice of friends—the sun.
Thou wast the river—thou wast glory won.
Thou wast my clarion's blast—thou wast my steed—

My goblet full of wine—my topmost deed.
Thou wast the charm of women, lovely Moon!
O what a wild and harmonized tune
My spirit struck from all the beautiful!
On some bright essence could I lean, and lull
Myself to immortality: I pressed
Nature's soft pillow in a wakeful rest.
But, gentle Orb! There came a nearer bliss—
My strange love came—Felicity's abyss!
She came, and thou didst fade, and fade away—
Yet not entirely. No, thy starry sway
Has been an under-passion to this hour.
Now I begin to feel thine orby power
Is coming fresh upon me: O be kind,
Keep back thine influence, and do not blind
My sovereign vision. —Dearest love, forgive

流水翻飞不能诉说浪漫，
除非你我目光水上交互；
树儿少了少许青葱，
绣房少了少许纯洁，
那是因为少了你眉黛的柔光；
播种时节，我不会拿铲挖坑，或撒下种子，
除非你彻底地苏醒；
夏天，百花怒放，只有你倾听过
我愉悦的歌声，含苞待放的花儿一夜盛放。
歌声不会像精灵般略过身旁，
假如它不是去欢呼你的权威。
我孩提时代，你号角传出的所有悲喜快乐
皆与你的喜怒哀乐息息相关，
长大后，你依然牵动着我的热情：
你啊你，你是那深不见底的峡谷——
你是险峻山峰，你是那智者笔尖——
你是诗人竖琴——你是好友耳语——
你是太阳。你是江河——你是赢回的荣光。
你是我号角传出的讯息——
你是就我的那匹千里马——
你是我倒满酒的杯——你是我一生的荣光。
你是迷人的女人，可爱的月神！
我的灵魂与那世间的柔美共鸣
共奏和谐狂放的乐章！
我背靠光辉的精华，让我自己
没入永生的境界：我枕着
大自然的温柔，如梦如醉。
但温柔的月儿[1]！那更加亲近的幸福来了——
我熟悉又陌生的恋人带来——无限欢乐！
她来了，你走了，渐渐褪去——
但没有完全消失；不，你如漫天权威的星斗
你的热情从一而终。
现在我感到你的引力又回到我：啊！温柔点，
把你的力量收回，请不要使我盲目
我眼中带有尊严。——我的挚爱啊，原谅我，

1 月儿（Orb）：指球体，（尤指）日、月。

That I can think away from thee and live! —
Pardon me, airy planet, that I prize
One thought beyond thine argent luxuries!
How far beyond! At this a surprised start
Frosted the springing verdure of his heart;
For as he lifted up his eyes to swear
How his own goddess was past all things fair,
He saw far in the concave green of the sea
An old man sitting calm and peacefully.
Upon a weeded rock this old man sat,
And his white hair was awful, and a mat
Of weeds were cold beneath his cold thin feet;
And, ample as the largest winding-sheet,
A cloak of blue wrapped up his agèd bones,
O'erwrought with symbols by the deepest groans

Of ambitious magic: every ocean-form
Was woven in with black distinctness; storm,
And calm, and whispering, and hideous roar,
Quicksand, and whirlpool, and deserted shore
Were emblemed in the woof; with every shape
That skims, or dives, or sleeps, 'twixt cape and cape.

The gulfing whale was like a dot in the spell.
Yet look upon it, and 'twould size and swell
To its huge self, and the minutest fish
Would pass the very hardest gazer's wish,
And show his little eye's anatomy.
Then there was pictured the regality
Of Neptune, and the sea nymphs round his state,

In beauteous vassalage, look up and wait.
Beside this old man lay a pearly wand,
And in his lap a book, the which he conned
So steadfastly, that the new denizen
Had time to keep him in amazèd ken,
To mark these shadowings, and stand in awe.

我想离开你，自己生活！——
宽恕我，满天星斗，我珍爱
这一抹相思，在你银辉之外！
如此遥远啊！此刻恐惧袭来
冻结了他胸中腾起的希望；
因为正当他抬头准备发誓
心底的女神胜过了一切的美色，
他远远见到海上绿色的洞穴里
坐着一位老人，静谧安详。
老人坐在绿草丛生的岩石，
那灰白头发令人心生敬畏，
冰冷的草席躺在他冰凉瘦弱的双脚下；
脚下是那宽敞的草席，
如同最大号的裹尸布，
一把老骨头被蓝斗篷裹住，
斗篷上是千奇百怪的符号，
如那慷慨激昂的魔术低吼：
千姿百态的海洋
都一针一线织于斗篷之上；
晴时、雨时、窃窃私语时、逢电闪雷鸣时、
流沙转石时、偶遇漩涡时、过荒凉海滨时，
都织在了布上；各种形状
迥异的滑过、潜游、睡姿，
那张开血盆大口的鲸鱼像一颗黑点。
但只要注视它，它就会变大，
扩展到原来一样大小的身姿；
斗篷上的小鱼也会略施计谋，
让你能够观赏它的美丽所在。
斗篷上镌刻着那尼普顿王朝
统治的领地，四周海神矗立，
皆身披华服，仰望环伺。
老人身边放一珍珠拐杖，
他似津津有味地阅读着，
在他的膝上摊着一卷书；
那些初次驻足的旅人们
目不转睛，且惊奇不已，
看着那幻影，肃然起敬。

The old man raised his hoary head and saw
The wildered stranger—seeming not to see,
His features were so lifeless. Suddenly
He woke as from a trance; his snow-white brows

Went arching up, and like two magic ploughs
Furrowed deep wrinkles in his forehead large,
Which kept as fixedly as rocky marge,
Till round his withered lips had gone a smile.
Then up he rose, like one whose tedious toil
Had watched for years in forlorn hermitage,
Who had not from mid-life to utmost age
Eased in one accent his o'er-burdened soul,
Even to the trees. He rose: he grasped his stole,
With convulsed clenches waving it abroad,
And in a voice of solemn joy, that awed
Echo into oblivion, he said:
'Thou art the man! Now shall I lay my head
In peace upon my watery pillow: now
Sleep will come smoothly to my weary brow.
O Jove! I shall be young again, be young!
O shell-borne Neptune, I am pierced and stung
With new-born life! What shall I do? Where go,
When I have cast this serpent-skin of woe? —
I'll swim to the syrens, and one moment listen
Their melodies, and see their long hair glisten;
Anon upon that giant's arm I'll be,
That writhes about the roots of Sicily;
To northern seas I'll in a twinkling sail,
And mount upon the snortings of a whale
To some black cloud; thence down I'll madly sweep
On forkèd lightning, to the deepest deep,
Where through some sucking pool I will be hurled

With rapture to the other side of the world!
O, I am full of gladness! Sisters three,
I bow full hearted to your old decree!

老人发丝斑白，在看着
充满疑惑的陌生人——仿佛并未注意，
他那脸上没有一点儿生气。突然之间
他像从迷惘中醒了过来，
他花白的眉毛皱成拱形，
像有魔法的犁刀镌刻出他前额的皱纹，
前额仿佛坚如磐石，
唇边微笑终于不在。
他像个孤独的隐士，
站起身在漫长岁月里从事单调的劳动，
他从年轻到年老从未向树木吼过一声，
以此来减轻灵魂的负担。
他起身抓住那条长围巾，
牢牢捏着不断向前挥舞，
他庄严地快乐地微笑着，
使厄科畏惧得无所适从，
他说道：
“你就是那个人！
现在我就要把头安静地放在水枕之上：
现在我疲惫的脸颊等待睡眠悄悄袭来，
约夫啊！我将会重获年轻！
贝壳里出生的海神尼普顿，新生命附着在
我的全身！我该怎么办？何去何从？
当我褪去蛇皮，哪里将是我的归宿？——
我要游到妖女们那儿去，
去聆听歌唱，欣赏她们闪闪发光的长发；
我必将会爬上那巨人的手臂，
那里缠绕着西西里岛的根基；
我瞬间启航前往北方的海洋，
攀上巨鲸喷水的鼻孔，
飞向乌云；乘着天空的闪电
俯冲而下，一头扎进万丈深渊
我将那深渊里的水潭一饮而尽
我欣喜若狂被带到世界另一面！
我欣喜若狂！三位姐妹，
我诚心诚意地听从你们的指挥！
是，感谢诸神和仁慈的上帝啊，

Yes, every god be thanked, and power benign,
For I no more shall wither, droop, and pine.
Thou art the man!' Endymion started back
Dismayed; and, like a wretch from whom the rack
Tortures hot breath, and speech of agony,
Muttered: 'What lonely death am I to die
In this cold region? Will he let me freeze,
And float my brittle limbs o'er polar seas?
Or will he touch me with his searing hand,
And leave a black memorial on the sand?
Or tear me piece-meal with a bony saw,
And keep me as a chosen food to draw
His magian fish through hated fire and flame?
O misery of hell! Resistless, tame,
Am I to be burnt up? No, I will shout,
Until the gods through heaven's blue look out! —
O Tartarus! But some few days agone
Her soft arms were entwining me, and on
Her voice I hung like fruit among green leaves:
Her lips were all my own, and—ah, ripe sheaves
Of happiness! Ye on the stubble droop,
But never may be garnered. I must stoop
My head, and kiss death's foot. Love! Love, farewell!
Is there no hope from thee? This horrid spell
Would melt at thy sweet breath. —By Dian's hind

Feeding from her white fingers, on the wind
I see thy streaming hair! And now, by Pan,
I care not for this old mysterious man!'
He spake, and walking to that agèd form,
Looked high defiance. Lo! His heart 'gan warm
With pity, for the grey-haired creature wept.
Had he then wronged a heart where sorrow kept?
Had he, though blindly contumelious, brought
Rheum to kind eyes, a sting to humane thought,

因我不会再无力、凋零、颓废。
你就是那个人啊！”恩底弥翁惊退几步；
可怜兮兮地后退了几步，
他被折磨得浑身冒热气，
痛苦地嘶喊，并喃喃道：
“难道我要在这寒冷之地凄凉地死去吗？
我会冻僵吗？
我羸弱的身躯能漂过北冰洋？
他会不会用灼热的手指碰我，
在沙滩上留下黑色的纪念碑？
他可会用骨制锯子把我分尸，
再把我当作美味佳肴去吸引
跋山涉水的鲑鱼？
啊，悲惨的地域，我是否能幸免于难，
还是会被焚烧？不，我呐喊道，
诸神闻讯透过蓝天向下面俯视！——
哦，那是塔耳塔罗斯[1]啊！
就是几天前她软糯的手臂将我缠绕，
我迷恋她那穿梭在绿叶红花之间清脆的嗓音
她的朱唇吻向我，——啊，那是如此的欢悦！
金秋的硕果累累，你们在残枝败叶上凋零，
永远不会被贮藏。我必须俯身去亲吻死神。
亲爱的！亲爱的，再见吧！
你让我希望全无？这可怕的魔法
将那爱的灵魂带走。——凭黛安
用她洁白的手指指着骂我，
我瞥见你随风飘动的头发，
现在凭潘赌咒，
我不再关心这神秘的男性！”
他边说边向那老人走过去，
他表情充满蔑视。看哪！他心生怜悯
因为那白发老人在抹泪。
一颗受伤的心充满委屈？
他的盲目傲慢触动了人们善良的眼睛，
刺痛了人们仁慈的思考，

1 塔耳塔罗斯（Tartarus）：古希腊神话中囚禁提坦的地方，在冥界的下面，是地域最底层的深渊，它到地面的距离相当于地面到天穹的距离。

Convulsion to a mouth of many years?
He had in truth; and he was ripe for tears.
The penitent shower fell, as down he knelt
Before that care-worn sage, who trembling felt
About his large dark locks, and faltering spake:
'Arise, good youth, for sacred Phoebus' sake!
I know thine inmost bosom, and I feel
A very brother's yearning for thee steal
Into mine own. For why? Thou openest
The prison gates that have so long oppressed
My weary watching. Though thou know'st it not,

Thou art commissioned to this fated spot
For great enfranchisement. O weep no more;
I am a friend to love, to loves of yore.
Ay, hadst thou never loved an unknown power,
I had been grieving at this joyous hour.
But even now most miserable old,
I saw thee, and my blood no longer cold
Gave mighty pulses: in this tottering case
Grew a new heart, which at this moment plays
As dancingly as thine. Be not afraid,
For thou shalt hear this secret all displayed,
Now as we speed towards our joyous task.'
So saying, this young soul in age's mask
Went forward with the Carian side by side:
Resuming quickly thus, while ocean's tide
Hung swollen at their backs, and jewelled sands
Took silently their foot-prints:
'My soul stands
Now past the midway from mortality,
And so I can prepare without a sigh
To tell thee briefly all my joy and pain.
I was a fisher once, upon this main,
And my boat danced in every creek and bay.
Rough billows were my home by night and day—
The sea-gulls not more constant—for I had

使历尽风霜的嘴唇抽搐且紧张？
他正襟危坐；他已经热泪盈眶。
他向那历经沧桑的哲人卑躬屈膝、流泪忏悔，
老人抬起着他颤颤巍巍的手指
披着乌黑的秀发，颤抖地说着
“看在太阳神的分上，免礼吧，好小伙子！
我知道你气宇不凡，
我内心深处对你产生
兄弟情谊，这是为何？
是你打开了囚房大门。
这道门曾使我长期疲劳地守望。
虽然你并不理解，
可你是奉命到这命中注定的地方尽情释放。
哦，不要再流泪；
我是爱的好友，爱的化身。
啊，你若被爱情这未知的力量困住，
这欢乐时光也会让人悲伤。
我如此苍老，如此的悲惨，
可是如今见到你，
我丝毫没有感觉到强劲的搏动：
这副腐朽的躯壳生出新的心脏，
这心跳的快乐正同你的心一样。
不要怕，我们要趁着现在，
把握当下，你将听到全部秘密。”
说着，那人老珠黄的年轻灵魂
同这位卡亚青年并肩前行：
海潮在他的背后掀起了一道墙
那布满珍珠的沙滩留下他们的足迹，
那老人很快又说道：
“我灵魂出窍
身体濒临死亡
我要叹息一声
简单地向你诉说我的一切悲欢离合。
我以前是一个渔夫，在这海上捕鱼，
我颠簸于这里的每一个小港和海湾。
我栖息在那昼夜不停的惊涛骇浪中——
我比海鸥更加坚韧——

No housing from the storm and tempests mad,
But hollow rocks—and they were palaces
Of silent happiness, of slumbrous ease:
Long years of misery have told me so.
Ay, thus it was one thousand years ago.
One thousand years! —Is it then possible
To look so plainly through them? to dispel
A thousand years with backward glance sublime?
To breathe away as 'twere all scummy slime
From off a crystal pool, to see its deep,
And one's own image from the bottom peep?
Yes: now I am no longer wretched thrall,
My long captivity and moanings all
Are but a slime, a thin-pervading scum,
The which I breathe away, and thronging come
Like things of yesterday my youthful pleasures.'
'I touched no lute, I sang not, trod no measures:
I was a lonely youth on desert shores.
My sports were lonely, 'mid continuous roars,
And craggy isles, and sea-mew's plaintive cry
Plaining discrepant between sea and sky.
Dolphins were still my playmates; shapes unseen

Would let me feel their scales of gold and green,

Nor be my desolation; and, full oft,
When a dread waterspout had reared aloft
Its hungry hugeness, seeming ready-ripe
To burst with hoarsest thunderings, and wipe
My life away like a vast sponge of fate,
Some friendly monster, pitying my sad state,
Has dived to its foundations, gulfed it down,
And left me tossing safely. But the crown
Of all my life was utmost quietude:
More did I love to lie in cavern rude,
Keeping in wait whole days for Neptune's voice,

我居无定所，狂风和暴雨使我无处栖身，
我藏身于空洞的巢穴——洞穴宁静温馨，
我安然入睡：
多年的苦难让我此刻得以安心。
啊，这就是一千年以前的情况。
整整一千年！——一千年能把
事情讲清楚？回头骄矜地一看
整整一千年烟消云散？
过往岁月如过眼云烟，
犹如清澈见底的池塘，
可以在池底看见自己的影子？
是啊，如今我不是可怜的奴隶
常年的幽禁和哀怨如泥土一般，
犹如一片薄薄的浮藻，
我将其吹掉，
我青春的欢笑如往事般蜂拥而至。”
“我不弹诗琴，不唱歌，也不跳舞：
我是这些孤岛上形单影只的少年。
我独自一人，
耳边波涛呼啸和怪石嶙峋的岛屿，
海鸥痛苦鸣叫抱怨海天间的遥远。
海豚仍然是我的玩伴；
他们时隐时现的身形
让我摸到那些金黄透绿的鳞片，
我并不孤单；
一如往常海上龙卷风升腾而起
那根可以吞噬一切的巨大水柱，
似乎随时要雷鸣般轰响着爆裂，
还要像海绵一般剥离我的命运，
我悲惨处境如海底友善的怪兽
它们潜入那龙卷之中，
被吞噬下去，
我在颠簸中安然无恙。
但，我毕生至高追求即宁静
我置身于荒凉的岩洞之中，
夜以继日地等待海神的声音，
如果我最后等到了这声音，

And if it came at last, hark, and rejoice!
There blushed no summer eve but I would steer
My skiff along green shelving coasts, to hear
The shepherd's pipe come clear from aery steep,
Mingled with ceaseless bleatings of his sheep:
And never was a day of summer shine,
But I beheld its birth upon the brine,
For I would watch all night to see unfold
Heaven's gates, and Aethon snort his morning gold

Wide o'er the swelling streams: and constantly
At brim of day-tide, on some grassy lea,
My nets would be spread out, and I at rest.
The poor folk of the sea-country I blessed
With daily boon of fish most delicate:
They knew not whence this bounty, and elate
Would strew sweet flowers on a sterile beach.'
'Why was I not contented? Wherefore reach
At things which, but for thee, O Latmian!
Had been my dreary death? Fool! I began
To feel distempered longings: to desire
The utmost privilege that ocean's sire
Could grant in benediction—to be free
Of all his kingdom. Long in misery
I wasted, ere in one extremest fit
I plunged for life or death. To interknit
One's senses with so dense a breathing stuff
Might seem a work of pain; so not enough
Can I admire how crystal-smooth it felt,
And buoyant round my limbs. At first I dwelt
Whole days and days in sheer astonishment,
Forgetful utterly of self-intent,
Moving but with the mighty ebb and flow.
Then, like a new-fledged bird that first doth show
His spreaded feathers to the morrow chill,

那就倾听，就会兴高采烈！
不会有那夏日的余晖出现
我就会启程小船朝着碧绿斜岸荡漾，
听那来自层峦峻岭清脆声声的牧笛，
远处传来羊群不绝于耳的叫声：
夏日的骄阳在大白天里闪耀着，
海上光辉四起，
我整夜瞭望天边金色的大门缓缓开启，
看着埃同[1]把那早晨金色的阳光
播洒到那浩瀚汹涌的大海之上：
我经常会在夜幕降临之时，
我在青青草地上撒开渔网，
然后休息。
那些沿海一带的穷苦人民，
我每日赠以肥美的鱼货做礼物：
他们也无从知晓这礼物的来处，
他们的荒凉海洋播撒鲜花。”
“为什么我不满足呢？
为什么我沦落至此，哦，拉特摩斯人！
我会凄凉地死去？傻瓜！我内心烦躁，
开始病态地渴望：
我只是希望能在大海之父祈福的时刻
我能获得完全的自由，摆脱王国的统治。
长久的磨难使我变得憔悴。
在这之前，我常情绪激动
我不顾生死纵身跳进水中。
让理性与海底的一切交织
可或许与痛苦有关：
我很难感受到光滑的物质
绕着我的身体游动。
最初我总是日夜惊奇不已，
完全地失去了自己的初心
随着潮起潮落。
我像羽翼初丰的小鸟，首次
在那寒冷的冬日张开翅膀

1 埃同（Aethon）：太阳神阿波罗的四匹有翼神马（驾黄金太阳车）之一。另外三匹分别叫匹罗斯（Pyrous）、弗勒弓（Phlegon）和伊奥斯（Eous）。

I tried in fear the pinions of my will.
'Twas freedom! And at once I visited
The ceaseless wonders of this ocean-bed.
No need to tell thee of them, for I see
That thou hast been a witness—it must be—
For these I know thou canst not feel a drouth,
By the melancholy corners of that mouth.
So I will in my story straightway pass
To more immediate matter. Woe, alas!
That love should be my bane! Ah, Scylla fair!
Why did poor Glaucus ever, ever dare
To sue thee to his heart? Kind stranger-youth!
I loved her to the very white of truth,
And she would not conceive it. Timid thing!
She fled me swift as sea-bird on the wing,
Round every isle, and point, and promontory,
From where large Hercules wound up his story
Far as Egyptian Nile. My passion grew
The more, the more I saw her dainty hue
Gleam delicately through the azure clear,
Until 'twas too fierce agony to bear;
And in that agony, across my grief
It flashed, that Circe might find some relief—
Cruel enchantress! So above the water
I reared my head, and looked for Phoebus' daughter.
Aeaea's isle was wondering at the moon: —
It seemed to whirl around me, and a swoon
Left me dead-drifting to that fatal power.'
'When I awoke, 'twas in a twilight bower;
Just when the light of morn, with hum of bees,

我胆怯地张开我梦想的翅膀。
是自由啊！我便即刻启程
游历海底无穷无尽的美景。
不必告诉你这些，因为我已发现
毫无疑问——你亲眼见过这一切——
我知道你会感到疑惑不已，
你那微微上扬的忧郁嘴角。
所以我就会直接讲述故事
更加即时的消息。可悲啊！
爱情竟成祸害，啊，斯库拉[1]，你这美女！
为什么可怜的格劳科斯[2]敢
向你表露心意？这位善良的陌生青年人！
我一直死心塌地地爱着她
她却无动于衷。那么羞涩！
她像翱翔天际的海鸟，躲闪着我，绕着
海岛、海岬和海角飞翔，就从这个地方，
赫丘利[3]便开始了他的故事，
于尼罗河畔结束其故事。我越雄心壮志
我越有机会看到她的旷世美颜
蓝色的眼眸闪烁着光明，
她的美艳给我带来苦痛
沉浸在痛苦之中，那丽姿如闪光照临
我的忧思：我内心感到安慰——
那位残酷无情的女巫喀耳刻[4]！
我把头露出水面，寻找福波斯的女儿。
那位埃埃亚岛[5]好奇地看着月亮：——
就像在我的周身旋转，我眩晕
我毫无知觉地飘向了那温柔乡。”
“我醒来时，躺在花的荫翳之中；
清晨的朝阳伴着蜜蜂的嗡嗡声

1　斯库拉（Scylla）：希腊神话里的海中女怪，居住在意大利和西西里岛之间的海湾里。据传说，她曾具有人形，是美丽的少女，为格劳科斯所爱。由于女巫喀耳刻嫉妒她，把她变成了海怪。

2　格劳科斯（Glaucus）：古希腊神话中的海神，善做预言，祷告，是渔夫和航海者的保护神。据传说，他是上身为人、下身为鱼、留长须、披长发的老人。原为普通渔夫，因吃了神草而投海成神。他曾爱过女神斯库拉。

3　赫丘利（Hercules）：罗马神话中的大力神，即希腊神话中的赫拉克勒斯（Herakles）。一生曾完成猎获猛狮、杀死怪物、生擒赤鹿、活捉野猪等十二项奇迹。

4　喀耳刻（Circe）：希腊神话中的女巫，能把人变成牲畜、怪物，她是太阳神福波斯与海洋女神佩耳塞生下的女儿。

5　埃埃亚岛（Aeaea）：希腊神话中的女巫喀耳刻居住的地方。

Stole through its verdurous matting of fresh trees.
How sweet, and sweeter! For I heard a lyre,
And over it a sighing voice expire.
It ceased—I caught light footsteps; and anon
The fairest face that morn e'er looked upon
Pushed through a screen of roses. Starry Jove!
With tears, and smiles, and honey-words she wove
A net whose thraldom was more bliss than all
The range of flowered Elysium. Thus did fall
The dew of her rich speech: "Ah! Art awake?
O let me hear thee speak, for Cupid's sake!
I am so oppressed with joy! Why, I have shed
An urn of tears, as though thou wert cold-dead.
And now I find thee living, I will pour
From these devoted eyes their silver store,
Until exhausted of the latest drop,
So it will pleasure thee, and force thee stop
Here, that I too may live: but if beyond
Such cool and sorrowful offerings, thou art fond

Of soothing warmth, of dalliance supreme;
If thou art ripe to taste a long love-dream;
If smiles, if dimples, tongues for ardour mute,
Hang in thy vision like a tempting fruit,
O let me pluck it for thee." Thus she linked
Her charming syllables, till indistinct
Their music came to my o'er-sweetened soul;
And then she hovered over me, and stole
So near, that if no nearer it had been
This furrowed visage thou hadst never seen.'
'Young man of Latmos! Thus particular
Am I, that thou mayst plainly see how far
This fierce temptation went: and thou mayst not
Exclaim, "How then, was Scylla quite forgot?"'
'Who could resist? Who in this universe?
She did so breathe ambrosia; so immerse
My fine existence in a golden clime.

溜进树木织成的青色纱帐之中。
温馨，如此温馨！我听着里尔琴，
还有那叹息声随着琴声逐渐消散。
琴声戛然而止——我听到轻盈的脚步；
晨曦很快洒在美丽的面庞
约夫天神浮现于玫瑰花丛
她用泪水、笑容和甜言蜜语编织成罗网，
罗网里的幸福超出极乐世界那遍地鲜花，
她的话语如圆润的露珠，
她说道：'啊！醒了吗？
看在丘比特的分上，你说话吧！
欢乐贯穿全身！
我曾经流下了一骨灰瓮的泪水，
仿佛你早就去世。现在我看到你存于世上，
我要从这双深情的眼睛里留下银色的眼泪
直到耗尽眼睛里最后一滴泪水，
那让你欣喜，让你驻足，
这样，我或许会活下去：
这些凄凉冰冷的贡品背后，
如果你喜欢那温暖的抚慰，
或者无上的欢愉；
如果你准备品尝梦境的甜蜜；
如果你微笑、缄默或者喑哑，
像可口的果子便会在你面前，
哦，那就让我为你摘下。'她妙语连珠，
一字一句每一个音符
都会深入到我的灵魂；
她就在我的上空盘旋，
偷偷地靠近我身边，倘若你能再近一点
你会看见从未见过的褶皱容颜。"
"拉特摩斯年轻人！我如此这般
就是为了让你清楚那拉特摩斯
诱惑来得如此强烈：你别惊讶后来如何，
'怎么，斯库拉是否已被你忘掉？'"
"这样诱惑宇宙万物谁人可以抵挡？
她吸食美味的玉露琼浆；
把我的躯体放在温柔乡。

She took me like a child of suckling time,
And cradled me in roses. Thus condemned,
The current of my former life was stemmed,
And to this arbitrary queen of sense
I bowed a trancèd vassal: nor would thence
Have moved, even though Amphion's harp had wooed
Me back to Scylla o'er the billows rude.
For as Apollo each eve doth devise
A new apparelling for western skies,
So every eve, nay, every spendthrift hour,
Shed balmy consciousness within that bower.
And I was free of haunts umbrageous;
Could wander in the mazy forest-house
Of squirrels, foxes shy, and antlered deer,
And birds from coverts innermost and drear
Warbling for very joy mellifluous sorrow—
To me new born delights!'
'Now let me borrow,
For moments few, a temperament as stern
As Pluto's sceptre, that my words not burn
These uttering lips, while I in calm speech tell
How specious heaven was changed to real hell.'
'One morn she left me sleeping: half awake
I sought for her smooth arms and lips, to slake
My greedy thirst with nectarous camel-draughts;
But she was gone. Whereat the barbèd shafts
Of disappointment stuck in me so sore,
That out I ran and searched the forest o'er.
Wandering about in pine and cedar gloom
Damp awe assailed me; for there 'gan to boom
A sound of moan, an agony of sound,
Sepulchral from the distance all around.
Then came a conquering earth-thunder, and rumbled

她像抱襁褓中的幼童一样抱起我
将我放进玫瑰摇篮里。
让人谴责我流逝的生命化为乌有，
我对这理智蛮横的仙后低下了头：
那想入非非的王侯也不能够离开，
尽管安菲翁[1]竖琴弹奏着音乐
我越过惊涛骇浪回到斯库拉身旁。
阿波罗每到傍晚就设计
一件崭新的云裳给西天的云彩，
每天夜晚甚至每时每刻的挥霍，
我都会在那树荫里迷失自我。
我可自由地出入于树荫深处；
我可漫游在松鼠公鹿的树洞
我可穿梭于狐狸居住的迷宫，
我可见鸟儿躲藏的幽暗森林
为世间的甜美哀思歌唱——
于我而言，那是新生的愉悦！”
“让我暂时假借，
这时光，犹如普卢同的王权那般
我的话使我惶恐不安，双唇灼热，
但我心平气和地讲述那华而不实的
天堂怎样变成真正的地狱。”
“一天早晨她趁我熟睡时离去：
我半醒地摸索着她柔软的手臂和嘴唇
想痛饮琼浆以满足贪婪的渴望；
但她已离开。这时我感到沮丧
那失望之箭已将我深深地刺痛，
我奔跑出去寻找，
在树林之中追寻着她的足迹。
我在松柏的阴影上来回踱步
内心徒增着恐惧，
因为在远方就可以听见哀嚎，
一种痛苦的声音，
从远方坟墓传来，响彻四周。

1　安菲翁（Amphion）：希腊神话中宙斯和安提俄珀之子，痴迷于弹奏七弦琴。赫耳墨斯赠给他一把竖琴，使他成为神奇的音乐家。

That fierce complain to silence, while I stumbled

Down a precipitous path, as if impelled.
I came to a dark valley. —Groanings swelled
Poisonous about my ears, and louder grew,
The nearer I approached a flame's gaunt blue,
That glared before me through a thorny brake.
This fire, like the eye of gordian snake,
Bewitched me towards, and I soon was near
A sight too fearful for the feel of fear:
In thicket hid I cursed the haggard scene—
The banquet of my arms, my arbour queen,
Seated upon an up-torn forest root;
And all around her shapes, wizard and brute,
Laughing, and wailing, grovelling, serpenting,
Showing tooth, tusk, and venom-bag, and sting!
O such deformities! Old Charon's self,
Should he give up awhile his penny pelf,
And take a dream 'mong rushes Stygian,
It could not be so phantasied. Fierce, wan,
And tyrannizing was the lady's look,
As over them a gnarlèd staff she shook.
Oft-times upon the sudden she laughed out,
And from a basket emptied to the rout
Clusters of grapes, the which they ravened quick
And roared for more; with many a hungry lick
About their shaggy jaws. Avenging, slow,
Anon she took a branch of mistletoe,
And emptied on't a black dull-gurgling phial—
Groaned one and all, as if some piercing trial
Was sharpening for their pitiable bones.
She lifted up the charm: appealing groans
From their poor breasts went sueing to her ear
In vain; remorseless as an infant's bier
She whisked against their eyes the sooty oil.

而后又是一声雷鸣惊天动地，
雷鸣轰隆没过了惨叫，我步履蹒跚
仿佛被推下了那陡峭的小路。
我来到黑暗山谷。——呻吟声如毒雾
弥漫在我的耳边，我愈是靠近
那一团从我面前的荆棘丛之中
窜出的青火，呻吟就变得越响。
火焰如同大蟒蛇那瘆人的目光，
引诱我向前走去，我很快接近
一个让人不寒而栗的场景：
我藏匿的荒野的灌木现场——
我扎进草丛，躲避这寒冷气息
我怀里的盛宴，我心中的女王
就坐在林间分岔的树根之上；
男巫、野兽在她的周遭游荡
亦大笑，亦号啕，亦匍匐，亦蛇行
它们露出尖牙、獠牙、毒囊和毒螫！
啊，如此丑陋的鬼怪，啊，老卡戎[1]，
倘若他暂时放弃那买酒的钱，
到冥河边上草丛里酣梦一场，
梦也不会如此荒诞。暴躁的女人，
犹如暴君的模样，她挥舞着权杖。
她时常会冷不丁地放声大笑出来，
然后将篮子里成串的葡萄倒出来，
人们见状一抢而光
咆哮着想要更多；他们如饿鬼一般
舔着毛发蓬松的脚掌。她为了报复，
缓缓地拿起一小撮树枝[2]
把瓶子里的黑色液体倒在树枝上——
抢食吃得个个哀嚎起来，
就好像酷刑正在锻炼他们可怜的骨头。
她施展魔法：
从他们可怜的胸膛里发出微弱的呻吟，
向她乞求怜悯，一切都是徒劳无功；
她如同那婴儿的棺椁残酷

1　卡戎（Charon）：希腊神话中渡亡魂过冥河去冥界的神，即船夫。
2　树枝（mistletoe）：按欧洲习俗，凡站在槲寄生小枝下面的女子，任何男子均可与她接吻。

Whereat was heard a noise of painful toil,
Increasing gradual to a tempest rage,
Shrieks, yells, and groans of torture-pilgrimage;
Until their grievèd bodies 'gan to bloat
And puff from the tail's end to stiflèd throat.
Then was appalling silence: then a sight
More wildering than all that hoarse affright;
For the whole herd, as by a whirlwind writhen,
Went through the dismal air like one huge Python
Antagonizing Boreas—and so vanished.
Yet there was not a breath of wind: she banished
These phantoms with a nod. Lo! From the dark
Came waggish fauns, and nymphs, and satyrs stark,

With dancing and loud revelry—and went
Swifter than centaurs after rapine bent.
Sighing an elephant appeared and bowed
Before the fierce witch, speaking thus aloud
In human accent: "Potent goddess! Chief
Of pains resistless! Make my being brief,
Or let me from this heavy prison fly—
Or give me to the air, or let me die!
I sue not for my happy crown again;
I sue not for my phalanx on the plain;
I sue not for my lone, my widowed wife;
I sue not for my ruddy drops of life,
My children fair, my lovely girls and boys!
I will forget them; I will pass these joys;
Ask naught so heavenward, so too, too high:
Only I pray, as fairest boon, to die,
Or be delivered from this cumbrous flesh,
From this gross, detestable, filthy mesh,

她在他们的眼睛里看到乌黑的石油。
痛苦的骚乱声响起，尖叫，号哭和跋涉
呻吟，而后渐渐地呼喊声又如狂风骤雨；
直到他们痛苦的躯体臃肿，
他们尾巴末端一直到堵塞的喉咙都肿了。
随后便陷入悚然的沉默；然后
比那些惨相更迷惑的场面出现；
整个兽群被旋风卷起，掠过阴暗的天空，
就像巨蟒皮同[1]
与玻瑞阿斯[2]搏击——最后消失不见。
没有一丝微风：她点了点头
这就赶走了那些幽冥和鬼蜮。
看啊，黑暗中滑稽的农牧神[3]，
山林水泽的仙女们，森林神[4]
跳着舞，欢闹着——快步而来，
他们比抢劫的半马人[5]走得更快。
一头大象叹息着出现，
它向邪恶的女巫低头，
它嗓音很大，模仿着人的口音：'造物主，
不可抗拒的神，万能的女神！杀了我吧，
要么让我逃离这戒备森严的监狱——
要么给我自由，要么让我死去！
我不求再次得到幸福的王冠；
我不奢求与兽群在平原奔驰；
我不求孤行，不求我丧偶的妻子；
我不求生命能滴下鲜血，
我漂亮的孩子们，可爱的子女们！
我会忘掉他们；我会抛弃那欢愉；
我也不求上天赐予我多高的地位：
吾心最美的希冀就是去赴死，
或让我摆脱这副笨重的皮囊，
离开这粗鄙、厌恶、秽涩的罗网，

1 皮同（Python）：古希腊神话中大地女神盖娅所生的蟒蛇，被阿波罗杀死的巨蟒。
2 玻瑞阿斯（Boreas）：古希腊神话中的北风之神。
3 农牧神（fauns）：指罗马神话中的浮努斯（Faunus）；半人半羊，是森林和牧野之神，是牧群和牧人的保护者，相当于希腊神话中的潘；喜欢恶作剧，吓唬森林中的行人，有时到住户打搅入睡的人。
4 森林神（satyrs）：指希腊神话中的萨梯（Satyr），半人半羊，性嗜嬉戏，十分好色。
5 半马人（centaur）：希腊神话中半人半马的怪物。

And merely given to the cold bleak air.
Have mercy, Goddess! Circe, feel my prayer!"'
'That cursed magician's name fell icy numb
Upon my wild conjecturing: truth had come
Naked and sabre-like against my heart.
I saw a fury whetting a death-dart;
And my slain spirit, overwrought with fright,
Fainted away in that dark lair of night.
Think, my deliverer, how desolate
My waking must have been! Disgust, and hate,
And terrors manifold divided me
A spoil amongst them. I prepared to flee
Into the dungeon core of that wild wood:
I fled three days—when lo! Before me stood
Glaring the angry witch. O Dis! Even now,
A clammy dew is beading on my brow,
At mere remembering her pale laugh, and curse.
"Ha! ha! Sir Dainty! There must be a nurse
Made of rose leaves and thistledown, express,
To cradle thee my sweet, and lull thee—yes,
I am too flinty-hard for thy nice touch:
My tenderest squeeze is but a giant's clutch.
So, fairy-thing, it shall have lullabies
Unheard of yet: and it shall still its cries
Upon some breast more lily-feminine.
Oh, no—it shall not pine, and pine, and pine
More than one pretty, trifling thousand years;
And then 'twere pity, but fate's gentle shears
Cut short its immortality. Sea-flirt!
Young dove of the waters! Truly I'll not hurt
One hair of thine: see how I weep and sigh,
That our heart-broken parting is so nigh.
And must we part? Ah, yes, it must be so.
Yet ere thou leavest me in utter woe,
Let me sob over thee my last adieus,

我只祈求能投入凄风苦雨的怀抱。
女神，请慈悲为怀，喀耳刻，听我祈祷！'"
"那该死的女巫般冰冷的名字
我疯狂地猜测：赤裸的真相
像一把利剑插进我的心脏。
我看见狂跑的人正在磨砺那死亡之刀；
我那被杀死的灵魂充满恐惧，
我昏厥在黑夜阴暗的兽窟里。
我的救命恩人，请你想想我醒的时候
该是多么凄凉！
我怀着憎恶和幽怨，
恐怖和歧视把我变成了它们各自的战利品。
我准备逃进蛮荒森林中地狱一般的腹地去，
我逃了三天——看！愤怒的女巫
瞪着眼睛站在我面前。哦，狄斯[1]！
我的额头上流下冰冷的汗珠，
现在只因我想起她的冷笑和诅咒。
'哈哈！丹提先生啊！一定要有
玫瑰花和蓟花毛做成的乳娘，
像摇篮般，宝贝！哄你进入梦乡——是的，
我坚如磐石你可好好触摸：
我捏紧拳头如同巨人之握。
所以，虚构的事物，是没人
听过的催眠歌曲；女生只有偎近
比百合更娇的胸脯才能哭够。
哦，会不——它不会消瘦、不会、不会的
挨过比千年一瞬更长的时间，
如此之可怜，那是命运之剪
打断其不朽。海上卖弄风骚的人！
水中年轻的鸽子！我不会伤害你
一根头发。你看啊，我正在哭叹，
我们柔肠寸断的离别就要在眼前。
必须分手吗？啊，是，必须这样。
但在我把自己交给悲伤之前，
我会泣不成声地对你说再见，

1 狄斯（Dis）：希腊神话中的冥王哈得斯的别名，又名普路托。这里"哦，狄斯！"，意为"天哪！"。

And speak a blessing. Mark me! Thou hast thews
Immortal, for thou art of heavenly race:
But such a love is mine, that here I chase
Eternally away from thee all bloom
Of youth, and destine thee towards a tomb.
Hence shalt thou quickly to the watery vast;
And there, ere many days be overpassed,
Disabled age shall seize thee; and even then
Thou shalt not go the way of agèd men;
But live and wither, cripple and still breathe
Ten hundred years—which gone, I then bequeath
Thy fragile bones to unknown burial.
Adieu, sweet love, adieu!" —As shot stars fall,
She fled ere I could groan for mercy. Stung
And poisoned was my spirit; despair sung
A war-song of defiance 'gainst all hell.
A hand was at my shoulder to compel
My sullen steps; another 'fore my eyes
Moved on with pointed finger. In this guise
Enforcèd, at the last by ocean's foam
I found me—by my fresh, my native home.
Its tempering coolness, to my life akin,
Came salutary as I waded in;
And, with a blind voluptuous rage, I gave
Battle to the swollen billow-ridge, and drave
Large froth before me, while there yet remained
Hale strength, nor from my bones all marrow drained.'
'Young lover, I must weep—such hellish spite
With dry cheek who can tell? While thus my might

Proving upon this element, dismayed,
Upon a dead thing's face my hand I laid.
I looked—'twas Scylla! Cursèd, cursèd Circe!
O vulture-witch, hast never heard of mercy?
Could not thy harshest vengeance be content,
But thou must nip this tender innocent
Because I loved her? —Cold, O cold indeed

祝福你：主保佑你！勿忘我。
愿你有不朽之力，因为你属上苍：
但我有这样一种爱，我从你身上
驱散了一切永恒的青春光彩
你们是注定要走向那坟墓的。
你该马不停蹄从这里奔向大海，
在那里，你经过了漫长的岁月，
你会变成风烛残年的老年人；那时候
你也不会效仿老年的生活方式；
你活着却终将凋零，瘫痪，仍在呼吸
千年以后——随时间流逝，我才会把
你的那些脆弱的骨头悄无声息地埋掉。
再见，宝贝，再见！'——如众星陨落
她从我的心上逃走了，我甚至还未哀求，
我的灵魂被刺痛，中毒；我绝望地唱出
一支战歌，我鄙夷地看向地狱。
有一只手搭在我肩上，推着我
愤懑前行，另一只手跷起指头
在我眼前晃动。直到最后
我被迫保持着如此姿势，在海边，
我发现自己——我亲自抵达老家。
我跋山涉水，到达了我的生命源头，
在我跋涉之时，一阵凉意迎面而来
我心怀盲目纵欲狂热的愿望；
我勇敢地与那惊涛骇浪搏击
溅起了眼前的泡沫，
只要我还精力旺盛，
骨髓就永远不枯竭。"
"我年轻的爱人啊！我必须哭——
谁能讲到倒霉事而不泪湿衣襟？
我的力量表现在表面，感到沮丧，
我把手搁在一个死者的面孔之上；
我一看——正是斯库拉！天啊！
你这鹰般的女巫！一直心狠手辣？
难道你的复仇之心还未得到满足，
你一定能够掐死这个无辜的娇女
因我爱她？——她柔美的四肢着实冰冷，

Were her fair limbs, and like a common weed
The sea-swell took her hair. Dead as she was
I clung about her waist, nor ceased to pass
Fleet as an arrow through unfathomed brine,
Until there shone a fabric crystalline,
Ribbed and inlaid with coral, pebble, and pearl.
Headlong I darted; at one eager swirl
Gained its bright portal, entered, and behold!
'Twas vast, and desolate, and icy-cold;
And all around—But wherefore this to thee
Who in few minutes more thyself shalt see? —
I left poor Scylla in a niche and fled.
My fevered parchings up, my scathing dread
Met palsy half-way: soon these limbs became
Gaunt, withered, sapless, feeble, cramped, and lame.'
'Now let me pass a cruel, cruel space,
Without one hope, without one faintest trace
Of mitigation, or redeeming bubble
Of coloured phantasy—for I fear 'twould trouble
Thy brain to loss of reason—and next tell
How a restoring chance came down to quell
One half of the witch in me.'
'On a day,
Sitting upon a rock above the spray,
I saw grow up from the horizon's brink
A gallant vessel: soon she seemed to sink
Away from me again, as though her course
Had been resumed in spite of hindering force—
So vanished; and not long, before arose
Dark clouds, and muttering of winds morose.
Old Aeolus would stifle his mad spleen,
But could not: therefore all the billows green
Tossed up the silver spume against the clouds.
The tempest came: I saw that vessel's shrouds
In perilous bustle; while upon the deck

海浪如卷起水草般卷起她的发丝
她面如死灰的脸庞。她已去世
我亦然环抱着她，马不停蹄地
如箭一样穿过深不可测的海底，
直到那些水晶建筑物熠熠生辉，
上面镶嵌着珊瑚、珍珠和玛瑙。
我急匆匆地向前跑；转了一圈
来到金碧辉煌的门口，进去，进去瞧瞧！
这地方荒凉宽敞，冷得像冰窖；
环顾四周——但四面都是这些
过了几分钟你就可以亲眼所见？——
我把那斯库拉放在壁龛就离开。
我激动得干渴难耐，诚惶诚恐
却在半路四肢麻痹：很快四肢
抽搐、痉挛、无力、麻痹。”
“让我度过这残酷时光，
这时光没有那一丝一毫的希望
毫无缓和象，没有彩色的幻想
化成救人的泡影，我害怕这样
使你失去理智——下面我讲述
我身体之力重新复燃，并压制
身上的那股邪恶之气。”
“有一天，
我正坐在浪花四起的岩石上面
我看到远远的海平线上浮现了
一只气势磅礴的航船。可这船
似乎消失不见，看来她不愿问
是什么阻碍了它扬帆远航——
于是那阻力消失了；不久，
天空乌云密布，阴风怒号。
老风神埃俄罗斯[1]想抑制风的狂怒，
但徒劳无功。于是那碧绿的波涛
掀起了那直冲云霄的银灰色浪沫。
暴风雨来了：我看见那船的桅索
不断颤抖，这时，人们爬上甲板

1 埃俄罗斯（Aeolus）：希腊神话中的风神，希波忒斯之子，克苏托斯之父；众神的朋友，掌管诸风。

Stood trembling creatures. I beheld the wreck;
The final gulfing; the poor struggling souls:
I heard their cries amid loud thunder-rolls.
O they had all been saved but crazèd eld
Annulled my vigorous cravings: and thus quelled
And curbed, think on't, O Latmian! Did I sit
Writhing with pity, and a cursing fit
Against that hell-born Circe. The crew had gone,
By one and one, to pale oblivion;
And I was gazing on the surges prone,
With many a scalding tear and many a groan,
When at my feet emerged an old man's hand,
Grasping this scroll, and this same slender wand.
I knelt with pain—reached out my hand—had grasped
These treasures—touched the knuckles—
I caught a finger: but the downward weight
O'erpowered me—it sank. Then 'gan abate
The storm, and through chill aguish gloom outburst
The comfortable sun. I was athirst
To search the book, and in the warming air
Parted its dripping leaves with eager care.
Strange matters did it treat of, and drew on
My soul page after page, till well-nigh won
Into forgetfulness—when, stupefied,
I read these words, and read again, and tried
My eyes against the heavens, and read again.
O what a load of misery and pain
Each Atlas-line bore off! —A shine of hope
Came gold around me, cheering me to cope
Strenuous with hellish tyranny. Attend!
For thou hast brought their promise to an end.
"In the wide sea there lives a forlorn wretch,
Doomed with enfeeblèd carcase to outstretch
His loathed existence through ten centuries,
And then to die alone. Who can devise
A total opposition? No one. So
One million times ocean must ebb and flow,

他们在甲板上颤抖着，船在下沉；
最后被吞没；那垂死挣扎的人们：
我听见他们在电闪雷鸣中呼喊。
除了年事已高者，其他全部得救
我年老力衰却充满渴望：
你想想，哦，拉特摩斯人！我的欲望被抑制，
我痛苦地翻滚，咒骂地狱的
使者塞丝。船上的船员，
一个个消失，淡然消失湮没；
当我注视着这宁静的波澜时，
我热泪滚滚而下，频频叹息，
这时脚边伸出一位老人的手，
这只手握住拐杖，紧握卷书。
我便踉跄倒地——伸出手——立即抓紧
那些救命的稻草——紧握的指关节——
我抓住一个指头：但感受到下沉的力量
那力量压过我——向下沉，然后暴风雨
开始平息，令人胆战又心惊，意志消沉
令人奋进的太阳出现了。我便急于
细读这卷书。沐浴着这温馨的空气
书页正在滴水，我小心翼翼地揭开。
书卷里的奇异故事吸引着我的眼球
牵引我的心灵，一页页品读，几乎
忘却自我，我浑浑噩噩
反复咀嚼，我抬起了头
望天空，又重读了一遍。
字里行间承载着悲惨和苦痛的重负
如同巨神阿特拉斯——那希望之光
如金子般照在我周围，鼓励我反抗，
与暴虐奋勇拼搏。请注意！
因为你停止了书中的诺言
'在大海之上，孤苦伶仃的人，
命运会让腐朽的身躯向前延展
他存在了十个世纪，令人憎恶，
然后孤独地死去。谁又能设计
完全的反抗呢？没有人。因此
潮涨又潮落了千百万次的海洋，

And he oppressed. Yet he shall not die,
These things accomplished. If he utterly
Scans all the depths of magic, and expounds
The meanings of all motions, shapes and sounds;
If he explores all forms and substances
Straight homeward to their symbol-essences;
He shall not die. Moreover, and in chief,
He must pursue this task of joy and grief
Most piously—all lovers tempest-tossed,
And in the savage overwhelming lost,
He shall deposit side by side, until
Time's creeping shall the dreary space fulfil:
Which done, and all these labours ripened,
A youth, by heavenly power loved and led,
Shall stand before him, whom he shall direct
How to consummate all. The youth elect
Must do the thing, or both will be destroyed."'
'Then,' cried the young Endymion, overjoyed,
'We are twin brothers in this destiny!
Say, I entreat thee, what achievement high
Is, in this restless world, for me reserved?
What! If from thee my wandering feet had swerved,
Had we both perish'd?' —'Look!' The sage replied,
'Dost thou not mark a gleaming through the tide,
Of diverse brilliances? 'tis the edifice
I told thee of, where lovely Scylla lies;
And where I have enshrinèd piously
All lovers, whom fell storms have doomed to die
Throughout my bondage.' Thus discoursing, on
They went till unobscured the porches shone;
Which hurryingly they gained, and entered straight.
Sure never since king Neptune held his state
Was seen such wonder underneath the stars.
Turn to some level plain where haughty Mars
Has legioned all his battle; and behold
How every soldier, with firm foot, doth hold
His even breast. See, many steelèd squares,

有人受到压迫。可他不会死去，
这些事能完成。如果他要彻底
看清魔术奥秘，详细阐释
运动、形状和声音的意义；
深入探究一切外形和实体，
一定要追根溯源；
他不会死。而且，主要是，
他必须非常虔诚，
面对悲喜交加的考验——情人们被暴风雨
卷走，一切走向毁灭，
他挨个安放着。直到
让流动的时间浸透这凄惨空间：
如果想要做事，那就全部完成
一个青年，为上帝眷顾指引
站在他的面前，引导他圆满
完成任务。这位被选中的青年
必须这样做，否则双方都走向灭亡。'"
"然后，"年轻的恩底弥翁欢叫道：
"命中注定我们是亲生兄弟
讲吧，算我求你，巅峰成就是什么
这纷繁复杂的世界为我留下了什么？
说吧！假如真是我的迷茫疏远了你，
咱俩都得死？"——"瞧啊！"哲人回答道，
"你看到海浪中闪着一道光，
五彩缤纷的光？那就是我说的高楼
我告诉过你，美丽的斯库拉躺在那；
那里是我虔诚供奉的地点
是死于狂风暴雨的情人们，
挣脱了我的束缚。"他们边谈边走
向前走着，看到了那门廊光辉灿烂；
他们匆忙走到门口，径直进入大门。
从尼普顿登位到今天，还从未
出现过这样的奇观，在星空之下。
你看那平原，骄傲的玛尔斯训练
千军万马的地方；再看每位战士
战士们个个站稳脚跟，个个挺起
胸膛；你看看那铜墙铁壁的方阵，

And rigid ranks of iron—whence who dares
One step? Imagine further, line by line,
These warrior thousands on the field supine—
So in that crystal place, in silent rows,
Poor lovers lay at rest from joys and woes.
The stranger from the mountains, breathless, traced
Such thousands of shut eyes in order placed;
Such ranges of white feet, and patient lips
All ruddy—for here death no blossom nips.
He marked their brows and foreheads; saw their hair
Put sleekly on one side with nicest care;
And each one's gentle wrists, with reverence,
Put cross-wise to its heart.
'Let us commence,'
Whispered the guide, stuttering with joy, 'even now.'
He spake, and, trembling like an aspen-bough,
Began to tear his scroll in pieces small,
Uttering the while some mumblings funeral.
He tore it into pieces small as snow
That drifts unfeathered when bleak northerns blow;
And having done it, took his dark blue cloak
And bound it round Endymion: then stroke
His wand against the empty air times nine.
'What more there is to do, young man, is thine:
But first a little patience. First undo
This tangled thread, and wind it to a clue.
Ah, gentle! 'tis as weak as spider's skein;
And shouldst thou break it – What, is it done so clean?
A power overshadows thee! O, brave!
The spite of hell is tumbling to its grave.
Here is a shell; 'tis pearly blank to me,
Nor marked with any sign or charactery—
Canst thou read aught? O read for pity's sake!
Olympus! We are safe! Now, Carian, break
This wand against yon lyre on the pedestal.'
'Twas done: and straight with sudden swell and fall
Sweet music breathed her soul away, and sighed

铁一般坚硬的列队，有谁敢向前
一步？再想想，战士们便一行行，
一排排，不计其数战死沙场——
这样在那水晶宫殿中，可怜的情人们，他们
缄默地躺成几排，放松地感受着欢乐与悲悯。
山里来的陌生人，屏着气，看到
成千上万双紧闭的眼睛，雪白的
双脚井井有条成排，耐心的双唇
红润的唇吻如死神带不走的鲜花。
他注意他们的眉毛额角；看到他们的头发
油光雪亮地梳向了一边；
这里的每个人都是绅士，谦卑，
大智藏于心间。
"现在让我们开始吧，"
头领低语着，他激动得有点口吃"现在开始"
他颤抖得像山杨树枝，
将书撕得粉碎，
一面咕哝着说出些哀悼的语言。
他把书卷撕扯得粉碎，就像那
白雪飘扬在那凄凉的北风之下；
他撕扯完书卷后，拿起深蓝色的外套
将外套裹在恩底弥翁身上；他又举着
手杖向空中挥舞了九次。
"还想干什么，年轻人。那是你的事，
但请多一点耐心吧，先把搁置的
杂乱理一理，再把它有序地整理。
温柔点！它脆弱得如同蛛丝一般；
要是你毁坏怎么办？你如此熟练
有一种神力在庇护你！哦，了不起！
人们在地狱所受之苦被带进了坟墓。
这里的贝壳如珍珠一般白净，
上面没有标记或文字痕迹——
你能读吗？哦，我恳求你读！
奥林波斯山！我们安全了！卡亚人
拿手杖向架上的里尔琴砸去！"
焚琴以后突然有美妙的乐曲
抑扬顿挫地书写着灵魂，叹息着

A lullaby to silence. 'Youth! Now strew
These mincèd leaves on me, and passing through
Those files of dead, scatter the same around,
And thou wilt see the issue.'
Of flutes and viols, ravishing his heart,
Endymion from Glaucus stood apart,
And scattered in his face some fragments light.
How lightning-swift the change! A youthful wight
Smiling beneath a coral diadem,
Out-sparkling sudden like an upturned gem,
Appeared, and, stepping to a beauteous corse,
Kneeled down beside it, and with tenderest force
Pressed its cold hand, and wept—and Scylla sighed!
Endymion, with quick hand, the charm applied—
The nymph arose. He left them to their joy,
And onward went upon his high employ,
Showering those powerful fragments on the dead.
And, as he passed, each lifted up its head,
As doth a flower at Apollo's touch.
Death felt it to his inwards—'twas too much:
Death fell a-weeping in his charnel-house.
The Latmian persevered along, and thus
All were re-animated. There arose
A noise of harmony, pulses and throes
Of gladness in the air—while many, who
Had died in mutual arms devout and true,
Sprang to each other madly; and the rest
Felt a high certainty of being blessed.
They gazed upon Endymion. Enchantment
Grew drunken, and would have its head and bent.
Delicious symphonies, like airy flowers,
Budded, and swelled, and, full-blown, shed full showers
Of light, soft, unseen leaves of sounds divine.
The two deliverers tasted a pure wine
Of happiness, from fairy-press oozed out.
Speechless they eyed each other, and about
The fair assembly wandered to and fro,

唱着催眠曲。"年轻人，把这些
碎片撒在我身上，走过那一排排
死者身边时，把碎片向四处抛撒，
你现在可以静观其变。"
销魂的笛声让人沉醉，
恩底弥翁在格劳科斯身旁站着
他向他脸上洒落这些光影碎片。
他表情变化如闪电！一个青年
面带笑容，头戴着珊瑚冠冕，
如翻转的宝石闪着万丈光芒，
神情安然，他靠近尸体
跪在她旁边，并温柔地
握着她冰冷的手，流下了眼泪——斯库拉长叹！
恩底弥翁，立马施法——
仙女站起；他任凭少女们狂欢，
他竭尽全力完成使命，
把强大有力的魔法施展于死者。
他走过去时，每个死者都抬头，
像花朵承受阿波罗阳光的抚摸。
死神洞悉内心——这有点过分：
他尸骨犹存，在那空荡房子里。
拉特摩斯人继续向前走，于是
死者起死回生。空中
奏起了那和谐的乐章
大家一片欢腾——而许多
已经死去的人们，此刻相互拥抱
疯狂向对方扑去，剩下的那些人
都非常确信自己会幸福。
他们凝视着恩底弥翁。这时魔法
弥漫着，好像是低着头。
宏伟的交响乐，如那空中的花朵
含苞待放，绽开，隆起，怒放，淋雨。
那轻柔、未见的神圣之叶
两位幸存者痛饮琼浆玉露
那是神仙的榨汁里流出的琼浆。
他们俩相互凝视着，一言不发
在美人周遭踱步，

Of joy that ever poured from heaven.
—'Away!'
Shouted the new born god; 'Follow, and pay
Our piety to Neptunus supreme!'—
Then Scylla, blushing sweetly from her dream,
They led on first, bent to her meek surprise,
Through portal columns of a giant size,
Into the vaulted, boundless emerald.
Joyous all followed as the leader called,
Down marble steps, pouring as easily
As hour-glass sand—and fast, as you might see
Swallows obeying the south summer's call,
Or swans upon a gentle waterfall.
Thus went that beautiful multitude, nor far,
Ere from among some rocks of glittering spar,
Just within ken, they saw descending thick
Another multitude. Whereat more quick
Moved either host. On a wide sand they met,
And of those numbers every eye was wet,
For each their old love found. A murmuring rose,
Like what was never heard in all the throes
Of wind and waters—'tis past human wit
To tell; 'tis dizziness to think of it.
This mighty consummation made, the host
Moved on for many a league; and gained, and lost
Huge sea-marks, vanward swelling in array,
And from the rear diminishing away—
Till a faint dawn surprised them. Glaucus cried,
'Behold! Behold, the palace of his pride!
God Neptune's palaces!' With noise increased,
They shouldered on towards that brightening east.
At every onward step proud domes arose
In prospect—diamond gleams, and golden glows
Of amber 'gainst their faces levelling.
Joyous, and many as the leaves in spring,
Still onward, still the splendour gradual swelled.
Rich opal domes were seen, on high upheld

享受着那天堂无穷无尽的欢乐。
——“走！”
刚得道的神仙喊道：“大家跟
我来膜拜尊贵的尼普顿！”——
斯库拉，红着脸从睡梦中醒来；
人们发觉她有些惊奇，便领路
穿过大门，绕过巨型圆柱
来到那个拱形的翡翠穹顶。
响应领头号召，大家欣然前往，
走下大理石台阶，他们像沙漏
里的沙子般，快速走着，你看
像燕子般迁徙到南方的夏日，
像天鹅振翅缓缓降落在瀑布。
他们婀娜多姿地走着，近处，
那晶石闪闪发光，他们看到
另一拨人拥挤着
踏步走下来。于是，两拨人
在辽阔的旷野上，飞速地奔跑，
每个人都热泪盈眶
因为他们找到了志同道合之人。哀声四起，
这痛苦的挣扎仿佛从未听过
湍流和狂风让人等待着——无法名状；
想到它就会眩晕。
会师圆满成功后，
人们继续前行；得失之间
看到导航的标志；前锋的队伍在扩大
走在后面的人不断地减少——
直到黎明来到，他们惊奇。格劳科斯呼喊：
“瞧，瞧啊，壮丽的宫殿！
尼普顿的宫殿！”众人沸沸扬扬地
向着东方继续前进。
每前进一步，光辉的穹顶就更清晰
——那琥珀色的闪光，金色的光芒扑面而来。
人们欢乐无比，如春天枝头树叶，
人群继续前行着，光芒越来越强
乳白色的穹顶映入眼帘，
被墨绿色的柱子支撑着，

By jasper pillars, letting through their shafts
A blush of coral. Copious wonder-draughts
Each gazer drank; and deeper drank more near.
For what poor mortals fragment up as mere
As marble, was there lavish, to the vast
Of one fair palace, that far far surpassed,
Even for common bulk, those olden three,
Memphis, and Babylon, and Nineveh.
As large, as bright, as coloured as the bow
Of Iris, when unfading it doth show
Beyond a silvery shower, was the arch
Through which this Paphian army took its march,
Into the outer courts of Neptune's state,
Whence could be seen, direct, a golden gate,
To which the leaders sped; but not half-raught
Ere it burst open swift as fairy thought,
And made those dazzlèd thousands veil their eyes
Like callow eagles at the first sunrise.
Soon with an eagle nativeness their gaze
Ripe from hue-golden swoons took all the blaze,
And then, behold! Large Neptune on his throne
Of emerald deep—yet not exalt alone;
At his right hand stood wingèd Love, and on
His left sat smiling Beauty's paragon.
Far as the mariner on highest mast
Can see all round upon the calmèd vast,
So wide was Neptune's hall: and as the blue
Doth vault the waters, so the waters drew
Their doming curtains, high, magnificent,
Awed from the throne aloof. And when storm-rent
Disclosed the thunder-gloomings in Jove's air
(But soothed as now), flashed sudden everywhere,
Noiseless, sub-marine cloudlets, glittering
Death to a human eye: for there did spring

珊瑚的红色从这些柱身透出来。
人们痛饮着那饮不尽的浆液玉液，
离得越近喝得越多；
那可怜的凡人陋室
跟这富丽堂皇的大理石无法企及
其中任意一所普通的宫殿
也远远地超过孟菲斯[1]、巴比伦、
和尼尼微[2]三座古代的城市。
犹如彩虹女神的弓箭，光辉四溢
永远显现着那样的鲜艳
银色阵雨珠帘外，就是那座拱门，
帕福斯的队伍由此挺进
进入尼普顿国的王宫
王宫的大门金光闪闪
领头人向着大门疾驰，行至半路，
门扉敞开，动作之快犹如天神的
思想一般使困顿的人们眼花缭乱，
就像雏鹰初次看见那东升的太阳。
他们很快以鹰的本能接受那道光，
他们便在金色晕眩之中目光呆滞
快看哪！巨人尼普顿就端坐在那
浪花四起的王座：周围他人环伺；
爱神翅膀翕动着站在右边
左边坐着那微笑着的美神。
像水手攀上桅杆顶上那样
环顾四周，我们能看到的洋面，
海神宫殿如此宽广，恰如蓝天
笼盖着大海一般，大海把高耸
宏伟的帷幕掀起，
宝座依然让人敬畏；狂风暴雨
驱散的阴云在约夫的上空散开
（几片云受安抚冷静了下来），
突然之间，四周光芒四射，
人类的眼睛闪烁着死亡的讯息，

1 孟菲斯（Memphis）：古埃及城市，废墟在今开罗之南，曾是埃及著名的文化贸易中心。
2 尼尼微（Nineveh）：传说中的古代城市，即东方古国亚述（Assyria）的首都。亚述是公元前八至九世纪崛起于两河流域，并称霸小亚细亚的军事帝国，其特点类似蒙古帝国，是一个嗜血的民族。

From natural west, and east, and south, and north, A light as of four sunsets, blazing forth A gold-green zenith 'bove the Sea-God's head. Of lucid depth the floor, and far outspread As breezeless lake, on which the slim canoe Of feathered Indian darts about, as through The delicatest air—air verily, But for the portraiture of clouds and sky: This palace floor breath-air, but for the amaze Of deep-seen wonders motionless and blaze Of the dome pomp, reflected in extremes, Globing a golden sphere. They stood in dreams Till Triton blew his horn. The palace rang; The Nereids danced; the Sirens faintly sang; And the great Sea-King bowed his dripping head. Then Love took wing, and from his pinions shed On all the multitude a nectarous dew. The ooze-born Goddess beckonèd and drew Fair Scylla and her guides to conference; And when they reached the thronèd eminence She kissed the sea-nymph's cheek—who sat her down A-toying with the doves. Then—'Mighty crown And sceptre of this kingdom!' Venus said, 'Thy vows were on a time to Naïs paid— Behold!'—Two copious tear-drops instant fell From the God's large eyes; he smiled delectable, And over Glaucus held his blessing hands. 'Endymion! Ah! Still wandering in the bands Of love? Now this is cruel. Since the hour I met thee in earth's bosom, all my power Have I put forth to serve thee. What, not yet Escaped from dull mortality's harsh net?	四面八方， 闪烁着那夕阳落下时的光辉， 金色苍穹还挂在海神的头顶。 他脚下是那延伸的透明海水， 宁静无风的湖面上，微波荡漾 印第安船夫你来我往， 穿过轻松的空气——真实的空气， 要是没有了那天空和云彩的倒影： 宫殿的地板都呼吸空气，要是没有 那令人惊奇的奇观，静静地看着 辉煌的圆顶似火，倒映在深海底， 仿佛是金色的球。 人们矗立在梦里 直到特里同吹螺号。宫殿震颤； 涅瑞伊得斯[1]起舞；赛壬轻唱着； 伟大的海王那滴水的头颅低耸。 丘比特翕动翅膀起飞， 他的翅膀上播洒着那 神仙的甘露，洒在每个人身上。 泡沫里诞生的维纳斯正在招手， 她与美丽的斯库拉以及向导一起赴会； 他们来到宝座面前，宝座显赫 她吻仙女的脸颊——仙女坐下 同鸽子游戏。然后——维纳斯 就说道："至高无上的君主啊， 无上的权威啊！" "你曾经跟纳伊斯[2]立下誓言—— 你看哪！"——两滴巨大泪珠从神的眼睛里 滑落，透出了光亮；他笑容可掬， 举起手来为格劳科斯祈福。 "恩底弥翁！你还被爱束缚 而到处漂泊吗？多么残酷的事实啊。 当我对你一见钟情后，我竭尽全力 为你奔忙。什么，你还不 从悲惨的人生之网中脱逃？

1 涅瑞伊得斯（Nereids）：希腊神话中海神涅柔斯的女儿之一。
2 纳伊斯（Naïs）：希腊神话中住在河、泽、泉、湖中的女神。

A little patience, youth! 'Twill not be long,
Or I am skilless quite. An idle tongue,
A humid eye, and steps luxurious,
Where these are new and strange, are ominous.
Ay, I have seen these signs in one of heaven,
When others were all blind: and were I given
To utter secrets, haply I might say
Some pleasant words—but Love will have his day.
So wait awhile expectant. Prithee soon,
E'en in the passing of thine honeymoon,
Visit thou my Cythera: thou wilt find
Cupid well-natured, my Adonis kind.
And pray persuade with thee—ah, I have done,
All blisses be upon thee, my sweet son!'—
Thus the fair goddess, while Endymion
Knelt to receive those accents halcyon.
Meantime a glorious revelry began
Before the Water-Monarch. Nectar ran
In courteous fountains to all cups outreached;
And plundered vines, teeming exhaustless, pleached
New growth about each shell and pendent lyre;
The which, in disentangling for their fire,
Pulled down fresh foliage and coverture
For dainty toying. Cupid, empire-sure,
Fluttered and laughed, and oft-times through the throng
Made a delighted way. Then dance, and song,
And garlanding grew wild; and pleasure reigned.
In harmless tendril they each other chained,
And strove who should be smothered deepest in
Fresh crush of leaves.
O 'tis a very sin
For one so weak to venture his poor verse
In such a place as this. O do not curse,
High Muses! Let him hurry to the ending.

请再做忍耐，年轻人！过不了多久，
不然就是我无能。无处安放的舌头
泪眼蒙眬，脚步坚定，
这些东西太陌生，也就不会吉利的。
是的，天堂某处我看见过这些迹象
别人却看不见：要是允许我
泄漏天机，说不定我会讲出
一些高兴的话语——但爱神会开心一整天
或者稍微等待一下吧。甚至会
在你们度过蜜月
来拜访库忒拉[1]时，你将会发现
丘比特脾气好，阿多尼斯心善。
请听从我的劝说——啊，我话已至此，
上帝保佑你，我可爱的孩子！”——
美丽女神这样说，恩底弥翁
此时无声胜有声。
在那海王[2]的面前，
一场愉悦宴席便开始了。
琼浆被将士们一饮而尽；
那些掠夺来的葡萄藤，无穷无尽，
让新枝缠绕贝壳和悬垂的里尔琴；
燃烧的火焰解开了葡萄藤的枝条
那新鲜的藤叶、茂密的藤萝掉落
小王子丘比特将其作为精美玩具
嬉笑打闹，穿梭在人群之间就是
愉快万分。人们又唱又跳，
人们十分放肆；开始狂欢。
他们将藤条折成链条一样，
争先恐后地埋在绿叶下面，
然后窒息而死。
哦。这是罪过
凭借一个弱者的卑劣诗句
玷污这个地方。请不要诅咒他们，
高贵的缪斯！解除他们的诅咒吧。

1 库忒拉（Cythera）：侍奉阿芙洛狄忒的一个中心地区。
2 海王（Water-Monarch）：希腊神话中拥有半人类、半亚特兰蒂斯人血统的海洋统治者。

All suddenly were silent. A soft blending
Of dulcet instruments came charmingly;
And then a hymn.
'King of the stormy sea!
Brother of Jove, and co-inheritor
Of elements! Eternally before
Thee the waves awful bow. Fast, stubborn rock,
At thy feared trident shrinking, doth unlock
Its deep foundations, hissing into foam.
All mountain-rivers, lost in the wide home
Of thy capacious bosom, ever flow.
Thou frownest, and old Aeolus thy foe
Skulks to his cavern, 'mid the gruff complaint
Of all his rebel tempests. Dark clouds faint
When, from thy diadem, a silver gleam
Slants over blue dominion. Thy bright team
Gulfs in the morning light, and scuds along
To bring thee nearer to that golden song
Apollo singeth, while his chariot
Waits at the doors of heaven. Thou art not
For scenes like this: an empire stern hast thou,
And it hath furrowed that large front. Yet now,
As newly come of heaven, dost thou sit
To blend and interknit
Subduèd majesty with this glad time.
O shell-borne King sublime!
We lay our hearts before thee evermore—
We sing, and we adore!'
'Breathe softly, flutes;
Be tender of your strings, ye soothing lutes;
Nor be the trumpet heard! O vain, O vain—
Not flowers budding in an April rain,
Nor breath of sleeping dove, nor river's flow—
No, nor the Aeolian twang of Love's own bow,
Can mingle music fit for the soft ear
Of goddess Cytherea!
Yet deign, white Queen of Beauty, thy fair eyes

突然万物无声，乐声四起
那柔美悦耳的和声、迷人的乐声，
接着是那颂歌。
“风暴雨之海的君主啊！
约夫的兄弟！是大自然的继承者！
在你面前大海永远鞠躬，牢固顽强的石头
面对你举起的锋利的三叉戟，也得要退缩
揭开根基，露珠激荡的水花。
所有山涧，尽管迷路，无不
在你那旷阔的胸膛里面流淌。
你眉头紧锁，你的宿敌老埃俄罗斯
严厉控诉你的恶行
慌忙躲进他的洞穴。
从你那王冠上射出的
光芒笼罩着你统治的区域
云雾消散。你那辉煌的队伍
晨光中若隐若现，一路奔驰，
带你接近那金嗓曲
那阿波罗的马车
在天堂的门口等他。你不宜看见
如此景象：你掌管着严肃的帝国
这使你额头爬上皱纹；然而现在，
你仿佛是从天而降，你正在坐着
享受这愉快时刻
同受到抑制的尊严交织在一起。
哦，贝壳里诞生的至尊的神祇！
我们将永远把心放在你的面前——
我们膜拜，颂赞！”
“笛子轻轻地吹奏；
温馨的琴弦，你们的弦音温柔
请不要听号角的声音！哦，徒劳，哦，徒劳！
四月的雨水浇灌着含苞待放的花蕾；
鸽子沉睡的轻微呼吸，流淌的河水
爱神的号弦被风引发的声响
都不能附和这美妙的音乐
女神库忒瑞亚啊！
美丽之神，你如此白皙，你的明眸

On our souls' sacrifice.'
'Bright-wingèd Child!
Who has another care when thou hast smiled?
Unfortunates on earth, we see at last
All death-shadows, and glooms that overcast
Our spirits, fanned away by thy light pinions.
O sweetest essence! Sweetest of all minions!
God of warm pulses, and dishevelled hair,
And panting bosoms bare!
Dear unseen light in darkness! Eclipser
Of light in light! Delicious poisoner!
Thy venomed goblet will we quaff until
We fill—we fill!
And by thy Mother's lips—'
Was heard no more
For clamour, when the golden palace door
Opened again, and from without, in shone
A new magnificence. On oozy throne
Smooth-moving came Oceanus the old,
To take a latest glimpse at his sheep-fold,
Before he went into his quiet cave
To muse for ever. Then a lucid wave,
Scooped from its trembling sisters of mid-sea,
Afloat, and pillowing up the majesty
Of Doris, and the Aegean seer, her spouse—
Next, on a dolphin, clad in laurel boughs,
Theban Amphion leaning on his lute:
His fingers went across it—all were mute
To gaze on Amphitrite, queen of pearls,
And Thetis pearly too.
The palace whirls
Around giddy Endymion, seeing he
Was there far strayèd from mortality.
He could not bear it—shut his eyes in vain;
Imagination gave a dizzier pain.

勾走我们的灵魂。"
"长着美丽双翅的孩子！
在你微笑的时候，谁还会有烦恼呢？
我们最后看到的人世间所有的不幸
死神笼罩我们灵魂的黑暗
都被你那温柔的翅膀拂去。
你是那样甜美，你那独一无二的美，
你血脉偾张，发型蓬松，
你的胸膛一直在剧烈起伏！
黑暗中难以看见的光芒啊，遮住光的
精灵。那甜美的下毒者，
我们要痛饮你满杯的毒酒，
斟满——斟满吧！
任凭你母亲咒骂——"
我也会置若罔闻
一片喧嚣中，宫殿的金门
再次打开，那外面的金光
从门外射进。俄刻阿诺斯
那就坐在那光滑的宝座之上，
最后他扫视着水族的子民
回到他那安静的洞穴之中
永远沉寂。那透明的波浪
来自大海中颤抖的海水，
浪起水涌，彰显多里斯[1]的神威，
并托起了她的丈夫——爱琴海的占卜者
带月桂的是底比斯的安菲翁
他骑着海豚而来，正依着琴：
双手交叉——大家都默默凝视
安菲忒里特，他是珍珠之王，
忒提斯也是。
这座殿堂
恩底弥翁感觉有些天旋地转
如今他远离人间，漂泊至此。
他难以忍受——闭上双眼也毫无用处；
想象会使那头晕者更加痛苦。

1 多里斯（Doris）：海洋神奥西娜斯的女儿。她的丈夫是涅柔斯，是老一代海神。

'O I shall die! Sweet Venus, be my stay!
Where is my lovely mistress? Well-away!
I die—I hear her voice—I feel my wing—'
At Neptune's feet he sank. A sudden ring
Of Nereids were about him, in kind strife
To usher back his spirit into life:
But still he slept. At last they interwove
Their cradling arms, and purposed to convey
Towards a crystal bower far away.
Lo! While slow carried through the pitying crowd,
To his inward senses these words spake aloud;
Written in star-light on the dark above:
'Dearest Endymion! My entire love!
How have I dwelt in fear of fate! 'tis done—
Immortal bliss for me too hast thou won.
Arise then! For the hen-dove shall not hatch
Her ready eggs, before I'll kissing snatch
Thee into endless heaven. Awake! Awake!'
The youth at once arose: a placid lake
Came quiet to his eyes; and forest green,
Cooler than all the wonders he had seen,
Lulled with its simple song his fluttering breast.
How happy once again in grassy nest!

“哦，维纳斯，我要死了，快救救我！
我那可爱的情人在哪里？啊！
我死了——我听到她的声音——我感觉在
飞——”他倒在尼普顿的脚旁。
涅瑞伊得斯陪伴在他周围，竭尽全力
把灵魂唤回他的体内：
他依然沉睡。最后她们把
手臂交织成摇篮将其抬起，
抬进遥远的水晶卧室里去。
看呐！人们同情地望着他们缓缓穿过
他慷慨激昂，且义正词严；
星光书写在夜空的名片上：
“至爱的恩底弥翁！我唯一的爱人！
我曾胆怯于命运！事已至此——
你为我留下了那永恒的幸福。
起来吧！母鸽还未产卵，
我现在就要强行地吻你，
与你缠绵进入天堂。醒醒啊！你醒醒！”
爱人纵身跳起：湖水宁静如镜
她来到他的眼前；苍翠的森林，
你赛过人间奇景，
淳朴的歌声安慰着他跳动的心。
回到青草巢穴，你们如此开心！

BOOK IV

Muse of my native land! Loftiest Muse!
O first-born on the mountains! By the hues
Of heaven on the spiritual air begot!
Long didst thou sit alone in northern grot,
While yet our England was a wolfish den;
Before our forests heard the talk of men;
Before the first of Druids was a child,
Long didst thou sit amid our regions wild
Rapt in a deep prophetic solitude.

第四卷

我故土的缪斯神，最高尚的女神！
降生于那群山之巅！天空的云彩
生下你，你的襁褓是圣洁的空气
你长期独自居住在那北边的洞穴，
那时我们的英格兰还是一个狼窝；
森林里人迹罕至，
那时德鲁伊特[1]的第一个孩子还没诞生，
你游荡于旷野中，
沉醉在未来的思索与占卜之中。

1 德鲁伊特（Druids）：在罗马、希腊神话中意指森林女神，古代凯尔特人中一批有学识的人，担任祭司、教师、法官或巫师、占卜者等。

There came an eastern voice of solemn mood—
Yet wast thou patient. Then sang forth the Nine,
Apollo's garland—yet didst thou divine
Such home-bred glory, that they cried in vain,
'Come hither, Sister of the Island!' Plain
Spake fair Ausonia; and once more she spake
A higher summons—still didst thou betake
Thee to thy native hopes. O thou hast won
A full accomplishment! The thing is done,
Which undone, these our latter days had risen
On barren souls. Great Muse, thou know'st what prison,

Of flesh and bone, curbs, and confines, and frets
Our spirit's wings. Despondency besets
Our pillows, and the fresh tomorrow morn
Seems to give forth its light in very scorn
Of our dull, uninspired, snail-pacèd lives.
Long have I said, how happy he who shrives
To thee! But then I thought on poets gone,
And could not pray—nor could I now—so on
I move to the end in lowliness of heart.
'Ah, woe is me! That I should fondly part
From my dear native land! Ah, foolish maid!
Glad was the hour, when, with thee, myriads bade

Adieu to Ganges and their pleasant fields!
To one so friendless the clear freshet yields
A bitter coolness; the ripe grape is sour:
Yet I would have, great gods! But one short hour
Of native air—let me but die at home.'
Endymion to heaven's airy dome
Was offering up a hecatomb of vows,
When these words reached him. Whereupon he bows
His head through thorny-green entanglement
Of underwood, and to the sound is bent,
Anxious as hind towards her hidden fawn.
'Is no one near to help me? No fair dawn

传来了一阵庄重的东方歌唱声——
你却忍受着它。阿波罗的爱人
缪斯引吭高歌——你仍然预言
本国的光荣，她们叫唤也没用；
“过来吧，岛国妹妹！”美人
奥托尼亚开口了；她放声高歌——
可是你仍沉浸在
家国兴亡。哦，你赢得了战争
赢得了辉煌的成就！事已至此
否则，我们后来的岁月都将是
精神的荒漠。伟大的缪斯！你
内心深知
肉体的牢笼不能禁锢
我们灵魂的羽翼，我们沮丧得
不能安睡；而那清晨的
一片光明，仿佛在嘲笑
我们迟钝、灰暗的生命。
我很早就说，那向你忏悔的人
是多么的幸福！过世的诗人们，
我不能祈祷——目前为止依然不能——
因此肃然起敬地向目的地走去。
“啊，我是多么的悲伤！
我痛苦地背离了我亲爱的故乡！
啊，傻姑娘！当时如此的快乐，
当你与众人挥手道别
同我可爱的田野告别！
无依无靠的人总会感受到清澈河流
冰冷刺骨，架子上的葡萄如此酸涩：
不朽的上帝，我愿得片刻时间呼吸
故乡的空气——我只愿死在故乡里。”
恩底弥翁正在向那上苍
展现他愿意捐躯的誓词，
这些话在他的耳边回响。他在翠绿
且荆棘丛生的灌木丛里
把头低下来，俯身聆听，
像母鹿找寻躲藏的小鹿一样着急。
“谁愿意帮我？仁慈的嗓音

Of life from charitable voice? No sweet saying
To set my dull and saddened spirit playing?
No hand to toy with mine? No lips so sweet
That I may worship them? No eyelids meet
To twinkle on my bosom? No one dies
Before me, till from these enslaving eyes
Redemption sparkles! —I am sad and lost.'
Thou, Carian lord, hadst better have been tossed
Into a whirlpool. Vanish into air,
Warm mountaineer! For canst thou only bear
A woman's sigh alone and in distress?
See not her charms! Is Phoebe passionless?
Phoebe is fairer far—O gaze no more. —
Yet if thou wilt behold all beauty's store,
Behold her panting in the forest grass!
Do not those curls of glossy jet surpass
For tenderness the arms so idly lain
Amongst them? Feelest not a kindred pain,
To see such lovely eyes in swimming search
After some warm delight, that seems to perch
Dovelike in the dim cell lying beyond
Their upper lids? —Hist!
'O for Hermes' wand,
To touch this flower into human shape!
That woodland Hyacinthus could escape
From his green prison, and here kneeling down
Call me his queen, his second life's fair crown!
Ah me, how I could love! —My soul doth melt
For the unhappy youth—Love! I have felt
So faint a kindness, such a meek surrender
To what my own full thoughts had made too tender,
That but for tears my life had fled away! —
Ye deaf and senseless minutes of the day,
And thou, old forest, hold ye this for true,
There is no lightning, no authentic dew
But in the eye of love: there's not a sound,
Melodious howsoever, can confound

没有生命的呐喊？没有蜜语甜言
我这郁郁寡欢何以为乐呢？
没有你的纤纤玉手和樱唇
我如何沉醉拜倒？没有人
会期盼着我？没有人先我而死去
在我眼前，是幽灵的绿眼
漫天花火！——我迷惘，我忧郁！”
卡亚山谷的主人，你应该
陈尸荒谷，化作轻烟消失，
热情的山民！难道你必须独自
悲苦！忍受一个女人的叹息吗？
她是如此矫揉造作！如此无情？
月神如此娇美——哦，不要再凝望——
你若要观看那藏匿一般的美丽
就看她在森林草地上大口喘气！
鬈发乌黑闪亮如此柔情
发间懒懒躺着那双手臂
那两只炯炯有神的眼睛，
像眉目传情一般，
寻找温暖的欣喜，
你会像鸽子一样栖息
在阴暗的巢穴之上吗？——嘘！
“哦，但愿赫耳墨斯
用他的仙杖点花成人！
海阿肯托斯才能奋力挣脱
绿色的牢狱，正向我屈服
称我为女王以及人生的主！
啊，我受宠若惊——我的灵魂被这
不幸的芳华融化——爱情啊！对于
我这满腔的思绪将蕴蓄得情深意浓
惆怅中带有亲切，温婉中带有顺从，
要是不流泪，那就消失于世吧！——
你听而不闻、无知无觉的时光，
还有你古老的森林，相信这话，
情人眼里出西施，
情人眼里出真情。没有哪种声音
如同情人的话语，是那天籁之音

The heavens and earth in one to such a death
As doth the voice of love: there's not a breath
Will mingle kindly with the meadow air,
Till it has panted round, and stolen a share
Of passion from the heart!'
Upon a bough
He leant, wretched. He surely cannot now
Thirst for another love. O impious,
That he can even dream upon it thus! —
Thought he, 'Why am I not as are the dead,
Since to a woe like this I have been led
Through the dark earth, and through the wondrous sea?
Goddess! I love thee not the less! From thee
By Juno's smile I turn not—no, no, no—
While the great waters are at ebb and flow.
I have a triple soul! O fond pretence—
For both, for both my love is so immense,
I feel my heart is cut for them in twain.'
And so he groaned, as one by beauty slain.
The lady's heart beat quick, and he could see
Her gentle bosom heave tumultuously.
He sprang from his green covert: there she lay,
Sweet as a musk-rose upon new-made hay;
With all her limbs on tremble, and her eyes
Shut softly up alive. To speak he tries.
'Fair damsel, pity me! Forgive that I
Thus violate thy bower's sanctity!
O pardon me, for I am full of grief—
Grief born of thee, young angel! Fairest thief!
Who stolen hast away the wings wherewith
I was to top the heavens. Dear maid, sith
Thou art my executioner, and I feel
Loving and hatred, misery and weal,
Will in a few short hours be nothing to me,
And all my story that much passion slew me,

使人听了马上就会
昏天黑地；没人会
拒绝这爱情的芬芳。
人们四处撩拨，从心底
窃取到那一份真心热情！”
他身体倚着
树枝，可怜如斯。他当然不会在此刻
渴望其他人的爱情；那样是不虔诚的，
即使梦到也是不恭！——
他想：“为什么我没有成为死者，
我曾踏足山巅，也曾跋涉河海
但是我却沦落至此，
我的女神啊，此爱绵绵无绝期，
我以朱诺[1]的微笑发誓不背叛你，
潮涨潮落永不分离。
我的灵魂一分为三！哦，虚假的矫情——
对你俩，我的爱漫漫无边，
我的心为她们分成了两半。”
我为爱牺牲，他在低吟着。
爱人心跳加快，他能看出
她温柔的胸部正在剧烈地起伏。
他从躺着的绿荫一跃而起；
如篱笆上麝香蔷薇的芬芳
她四肢颤抖，两眼微闭着
倾听他的情话。
“美丽的爱人啊，原谅我
冒犯到你纯洁无瑕的圣体！
原谅我，我满腔都是忧愁——
忧愁啊，你是美丽的天使，美丽的窃贼！
你盗走了我天使般的翅膀
凭借翅膀在天空来去自由。亲爱的姑娘，
你是人生终结者，我感到
爱恨交织、痛苦并幸福着
泛滥的爱压倒我，
使我在片刻之间彻底消失。

1 朱诺（Juno）：罗马神话中主神朱庇特之妻，相当于希腊神话中的赫拉（Hera），因此她代表婚姻、配偶，也代表不贞、虐待以及两性关系中的权利争夺。

Do smile upon the evening of my days.
And, for my tortured brain begins to craze,
Be thou my nurse; and let me understand
How dying I shall kiss that lily hand.
Dost weep for me? Then should I be content.
Scowl on, ye fates! Until the firmament
Out-blackens Erebus, and the full-caverned earth
Crumbles into itself. By the cloud girth
Of Jove, those tears have given me a thirst
To meet oblivion.' —As her heart would burst
The maiden sobbed awhile, and then replied:
'Why must such desolation betide
As that thou speak'st of? Are not these green nooks
Empty of all misfortune? Do the brooks
Utter a gorgon voice? Does yonder thrush,
Schooling its half-fledged little ones to brush
About the dewy forest, whisper tales? —
Speak not of grief, young stranger, or cold snails
Will slime the rose tonight. Though if thou wilt,
Methinks 'twould be a guilt—a very guilt—
Not to companion thee, and sigh away
The light—the dusk—the dark—till break of day!'

'Dear lady,' said Endymion, ''tis past.
I love thee! And my days can never last.
That I may pass in patience still speak:
Let me have music dying, and I seek
No more delight—I bid adieu to all.
Didst thou not after other climates call,
And murmur about Indian streams?' —Then she,
Sitting beneath the midmost forest tree,
For pity sang this roundelay:
'O Sorrow,
Why dost borrow
The natural hue of health, from vermeil lips? —
To give maiden blushes
To the white rose bushes?

请对我迟暮生活会心一笑
因为我饱尝相思之苦，快要发疯；
请你做我的恋人吧，教会我懂得
临终时亲吻你那百合一般的手？
你为我哭泣？那我就再无遗憾。
震怒吧命运的主宰之神！直到天昏地暗，
千疮百孔的大地
碎裂。任凭斗转星移
这滴滴的泪水促使我
将你遗忘。”——肝肠寸断
这少女啜泣片刻，然后回答说
“你为何如此悲伤又难过，
如你所见？这些绿草深处，
充满了不幸？溪水在流淌
发出可怕声音？那边歌鸫，
正在训练羽翼未丰的小鸟
初次起飞时，是否也有故事可以诉说？——
年轻的游客别说悲伤往事，否则冰冷的蜗牛
会爬上那夜晚的玫瑰，虽然你也许愿，
我想如果我不陪着你，那便就是罪过——
真正的罪过——
请不要抱怨，让昼夜流逝——
一直能叹息到那天空破晓！”
“亲爱的”，恩底弥翁说，“一切都过去了！
我爱你！可我的时间所剩不多。
我拿出最后的那点点耐心说：
我在垂死挣扎之时，
听不到悦耳的歌声——我要向大家告别。
难道你不再向往另外的世界，
在印度溪流的附近低语？”——于是她
坐在树林中央的树荫下面，
出于可怜，唱起这圆舞曲：
“哦，忧伤啊！
为什么要向那
朱唇借颜色，那红色如此健康？
为什么要把那
少女的娇容带给那白玫瑰花丛？

Or is't thy dewy hand the daisy tips?'
'O Sorrow
Why dost borrow
The lustrous passion from a falcon-eye? —
To give the glow-worm light?
Or, on a moonless night,
To tinge, on syren shores, the salt sea-spry?'
'O Sorrow,
Why dost borrow
The mellow ditties from a mourning tongue? —
To give at evening pale
Unto the nightingale,
That thou mayst listen the cold dews among?'
'O Sorrow,
Why dost borrow
Heart's lightness from the merriment of May? —
A lover would not tread
A cowslip on the head,
Though he should dance from eve till peep of day—
Nor any drooping flower
Held sacred for thy bower,
Wherever he may sport himself and play.'
'To Sorrow,
I bade good-morrow,
And thought to leave her far away behind.
But cheerly, cheerly,
She loves me dearly;
She is so constant to me, and so kind:
I would deceive her
And so leave her,
But ah! She is so constant and so kind.'
'Beneath my palm trees, by the river side,
I sat a-weeping: in the whole world wide
There was no one to ask me why I wept—
And so I kept
Brimming the water-lily cups with tears
Cold as my fears.'

是你的手指碰到了雏菊的花瓣？”
“哦，忧伤啊！
为什么要向那
鹰隼的眼睛借闪亮的热情？——
星光假借流萤
暗里不见月明，
月儿在海妖出没的地方为浪花镀上银色？”
“哦，忧伤啊！
为什么要向那
哀嚎借来那么轻柔的歌声？
在惨淡的黄昏
那夜莺哀嚎着，
你披着寒露静静聆听歌唱？”
“忧伤啊！
为什么要向
五月天借来那心灵的放松？——
爱人是不会把那
流星花随意践踏，
哪怕他是从黄昏跳到天明——
任何发蔫的花儿
都想着寻找阴凉
无论他在哪儿游玩。”
“对于烦恼嘛，
我对它说再见，
原想把爱人远远抛在脑后，
但可喜可贺的是
她对我情深义重；
她对我是既忠诚又温柔：
本想欺骗她
然后离开她，
但是啊。她又忠诚又温柔。”
“在我的棕榈树下，在河岸旁，
我坐着哭泣：这大千世界
无人问我为什么哭泣——
因此我还在继续地哭泣着
我将那寒冷的泪水给睡莲斟满。”

'Beneath my palm trees, by the river side,
I sat a-weeping: what enamoured bride,
Cheated by shadowy wooer from the clouds,
But hides and shrouds
Beneath dark palm trees by a river-side?'
'And as I sat, over the light blue hills
There came a noise of revellers: the rills
Into the wide stream came of purple hue—
'Twas Bacchus and his crew!
The earnest trumpet spake, and silver thrills
From kissing cymbals made a merry din—
'Twas Bacchus and his kin!
Like to a moving vintage down they came,
Crowned with green leaves, and faces all on flame—
All madly dancing through the pleasant valley,
To scare thee, Melancholy!
O then, O then, thou wast a simple name!
And I forgot thee, as the berried holly
By shepherds is forgotten, when, in June,
Tall chestnuts keep away the sun and moon—
I rushed into the folly!'
'Within his car, aloft, young Bacchus stood,
Trifling his ivy-dart, in dancing mood,
With sidelong laughing;
And little rills of crimson wine imbrued
His plump white arms, and shoulders, enough white
For Venus' pearly bite;
And near him rode Silenus on his ass,
Pelted with flowers as he on did pass
Tipsily quaffing.'
'Whence came ye, merry Damsels! Whence came ye!
So many, and so many, and such glee?
Why have ye left your bowers desolate,
Your lutes and gentler fate? —
"We follow Bacchus! Bacchus on the wing,

"在我棕榈树下，在溪河岸旁，
我坐着哭泣：那被迷恋的新娘
受骗于那个虚无缥缈的求爱者，
躲藏着，躲藏
在那黑暗的棕榈下，溪河岸旁？"
"我坐着，淡青色的山峦那边
狂欢者们正在那欢闹着：溪水
流进那宽阔的河流清澈得发紫——
犹如巴克科斯[1]和他的同伙们一般！
热情的号角在说话，银色的号角在低吼
那喧嚣声真是此起彼伏——
犹如巴克科斯和他的亲属一般！
一汪泉水奔流而下
绿叶红花耀眼夺目；人们各个都脸色红润——
都狂欢着穿入谷底，
为了缓解你的忧郁！
啊，然后啊，然后，你成了简单的名称！
我忘记了你，就像六月的
日月星辰被栗树遮挡
牧童忘记冬青果的引诱，
我愚昧地前进！"
"他的车上，年轻的巴克科斯伫立着，
飞舞的火把，上下翻飞，
在一旁偷乐着；
那红色的酒浆如小河流淌，渗入
他白皙的胳膊。让维纳斯
咬一口试试吧；
西勒诺斯骑着驴，靠近他身旁，
人们酩酊大醉，
一路上人群向他们抛洒着鲜花。"
"你们从哪来，美丽的姑娘们，从哪来？
人数如此众多，又如此的欢快
为何离开美丽的闺房
要抛弃那好运和琴弦？——
'我们追随巴克科斯！那飞翔的巴克科斯，

1 巴克科斯（Bacchus）：希腊神话中的酒神和植物神，对应罗马神话中的狄俄尼索斯（Dionysos），是宙斯和塞墨勒之子。巴克科斯在从冥府返回希腊途中，遇到被忒修斯（Theseus）抛弃的阿里阿德涅，娶她为妻。

A-conquering!
Bacchus, young Bacchus! Good or ill betide,
We dance before him thorough kingdoms wide—
Come hither, lady fair, and joined be
To our wild minstrelsy!"'
'Whence came ye, jolly Satyrs! Whence came ye!
So many, and so many, and such glee?
Why have ye left your forest haunts, why left
Your nuts in oak-tree cleft? —
"For wine, for wine we left our kernel tree;
For wine we left our heath, and yellow brooms,
And cold mushrooms;
For wine we follow Bacchus through the earth—
Great God of breathless cups and chirping mirth!
Come hither, lady fair, and joinèd be
To our mad minstrelsy!"'
'Over wide streams and mountains great we went,
And, save when Bacchus kept his ivy tent,
Onward the tiger and the leopard pants,
With Asian elephants:
Onward these myriads—with song and dance,
With zebras striped, and sleek Arabians' prance,
Web-footed alligators, crocodiles,
Bearing upon their scaly backs, in files,
Plump infant laughers mimicking the coil
Of seamen, and stout galley-rowers' toil—
With toying oars and silken sails they glide,
Nor care for wind and tide.'
'Mounted on panthers' furs and lions' manes,
From rear to van they scour about the plains;
A three days' journey in a moment done:
And always, at the rising of the sun,
About the wilds they hunt with spear and horn,
On spleenful unicorn.'
'I saw Osirian Egypt kneel adown

他正在出击！
年轻的巴克科斯，巴克科斯！无论祸福，
我们要在你的面前尽情地起舞——
来吧，漂亮的姑娘，来这儿跟我们
纵情歌唱！'"
"你们来自哪里，快活的森林之神！
你们成群结队，是多么的欢快！
你们为什么离开那美丽的树林，
离开你们橡树林中的家？——
'为了酒，为了酒我们砍伐树木；
为了酒，我们告别草原和金雀
丢弃冰冷的蘑菇；
'为了酒，我们跟巴克科斯闯天涯——
我们畅饮着呼喊着我们的神！
来啊，漂亮的姑娘来和我们
一起疯狂歌唱！'"
"我们走过山川河流，
趁酒神在大幕下歇息，
老虎和豹飞奔向远方，
亚洲的象群，
成群结队向前跑去——载歌载舞，
还有那斑马和光彩的阿拉伯神驹，
不同种类的鳄鱼也在前仆后继着，
鳄鱼们披鳞的背上驮着那一排排
胖胖的婴孩，孩子们欢闹模仿着
水手们吵闹，健壮船员们划着桨：
他们带着玩具桨和锦帆向前驶去，
无畏风雨"
"携龙栖凤，
整队人马在草原上策马奔腾；
整整三天的行程要转瞬即逝：
那些随从们会在太阳初升时，
骑着愤怒的独角兽，投掷标枪，吹着号角，
他们把旷野当猎场。"
"我看见古埃及的奥西里斯[1]

1 奥西里斯（Osiris）：古埃及的冥神和鬼判。

Before the vine-wreath crown!
I saw parched Abyssinia rouse and sing
To the silver cymbals' ring!
I saw the whelming vintage hotly pierce
Old Tartary the fierce!
The kings of Ind their jewel-sceptres vail,
And from their treasures scatter pearlèd hail.
Great Brahma from his mystic heaven groans,
And all his priesthood moans;
Before young Bacchus' eye-wink turning pale. —
Into these regions came I following him,
Sick hearted, weary—so I took a whim
To stray away into these forests drear
Alone, without a peer:
And I have told thee all thou mayest hear.'
'Young stranger!
I've been a ranger
In search of pleasure throughout every clime:
Alas, 'tis not for me!
Bewitched I sure must be,
To lose in grieving all my maiden prime.'
'Come then, Sorrow!
Sweetest Sorrow!
Like an own babe I nurse thee on my breast:
I thought to leave thee
And deceive thee,
But now of all the world I love thee best.'
'There is not one,
No, no, not one
But thee to comfort a poor lonely maid:
Thou art her mother,
And her brother,
Her playmate, and her wooer in the shade.
O what a sigh she gave in finishing,

向葡萄藤王冠屈膝！
我也看见阿比西尼亚[1]正伴着
银铙钹的清脆歌唱！
我看见觥筹交错，贯穿其中
古老凶猛的野兽啊！
会向国王卑躬屈膝，
那宝库里的珍珠也在漫天飞舞；
伟大的梵天[2]在神秘的天宇呻吟，
祭司们也哀声一片；
在年轻的巴克科斯眉毛苍白之前。——
我跟随神明，来到此地，任由神明处置，
我情绪低落，心力交瘁——忽然之间想
逃离人群，走入萧瑟的树林，
我独自一人，没有一人陪伴
我会将你能听的都讲给你听。”
“年轻的陌生人！
我就是个云游者
我踏足山巅寻找快乐：
唉，那欢乐却躲着我！
我肯定已经走火入魔，
忧伤中虚度了我的少女时代。”
“放马过来吧，忧伤！
忧伤如此的甘甜
我用乳汁哺育你
我想远离你，
我想欺骗你，
但是这世上我最爱你。”
“世界上，再无他人
除了你，再没有他人
但就是你，会安慰孤身者的一位姑娘：
你是她的长辈，
你是她的兄长，
她的伴侣啊，那位树荫下求爱的情郎。
啊，当她唱完这首歌，他就一声叹息，

1　阿比西尼亚（Abyssinia）：即埃塞俄比亚，古代称阿比西尼亚。
2　梵天（Brahma）：印度教主神之一，为创造之神，众生之本。

And look, quite dead to every worldly thing!	看吧，她对世界心如死灰，
Endymion could not speak, but gazed on her;	恩底弥翁缄默着，望着她
And listened to the wind that now did stir	侧耳倾听，此时风儿乱刮，
About the crispèd oaks full drearily,	抽打着卷曲在一旁的橡树，
Yet with as sweet a softness as might be	风儿甜蜜且柔软
Remembered from its velvet summer song.'	令人记起天鹅绒般的夏歌。"
At last he said: 'Poor lady, how thus long	它最后开口说道："可怜的姑娘，
Have I been able to endure that voice?	我怎么如此耐心地倾听了那么久？
Fair Melody! Kind Siren! I've no choice—	美妙的乐曲，美丽的塞壬，我无从选择——
I must be thy sad servant evermore:	我必须从此就做你的仆从；
I cannot choose but kneel here and adore.	我别无他法只能跪地崇拜。
Alas, I must not think—by Phoebe, no!	我不能啊，对着那月亮起誓，我不能啊！
Let me not think, soft Angel! Shall it be so?	温柔的天使，别让我遐想？我不该如此
Say, beautifullest, shall I never think?	美人啊，我永远不会思索？
O thou couldst foster me beyond the brink	你已经占据了我那记忆的
Of recollection! Make my watchful care	边缘！我闭上布满血丝的
Close up its bloodshot eyes, nor see despair!	眼睛，看不到绝望！
Do gently murder half my soul, and I	请带走我的灵魂，那么我
Shall feel the other half so utterly! —	我就能感受到我的另一半！——
I'm giddy at that cheek so fair and smooth;	面颊红润光滑使人迷失；
O let it blush so ever! Let it soothe	请保持红润，如此舒缓！
My madness! Let it mantle rosy-warm	让我痴狂吧！爱情被它
With the tinge of love, panting in safe alarm. —	染成玫瑰的暖色。——
This cannot be thy hand, and yet it is;	这不是你的手啊，但恰巧就是；
And this is sure thine other softling—this	这肯定是你另一只柔软的——
Thine own fair bosom, and I am so near!	这是你美丽的胸部，距我如此之近！
Wilt fall asleep? O let me sip that tear!	你要睡了吗？让我吸干那眼泪，
And whisper one sweet word that I may know	悄悄说些甜言蜜语，我会知道
This is this world—sweet dewy blossom!' —'Woe!	这就是人间——花朵甜美带露"——"呜呼！
Woe! Woe to that Endymion! Where is he?' —	呜呼！可怜的恩底弥翁，他在何处？"——
Even these words went echoing dismally	这些话语凄凉地回响着，
Through the wide forest—a most fearful tone,	广阔的森林里传来——一个可怕的声音，
Like one repenting in his latest moan;	仿佛人们临死前的哀嚎，
And while it died away a shade passed by,	当他消失时，阴影掠过，
As of a thunder-cloud. When arrows fly	似雷雨云。一支支利箭
Through the thick branches, poor ring-doves sleek forth	飞过树枝丛，可怜的斑鸠探出

Their timid necks and tremble; so these both

Leant to each other trembling, and sat so
Waiting for some destruction—when lo,
Foot-feathered Mercury appeared sublime
Beyond the tall tree tops; and in less time
Than shoots the slanted hail-storm, down he dropped
Towards the ground, but rested not, nor stopped
One moment from his home: only the sward
He with his wand light touched, and heavenward
Swifter than sight was gone—even before
The teeming earth a sudden witness bore
Of his swift magic. Diving swans appear
Above the crystal circlings white and clear;
And catch the cheated eye in wide surprise,
How they can dive in sight and unseen rise—
So from the turf outsprang two steeds jet-black,
Each with large dark blue wings upon his back.
The youth of Caria placed the lovely dame
On one, and felt himself in spleen to tame
The other's fierceness. Through the air they flew,
High as the eagles. Like two drops of dew
Exhaled to Phoebus' lips, away they're gone,
Far from the earth away—unseen, alone,
Among cool clouds and winds, but that the free,
The buoyant life of song can floating be
Above their heads, and follow them untired. —
Muse of my native land, am I inspired?
This is the giddy air, and I must spread
Wide pinions to keep here; nor do I dread
Or height, or depth, or width, or any chance
Precipitous. I have beneath my glance
Those towering horses and their mournful freight.
Could I thus sail, and see, and thus await
Fearless for power of thought, without thine aid?

脖颈发抖；两人相互
地依偎着，瑟瑟发抖，
就这样坐着
等待着灾难的降临——那一刻，请看，
脚上长着翅膀的墨丘利出现，
在树顶的那边，比冰雹还快，
斜射而下势头更猛，他飞速
来到地面，不敢耽搁，也不
在家门停留片刻：他仅仅挥舞仙杖
轻点草坪，飞向天空，
目光不能追随——甚至富饶的大地
匆促间实在来不及亲眼看仔细
他飞行的魔法。天鹅潜出水面
晶莹的波澜，白皙透亮；
我眼花缭乱，颇为吃惊，
天鹅们上浮又下沉——
一对黑色的骏马飞腾在草地上，
马背上长着巨大的深蓝色翅膀。
妙龄少女被那卡亚青年[1]扶上了
骏马，他恼羞成怒，
只为驯服另一匹骏马。她们双宿双飞，
像鹰隼展翅飞翔。仿佛是两颗露滴
吹到福波斯嘴唇上。他们远走高飞
远离人世——那些看不见，孤独的，
以及那在冷云冷雨里穿梭但自由的
浮生之歌，自己漂浮着
飘过头顶，追随着他们。——
我心目中的缪斯啊！我受谁鼓舞
太空让人眩晕，我必须舒展我的
翅膀才能够保持平衡；我一点也
不怕高不怕高耸、幽深、宽广，也不怕
险峻的机会：那两匹腾空的骏马，
忧伤的骑马人，都在我视线下方。
没有你的帮助，我能否启航？
观看并无畏地等待思想之力？

1　卡亚青年：The youth of Caria，这里指恩底弥翁。

There is a sleepy dusk, an odorous shade
From some approaching wonder, and behold
Those wingèd steeds, with snorting nostrils bold,
Snuff at its faint extreme, and seem to tire,
Dying to embers from their native fire!
There curled a purple mist around them; soon,
It seemed as when around the pale new moon
Sad Zephyr droops the clouds like weeping willow—

'Twas Sleep slow journeying with head on pillow.
For the first time, since he came nigh dead-born
From the old womb of night, his cave forlorn
Had he left more forlorn; for the first time,
He felt aloof the day and morning's prime—
Because into his depth Cimmerian
There came a dream, showing how a young man,
Ere a lean bat could plump its wintry skin,
Would at high Jove's empyreal footstool win
An immortality, and how espouse
Jove's daughter, and be reckoned of his house.
Now was he slumbering towards heaven's gate,
That he might at the threshold one hour wait
To hear the marriage melodies, and then
Sink downward to his dusky cave again.
His litter of smooth semi-lucent mist,
Diversely tinged with rose and amethyst,
Puzzled those eyes that for the centre sought;
And scarcely for one moment could be caught
His sluggish form reposing motionless.
Those two on wingèd steeds, with all the stress
Of vision searched for him, as one would look
Athwart the sallows of a river nook
To catch a glance at silver-throated eels—
Or from old Skiddaw's top, when fog conceals
His rugged forehead in a mantle pale,

一种困顿的幽暗，芬芳的花香，
来自那临近的奇珍异景，你看
那两匹飞马，喘着粗气，大口嗅着
那奇异的花香，他们似乎已很疲惫
引火自焚，枯为死灰！
那团团紫雾包围着他们，不久以后，
他们仿佛就在那苍白的月儿的四周，
悲伤的泽费罗斯使得云彩
像垂柳一般的弯曲着——
睡神像枕着枕头缓慢前行，
仿佛他是从母胎流产而来，
这是首次如此寂寞地离开
是他首次离开寂寞的洞窟，
他远离白昼和黎明的光辉——
因为他作为西米里族的人，
暗淡的心里埋着一个梦，他梦见一位青年，
在蝙蝠过冬后由瘦小变得丰满，
能在天帝约夫的王座下
获得永生，并且和约夫的女儿
喜结良缘，且被招入赘
他半梦半醒走向天国的大门，
他可能在门前静静等候，
聆听婚礼的旋律，然后
再次沉入那黑暗的洞穴。
他坐着光滑而透明的烟雾车，
被玫瑰和紫金染得色彩斑斓
使那些深入其中的人眩晕，
人们几乎一秒也无法看见
他那一动不动地躺着的姿态
两位车夫在树下停下了马，
四处搜索，仿佛有人在河湾
隐蔽处观察着
一群银色鳗鱼——
或从古老的斯基多[1]山巅，不顾
蒙蒙的灰雾笼盖着嶙峋的山头，

1 斯基多（Skiddaw）：斯基多山峰位于英格兰北部，诗人华兹华斯定居的湖区之内。此处指是古希腊著名高峰，相传景色秀丽，毗邻纽兰兹峡谷。

With an eye-guess towards some pleasant vale
Descry a favourite hamlet faint and far.
These raven horses, though they fostered are
Of earth's splenetic fire, dully drop
Their full-veined ears, nostrils blood wide, and stop.
Upon the spiritless mist have they outspread
Their ample feathers, are in slumber dead—
And on those pinions, level in mid-air,
Endymion sleepeth and the lady fair.
Slowly they sail, slowly as icy isle
Upon a calm sea drifting: and meanwhile
The mournful wanderer dreams. Behold! He walks
On heaven's pavement; brotherly he talks
To divine powers; from his hand full fain
Juno's proud birds are pecking pearly grain;
He tries the nerve of Phoebus' golden bow,
And asketh where the golden apples grow;
Upon his arm he braces Pallas' shield,
And strives in vain to unsettle and wield
A Jovian thunderbolt; arch Hebe brings
A full-brimmed goblet, dances lightly, sings
And tantalizes long; at last he drinks,
And lost in pleasure at her feet he sinks,
Touching with dazzled lips her starlight hand.
He blows a bugle—an ethereal band
Are visible above: the Seasons four—
Green-kirtled Spring, flush Summer, golden store
In Autumn's sickle, Winter frosty hoar—
Join dance with shadowy Hours; while still the blast,
In swells unmitigated, still doth last
To sway their floating morris. 'Whose is this?
Whose bugle?' He inquires. They smile—'O Dis!
Why is this mortal here? Dost thou not know
Its mistress' lips? Not thou? —'Tis Dian's: lo!
She rises crescented!' He looks, 'tis she,

去搜寻那峡谷里的安然和幽静，
缥缈的远处有让人心爱的村落。
两匹骏马被大地之心
孕育，他们那下垂且
青筋暴起的耳朵，鲜血直流的鼻孔，停下了。
漫不经心地在那云雾上奔跑
巨大翅膀，如今却有气无力——
那平展于半空的飞马般巨翅，
马车里恩底弥翁和他的爱人正在熟睡。
他们缓缓前行，像是冰岛
漂在平静的海面上，此刻那位
悲伤的漂泊者在做梦。请看
他在天街漫步；他仿佛兄弟般
在与诸神对话：那美丽的仙鸟
朱诺引以为傲的鸟儿正啄食珍珠稻；
他试挽日神福波斯金弓的弓弦，
并且询问着那些金苹果的下落，
帕拉斯的盾牌就被他挽于手臂，
他试图挑战那天帝约夫的雷电，
却没有成功；狡黠的赫柏[1]端出
满满的一杯酒，同时载歌载舞
不停把玩；他终于饮完那美酒
沉醉在欢乐之中，倒在她脚边
醉意朦胧的嘴唇吻她闪着光芒的手指。
他吹响号角——仙子们
出现在那高空：那是四季之神——
春神绿裙加身，夏神意气风发。
秋神刀挽金穗，冬神白霜满鬓——
跟时神之魂共舞；当号角吹响，
角声并未减弱，号角始终吹奏，
她们飘忽的舞蹈。"是谁在吹响号角？"
他问。她们笑道——"哦，冥王狄斯！
你这凡人咋来了？你知不知道是
谁在吹号角？——是黛安。看啊！
她呈拱月形上升！"他看到那正是

1　希腊神话中司青春的女神。

His very goddess: good-bye earth, and sea,
And air, and pains, and care, and suffering;
Good-bye to all but love! Then doth he spring
Towards her, and awakes—and, strange, o'erhead,
Of those same fragrant exhalations bred,
Beheld awake his very dream: the gods
Stood smiling; merry Hebe laughs and nods;
And Phoebe bends towards him crescented.
O state perplexing! On the pinion bed,
Too well awake, he feels the panting side
Of his delicious lady. He who died
For soaring too audacious in the sun,
When that same treacherous wax began to run,
Felt not more tongue-tied than Endymion.
His heart leapt up as to its rightful throne,
To that fair shadowed passion pulsed its way—
Ah, what perplexity! Ah, welladay!
So fond, so beauteous was his bed-fellow,
He could not help but kiss her: then he grew
A while forgetful of all beauty save
Young Phoebe's, golden haired; and so 'gan crave
Forgiveness: yet he turned once more to look
At the sweet sleeper—all his soul was shook:
She pressed his hand in slumber; so once more
He could not help but kiss her and adore.
At this the shadow wept, melting away.
The Latmian started up: 'Bright goddess, stay!
Search my most hidden breast! By truth's own tongue,
I have no daedal heart. Why is it wrung
To desperation? Is there naught for me,
Upon the bourne of bliss, but misery?'
These words awoke the stranger of dark tresses:
Her dawning love-look rapt Endymion blesses
With 'haviour soft. Sleep yawned from underneath.

他爱的女神：女神告别大地、海洋
天空；告别苦楚忧伤；
告别一切，除了爱情！他纵身投向
月神，梦醒了——奇怪的是在头上，
他醒着睁眼看到那腾起的芳香
培育出来他那片梦境：诸神都
站着笑；赫柏高兴地笑着点头
福柏颦眉俯身向他。
令人困惑的场景！他靠着羽毛做的床，
完全苏醒了，他感到甜美的姑娘
腰在颤动。曾有人，大胆地飞翔，
因飞得太高，被太阳融化。
当蜂蜡熔化之时，当事人
比此时的恩底弥翁更吃惊。
他内心仿佛登上理所应当的宝座，
奋不顾身向美人冲去的激情——
啊，何其困惑！何其苦恼啊！
他的同床人这样痴情、娇美，
他忍不住地吻她，于是他就
暂时全然忘却一切美，却难忘
金发月神年轻的美姿；他渴望
宽恕：但转身就看向
甜甜的睡美人——整个灵魂在颤抖
她在睡梦中紧紧握住他的手，于是
他再次吻她并崇拜她。
那月影为此而哭泣、融化消失而去。
拉特摩斯人惊起："女神，停手吧
你窥探我的心房！说实话
我的心思空空，为何将我
逼至绝望？这里一切归零？
你留给我的没有幸福，只有痛苦？"
那陌生的黑发女郎被这话语唤醒：
她坠入爱河，
让恩底弥翁用甜言蜜语来祝福她。
那睡神在下面打着哈欠。

'Thou swan of Ganges, let us no more breathe
This murky phantasm! Thou contented seem'st
Pillowed in lovely idleness, nor dream'st
What horrors may discomfort thee and me.
Ah, shouldst thou die from my heart-treachery! —
Yet did she merely weep—her gentle soul
Hath no revenge in it. As it is whole
In tenderness, would I were whole in love!
Can I prize thee, fair maid, all price above,
Even when I feel as true as innocence?
I do, I do. —What is this soul then? Whence
Came it? It does not seem my own, and I
Have no self-passion or identity.
Some fearful end must be: where, where is it?
By Nemesis, I see my spirit flit
Alone about the dark. Forgive me, sweet—
Shall we away?' He roused the steeds: they beat
Their wings chivàlrous into the clear air,
Leaving old Sleep within his vapoury lair.
The good-night blush of eve was waning slow,
And Vesper, risen star, began to throe
In the dusk heavens silverly, when they
Thus sprang direct towards the Galaxy.
Nor did speed hinder converse soft and strange—
Eternal oaths and vows they interchange,
In such wise, in such temper, so aloof
Up in the winds, beneath a starry roof,
So witless of their doom, that verily
'Tis well nigh past man's search their hearts to see,
Whether they wept, or laughed, or grieved, or toyed—
Most like with joy gone mad, with sorrow cloyed.
Full facing their swift flight, from ebon streak,
The moon put forth a little diamond peak,
No bigger than an unobservèd star,
Or tiny point of fairy scimitar;

"你宛若恒河[1]的天鹅！我们不再
窥探这阴森的鬼影！你却沉溺在
枕上这闲适之中。你还未梦见那
让人不舒适的恐惧。
啊，你不能因为我的薄情而赴死！——
她仅仅在哭泣吗？她温和的灵魂
未曾想过复仇。那灵魂是完整的，
温柔的，愿我坠入爱河！
秀美的姑娘，我能珍惜你吗？一直珍惜你
即便我觉得我如此纯真无邪？
我会，会爱你的。——这种精神是什么呢？
它来自何方？仿佛不来自我，
我既没有热情，又没有身份。
我的结局注定可悲：无处安放的灵魂啊？
我看见了我的灵魂，我向涅墨西斯[2]起誓
我独自品味着黑暗。我的爱人，请原谅我——
让我们离开吧？"他策马扬鞭：
任马儿驰骋，展翅飞入纯净苍穹
年老的睡神被留在那雾霭的洞里。
夕阳闪烁光晕，逐渐褪去。
黄昏中星星升起，那薄雾的天宇
那银色的光芒穿过天际，当它们
腾空而起，奔往浩瀚星河。
疾驰并未阻碍他们相互谈天说地——
他们交换着那海誓山盟
如此睿智，如此温和，如此平淡
腾风而上，滚滚星河下
他们毫无察觉死神的到来。确实，
凡人的力量却不足以看透他们的内心，
他们或哭或笑，或悲或喜——
或欣喜若狂，或悲痛欲绝。
他们疾驰而过，黑云的帷幕中，
月亮迸射出如钻石顶端的光辉，
那颗渺小的星星未曾被人察觉，
恰似仙子的弯刀、细细的尖刃；

1　恒河（Ganges）：位于亚洲，发源于喜马拉雅山，流经印度和孟加拉，是印度人眼中的神圣之地。
2　涅墨西斯（Nemesis）：希腊神话中的秩序女神、果报女神。

Bright signal that she only stooped to tie
Her silver sandals, ere deliciously
She bowed into the heavens her timid head.
Slowly she rose, as though she would have fled,
While to his lady meek the Carian turned,
To mark if her dark eyes had yet discerned
This beauty in its birth—Despair! Despair!
He saw her body fading gaunt and spare
In the cold moonshine. Straight he seized her wrist;
It melted from his grasp: her hand he kissed,
And, horror! Kissed his own—he was alone.
Her steed a little higher soared, and then
Dropped hawkwise to the earth.
There lies a den,
Beyond the seeming confines of the space
Made for the soul to wander in and trace
Its own existence, of remotest glooms.
Dark regions are around it, where the tombs
Of buried griefs the spirit sees, but scarce
One hour doth linger weeping, for the pierce
Of new-born woe it feels more inly smart:
And in these regions many a venomed dart
At random flies; they are the proper home
Of every ill: the man is yet to come
Who hath not journeyed in this native hell.
But few have ever felt how calm and well
Sleep may be bad in that deep den of all.
There anguish does not sting; nor pleasure pall:
Woe-hurricanes beat ever at the gate,
Yet all is still within and desolate.
Beset with plainful gusts, within ye hear,
No sound so loud as when on curtained bier
The death-watch tick is stifled. Enter none
Who strive therefore: on the sudden it is won.
Just when the sufferer begins to burn,
Then it is free to him; and from an urn,
Still fed by melting ice, he takes a draught—

月光下的身形，她俯身去系她
银色的鞋带，然后饶有情趣
娇媚地垂下了她那羞怯的额头。
她缓缓上升，好像会逃走，
那卡亚青年走向他的姑娘，
乌黑的双眸发现这与生俱来的
美艳——绝望啊，绝望啊！
他目睹了她日渐消瘦的身材
冰冷的月光中。他紧握她的双手
他掌中的手消融了；他吻她的手，
好可怕！他只亲吻到自己的——他独自一人。
她向上腾起，瞬间，
如鹰一般坠落大地。
一个洞穴横卧于此，
逃离太空的虚无缥缈
为了灵魂游荡和追踪
为灵魂提供追逐实体的空间。
洞穴周围遥远幽暗，在那里
精灵关注到那坟墓上的旧恨，
它们并未哭泣与徘徊，缘于
新愁冲淡了旧恨：
许多带毒的箭镞在这些区域
乱投乱飞；这里就是病痛的
老家：那个人还未曾出现
地狱的人儿要将来才出现。
但很少有人因而感到安适。
那里睡眠糟糕，
那里没痛苦，也没有欢乐
那狂风暴雨始终叩响大门，
但门里依然死寂。
狂风会将你包围
听不见这样的响声，好比垂帘
蒙住尸架上死亡之钟的滴答声。
拼命想进去，尝试无果：忽又进了门。
那些苦难的承受者们心急如焚，
他可以自由地出入；一只陶瓮，
被斟入冰水，他举瓮一饮而尽

Young Semele such richness never quaffed
In her maternal longing! Happy gloom!
Dark Paradise! Where pale becomes the bloom
Of health by due; where silence dreariest
Is most articulate; where hopes infest;
Where those eyes are the brightest far that keep
Their lids shut longest in a dreamless sleep.
O happy spirit-home! O wondrous soul!
Pregnant with such a den to save the whole
In thine own depth. Hail, gentle Carian!
For, never since thy griefs and woes began,
Hast thou felt so content: a grievous feud
Hath led thee to this Cave of Quietude.
Ay, his lulled soul was there, although upborne
With dangerous speed, and so he did not mourn
Because he knew not whither he was going.
So happy was he, not the aerial blowing
Of trumpets at clear parley from the east
Could rouse from that fine relish, that high feast.
They stung the feathered horse: with fierce alarm
He flapped towards the sound. Alas, no charm
Could lift Endymion's head, or he had viewed
A skyey masque, a pinioned multitude—
And silvery was its passing: voices sweet
Warbling the while as if to lull and greet
The wanderer in his path. Thus warbled they,
While past the vision went in bright array.
'Who, who from Dian's feast would be away?
For all the golden bowers of the day
Are empty left? Who, who away would be
From Cynthia's wedding and festivity?
Not Hesperus— lo! Upon his silver wings
He leans away for highest heaven and sings,
Snapping his lucid fingers merrily! —

年轻的塞墨勒[1]怀孕时
没喝过这样的纯酿！幸福的郁闷啊！
黑暗的天堂！那里红白分明；
那里阴郁寂静发音清晰洪亮；
那里希望被烦扰着；
那里明亮的双眸最闪耀，
那里闭合的眼睛显得最灿烂。
幸福的精灵屋，有趣的灵魂！
你孕育如此灵魂来普度众生。
欢迎欢迎啊，温和的卡亚人！
因为，自从你有了悲哀不幸
你从未如此满足：痛苦纷争
把你引导到这座宁静的石洞。
他的灵魂安放在那，尽管是以
危险的速度被送去，他不因为
不知去往何处而感觉到悲伤。
他感到幸福，东方传来阵阵
嘹亮的号角声，似清晰的言谈
未能唤他离开美味佳肴之宴。
号角声唤醒了天马：它们猛地惊起
振翅飞向呼唤声。啊，没任何魔力
能使恩底弥翁抬起头，说不定那是
他看见了天上的假面舞会，神灵们——
银光闪闪地飘过来：声音甜美
悠扬悦耳，仿佛在抚慰和欢迎
这途中的漂泊者。他们歌唱着
一幕幕闪过的时候，他们列队
“谁，谁不愿参加黛安的宴会？
那些白天全部金碧辉煌的闺房
都已经空无一人！是谁要离开，
不愿参加那月神辛西娅的婚宴？
赫斯珀洛斯想去——看！他展开银翼
哼着调子，纵身飞向天宇之上
高兴地弹着自己的手指！——

1 塞墨勒（Semele）：古希腊神话中忒拜国王卡德摩斯之女，天神宙斯以人形向她求爱，她与宙斯生子酒神狄俄尼索斯。她目睹宙斯施放雷电时，被电击为灰烬。狄俄尼索斯把母亲的阴魂从冥界取至奥林匹斯山，使其成神。

Ah, Zephyrus! Art here, and Flora too!
Ye tender bibbers of the rain and dew,
Young playmates of the rose and daffodil,
Be careful, ere ye enter in, to fill
Your baskets high
With fennel green, and balm, and golden pines,
Savory, latter-mint, and columbines,
Cool parsley, basil sweet, and sunny thyme—
Yea, every flower and leaf of every clime,
All gathered in the dewy morning. Hie
Away! Fly, fly! —
Crystalline brother of the belt of heaven,
Aquarius! To whom king Jove has given
Two liquid pulse streams 'stead of feathered wings,
Two fan-like fountains—thine illuminings
For Dian play:
Dissolve the frozen purity of air;
Let thy white shoulders silvery and bare
Show cold through watery pinions; make more bright
The Star-Queen's crescent on her marriage night.
Haste, haste away! —
Castor has tamed the planet Lion, see!
And of the Bear has Pollux mastery.
A third is in the race! Who is the third
Speeding away swift as the eagle bird?
The ramping Centaur!
The Lion's mane's on end—the Bear how fierce!
The Centaur's arrow ready seems to pierce
Some enemy—far forth his bow is bent
Into the blue of heaven. He'll be shent,
Pale unrelenter,
When he shall hear the wedding lutes a-playing! —

泽费罗斯来了！芙罗拉[1]也列席！
你们都痛饮着甘霖和清露，
与玫瑰与水仙嬉戏的伙伴
在进门之前，你们得细心
装满你们的花篮，
装上绿茴香，嫩常青，金色的松柏，
香薄荷，晚开的薄荷，蓝花耧斗菜，
清凉荷兰芹，罗勒花，金黄百里香——
是的，来自各地的百种花草
全部在露珠晶莹的清晨汇集。
快快地飞去！飞呀飞！——
你那晶莹的身躯飞翔在天际，
水瓶座啊！天帝约夫赐予你
流水般的脉搏来取代丰满的羽翼
犹如两股扇形喷泉——熠熠生辉
照亮黛安：
融化了那冰封纯洁的天空；
你洁白如银的双肩裸露着，
那湿冷的羽翼上显露寒气；
使女王的新月在新婚之夜更加的绚丽。
别再犹豫，快去吧，快去吧！——
看啊，双子座驯服了狮子座！
那大熊座又被双子座制服了！
第三星也在竞赛中！谁是那第三星座
疾驰而去，迅速得就像鹰隼？
奔跑的半人马座！
狮子座鬃毛树立——大熊座狂暴万分！
半人马座弯弓射向
他的敌人——弯弓蓄势待发
射向蔚蓝的天际。他必将失败，
苍白的猎手
他会听见婚礼琴弦奏响！——

1 芙罗拉（Flora）：罗马神话中的花之神，相当于希腊神话中的克罗丽丝。在西风神的追求下，芙罗拉嫁给了他。结婚后，西风神送给她一座花园。每年春天，花神和西风神一起漫步在花园中，在他们身后百花盛开，代表着春天的到来，故又叫百花仙子。英语单词 flora 就来自花神芙罗拉的名字 Flora，表示“植物群”。词根 flo 表示“花、植物”，如 flower（花）、flour（面粉）、flourish（繁荣、兴旺）。flora:['flɔrə] 植物群，植物区系，floral: ['flɔːr(ə)l] 植物的，花的。

Andromeda! Sweet woman! Why delaying
So timidly among the stars? Come hither!
Join this bright throng, and nimbly follow whither
They all are going.
Danae's Son, before Jove newly bowed,
Has wept for thee, calling to Jove aloud.
Thee, gentle lady, did he disenthrall:
Ye shall for ever live and love, for all
Thy tears are flowing. —
By Daphne's fright, behold Apollo! —'
Endymion heard not: down his steed him bore,
Prone to the green head of a misty hill.
His first touch of the earth went nigh to kill.
'Alas!' said he, 'were I but always borne
Through dangerous winds, had but my footsteps worn
A path in hell, for ever would I bless
Horrors which nourish an uneasiness
For my own sullen conquering: to him
Who lives beyond earth's boundary, grief is dim,
Sorrow is but a shadow. Now I see
The grass, I feel the solid ground—Ah, me!
It is thy voice—divinest! Where? —Who? Who
Left thee so quiet on this bed of dew?
Behold upon this happy earth we are;
Let us aye love each other; let us fare
On forest-fruits, and never, never go
Among the abodes of mortals here below,
Or be by phantoms duped. O destiny!
Into a labyrinth now my soul would fly,
But with thy beauty will I deaden it.
Where didst thou melt to? By thee will I sit
For ever: let our fate stop here—a kid
I on this spot will offer. Pan will bid
Us live in peace, in love and peace among

仙女座！甜美女郎，为何这样
胆怯地停在众星间？快到这里来，
加入这辉煌的部队，跟他们一道
向前行进。
达那厄[1]之子，刚刚向约夫鞠躬，
曾为你哭泣，高声呼喊着约夫。
那温柔的姑娘，你现已经自由，
你们将永世相爱，不管你们有
多少眼泪流。——
凭达佛涅[2]仓皇发誓。你瞧太阳神！——”
再没有声音：恩底弥翁身骑骏马，
奔向云雾缭绕的绿色山顶。
他刚驻足山顶似就要丧生。
“哎呀！”他叫道，“只要我始终
在狂飙疾风中飞行，只要我用两脚
在地狱踏出一条路来，我将会永远
为恐惧祈福，恐惧会使我局促不安，
因为我不祥的入侵：对于居住在
人世之外的人，就悲伤万分，
忧虑犹如影子。现在我能看见
青草，我感受到了坚实的大地——我的天呐！
你的声音——如此神圣！哪里？——谁？谁
把你留在了那安静的露水之床？
看啊，如此幸福的地方，
让我们永远相爱，让我们就以
野果充饥，绝不去下面
凡人们居住之地，
永远别被幻象欺蒙。哦，命运
我的灵魂迷乱飘飞，
但你的美貌却留住了我的魂魄。
你融化去了哪里？我愿意永远
坐在你身边：要我们的命运就此停留——
在这里我献上羊羔。牧神潘将祝福着
我们生活在他的林野，享受爱情和安宁，

1　达那厄（Danae）：英雄珀耳修斯之母，是希腊神话中阿耳戈斯王阿克里西俄斯与欧律狄刻的女儿。
2　达佛涅（Daphne）：河神之女，月桂女神，为太阳神阿波罗所追求。达佛涅求助于神，被化为月桂树，月桂就成为阿波罗的圣树。

His forest wildernesses. I have clung
To nothing, loved a nothing, nothing seen
Or felt but a great dream! O I have been
Presumptuous against love, against the sky,
Against all elements, against the tie
Of mortals each to each, against the blooms
Of flowers, rush of rivers, and the tombs
Of heroes gone! Against his proper glory
Has my own soul conspired: so my story
Will I to children utter, and repent.
There never lived a mortal man, who bent
His appetite beyond his natural sphere,
But starved and died. My sweetest Indian, here,
Here will I kneel, for thou redeemed hast
My life from too thin breathing: gone and past
Are cloudy phantasms. Caverns lone, farewell!
And air of visions, and the monstrous swell
Of visionary seas! No, never more
Shall airy voices cheat me to the shore
Of tangled wonder, breathless and aghast.
Adieu, my daintiest Dream! Although so vast
My love is still for thee. The hour may come
When we shall meet in pure elysium.
On earth I may not love thee; and therefore
Doves will I offer up, and sweetest store
All through the teeming year: so thou wilt shine
On me, and on this damsel fair of mine,
And bless our simple lives. My Indian bliss!
My river-lily bud! One human kiss!
One sigh of real breath—one gentle squeeze,
Warm as a dove's nest among summer trees,
And warm with dew at ooze from living blood!
Whither didst melt? Ah, what of that! —All good
We'll talk about—no more of dreaming. —Now,

Where shall our dwelling be? Under the brow
Of some steep mossy hill, where ivy dun

我所依恋，所钟情，所看见，
所感到的全都是虚空和浮云，
恍然如梦！哦，我曾傲慢地
对待过爱情，也对抗过上苍
对抗过一切因素，对抗过人际关系，
对抗过鲜花的盛开，
对抗过河流的奔涌，
对抗过过去时代英雄的坟墓！
我的灵魂曾背叛我应有的光荣：所以
我务必要把我的故事告诉后代并忏悔。
世间没有圣人，他会向饥饿
屈膝而抛弃气度，
但最终会饿死。那最美丽的印度少女，
这里，我向你屈膝，你救我于
奄奄一息中：海市蜃楼
一去不返。再见，孤单的石洞！
再见，天空的幻境，那幻想的
浪涌！再也听不到虚幻的声音
再也不可能再把我骗进那纷繁
复杂的景色里，让我屏息喘气。
再见了，我娇柔的梦啊！尽管
我是如此爱你。那一刻总归
会到来：我们相聚在天上人间
在人间我不能爱你，因此我要
献出鸽子和多产年份的丰富多彩
的储藏品，这样你就可以照耀
于我，照耀着那位美丽的少女
愿我们纯洁幸福。我的那印度情人！
我的印度女郎，来一次真实的亲吻
来一回真正的呼吸，温柔的拥抱吧，
温暖如夏天树林里的鸽子巢，
温暖得仿佛鲜血流出了露水！
融去了哪里？啊，那又如何！——
我们所讲——一切美妙的事物，不再是梦境。
——现在
我们何去何从？崇山峻岭长满
绿苔的悬崖下？那褐色常春藤

Would hide us up, although spring leaves were none,
And where dark yew trees, as we rustle through,
Will drop their scarlet berry cups of dew?
O thou wouldst joy to live in such a place;
Dusk for our loves, yet light enough to grace
Those gentle limbs on mossy bed reclined:
For by one step the blue sky shouldst thou find,
And by another, in deep dell below,
See, through the trees, a little river go
All in its mid-day gold and glimmering.
Honey from out the gnarlèd hive I'll bring,
And apples, wan with sweetness, gather thee,
Cresses that grow where no man may them see,
And sorrel untorn by the dew-clawed stag:
Pipes will I fashion of the syrinx flag,
That thou mayst always know whither I roam,
When it shall please thee in our quiet home
To listen and think of love. Still let me speak;
Still let me dive into the joy I seek—
For yet the past doth prison me. The rill,
Thou haply mayst delight in, will I fill
With fairy fishes from the mountain tarn,
And thou shalt feed them from the squirrel's barn.
Its bottom will I strew with amber shells,
And pebbles blue from deep enchanted wells.
Its sides I'll plant with dew-sweet eglantine,
And honeysuckles full of clear bee-wine.
I will entice this crystal rill to trace
Love's silver name upon the meadow's face.
I'll kneel to Vesta, for a flame of fire;
And to god Phoebus, for a golden lyre;
To Empress Dian, for a hunting spear;
To Vesper, for a taper silver-clear,
That I may see thy beauty through the night;
To Flora, and a nightingale shall light

会遮蔽我们，尽管春叶已凋谢，
我们蹒跚着前进，有紫杉萦纡
深红色浆果落下？如盛着露水的酒樽、
哦，你喜欢住在此地；
幽暗为我们的爱映衬，亮光足以
显示这倚着苔床的身体多么窈窕
只需挪一步，你就会见到那蓝天，
再挪一步，你会看见下面的深谷，
看呐，一条小溪穿越过杂树丛，
小溪在中午闪烁着金色的涟漪
我从那粗陋的蜂巢中采来蜂蜜，
把那香甜熟透的苹果采来给你，
采集那长在无人荒野的水堇菜，
和折断后被小鹿践踏的酢浆草
我要用那西琳克丝芦苇做成箫，
当你满心欢喜待在静谧的家里
倾听思索爱情时，箫声会让你
知道我在哪漫游。让我讲下去；
让我投入欢愉的追寻里——
我仍禁锢于往事。我会
把那些山湖的仙鱼放到
你所喜欢的小溪里面去，
你可用松鼠食物喂它们。
我会将那琥珀色贝壳、深不见底的
井里收集的蓝色鹅卵石，洒满河床。
我要在溪边栽种野蔷薇，
养育那长满花蕾的杜鹃。
我在草地上将小溪雕刻出
‘爱’的银色的名字。
为了一颗火星，我要向威斯塔[1]下跪，
为了一把金琴，向日神福波斯下跪；
为了一支猎枪，向那月后黛安下跪；
为了一支银亮烛光，向威斯佩下跪；
为了让我整夜观赏你美丽的体态；
向芙罗拉下跪，夜莺轻盈地落在

1　威斯塔（Vesta）：罗马神话中的炉灶、家庭女神，即灶神与火神，相当于希腊神话中的赫斯提（Hestia），罗马十二主神之一。

Tame on thy finger; to the River-gods,
And they shall bring thee taper fishing-rods
Of gold, and lines of Naiads' long bright tress.
Heaven shield thee for thine utter loveliness!
Thy mossy footstool shall the altar be
'Fore which I'll bend, bending, dear love, to thee:
Those lips shall be my Delphos, and shall speak
Laws to my footsteps, colour to my cheek,
Trembling or steadfastness to this same voice,
And of three sweetest pleasurings the choice:
And that affectionate light, those diamond things,
Those eyes, those passions, those supreme pearl springs,
Shall be my grief, or twinkle me to pleasure.
Say, is not bliss within our perfect seizure?
O that I could not doubt!'
The mountaineer
Thus strove by fancies vain and crude to clear
His briared path to some tranquillity.
It gave bright gladness to his lady's eye,
And yet the tears she wept were tears of sorrow;
Answering thus, just as the golden morrow
Beamed upward from the valleys of the east:
'O that the flutter of this heart had ceased,
Or the sweet name of love had passed away.
Young feathered tyrant! By a swift decay
Wilt thou devote this body to the earth:
And I do think that at my very birth
I lisped thy blooming titles inwardly,
For at the first, first dawn and thought of thee,
With uplift hands I blest the stars of heaven.
Art thou not cruel? Ever have I striven
To think thee kind, but ah, it will not do!
When yet a child, I heard that kisses drew
Favour from thee, and so I kisses gave

你的手指上；我要向河神下跪，
让他们把细长的金钓竿带给你
把水泉女神的长发给你做钓丝
上苍保佑，保佑让你容颜不老！
你那条苔绿的脚凳将成为祭坛，
亲爱的，我在神坛前向你跪下：
你的两片嘴唇是我的梦想，
你的双唇束缚着我的脚步，使我双颊增辉，
也使我这嗓音颤抖不已，
三种快乐必须选择其一：
那爱的光辉，那两颗钻石晶莹，
那双眼，那热情，那两股神圣珠泉

将使我痛苦，或让我闪现欢乐。
你说，难道幸福会突然来敲门？
哦，我坚信不疑！"
这山里的青年人
用不切实际的幻想来扫清
布满荆棘的道路以求静谧。
他情人的眼里闪烁着快乐，
可她所流的眼泪却是忧伤；
正当金色的晨光[1]从东方的山隈
向上升起的时候，她这样答道：
"但愿他已经停止颤动的心跳
或者爱情这美名已消失、退走。
年轻暴君如虎添翼！也会凋零，
你会拿血肉之躯来奉献给大地：
我确信当我出生时，由内而外，
咿呀学语时会呼唤着你的名字；
当我初见曙光，我想到的是你
我举起双手向星空去祈求祝福。
你残忍吗？我一直努力这样想：
你很温柔，但是啊，事与愿违！
还是孩提时，我就听说用亲吻
就会为你所宠爱，于是我飞向

1 这里指照亮万物的启明星。

To the void air, bidding them find out love:
But when I came to feel how far above
All fancy, pride, and fickle maidenhood,
All earthly pleasure, all imagined good,
Was the warm tremble of a devout kiss—
Even then, that moment, at the thought of this,
Fainting I fell into a bed of flowers,
And languished there three days. Ye milder powers,
Am I not cruelly wronged? Believe, believe
Me, dear Endymion, were I to weave
With my own fancies garlands of sweet life,
Thou shouldst be one of all. Ah, bitter strife!
I may not be thy love: I am forbidden—
Indeed I am—thwarted, affrighted, chidden,
By things I trembled at, and gorgon wrath.
Twice hast thou asked whither I went. Henceforth
Ask me no more! I may not utter it,
Nor may I be thy love. We might commit
Ourselves at once to vengeance; we might die;
We might embrace and die—voluptuous thought!
Enlarge not to my hunger, or I'm caught
In trammels of perverse deliciousness.
No, no, that shall not be: thee will I bless,
And bid a long adieu.'
The Carian
No word returned: both lovelorn, silent, wan,
Into the valleys green together went.
Far wandering, they were perforce content
To sit beneath a fair lone beechen tree;
Nor at each other gazed, but heavily
Pored on its hazel cirque of shedded leaves.
Endymion! Unhappy! It nigh grieves
Me to behold thee thus in last extreme—
Enskied ere this, but truly that I deem
Truth the best music in a first-born song.
Thy lute-voiced brother will I sing ere long,
And thou shalt aid—hast thou not aided me?

空空如也的空中，要求找到爱：
但后来我终于感到，一切自尊
幻想、童贞和那些尘世的欢愉
一切想象的美好，都远远不如
那一次热烈又真诚的亲吻——
实际就在此刻，我想到这里时，
我昏了过去，摔倒在花坛之中，
憔悴了三天。你们温和的神明，
我没受无情的委屈？相信我吧，
亲爱的恩底弥翁啊，假如我拿
幻想为美好生活编织好了花环
你就是幻想之一。痛心疾首啊！
我不能做你的情人，他们明令禁止——
确实，我被阻拦恐吓，
上天的惩罚使我发抖。
你三番两次问我去往何处。从今以后
请不要再来问我了！我不能说，
也不能做你的情人。我们或许
开展报复；我们或许一起殉情；
我们或许拥抱着死去——浪荡的想法！
会使我饥肠辘辘，要不然我将
落进任性的愉悦织成的罗网里。
不，我不要这样，我要祝福你，
然后道一声永别。”
卡亚青年
一言没回：相思缠绵，沉默不语，
脸色苍白，一起走进了翠绿山谷。
飘向远方，他们满足于
坐在美观的独株山毛榉下面；
两人无对视而忧心忡忡地看
落叶在地上形成的黄色圆圈。
恩底弥翁！难过！看你极端
艰难的处境，我十分的悲伤——
在此之前，我只是非常确信
真理是初生的啼哭声里最动听的音乐。
我将与你那嗓音清脆的兄弟一同歌唱，
而你将助我——你曾经没给过我帮助？

Yes, moonlight Emperor! Felicity
Has been thy meed for many thousand years;
Yet often have I, on the brink of tears,
Mourned as if yet thou wert a forester—
Forgetting the old tale.
He did not stir
His eyes from the dead leaves, or one small pulse
Of joy he might have felt. The spirit culls
Unfaded amaranth, when wild it strays
Through the old garden-ground of boyish days.
A little onward ran the very stream
By which he took his first soft poppy dream;
And on the very bark 'gainst which he leant
A crescent he had carved, and round it spent
His skill in little stars. The teeming tree
Had swollen and greened the pious charactery,
But not ta'en out. Why, there was not a slope
Up which he had not feared the antelope;
And not a tree, beneath whose rooty shade
He had not with his tamèd leopards played;
Nor could an arrow light, or javelin,
Fly in the air where his had never been—
And yet he knew it not.
O treachery!
Why does his lady smile, pleasing her eye
With all his sorrowing? He sees her not.
But who so stares on him? His sister sure!
Peona of the woods! —Can she endure—
Impossible! How dearly they embrace!
His lady smiles, delight is in her face—
It is no treachery.
'Dear brother mine!
Endymion, weep not so! Why shouldst thou pine
When all great Latmos so exalt will be?
Thank the great gods, and look not bitterly;
And speak not one pale word, and sigh no more.
Sure I will not believe thou hast such store

是的，月亮之皇啊！
无上的幸福几千年来你都在哪里；
然而我常常是，眼眶里噙着泪水，
深感悲痛，仿佛你仍是与森林为伴之人——
忘了那古老的传说。

他目不转睛盯着枯叶，否则他将会
感受到一阵喜悦。当身心解放，
漫游在那儿的花园之中时，
心灵会采集永不凋谢的花朵。
那条小溪缓缓地向前流淌着
他的第一个美梦诞生于溪边；
他倚着一棵树，他曾在树上
镌刻一轮弯月，弯月周遭的
精心雕刻胜过群星。挺拔的
树儿身上的刻痕鼓起、变绿
却不曾磨灭。他曾涉足每一座
山坡，惊跑过多少的羚羊；
这里每棵树浓密的树荫底下，
都有他昔日与驯服的豹子玩耍的场景。
他那时若不向空中投枪射矢，
空中便不会有别的枪箭飞驰——
可他却并不知道。
啊，背信的行为！
他的情人为什么微笑？他的伤悲
让她笑逐颜开？他一直看不见她。
可谁在凝视他？他的姐姐，错不了！
林中的佩俄娜！——她能否受得了——
不可能！他们俩拥抱得多么的热烈！
他的情人笑了：情人脸上的那欢愉——
这不是背信弃义。
“我亲爱的弟弟！
恩底弥翁，不要哭！为什么悲伤啊？
那伟大的拉特摩斯欢呼雀跃
感谢伟大的神，别愁眉苦脸
别丧气，别叹息。
我不相信你心中的万千愁苦，

Of grief, to last thee to my kiss again.
Thou surely canst not bear a mind in pain,
Come hand in hand with one so beautiful.
Be happy both of you! For I will pull
The flowers of autumn for your coronals.
Pan's holy priest for young Endymion calls;
And when he is restored, thou, fairest dame,
Shalt be our queen. Now, is it not a shame
To see ye thus—not very, very sad?
Perhaps ye are too happy to be glad:
O feel as if it were a common day,
Free-voiced as one who never was away.
No tongue shall ask, "Whence come ye?", but ye shall
Be gods of your own rest imperial.
Not even I, for one whole month, will pry
Into the hours that have passed us by,
Since in my arbour I did sing to thee.
O Hermes! On this very night will be
A hymning up to Cynthia, queen of light;
For the soothsayers old saw yesternight
Good visions in the air—whence will befall,
As say these sages, health perpetual
To shepherds and their flocks; and furthermore,
In Dian's face they read the gentle lore:
Therefore for her these vesper-carols are.
Our friends will all be there from nigh and far.
Many upon thy death have ditties made;
And many, even now, their foreheads shade
With cypress, on a day of sacrifice.
New singing for our maids shalt thou devise,
And pluck the sorrow from our huntsmen's brows.
Tell me, my lady-queen, how to espouse
This wayward brother to his rightful joys!
His eyes are on thee bent, as thou didst poise
His fate most goddess-like. Help me, I pray,
To lure—Endymion! dear brother, say
What ails thee?' He could bear no more, and so

能支撑到我再次吻你。
你当然不会陷入痛苦，
携此佳人。
祝你们二人幸福！我愿采摘
秋天的花朵为你们编作花冠。
潘神的祭司在召唤恩底弥翁
待他回来，你，美丽的姑娘，
要做我们的王后。现在，羞愧这样见你
——这岂不是叫人十分的难过？
也许你们太幸福，已不会欢笑：
请将此看作平常，
自由自在地说话，他就在附近。
没人会问‘你们哪里来？’，但你们该
做自己心灵宫殿的主宰。
从我在花园里向你献歌，
我已经整整一个月不想探明
那些在我们身旁流过的时光。
赫耳墨斯！今儿晚上就要向
那月光王后辛西娅献上颂歌；
那年老的占卜者在前夜发现
天上的祥瑞之相——他们都
预言说，健康常伴即将降临
在牧人和羊群身上；他们还
在黛安的脸上看出一缕温柔，
为此给月神呈献上这些晚祷。
不管远近，朋友们都会到来。
许多人正唱着挽歌来哀悼你；
许多人还把柏树枝戴上前额
在这祭献的日子，就是今天
你决定了少女们歌唱的腔调，
你要抹去猎人眉宇间的哀伤。
我的女王！请告诉我，怎样使这位
任性的兄弟与恰逢其时的快乐相伴
他的眼睛盯着你，因为你曾掌握过
他的命运，像女神那样。请帮我来
安排——恩底弥翁！好兄弟，你说，
什么事让你发愁？”他忍受不了了，

Bent his soul fiercely like a spiritual bow,
And twanged it inwardly, and calmly said:
'I would have thee my only friend, sweet maid!
My only visitor! Not ignorant though,
That those deceptions which for pleasure go
'Mong men, are pleasures real as real may be:
But there are higher ones I may not see,
If impiously an earthly realm I take.
Since I saw thee, I have been wide awake
Night after night, and day by day, until
Of the empyrean I have drunk my fill.
Let it content thee, Sister, seeing me
More happy than betides mortality.
A hermit young, I'll live in mossy cave,
Where thou alone shalt come to me, and lave
Thy spirit in the wonders I shall tell.
Through me the shepherd realm shall prosper well,
For to thy tongue will I all health confide.
And, for my sake, let this young maid abide
With thee as a dear sister. Thou alone,
Peona, mayst return to me. I own
This may sound strangely: but when, dearest girl,
Thou seest it for my happiness, no pearl
Will trespass down those cheeks. Companion fair!
Wilt be content to dwell with her, to share
This sister's love with me?' Like one resigned
And bent by circumstance, and thereby blind
In self-commitment, thus that meek unknown:
'Ay, but a buzzing by my ears has flown,
Of jubilee to Dian—truth I heard?
Well then I see there is no little bird,
Tender soever, but is Jove's own care,
Long have I sought for rest, and, unaware,
Behold I find it! So exalted too!
So after my own heart! I knew, I knew
There was a place untenanted in it:
In that same void white Chastity shall sit,

于是像弯弓射箭般，他把灵魂拉开
让它在内心破碎，他平静地开口道：
“好姑娘！希望你做我唯一的朋友！
唯一的访客！尽管我并非不太了解
被人们记在心中的喜悦
那不能算是真正的快乐：
假如我真的亵渎了国王，
就会有我见不到的更高的欢悦。
自从我见过你以来，日复一日，
夜不能寐，
直到我痛饮过后。
姐姐，你看到的幸福并非常人
看到的幸福，你放心。
我将住在苔洞里，做年轻隐士
你要独自来看我，让你的灵魂
在我那奇异的故事里漫游。
牧羊人将因我而日益繁荣；
我要把我的健康托付于你。
因为我，让这位年轻姑娘与你一起
就像亲姐妹一样跟你同住。佩俄娜，
你可以径自回到我这里。这一句话，
我承认，听来奇怪：但是当等到你
为我的幸福考虑时，泪珠就不会再
如泉涌流下你的面颊。美丽的伴侣！
你可愿跟她同住，和我一起
接受这份爱呢？”仿佛迫于
情势只好顺从，因此盲目地
自我献身，神秘娇客这样说
“真的，我耳边飘过哼哼声，
是黛安庆祝的声音——我确已听到？
那么好，我看出来了，但凡是小鸟，
不管多娇嫩，都会受到约夫的关怀。
我早就想要休息，但却出人意料啊，
你看，我突然找到了，
这样合我的心意！我知道，我知道
我心中又腾出了一块地方：
纯净贞洁盘踞于此，

And monitor me nightly to lone slumber.	让我独自一人入睡。
With sanest lips I vow me to the number	我明智地发誓要成为
Of Dian's sisterhood; and, kind lady,	黛安的姐妹之一；和蔼的姑娘，
With thy good help, this very night shall see	靠你善意的帮助，今夜，我将
My future days to her fane consecrate.'	把我未来的岁月献给那月神庙。"
As feels a dreamer what doth most create	仿佛入梦者能察觉
His own particular fright, so these three felt;	这骇人之物，这三个人也是如此。
Or like one who, in after ages, knelt	或者像那些人，他在以后年代里，
To Lucifer or Baal when he'd pine	渴望睡一会，跪向启明星的方向
After a little sleep; or when in mine	和太阳之神巴尔[1]，或像在地层
Far underground, a sleeper meets his friends	深处的矿井里，一个酣睡者遇见
Who know him not. Each diligently bends	不认识他的朋友们。每个人都会
Towards common thoughts and things for very fear;	犹豫恐惧而想归于平常；
Striving their ghastly malady to cheer,	努力使他们可怕的病态转为兴奋，
By thinking it a thing of yes and no,	家庭主妇的谈资
That housewives talk of. But the spirit-blow	但灵魂的打击已下，三个人都是
Was struck, and all were dreamers. At the last	梦幻者。恩底弥翁终于发话说道：
Endymion said: 'Are not our fates all cast?	"命运终将确定？为什么还站着
Why stand we here? Adieu, ye tender pair!	不动？再见，你们这温存的恋人！
Adieu!' Whereat those maidens, with wild stare,	再见！"少女瞪大眼睛听着，
Walked dizzily away. Painèd and hot	困惑地走去。他灼伤的眼睛
His eyes went after them, until they got	看她们越走越远，直到她们
Near to a cypress grove, whose deadly maw,	走近一座柏树林。此时此刻，
In one swift moment, would what then he saw	柏林会很快将他俩
Engulf for ever. 'Stay!' he cried, 'ah, stay!	永远吞没。"站住！"他叫道，
Turn, damsels! Hist! One word I have to say.	"姑娘们，转过脸！嘘！我有话说
Sweet Indian, I would see thee once again.	可爱的印度少女，让我再见你一次。
It is a thing I dote on: so I'd fain,	这就是我梦寐以求的。佩俄娜，
Peona, ye should hand in hand repair	所以我希望你们双双携手走进
Into those holy groves, that silent are	那座圣林之中去，它十分幽静，
Behind great Dian's temple. I'll be yon,	在黛安神庙后面。黄昏星初闪，
At Vesper's earliest twinkle—they are gone—	我会在那里出现，她们已远去——
But once, once, once again—' At this he pressed	可是再一次——"说到这里他双手
His hands against his face, and then did rest	掩住他的脸，然后又把他的头
His head upon a mossy hillock green,	枕在那长满着青苔的土坡之上

1　巴尔（Baal）：迦南人和腓尼基人所信奉的太阳神、主神，令无数人崇拜、战栗。

And so remained as he a corpse had been	他这样躺着，整整一天，好像
All the long day, save when he scantly lifted	一具遗体；除了偶尔睁开眼睛
His eyes abroad, to see how shadows shifted	向外看，看太阳光随着那脚步
With the slow move of time—sluggish and weary	而悄悄移动——疲惫且又怠惰，
Until the poplar tops, in journey dreary,	看白杨树尖的影子凄凉地移过，
Had reached the river's brim. Then up he rose,	移到河水的边沿。然后他起身
And, slowly as that very river flows,	如流动着的河水，缓缓地前行，
Walked towards the temple grove with this lament:	走进神庙的圣林，悲伤地说道：
'Why such a golden eve? The breeze is sent	"这金色的黄昏来自何方？微风拂面，
Careful and soft, that not a leaf may fall	树叶都挂在枝头之上
Before the serene father of them all	万物之主太阳在炎夏
Bows down his summer head below the west.	还不曾沿西方天际缓缓落下。
Now am I of breath, speech, and speed possessed,	如今我活着，讲话，奔跑着，
But at the setting I must bid adieu	但在太阳西下的时候我必须
To her for the last time. Night will strew	向她做最后道别。夜里无数
On the damp grass myriads of lingering leaves,	飘零的树叶落上露湿的草地，
And with them shall I die; nor much it grieves	我将随落叶死去；生死有命，
To die, when summer dies on the cold sward.	但夏季随着草地终将会消亡。
Why, I have been a butterfly, a lord	真的，我曾是蝴蝶，我掠过
Of flowers, garlands, love-knots, silly posies,	那花朵、花环、花束、树林、
Groves, meadows, melodies, and arbour roses.	牧场、歌声，以及凉亭的蔷薇。
My kingdom's at its death, and just it is	我的王国正遭到毁灭，我会随着
That I should die with it: so in all this	对我们误称作悲痛、苦难的东西，
We miscall grief, bale, sorrow, heartbreak, woe,	我们为之伤心、哀嚎的东西凋亡，
What is there to plain of? By Titan's foe	什么是直截了当呢？我遇到强大
I am but rightly served.' So saying, he	的敌人只要正确对待即可。"他这样说着，
Tripped lightly on, in sort of deathful glee,	迈着轻捷脚步，带着必死的欢喜
Laughing at the clear stream and setting sun,	对着清澈小溪和落日微笑，好像
As though they jests had been: nor had he done	它们是可笑的东西。他还没有向
His laugh at nature's holy countenance,	大自然神圣的容颜结束他的笑声，
Until that grove appeared, as if perchance,	圣洁的森林出现了，在无形之中
And then his tongue with sober seemlihed	他进去了，言语得体
Gave utterance as he entered: 'Ha! I said,	冷静："啊！我说过，
"King of the butterflies", but by this gloom,	'我是蝴蝶之王'；但我对幽冥发誓
And by old Rhadamanthus' tongue of doom,	凭那老年拉达曼迪斯[1]的断案判词，

1 拉达曼迪斯（Rhadamanthus）：希腊神话中的冥府三判官之一。原为宙斯与欧罗巴公主的儿子，生前主持正义，死后成为判官，他与萨尔珀冬、弥诺斯是兄弟，是第一代克里特岛的国王。

This dusk religion, pomp of solitude,
And the Promethean clay by thief endued,
By old Saturnus' forelock, by his head
Shook with eternal palsy, I did wed
Myself to things of light from infancy;
And thus to be cast out, thus lorn to die,
Is sure enough to make a mortal man
Grow impious.' So he inwardly began
On things for which no wording can be found,
Deeper and deeper sinking, until drowned
Beyond the reach of music: for the choir
Of Cynthia he heard not, though rough briar
Nor muffling thicket interposed to dull
The vesper hymn, far swollen, soft and full,
Through the dark pillars of those sylvan aisles.
He saw not the two maidens, nor their smiles,
Wan as primroses gathered at midnight
By chilly-fingered spring. 'Unhappy wight!
Endymion!' said Peona, 'we are here!
What wouldst thou ere we all are laid on bier?'
Then he embraced her, and his lady's hand
Pressed, saying: 'Sister, I would have command,
If it were heaven's will, on our sad fate.'
At which that dark-eyed stranger stood elate
And said, in a new voice, but sweet as love,
To Endymion's amaze: 'By Cupid's dove,
And so thou shalt! And by the lily truth
Of my own breast thou shalt, belovèd youth!'
And as she spake, into her face there came
Light, as reflected from a silver flame:
Her long black hair swelled ampler, in display
Full golden; in her eyes a brighter day
Dawned blue and full of love. Ay, he beheld
Phoebe, his passion! Joyous she upheld
Her lucid bow, continuing thus: 'Drear, drear

凭幽冥的虔敬，独居展示的壮丽，
对着天生盗火之身的普罗米修斯[1]
对着老神萨图恩因麻痹而摇颤的
头颅起誓，我从幼时起就与光明同在；
这样的被抛弃，这样孤独地死去，
当然这就足可以使一个凡人变成
渎神者。”他内心想起
那无法用语言来表达清楚的事情；
他情绪低落，越来越难过，音乐：
他完全听不见
辛西娅的歌声，尽管没欧石楠
也没隔音的树丛使晚祷的歌声
变得隐约，那歌声轻盈且温柔，
飘过森林走廊里深色的柱列间。
他没看到少女，没见她俩的笑颜，
他面色苍白，如夜里樱草被春寒
从枝头采摘了下来。“恩底弥翁！
倒霉蛋！”佩俄娜说“我们在此！
我们临死之前，你想要做点什么？”
于是他拥抱她，紧握她的手，
说道：“姐姐，若天意如此，
我定要做我们悲惨命运的主宰者。”
黑眼睛的陌生人兴冲冲地站起来，
恩底弥翁吃了一惊，她用甜蜜似
爱情的口吻说：“借丘比特之鸽，
借这如百合花一般纯真的誓言
年轻的爱人，你真可以这样做！”
她说的时候，脸上泛出了一片
明艳，仿佛是银烛反射的光焰，
长长的黑发蓬松飘扬，闪烁着
金光；她蔚蓝的眼睛充满爱意，
啊，他亲眼见到了福柏神
他心之所向！她欣然举着
闪亮弓箭，并说：“我们曾拖延
多么凄惨；多么可笑的提心吊胆

1　普罗米修斯（Prometheus）：古希腊神话中提坦一族的神明之一，因盗火给人类而触怒宙斯，被罚锁于高加索山崖上，遭神鹰折磨，后为赫拉克勒斯杀死，他始获解救。

Has our delaying been; but foolish fear
Withheld me first; and then decrees of fate;
And then 'twas fit that from this mortal state
Thou shouldst, my love, by some unlooked for change
Be spiritualized. Peona, we shall range
These forests, and to thee they safe shall be
As was thy cradle; hither shalt thou flee
To meet us many a time.' Next Cynthia bright
Peona kissed, and blessed with fair good-night:
Her brother kissed her too, and knelt adown
Before his goddess, in a blissful swoon.
She gave her fair hands to him, and behold,
Before three swiftest kisses he had told,
They vanished far away! —Peona went
Home through the gloomy wood in wonderment.

先是拦住我；后是神旨天意；
然后，就迎合为尘世的状态
亲爱的，你会因某种想不到的改变
嬗变为仙灵。佩俄娜，我们将徘徊在
森林。这些森林，它们是安全的
就像你的摇篮一般；你要逃到这里
和我们多见面。”然后辛西娅愉快地
吻别佩俄娜，祝她晚安：
她兄弟也吻了她，跪倒
在他女神前，欣喜若狂。
她伸出白皙的双手，瞧，
他来不及吻她柔荑三遍，
他们便在远处湮灭了！——佩俄娜
惊奇不已，穿过幽暗的树林回家了。

2
戏 剧

1. King Stephen: A Fragment of a Tragedy

ACT I

Scene 1 Field of Battle.

[Alarm. Enter KING STEPHEN, Knights, and Soldiers]

STEPHEN If shame can on a soldier's vein-swollen front
Spread deeper crimson than the battle's toil,
Blush in your casing helmets! For see, see!
Yonder my chivalry, my pride of war,
Wrenched with an iron hand from firm array,
Are routed loose about the plashy meads,
Of honour forfeit. O, that my known voice
Could reach your dastard ears, and fright you more!

Fly, cowards, fly! Gloucester is at your backs!
Throw your slack bridles o'er the flurried manes,
Ply well the rowel with faint trembling heels,
Scampering to death at last!

FIRST KNIGHT The enemy
Bears his flaunt standard close upon their rear.

SECOND KNIGHT Sure of a bloody prey, seeing the fens
Will swamp them girth-deep.

STEPHEN Over head and ears,
No matter! 'Tis a gallant enemy;
How like a comet he goes streaming on.
But we must plague him in the flank—hey, friends.

1. 斯蒂芬国王：一个悲剧片段

第一幕

布景 1：战场

【警报响起。斯蒂芬国王及骑士、士兵登场】

斯蒂芬：如果能从一个士兵充血肿胀的脸上瞧见羞耻
那满脸的赤红比打仗的辛劳还要更深的话，
你们应该躲在头盔下脸红！看，看！
那边是我的骑士，我战场上的骄傲，
用铁腕才能从坚固阵列中挣脱出来，
在泥泞的草地四处散开，
让你们荣誉尽失。噢，我熟悉的声音
会传到你们这群懦夫耳朵里，让你们更加害怕！

逃吧，懦夫们，逃吧！格洛斯特[1]在你们身后！
用你们那松弛的缰绳套住受惊的鬃马，
微弱颤抖的脚后跟蹬好马镫，
惊惶逃跑直至那最后的死亡！

第一位骑士：他以他引以为傲的速度
紧跟敌人身后。

第二位骑士：他会变成血淋淋的猎物，
看看那些沼泽
一定有齐腰深。

斯蒂芬：没过耳朵和头顶吧，
没关系！这是位勇敢的敌人；
他就像彗星一样不停扑腾。
我们必须从侧面袭击他——嘿，伙计们。

1 格洛斯特（Gloucester）：此剧中是人名，它也可指英国西南部的港市。

We are well breathèd—follow!
[Enter EARL BALDWIN and Soldiers, as defeated]
STEPHEN De Redvers!
What is the monstrous bugbear that can fright Baldwin?
BALDWIN No scarecrow, but the fortunate star

Of boisterous Chester, whose fell truncheon now
Points level to the goal of victory.
This way he comes, and if you would maintain
Your person unaffronted by vile odds,
Take horse, my Lord.
STEPHEN And which way spur for life?
Now I thank Heaven I am in the toils,
That soldiers may bear witness how my arm
Can burst the meshes. Not the eagle more
Loves to beat up against a tyrannous blast,
Than I to meet the torrent of my foes.
This is a brag—be't so—but if I fall,
Carve it upon my 'scutcheon'd sepulchre.
On, fellow soldiers! Earl of Redvers, back!
Not twenty Earls of Chester shall browbeat
The diadem. [Exeunt. Alarum]

Scene 2 Another Part of the Field.
[Trumpets sounding a victory. Enter GLOUCESTER, Knights, and Forces]
GLOUCESTER Now may we lift our bruisèd vizors up,

And take the flattering freshness of the air,
While the wide din of battle dies away
Into times past, yet to be echoed sure
In the silent pages of our chroniclers.
FIRST KNIGHT Will Stephen's death be marked there, my good Lord,
Or that we gave him lodging in yon towers?
GLOUCESTER Fain would I know the great usurper's fate.

屏住呼吸——跟上！
【鲍德温伯爵及战败的士兵们登场】
斯蒂芬：德雷德弗斯！
能吓到鲍德温的怪物是什么？
鲍德温：不是稻草人，而是喧闹的切斯特的幸运之星，
他倒下的权杖现在
指向了胜利的目标。
他就是从这条路来的，如果你不想
让你的士兵被卑鄙的举动冒犯的话，
上马吧，大人。
斯蒂芬：哪条路能够激发斗志？
此刻我感谢上帝将我置于战斗的劳役中，
好让我的士兵们瞧瞧
我的臂膀是如何冲破牢笼的。没有哪只
与狂风暴雨搏斗的鹰
比我更喜欢迎接敌人汹涌扑来的洪流了。
这是吹牛——即便如此——如果我倒下了，把这句话刻在我的墓碑上。
冲啊，士兵们！雷德弗斯伯爵，撤退吧！
没有二十个切斯特伯爵是恫吓不了我的
冠冕的。【退场。警报响】

布景 2：战场另一处
【胜利的号角响起。格洛斯特、众骑士、军队登场】
格洛斯特：现在请允许我们揭下伤痕斑驳的面甲，
呼吸一口这讨人欣喜的清新空气，
当战争的喧嚣消散在
过去的岁月里，我们的历史记载者却还未
将此记录在无声的书页上。
第一位骑士：斯蒂芬之死会被记录在上面吗，尊敬的大人，
还是我们把他关押在那边的塔楼上？
格洛斯特：我很想知道这个了不得的篡权者的下场。

[Enter two Captains severally]
FIRST CAPTAIN My Lord!
SECOND CAPTAIN Most noble Earl!
FIRST CAPTAIN The King—
SECOND CAPTAIN The Empress greets—
GLOUCESTER What of the King?
FIRST CAPTAIN He sole and lone maintains
A hopeless bustle mid our swarming arms,
And with a nimble savageness attacks,
Escapes, makes fiercer onset, then anew
Eludes death, giving death to most that dare
Trespass within the circuit of his sword!
He must by this have fallen. Baldwin is taken;
And for the Duke of Bretagne, like a stag
He flies, for the Welsh beagles to hunt down.
God save the Empress!
GLOUCESTER Now our dreaded Queen:
What message from her Highness?
SECOND CAPTAIN Royal Maud
From the thronged towers of Lincoln hath looked down,
Like Pallas from the walls of Ilion,
And seen her enemies havocked at her feet.
She greets most noble Gloucester from her heart,

Entreating him, his captains, and brave knights,
To grace a banquet. The high city gates
Are envious which shall see your triumph pass;
The streets are full of music.
[Enter SECOND KNIGHT]
GLOUCESTER Whence come you?
SECOND KNIGHT From Stephen, my good Prince
Stephen! Stephen!
GLOUCESTER Why do you make such echoing of his
name?
SECOND KNIGHT Because I think, my lord, he is no
man,
But a fierce demon, 'nointed safe from wounds,

【两名上尉依次登场】
第一位上尉：大人！
第二位上尉：至高无上的伯爵！
第一位上尉：国王——
第二位上尉：王后向您问好——
格洛斯特：国王呢？
第一位上尉：面对连绵不绝的攻击，他还在
绝望地孤勇抵抗，
矫健地奋勇还击着，
他翻转躲避，猛烈地攻击，躲过致命一击，
最终杀掉大多数胆敢踏入他挥剑范畴的人！
他一定是因为这次战斗才最终倒下。鲍德温已
被取了性命；至于布雷塔涅公爵，
因为威尔士小猎犬的追捕，
他像头鹿一般逃走了。
天佑王后！
格洛斯特：如今我们令人畏惧的女王：
这位殿下有什么消息？
第二位上尉：莫德女王
从拥挤的塔楼向下俯视，
就像伊利昂城墙上的帕拉斯，
看到了敌人在她的脚下肆虐。
她真诚地向最高贵的格洛斯特致意，
恳求他、他的上尉们和勇敢的骑士们
能赏光参加宴会。
高城门真令人嫉妒，因为它将
目睹您的胜利；
大街小巷到处都是音乐。
【第二位骑士登场】
格洛斯特：你是从哪儿来的？
第二位骑士：从斯蒂芬，我的
好王子斯蒂芬那儿！斯蒂芬！
格洛斯特：你为什么
一直重复他的名字？
第二位骑士：因为我认为，大人，
他不是人，
而是一个凶猛的魔鬼，被抹油洗礼后

And misbaptizèd with a Christian name.
GLOUCESTER A mighty soldier! —Does he still hold out?
SECOND KNIGH The shames our victory. His valour still
Keeps elbow-room amid our eager swords,
And holds our bladed falchions all aloof—
His gleaming battle-axe being slaughter-sick,
Smote on the morion of a Flemish knight,
Broke short in his hand; upon the which he flung
The heft away with such a vengeful force,
It paunched the Earl of Chester's horse, who then
Spleen-hearted came in full career at him.
GLOUCESTER Did no one take him at a vantage then?
SECOND KNIGHT Three then with tiger leap upon him flew,
Whom, with his sword swift-drawn and nimbly held,
He stung away again, and stood to breathe,
Smiling. Anon upon him rushed once more
A throng of foes, and in this renewed strife,
My sword met his and snapped off at the hilts.
GLOUCESTER Come, lead me to this Mars—and let us move
In silence, not insulting his sad doom
With clamorous trumpets. To the Empress bear
My salutation as befits the time.
[Exeunt GLOUCESTER and Forces]

没有伤口，还受洗了教名。
格洛斯特：真是位强大的战士！
——他还在抵抗吗？
第二位骑士：他让我们的胜利蒙了羞。
他英勇奋战，
同我们嗜血的刀剑保持着一个手肘的余地，
对我们的刀剑不屑一顾——
他那闪亮的战斧
击中了一个佛兰芒骑士的头盔，
在他手中折断了；他报复性般用力
把那重物扔到地上，
割开了切斯特伯爵的马的腹部，接着
伯爵怒气冲冲地冲了过来。
格洛斯特：那时候没有人能占他上风吗？
第二位骑士：三个人猛虎般
向他扑去，
他迅速拔出剑，灵巧地挥舞，
朝着他们又刺了下去，然后站在那儿喘气，
微笑。过了一会儿，又有一大群敌人向他冲来，
在这场新的冲突中，我的剑碰到了他的剑，
啪的一声断在剑柄上。
格洛斯特：来，带我去见这位战神——
让我们安静前进，不要用喧闹的号角预告他
注定可悲的命运。
请代我向王后敬礼，
此时正是合适的时刻。
【格洛斯特及众军队退场】

Scene 3 The Field of Battle

[Enter STEPHEN unarmed]
STEPHEN Another sword! And what if I could seize

One from Bellona's gleaming armoury,
Or choose the fairest of her sheavèd spears!
Where are my enemies? Here, close at hand,
Here comes the testy brood. O, for a sword!
I'm faint—a biting sword! A noble sword!

布景3：战场

【斯蒂芬登场，不带武器】
斯蒂芬：再来一把剑！我说不定能从贝娄娜
闪亮的武器库挑一把，
或者挑选她那把最漂亮的长矛呢！
我的敌人都在哪儿呢？这里，就在眼前，
来了一群暴躁的敌人。噢，因为一把剑！
我晕倒了——一把吃人的剑！一把高贵的
剑！用树篱围起来的木桩——或者一块笨重的

A hedge-stake—or a ponderous stone to hurl
With brawny vengeance, like the labourer Cain.
Come on! Farewell my kingdom, and all hail
Thou superb, plumed, and helmeted renown,
All hail! I would not truck this brilliant day
To rule in Pylos with a Nestor's beard—
Come on!
[Enter DE KAIMS and Knights, etc.]
DE KAIMS Is't madness, or a hunger after death,
That makes thee thus unarmed throw taunts at us?
Yield, Stephen, or my sword's point dips in
The gloomy current of a traitor's heart.
STEPHEN Do it, De Kaims, I will not budge an inch.
DE KAIMS Yes, of thy madness thou shalt take the meed.
STEPHEN Darest thou?
DE KAIMS How dare, against a man disarmed
STEPHEN What weapon has the lion but himself?
Come not near me, De Kaims, for by the price
Of all the glory I have won this day,
Being a king, I will not yield alive
To any but the second man of the realm,
Robert of Gloucester.
DE KAIMS Thou shalt vail to me.
STEPHEN Shall I, when I have sworn against it, sir?

Thou think'st it brave to take a breathing king,
That, on a court-day bowed to haughty Maud,
The awèd presence-chamber may be bold
To whisper, there's the man who took alive
Stephen—me—prisoner. Certes, De Kaims,
The ambition is a noble one.
DE KAIMS 'Tis true,
And, Stephen, I must compass it.
STEPHEN No, no,
Do not tempt me to throttle you on the gorge,
Or with my gauntlet crush your hollow breast,

石头，像凯恩那样，
用力投掷，带着复仇的恨意。
啊！永别了，我的王国，
别来无恙，你们这些卓越的出色的戴着面罩的名人，
别来无恙！我是不会用智慧长者的胡须来换
统治皮洛斯的完美的一天的——来吧！
【德凯姆斯，众骑士等登场】
德凯姆斯：是疯狂，还是渴望受死，
让手无寸铁的你嘲笑我们？
投降吧，斯蒂芬，否则我的剑尖将刺进你这叛徒阴暗的心脏中。
斯蒂芬：刺吧，德凯姆斯，我一点也不会动。
德凯姆斯：好，你理当因为你的疯狂付出代价。

斯蒂芬：你敢吗？
德凯姆斯：对一个手无寸铁的人，怎么不敢？
斯蒂芬：一头雄狮除了它自己还有什么武器？
不要靠近我，德凯姆斯，因为我以我今天
赢得的荣誉为代价，
作为一个国王，我不会屈服于任何一个人，
除非是王国位列第二的掌权者，
格洛斯特的罗伯特。
德凯姆斯：你应当对我发誓。
斯蒂芬：我应当，我发誓反对它吗，大人？
你认为让一位国王在法庭上向傲慢的莫德
鞠躬屈服是一件很了不得的事，
庄严的法庭可能会因此肆意低语，
这就是那位活捉了斯蒂芬——也就是我——
把他抓进监狱的先生。
当然，德凯姆斯，
有雄心是件崇高的事。
德凯姆斯：的确是这样，
而且，斯蒂芬，我必须这样做。
斯蒂芬：不，不，
不要刺激我在峡谷里勒死你，
或者就在你从骑士

Just when your knighthood is grown ripe and full
For lordship.
A SOLDIER Is an honest yeoman's spear
Of no use at a need? Take that.
STEPHEN Ah, dastard!
DE KAIMS What, you are vulnerable! My prisoner!
STEPHEN No, not yet. I disclaim it, and demand

Death as a sovereign right unto a king
Who 'sdains to yield to any but his peer,
If not in title, yet in noble deeds,
The Earl of Gloucester. Stab to the hilts, De Kaims,
For I will never by mean hands be led
From this so famous field. Do ye hear! Be quick!
[Trumpets. Enter the EARL OF CHESTER and Knights]

升为伯爵的时候，
用我的铁护手击碎你空荡的胸膛。
士兵：难道是诚实的农民急需却又毫无用处的长矛吗？看招吧。
斯蒂芬：啊，懦夫！
德凯姆斯：什么，你才懦弱！你这囚犯！
斯蒂芬：不，还不算。我不承认这点，
而且我相信
死是国王至高无上的权力
而国王除了格洛斯特伯爵以外，
无论是在头衔上，还是在崇高举动上，决不屈服于任何人。拿剑决斗吧，德凯姆斯，
我绝不会依靠卑鄙的手段
统领这声名显赫的疆土。你听到了吗！快点！
【号角声起。切斯特伯爵及众骑士登场】

Scene 4 A Presence Chamber.
[QUEEN MAUD in a Chair of State, the EARLS OF GLOUCESTER and CHESTER, Lords, Attendants]
MAUD Gloucester, no more: I will behold that Boulogne,
Set him before me. Not for the poor sake
Of regal pomp and a vainglorious hour,
As thou with wary speech, yet near enough,
Hast hinted.
GLOUCESTER Faithful counsel have I given;
If wary, for your Highness' benefit.
MAUD The Heavens forbid that I should not think so,
For by thy valour have I won this realm,
Which by thy wisdom I will ever keep.
To sage advisers let me ever bend
A meek attentive ear, so that they treat
Of the wide kingdom's rule and government,
Not trenching on our actions personal.
Advised, not schooled, I would be; and henceforth
Spoken to in clear, plain, and open terms,
Not sideways sermoned at.

布景4：会客厅
【女王莫德坐在权椅上，格洛斯特伯爵及切斯特伯爵、群臣、众随从在场】
莫德:格洛斯特，好了。我要看看那位布洛涅，
把他带到我面前。倒不是因为虚荣心想夸耀君威的缘故，就像你用谨慎的话语，其实很接近这个意思，
暗示我的那样。
格洛斯特：臣说的都是忠言啊；
如果说小心翼翼的话，也是为了殿下好。
莫德：我要是不这么想，上帝也不会允许的，
因为凭着你的英勇我才赢得这个王国，
我将永远听从你的智慧。
对于贤者的忠告，我永远恭顺倾听，
这样他们才能
尽心处理繁杂的国家事务，
而不是对个人行为进行苛责。
我要的是忠告，而不是说教；从今以后
你们要清楚、明白、坦率地说话，
不要旁敲侧击地说教。

GLOUCESTER Then, in plain terms,
Once more for the fallen king—
MAUD Your pardon, brother,
I would no more of that; for, as I said,
'Tis not for worldly pomp I wish to see
The rebel, but as dooming judge to give
A sentence something worthy of his guilt.
GLOUCESTER If 't must be so, I'll bring him to your presence. [Exit GLOUCESTER]
MAUD A meaner summoner might do as well—
My Lord of Chester, is't true what I hear
Of Stephen of Boulogne, our prisoner,
That he, as a fit penance for his crimes,
Eats wholesome, sweet, and palatable food
Off Gloucester's golden dishes—drinks pure wine,
Lodges soft?
CHESTER More than that, my gracious Queen,
Has angered me. The noble Earl, methinks,
Full soldier as he is, and without peer
In counsel, dreams too much among his books.
It may read well, but sure 'tis out of date
To play the Alexander with Darius.
MAUD Truth! I think so. By Heavens it shall not last!

CHESTER It would amaze your Highness now to mark

How Gloucester overstrains his courtesy
To that crime-loving rebel, that Boulogne—
MAUD That ingrate!
CHESTER For whose vast ingratitude
To our late sovereign lord, your noble sire,
The generous Earl condoles in his mishaps,
And with a sort of lackeying friendliness,
Talks off the mighty frowning from his brow,
Woos him to hold a duet in a smile,
Or, if it please him, play an hour at chess—
MAUD A perjured slave!

格洛斯特：那么，简单点，
再一次为堕落的国王——
莫德：对不起，兄弟，
我不再想想那件事了；就像我说过的，
我不是为了世俗的夸赞才希望见到
那个造反者，而是作为一个注定要判他有罪的
法官，给他一个罪行相称的判决。
格洛斯特：如果必须这样的话，我这就把他
带来见您。【格洛斯特退场】
莫德：把他教训一顿带来也可以——
切斯特大人，我听说我们的俘虏，
布洛涅的斯蒂芬，
格洛斯特为了适当惩罚他的罪行，
让他吃的是金碟子里有益健康、香甜可口的
饭菜——喝的是好酒，
睡的是松软的床榻？
切斯特：不仅如此，仁慈的王后，
那位尊贵的伯爵激怒了我，在我看来，
尽管他是一位称职的士兵，
但是没有同僚的忠告，他总是幻想太多。
幻想的可能是好事，但玩亚历山大
和大流士一样的把戏就过时了。
莫德：没错！我也这么想。上帝啊
这不会长久的！
切斯特：殿下如果注意到，
格洛斯特对那个屡次犯罪的造反者，
那个布洛涅——过分讲究礼貌的话，
一定会大吃一惊的。
莫德：那个忘恩负义的人！
切斯特：尊贵的殿下，
这位慷慨的伯爵，对上任君主才是极大的忘恩
负义，所以他才来慰问上任君主的不幸遭遇，
带着一种奉承的友好，
说得天花乱坠以致君主直皱眉头，
微笑着讨好说要跟君主二重唱，甚至，如果能
让君主高兴，下一个小时棋也没关系——
莫德：虚伪的奴仆！

CHESTER And for his perjury,
Gloucester has fit rewards—nay, I believe,
He sets his bustling household's wits at work
For flatteries to ease this Stephen's hours,
And make a heaven of his purgatory;
Adorning bondage with the pleasant gloss
Of feasts and music, and all idle shows
Of indoor pageantry; while siren whispers,
Predestined for his ear, 'scape as half-checked
From lips the courtliest and the rubiest
Of all the realm, admiring of his deeds.
MAUD A frost upon his summer!
CHESTERA queen's nod
Can make his June December. Here he comes…

切斯特：藏得够深，
格洛斯特的虚伪不是浪得虚名——不仅如此，
我相信，为了让斯蒂芬过得轻松些，他让寓所
上下都开动脑筋去奉承讨好，
让他的炼狱变成乐园，
安排美食、音乐、消遣时光的室内剧这些
赏心悦目的东西让他感觉不到囚禁的束缚，
就是为了听到
君主低语，
那最高贵最红润的嘴唇半开半合，
称赞他做得好。
莫德：给他的夏日打上一层霜！
切斯特：女王点一点头，
就能让他六月夏日变成寒冬腊月。他来了……

2. Otho the Great: A Tragedy in Five Acts

Dramatis Personae
OTHO THE GREAT Emperor of Germany
LUDOLPH His son
CONRAD Duke of Franconia
ALBERT A knight, favoured by Otho
SIGIFRED An officer friend of Ludolph
THEODORE An officer
GONFRID An officer
ETHELBERT An abbot
GERSA Prince of Hungary
An Hungarian captain
Physician
Page
Nobles, knights, attendants, and soldiers
ERMINIA Niece of Otho
AURANTHE Conrad's sister
Ladies and attendants

Scene: the Castle of Friedburg, its vicinity, and the

2. 奥托大帝：五幕悲剧

剧中人物
奥托大帝——德意志帝国皇帝
鲁道夫——奥托大帝之子
康拉德——法兰克尼亚[1]公爵
艾伯特——奥托大帝宠爱的骑士
西吉弗雷德——鲁道夫的军官朋友
西奥多——军官
贡弗里德——军官
埃塞尔伯特——修道院院长
基尔萨——匈牙利王子
一位匈牙利上尉
医生
侍卫
贵族、骑士、随从和士兵
艾米妮亚——奥托大帝的侄女
欧兰特——康拉德的姐姐
女眷和随从

布景：弗里德堡城堡，其附近以及匈牙利军营

1 法兰克尼亚（Franconia）：中世纪早期德意志五大公国之一。

Hungarian Camp
Time: one day

时间：某一天

ACT I

Scene 1 An Apartment in the Castle.
[Enter CONRAD]
CONRAD So, I am safe emergèd from these broils!

Amid the wreck of thousands I am whole;
For every crime I have a laurel-wreath,
For every lie a lordship. Nor yet has
My ship of fortune furled her silken sails—
Let her glide on! This dangered neck is saved,
By dexterous policy, from the rebel's axe;
And of my ducal palace not one stone
Is bruised by the Hungarian petards.
Toil hard, ye slaves, and from the miser-earth
Bring forth once more my bullion, treasured deep,
With all my jewelled salvers, silver and gold,
And precious goblets that make rich the wine.
But why do I stand babbling to myself?
Where is Auranthe? I have news for her
Shall—
[Enter AURANTHE]
AURANTHE Conrad! What tidings? Good, if I may guess
From your alert eyes and high-lifted brows.
What tidings of the battle? Albert? Ludolph?
Otho?
CONRAD You guess aright. And, sister, slurring o'er
Our by-gone quarrels, I confess my heart
Is beating with a child's anxiety,
To make our golden fortune known to you.
AURANTHE So serious?
CONRAD Yes, so serious, that before
I utter even the shadow of a hint
Concerning what will make that sin-worn cheek

第一幕

布景1：城堡中一寓所
【康拉德出场】
康拉德：如此，一片混乱中，我安然无恙！
损兵折将上千万，唯我毫发未损；
对于每一种罪行，我都会有一顶桂冠，
每一个谎言，都有它的主人。
我命运之船还未扬起丝绸之帆启航远征——
让她继续前进！
这颗危在旦夕的人头得救了，
由于我的巧妙策略，幸免于叛乱者的战斧；
我的公爵宫殿，
匈牙利的攻城炸药未能伤到其一块石头。
奴隶们，你们要辛苦劳作，从吝啬的土地里
淘出更多的金银宝藏，
以我全部珠宝首饰、金银
和珍贵的酒杯，使葡萄酒的滋味变得浓郁。
不过，为什么我要喃喃自语呢？
欧兰特在哪里？我有消息告诉她，
我会——
【欧兰特登场】
欧兰特：康拉德！有消息吗？好，先让我猜猜，

从你那机警的眼睛和高高的眉毛。
是关于作战的消息？阿尔伯特？鲁道夫？
奥托？
康拉德：你猜对了。而且，姐姐，
我过去的争吵，我承认我的心
像个孩子一般焦虑地跳动，
就是想让你了解
我们的锦绣前程。
欧兰特：那么认真吗？
康拉德：是的，非常认真，之前
我甚至流露出一丝阴影

Blush joyous blood through every lineament,

You must make here a solemn vow to me.
AURANTHE I prithee, Conrad, do not overact
The hypocrite. What vow would you impose?
CONRAD Trust me for once. That you may be assured
'Tis not confiding in a broken reed,
A poor court-bankrupt, outwitted and lost,
Revolve these facts in your acutest mood,
In such a mood as now you listen to me.
A few days since, I was an open rebel—
Against the Emperor, had suborned his son—
Drawn off his nobles to revolt, and shown
Contented fools causes for discontent,
Fresh hatched in my ambition's eagle nest.
So thrived I as a rebel, and, behold—
Now I am Otho's favourite, his dear friend,
His right hand, his brave Conrad!
AURANTHE I confess
You have intrigued with these unsteady times
To admiration. But to be a favourite—
CONRAD I saw my moment. The Hungarians,
Collected silently in holes and corners,
Appeared, a sudden host, in the open day.
I should have perished in our empire's wreck,
But, calling interest loyalty, swore faith
To most believing Otho; and so helped
His blood-stained ensigns to the victory
In yesterday's hard fight, that it has turned
The edge of his sharp wrath to eager kindness.
AURANTHE So far yourself. But what is this to me
More than that I am glad? I gratulate you.
CONRAD Yes, sister, but it does regard you greatly,
Nearly, momentously—ay, painfully!
Make me this vow—
AURANTHE Concerning whom or what?
CONRAD Albert!

想着如何才会使那张负罪的面孔充满红润和
喜悦之容光，
你在此必须向我郑重起誓。
欧兰特：康拉德，我身为公主，不会有过分
伪善的行为。你会让我立什么誓言？
康拉德：相信我一次。这样会让你放心
折断的芦苇不值得依赖，
一个可怜的破落户，瞒骗又落魄，
将这些事实以最敏感的心态反复斟酌，
以现在的心情，你听我说。
自那以后的数日，我就是个公开的叛军——
反对皇帝，怂恿他的儿子——
驱使他的贵族叛乱，并诱导
心安自得的傻瓜们产生了对皇帝的不满，
皆因我之野心勃勃自雄鹰巢中孵化而出。
我曾是一位激进的叛逆者，请看——
现在我是奥托的最爱，他亲密的朋友，
他的左膀右臂，勇敢的康拉德！
欧兰特：我承认
你对那动荡时期的阴谋很着迷。
但现在却是最受宠爱的人——
康拉德：我已看到我的机会。匈牙利人
在一些洞穴和角落中悄悄地集聚，
哪天就会公然出现，成为意想不到的主人。
我本该在帝国遇难时丧生的，
但是，利益忠诚信仰的召唤，发誓要最大限度地
相信奥托；于是便帮助
他以沾满鲜血的徽章取得胜利
在昨天的艰苦战斗中，它已经使他由震怒边缘
转向渴望友善。
欧兰特：迄今为止只有你自己。
但对我来说
除了高兴，还有什么呢？我向你表示祝贺。
康拉德：是的，姐姐，但这的确对你很重要，
几乎是瞬间——啊，痛苦！
向我发誓——
欧兰特：关于谁或什么事？

AURANTHE I would inquire somewhat of him:	康拉德：阿尔伯特！
You had a letter from me touching him?	欧兰特：我正想打听一下他：
No treason 'gainst his head in deed or word!	你拿我写的信感动他了吗？
Surely you spared him at my earnest prayer?	他绝无叛国之举！
Give me the letter—it should not exist!	凭我的真诚祈祷，你确定要饶恕他吗？
CONRAD At one pernicious charge of the enemy,	把信给我——它不应该存在！
I, for a moment-whiles, was prisoner ta'en	康拉德：由于敌人的一次致命指控，
And rifled—stuff! The horses' hoofs have minced it!	我被囚禁了好一阵子，
AURANTHE He is alive?	被步枪——什么东西！马蹄给踩碎了！
CONRAD He is! but here make oath	欧兰特：他还活着吗？
To alienate him from your scheming brain,	康拉德：他还活着！不过，请在此发誓
Divorce him from your solitary thoughts,	使他脱离你大脑的任何想法，
And cloud him in such utter banishment,	让他脱离你的孤独思念，
That when his person meets again your eye,	并以这种彻底流放来保护他，
Your vision shall quite lose its memory,	当他的部下再次见到你时，
And wander past him as through vacancy.	你的眼睛和记忆要置若罔闻
AURANTHE I'll not be perjured.	像空气一般从他身边飘过。
CONRAD No, nor great, nor mighty;	欧兰特：我不会做伪证。
You would not wear a crown, or rule a kingdom.	康拉德：不，不伟大，也不万能；
To you it is indifferent.	你不会戴冠冕或统治王国。
AURANTHE What means this?	对你而言，它无动于衷。
CONRAD You'll not be perjured! Go to Albert then,	欧兰特：是什么意思？
That camp-mushroom—dishonour of our house.	康拉德：你不会做伪造！届时去见阿尔伯特。
Go, page his dusty heels upon a march,	那个军营暴发户——我们家的耻辱。
Furbish his jingling baldric while he sleeps,	走吧，行军时跟在他后面服侍他，
And share his mouldy ratio in a siege.	在他睡觉的时候擦亮他的配饰
Yet stay—perhaps a charm may call you back,	围攻时分担他可能的沮丧。
And make the widening circlets of your eyes	留下来——也许一种魅力可能会使你回味，
Sparkle with healthy fevers. The Emperor	扩大你的眼界
Hath given consent that you should marry Ludolph!	并能闪亮登场。
AURANTHE Can it be, brother? For a golden crown	皇帝已答应你嫁给鲁道夫！
With a queen's awful lips I doubly thank you!	欧兰特：兄弟，能行吗？为了金冠冕，
This is to wake in Paradise! Farewell	以女王可怕的嘴唇，我加倍感谢你！
Thou clod of yesterday—'twas not myself!	这是在天堂的醒悟！告别
Not till this moment did I ever feel	昨天的你——不是我自己！
My spirit's faculties! I'll flatter you	直到这一刻我才感到
For this, and be you ever proud of it;	我的精神力量！我会为此

Thou, Jove-like, struckd'st thy forehead,
And from the teeming marrow of thy brain
I spring complete Minerva! But the prince—
His highness Ludolph—where is he?
CONRAD I know not:
When, lackeying my counsel at a beck,
The rebel lords, on bended knees, received
The Emperor's pardon, Ludolph kept aloof,
Sole, in a stiff, fool-hardy, sulky pride;
Yet, for all this, I never saw a father
In such a sickly longing for his son.
We shall soon see him, for the Emperor
He will be here this morning.
AURANTHE That I heard
Among the midnight rumours from the camp.
CONRAD You give up Albert to me?
AURANTHE Harm him not!
E'en for his highness Ludolph's sceptry hand,
I would not Albert suffer any wrong.
CONRAD Have I not laboured, plotted—?
AURANTHE See you spare him:
Nor be pathetic, my kind benefactor,
On all the many bounties of your hand—
'Twas for yourself you laboured—not for me!
Do you not count, when I am queen, to take
Advantage of your chance discoveries
Of my poor secrets, and so hold a rod
Over my life?
CONRAD Let not this slave—this villain—
Be cause of feud between us. See! He comes!
Look, woman, look, your Albert is quite safe!
In haste it seems. Now shall I be in the way,
And wish'd with silent curses in my grave,
Or side by side with 'whelmèd mariners.
[Enter ALBERT]
ALBERT Fair on your graces fall this early morrow!
So it is like to do, without my prayers,

恭维你，并让你为之骄傲；
你像约夫一样，敲打你的额头，
从你大脑的骨髓深处
我就是密涅瓦在世！但是王子——
鲁道夫殿下——他在哪里？
康拉德：我不知道：
当时，在我的忠告下，
屈膝的叛军领主
接受了皇帝的赦免，鲁道夫保持超然，
坚持己见，鲁莽且骄傲。
然而，尽管如此，我从未见过父亲
对儿子如此地向往期盼。
我们将很快见到他，为皇帝
他今天早上会在这里。
欧兰特：在营地深夜的传谣中
我听到了。
康拉德：你把艾伯特给我吗？
欧兰特：不要伤害他！
还有鲁道夫殿下的权杖之手，
我不会让艾伯特遭受任何冤屈。
康拉德：我没有付出吗，密谋——？
欧兰特：我要确保你饶恕他：
也不要可怜，我善良的恩人，
尽你所能——
你为自己辛苦——不是为我！
当我当皇后时，你算不算有
机会优先发现我可怜的秘密，
而且掌握我的命运？
康拉德：不要让这个奴隶——这个恶棍——
引起我们之间的争执。看！他来了！
看，女人，看，你的阿尔伯特很安全！
看来有点仓促。我现在有点碍眼，
希望是我在坟墓里默默地诅咒，
或与不知所措的水手们并肩作战。
【阿尔伯特出场】
阿尔伯特：晨间在您的恩宠下失宠！
因此，就像没有我的祈祷，

For your right noble names, like favourite tunes,
Have fall'n full frequent from our Emperor's lips,
High commented with smiles.
AURANTHE Noble Albert!
CONRAD [aside] Noble!
AURANTHE Such salutation argues a glad heart
In our prosperity. We thank you, sir.
ALBERT Lady! O, would to Heaven your poor servant
Could do you better service than mere words!
But I have other greeting than mine own,
From no less man than Otho, who has sent
This ring as pledge of dearest amity;
'Tis chosen I hear from Hymen's jewel'ry,
And you will prize it, lady, I doubt not,
Beyond all pleasures past, and all to come.
To you great duke—
CONRAD To me! What of me, ha?
ALBERT What pleased your grace to say?
CONRAD Your message, sir!
ALBERT You mean not this to me?
[Exeunt CONRAD and AURANTHE]
CONRAD Sister, this way;
For there shall be no 'gentle Alberts' now,
No 'sweet Auranthes!' [aside]
ALBERT (solus) The duke is out of temper; if he knows

More than a brother of a sister ought,
I should not quarrel with his peevishness.
Auranthe—Heaven preserve her always fair! —
Is in the heady, proud, ambitious vein;
I bicker not with her—bid her farewell!
She has taken flight from me, then let her soar—
He is a fool who stands at pining gaze!
But for poor Ludolph, he is food for sorrow:
No levelling bluster of my licensed thoughts,
No military swagger of my mind,
Can smother from myself the wrong I've done him—

为了您尊贵的名字，正如喜欢的曲调，
从我们皇帝的嘴里失宠那是司空见惯，
还得赔着笑脸高谈阔论。
欧兰特：高贵的阿尔伯特！
康拉德:【旁白】高贵！
欧兰特：这样的称呼使人心旷神怡
为了我们的成功。先生，我们谢谢你。
阿尔伯特：女士！哦，愿你可怜的仆人
真能为您提供比单纯的语言更好的服务！
不过除了我自己的问候，
我还带来了不只是奥托的问候，
这枚戒指是最珍贵的誓言；
我听说是从海门的珠宝中挑选的，
女士，您会珍视它的，我敢肯定，
它是您前无古人后无来者的尤物。
公爵大人——
康拉德：我！我怎么了，哈？
阿尔伯特：您高兴说点什么吗？
康拉德：先生，你的消息！
阿尔伯特：你的意思不是我吗？
【康拉德和欧兰特退场】
康拉德：姐姐，这边；
因为现在将没有“温柔的阿尔伯特”，
没有“甜蜜的欧兰特！”【旁白】
阿尔伯特:（自言自语）公爵生气了；如果他知道
一个姐姐不只有一个兄弟，
我不应该为他的脾气而争吵。
欧兰特——上天保佑她永远美丽！
愿她永远迷人、自豪、充满幻想；
我不和她斗嘴——告别她！
她从我这起飞，然后让她展翅翱翔——
他是一个傻瓜，只是站着观望！
但是对可怜的鲁道夫来说，他是悲伤之源：
我丝毫没动摇自己的想法，
我从没有军事威胁的意思，
他无法忍受我对他的冤枉——

Without design, indeed—yet it is so—
And opiate for the conscience have I none! [Exit]

确实没有预谋——但确实如此——
出于良心我没有谋反之意！【退场】

Scene 2 The Court-yard of the Castle.
[Martial Music. Enter, from the outer gate, OTHO, Nobles, Knights, and Attendants. The Soldiers halt at the gate, with banners in sight]
OTHO Where is my noble herald?
[Enter CONRAD, from the Castle, attended by two Knights and Servants, Albert following]
Well, hast told
Auranthe our intent imperial?
Lest our rent banners, too o' the sudden shown,
Should fright her silken casements, and dismay
Her household to our lack of entertainment.
A victory!
CONRAD God save illustrious Otho!
OTHO Ay, Conrad, it will pluck out all grey hairs;
It is the best physician for the spleen;
The courtliest inviter to a feast;
The subtlest excuser of small faults;
And a nice judge in the age and smack of wine.
[Enter, from the Castle, AURANTHE, followed by Pages holding up her robes, and a train of Women. She kneels]
Hail my sweet hostess! I do thank the stars,
Or my good soldiers, or their ladies' eyes,
That, after such a merry battle fought,
I can, all safe in body and in soul,
Kiss your fair hand and Lady Fortune's too.
My ring! Now, on my life, it doth rejoice
These lips to feel't on this soft ivory!
Keep it, my brightest daughter; it may prove
The little prologue to a line of kings.
I strove against thee and my hot-blood son,
Dull blockhead that I was to be so blind,
But now my sight is clear; forgive me, lady.

布景 2：城堡庭院
【军乐奏起。奥托大帝带领贵族、骑士和侍从从外门进入。士兵们停在大门口，高举旗帜。】
奥托：我的卓越指挥官在哪？

【康拉德从城堡里出场，随后有两名骑士和仆人，阿尔伯特紧跟其后】
好吧，请告诉
欧兰特，我们心中的帝国是什么样子？
以免我们的破旗突然出现，
震着她柔滑的窗饰，并使其家人担忧
我们缺乏款待之意。
胜利！
康拉德：上帝救了杰出的奥托！
奥托：哦，康拉德，它会拔出所有白发；
它会医治好我们内心的怨恨。
它是最有礼貌的宴会邀请者；
小错误最细微的辩解者；
也是好的酒龄、酒味的鉴定者。
【欧兰特从城堡出场，仆从们托着她的长袍，和一行女随从跟着。她下跪叩拜】

欢迎我亲爱的女主人！我确实要感谢星辰，
感谢我的好士兵，感谢战士太太们的照料，
经过如此艰苦的战斗之后
我可以全身心安然无恙，
亲吻你的柔指以及命运女神。
我的戒指！现在，在我的生活中，它真让
我感到亲吻这柔软象牙的欣慰！
收好它，我最聪明的女儿；它可证明
这是国王家系的序幕。
我和你以及我急躁的儿子争吵，
呆呆的笨蛋，我真是瞎眼了，
但是现在我看明白了。女士，原谅我。

AURANTHE My lord, I was a vassal to your frown,
And now your favour makes me but more humble;
In wintry winds the simple snow is safe,
But fadeth at the greeting of the sun:
Unto thine anger I might well have spoken,
Taking on me a woman's privilege,
But this so sudden kindness makes me dumb.
OTHO What need of this? Enough, if you will be
A potent tutoress to my wayward boy,
And teach him, what it seems his nurse could not,
To say, for once, I thank you, Sigifred!
ALBERT He has not yet returned, my gracious liege.
OTHO What then! No tidings of my friendly Arab?

CONRAD None, mighty Otho.
[To one of his Knights, who goes out]
Send forth instantly
An hundred horsemen from my honoured gates,
To scour the plains and search the cottages.
Cry a reward, to him who shall first bring
News of that vanishèd Arabian,
A full-heaped helmet of the purest gold.
OTHO More thanks, good Conrad; for, except my son's,
There is no face I rather would behold
Than that same quick-eyed pagan's. By the saints,
This coming night of banquets must not light
Her dazzling torches; nor the music breathe
Smooth, without clashing cymbal, tones of peace
And in-door melodies; nor the ruddy wine
Ebb spouting to the lees; if I pledge not,
In my first cup, that Arab!
ALBERT Mighty Monarch,
I wonder not this stranger's victor-deeds
So hang upon your spirit. Twice in the fight
It was my chance to meet his olive brow,
Triumphant in the enemy's shattered rhomb;

欧兰特：陛下，我是您的臣子，
现在，您的恩宠使我更感卑微；
在寒风中，纯洁的雪是安全的，
但是见到太阳就融化：
我要说的很可能会惹您生气，
我这是妇人之见，
但您如此突然的好意使我无言。
奥托：有什么需要？好了，如果你成为
我任性儿子的得力助手，
教他，教他奶妈似乎无法做到的东西，
譬如说，曾经，我感谢你，西吉弗雷德！
阿尔伯特：我亲切的主人，他还没有回来。
奥托：那该怎么办！没有我阿拉伯朋友的消息吗？
康拉德：没有，万能的奥托。
【对一名外出的骑士说】
立即从各处关口派出
一百个骑兵，
搜寻所有平原，搜索所有房屋。
悬赏给首先找到
失踪阿拉伯人的消息者，
一款纯金头盔。
奥托：多谢，好康拉德；因为，除了我儿子，

我只想看到那位目光敏锐的异教徒。以圣徒的名义，
今晚的宴会不许点燃
她耀眼的火把；不许演奏音乐，
不许有金钹拍击之声，不许有太平之调
不许有室内旋律；也不许喝红葡萄酒
只有酒糟；如果我不保证，
在我的第一个杯子里，那个阿拉伯人！
阿尔伯特：万能的君主，
我不知道这个陌生人的胜利者之举
让您如此挂心。两次战斗
我有机会见到他的橄榄色的额头，
战胜敌人破碎的菱形列阵；

And, to say truth, in any Christian arm
I never saw such prowess.
OTHO Did you ever?
O, 'tis a noble boy! —Tut! —What do I say?

I mean a triple Saladin, whose eyes,
When in the glorious scuffle they met mine,
Seemed to say —'Sleep, old man, in safety sleep;
I am the victory!'
CONRAD Pity he's not here.
OTHO And my son too, pity he is not here.
Lady Auranthe, I would not make you blush,
But can you give a guess where Ludolph is?
Know you not of him?
AURANTHE Indeed, my liege, no secret—
OTHO Nay, nay, without more words, dost know of him?
AURANTHE I would I were so over-fortunate,
Both for his sake and mine, and to make glad
A father's ears with tidings of his son.
OTHO I see 'tis like to be a tedious day.
Were Theodore and Gonfrid and the rest
Sent forth with my commands?
ALBERT Ay, my lord.
OTHO And no news! No news! 'Faith! 'tis very strange
He thus avoids us. Lady, is't not strange?
Will he be truant to you too? It is a shame.

CONRAD Will't please your highness enter, and accept
The unworthy welcome of your servant's house?
Leaving your cares to one whose diligence
May in few hours make pleasures of them all.
OTHO Not so tedious, Conrad. No, no, no, no—
I must see Ludolph or the—What's that shout!
VOICES WITHOUT Huzza! Huzza! Long live the Emperor!
OTHER VOICES Fall back! Away there!

而且，说实话，在任何基督徒的队伍中
我从未见过如此的勇士。
奥托：你曾经见过吗？
哦，是个高尚的男孩！——啧啧！——我该说什么？
我的意思是三眼萨拉丁，他的眼睛，
在光荣的混战中，和我对视，
似乎在说——“睡眠，老人，正在安全睡眠中；
我是胜利者！”
康拉德：可惜他不在。
奥托：还有我儿子，很可惜他不在这里。
欧兰特女士，我不会让你为难，
但是你能猜出鲁道夫在哪里吗？
你猜不到吗？
欧兰特：确实，我的陛下，不知道——
奥托：不，不，不多说了，
了解他吗？
欧兰特：我会很幸运，
为了他和我，能够快乐是因为
一位父亲听到儿子的消息。
奥托：我觉得这真是一个乏味的日子。
西奥多和贡弗里德以及其他人
都按我的命令派出了吗？
阿尔伯特：是的，陛下。
奥托：没消息！没有消息！“信任！”非常奇怪
他这样躲着我们。女士，不是很奇怪吗？
他也会逃避你吗？有点可惜。
康拉德：要不请殿下进来，接受
奴仆家人的欢迎吧？
把您的关心留给那些正在辛苦的人
他们可能会在数小时内让大家高兴。
奥托：康拉德，不那么乏味。不不不不——我必须见到鲁道夫，或者——那是什么声音！
【传来人群欢呼的声音】呜啊！呜啊！皇帝万岁！
【有人呵斥道】退后！走开！

OTHO Say, what noise is that?	奥托：说，那是什么声音？
[ALBERT advancing from the back of the stage, whither he had hastened on hearing the cheers of the soldiery]	【阿尔伯特从舞台的后面走近，他一听到士兵们的欢呼声就急忙走了上来】
ALBERT It is young Gersa, the Hungarian prince,	阿尔伯特：是匈牙利小王子基尔萨，
Picked like a red stag from the fallow herd	像休憩牧群中的一头红色雄鹿被捉为
Of prisoners. Poor prince, forlorn he steps,	囚犯。可怜的王子，迈着凄凉的脚步，
Slow, and demure, and proud in his despair.	缓慢而严肃，绝望中带着自豪。
If I may judge by his so tragic bearing.	如果我可以通过他的惨状来判断。
His eye not downcast, and his folded arm,	他的眼神没有沮丧，双臂交叉着，
He doth this moment wish himself asleep	他此刻就希望自己熟睡
Among his fallen captains on yon plains.	在他平原上被打败的军官中。
[Enter GERSA, in chains, and guarded]	【基尔萨入场，戴着镣铐，戒备森严】
OTHO Well said, Sir Albert.	奥托：好了，阿尔伯特爵士。
GERSA Not a word of greeting,	基尔萨：没有一句问候，
No welcome to a princely visitor,	不欢迎王子的到来，
Most mighty Otho? Will not my great host	最强大的奥托？我伟大的主人会在他手下
Vouchsafe a syllable, before he bids	小心翼翼地引导我
His gentlemen conduct me with all care	至最安全的地方之前，
To some securest lodging? —Cold perhaps!	透漏一点消息吗？——也许保持冷漠！
OTHO What mood is this? Hath fortune touched thy brain?	奥托：这是什么心情？时运触动了你的大脑吗？
GERSA O kings and princes of this feverous world,	基尔萨：哦，这个狂热世界的国王们和王子们，
What abject things, what mockeries must ye be,	多么令人讨厌的东西，你凭什么嘲笑，
What nerveless minions of safe palaces!	你们这群待在宫殿里胆怯的奴才！
When here, a monarch, whose proud foot is used	在这里，君主用傲慢的脚
To fallen princes' necks, as to his stirrup,	踩着战败王子们的脖子，踩着他们的马镫，
Must needs exclaim that I am mad forsooth,	我确实生气了，
Because I cannot flatter with bent knees	因为我不可以屈膝恭维
My conqueror!	我的征服者！
OTHO Gersa, I think you wrong me:	奥托：基尔萨，我想你误解了我：
I think I have a better fame abroad.	我想我在国外有更好的名声。
GERSA I prithee mock me not with gentle speech,	基尔萨：我请求你不要嘲笑我，
But, as a favour, bid me from thy presence;	不过，帮帮忙，请让我离开您。
Let me no longer be the wondering food	别把我当成大家眼中的神奇食物
Of all these eyes; prithee command me hence!	下命令吧！
OTHO Do not mistake me, Gersa. That you may not,	奥托：不要误解我，基尔萨。可能你不会，
Come, fair Auranthe, try if your soft hands	

Can manage those hard rivets to set free
So brave a prince and soldier.
AURANTHE [sets him free] Welcome task!
GERSA I am wound up in deep astonishment!
Thank you, fair lady. Otho! Emperor!
You rob me of myself; my dignity
Is now your infant; I am a weak child.
OTHO Give me your hand, and let this kindly grasp
Live in our memories.
GERSA In mine it will.
I blush to think of my unchastened tongue;
But I was haunted by the monstrous ghost
Of all our slain battalions. Sire, reflect,
And pardon you will grant, that, at this hour,
The bruisèd remnants of our stricken camp
Are huddling undistinguished, my dear friends
With common thousands, into shallow graves.

OTHO Enough, most noble Gersa. You are free
To cheer the brave remainder of your host
By your own healing presence, and that too,
Not as their leader merely, but their king;
For, as I hear, the wily enemy,
Who eased the crownet from your infant brows
Bloody Taraxa, is among the dead.
GERSA Then I retire, so generous Otho please,
Bearing with me a weight of benefits
Too heavy to be borne.
OTHO It is not so;
Still understand me, King of Hungary,
Nor judge my open purposes awry.
Though I did hold you high in my esteem
For your self's sake, I do not personate
The stage-play emperor to entrap applause,
To set the silly sort o' the world agape,
And make the politic smile; no, I have heard
How in the Council you condemned this war,

过来，美丽的欧兰特，试一下你柔软的手
是否可以把那些硬铆钉打开
释放如此勇敢的王子和士兵。
欧兰特:【释放他】乐意效劳!
基尔萨：我深感惊讶!
谢谢，美丽女士。奥托！皇帝!
您征服了我；我的自尊不值一提；
在您面前我就是一个弱小的孩子。
奥托：把手给我，让善意的握手
永远留在我们的记忆中。
基尔萨：会永远留在我的记忆中。
我为自己口无遮拦而惭愧；
但是我被那恶魔般的杀戮困扰。
陛下，我会反省自己，请求原谅，
在这个时候，那些败军士兵
正乱作一团，我的好朋友们，
与成千上万的普通人缩在
一起，进入了简陋的坟墓。
奥托：好了，最优秀的基尔萨。你可以自由
去为你主人那些剩余的勇敢将士喝彩，
你自己也正在康复，
你现在不仅是他们的领袖，还是他们的国王；
因为，据我所知，这个狡猾的敌人，
以幼小名义剥夺你王冠的
血腥蒲公英，已死。
基尔萨：接下来请让我卸任，慷慨的奥托，
您对我恩重如山，
我无法承担。
奥托：并非如此；
你还是了解我的，匈牙利国王，
也不要误判我的坦率目的。
虽然我的确尊重你
为了你，我不会扮演
舞台剧皇帝博取掌声，
不会博取世界上笨蛋们的眼球，
不会做政治形式的微笑；不，我听说过
你在参议会上如何谴责这场战争，

Urging the perfidy of broken faith—
For that I am your friend.
GERSA If ever, sire,
You are my enemy, I dare here swear
'Twill not be Gersa's fault. Otho, farewell!
OTHO Will you return, Prince, to our banqueting?
GERSA As to my father's board I will return.
OTHO Conrad, with all due ceremony, give
The prince a regal escort to his camp;
Albert, go thou and bear him company.
Gersa, farewell!
GERSA All happiness attend you!
OTHO Return with what good speed you may; for soon
We must consult upon our terms of peace.
[Exeunt GERSA and ALBERT with others]
And thus a marble column do I build
To prop my empire's dome. Conrad, in thee
I have another steadfast one, to uphold
The portals of my state; and, for my own
Pre-eminence and safety, I will strive
To keep thy strength upon its pedestal.
For, without thee, this day I might have been
A show-monster about the streets of Prague,
In chains, as just now stood that noble prince:
And then to me no mercy had been shown,
For when the conquered lion is once dungeoned,
Who lets him forth again? Or dares to give
An old lion sugar-cates of mild reprieve?
Not to thine ear alone I make confession,
But to all here, as, by experience,
I know how the great basement of all power
Is frankness, and a true tongue to the world;
And how intriguing secrecy is proof
Of fear and weakness, and a hollow state.
Conrad, I owe thee much.
CONRAD To kiss that hand,
My emperor, is ample recompense,

敦促阻止这种背信弃义之举——
为此，我是你的朋友。
基尔萨：陛下，如果曾经是，
你现在是我的敌人，我敢在此发誓
那将不是我基尔萨的错。奥托，再见！
奥托：王子，您愿意回来参加我们的宴会吗？
基尔萨：为了我父亲的王位，我会回来的。
奥托：康拉德，举行全部应有的仪式，
按王室礼仪护卫王子到他的营地；
阿尔伯特，去吧，陪他去。
基尔萨，再见！
基尔萨：祝您幸福快乐！
奥托：请尽快返回；
我们必须尽快协商我们的和平条件。
【基尔萨和阿尔伯特与其他人退场】
如此，我要建造一个大理石柱
支撑我帝国的圆顶。康拉德，在你那
也要建造一个坚固的石柱
捍卫和守护国家门户；而且，为了我自己的
卓越和安全，我会努力
保证您的国力永远稳固。
因为，没有你，我今天可能就是
布拉格街头戴着锁链表演的怪兽，
而不是刚才那样站着的贵族王子：
对我没有怜悯之情，
因为一旦征服的狮子被下地牢，
谁又会放他出去？还是敢给
一头老狮子好吃好喝取消禁錮？
我不要单单告白，
但是对于所有的人来说，根据经验，
我知道所有在地下室待过的大人物
都是坦诚的，都会对世人讲真话；
而且那些有趣的秘密就是证明，
这种恐惧和虚弱，空虚的状态。
康拉德，我十分感激你。
康拉德：亲吻那只手吧，
我的皇帝，有丰厚的回报，

For a mere act of duty.
OTHO Thou art wrong;
For what can any man on earth do more?
We will make trial of your house's welcome,
My bright Auranthe!
CONRAD How is Friedburg honoured!
[Enter ETHELBERT and six Monks]
ETHELBERT The benison of heaven on your head,
Imperial Otho!
OTHO Who stays me? Speak! Quick!
ETHELBERT Pause but one moment, mighty conqueror,
Upon the threshold of this house of joy.
OTHO Pray, do not prose, good Ethelbert, but speak
What is your purpose.
ETHELBERT The restoration of some captive maids,
Devoted to Heaven's pious ministries,
Who, driven forth from their religious cells,
And kept in thraldom by our enemy,
When late this province was a lawless spoil,
Still weep amid the wild Hungarian camp,
Though hemmed around by thy victorious arms.
OTHO Demand the holy sisterhood in our name
From Gersa's tents. Farewell, old Ethelbert.
ETHELBERT The saints will bless you for this pious care.
OTHO Daughter, your hand; Ludolph's would fit it best.
CONRAD Ho! Let the music sound!
[Music. ETHELBERT raises his hands, as in benediction of OTHO. Exeunt severally. The scene closes on them]

Scene 3 The Country, with the Castle in the distance.
[Enter LUDOLPH and SIGIFRED]
LUDOLPH You have my secret; let it not be breath'd.
SIGIFRED Still give me leave to wonder that the Prince

仅仅是职责所在。
奥托：你错了；
人到底还能做些什么呢？
我们将考验你家的热情，
我聪明的欧兰特！
康拉德：弗里德堡荣幸之至！
【埃塞尔伯特和六个修道士登场】
埃塞尔伯特：上帝保佑，
奥托帝国永远强大！
奥托：谁挡我的道？说话！快！
埃塞尔伯特：稍等片刻，强大的征服者，
欢乐之门即将开启。
奥托：祈祷吧，别装作若无其事，好
埃塞尔伯特，告诉我你的目的。
埃塞尔伯特：归还部分女俘虏，
她们致力于天堂虔诚的营生，
从她们的宗教室被赶了出来，
并被敌人奴役，
这个地方很晚才成为法外之地，
仍然在狂野的军营中流泪，
尽管被胜利的臂膀缠住了。
奥托：以我们的名义要求保护那些基尔萨
帐篷中的宗教妇女。再见，老埃塞尔伯特。
埃塞尔伯特：圣徒会为您的虔诚照顾而祝福。
奥托：姑娘，你和鲁道夫最般配。
康拉德：嗬！奏乐！
【音乐响起。就像奥托的祝福一样，埃塞尔伯特举起了手，演员各自退场。布景结束】

布景3：乡村，距离城堡不远
【鲁道夫和西吉弗雷德出场】
鲁道夫：你要替我保密；别泄露出去。
西吉弗雷德：我仍然疑惑，王子

Ludolph and the swift Arab are the same;	鲁道夫和机灵的阿拉伯人是同一个人；
Still to rejoice that 'twas a German arm	仍然让德国人感到高兴
Death doing in a turbaned masquerade.	死在头巾化装舞会。
LUDOLPH The Emperor must not know it, Sigifred.	鲁道夫：皇帝一定不知道，西吉弗雷德。
SIGIFRED I prithee, why? What happier hour of time	西吉弗雷德：我求您，为什么？难道更快乐的时刻不是
Could thy pleased star point down upon from heaven	你满意的星星从天上降下
With silver index, bidding thee make peace?	带着银白色指针，向您预示和平安宁的时候吗？
LUDOLPH Still it must not be known, good Sigifred;	鲁道夫：仍然不为人所知，好西吉弗雷德；
The star may point oblique.	星星可能会指偏方向。
SIGIFRED If Otho knew	西吉弗雷德：如果奥托知道
His son to be that unknown Mussulman	他的儿子是那个不知名的穆斯林
After whose spurring heels he sent me forth,	就是他派我到处找寻的人，
With one of his well-pleased Olympian oaths,	还带着他令人愉快的奥林匹亚誓言，
The charters of man's greatness, at this hour	一个男人的伟大特许状，此时此刻
He would be watching round the castle walls,	他会看着四面城墙，
And, like an anxious warder, strain his sight	而且，就像一个焦虑的守护者，目力疲劳
For the first glimpse of such a son returned—	看到这个归来儿子的第一眼——
Ludolph, that blast of the Hungarians,	鲁道夫，匈牙利人突然暴乱，
That Saracenic meteor of the fight,	那次撒拉逊陨石之战，
That silent fury, whose fell scimitar	那沉默的愤怒，弯刀落下
Kept danger all aloof from Otho's head,	又保证危险远离奥托的头，
And left him space for wonder.	使他惊叹不已。
LUDOLPH Say no more.	鲁道夫：别再说了。
Not as a swordsman would I pardon claim,	但是作为儿子，
But as a son. The bronzed centurion,	我不能宽恕剑客。古铜色的百夫长，
Long toiled in foreign wars, and whose high deeds	在国外战争中辛辛苦苦，卓越战绩
Are shaded in a forest of tall spears,	被长矛森林遮蔽，
Known only to his troop, hath greater plea	只有他的部队知道，更大的愿望
Of favour with my sire than I can have.	是得到我父亲的恩惠。
SIGIFRED My lord, forgive me that I cannot see	西吉弗雷德：我的主人，原谅我看不见
How this proud temper with clear reason squares.	这种自负的脾气与清晰的思维如何相符。
What made you then, with such an anxious love,	是什么让你的爱如此焦虑，
Hover around that life, whose bitter days	徘徊在那痛苦的日子里
You vexed with bad revolt? Was't opium,	你为叛乱感到烦恼吗？是鸦片
Or the mad-fumèd wine? Nay, do not frown,	还是浓烈的葡萄酒？不，不要皱眉，

I rather would grieve with you than upbraid.
LUDOLPH I do believe you. No, 'twas not to make
A father his son's debtor, or to heal
His deep heart-sickness for a rebel child.
'Twas done in memory of my boyish days,
Poor cancel for his kindness to my youth,
For all his calming of my childish griefs,
And all his smiles upon my merriment.
No, not a thousand foughten fields could sponge
Those days paternal from my memory,
Though now upon my head he heaps disgrace.
SIGIFRED My Prince, you think too harshly—
LUDOLPH Can I so?
Hath he not galled my spirit to the quick?
And with a sullen rigour obstinate
Poured out a phial of wrath upon my faults?
Hunted me as a Tartar does the boar,
Driven me to the very edge o' the world,
And almost put a price upon my head?
SIGIFRED Remember how he spared the rebel lords.
LUDOLPH Yes, yes, I know he hath a noble nature
That cannot trample on the fallen. But his
Is not the only proud heart in his realm.
He hath wronged me, and I have done him wrong;
He hath loved me, and I have shown him kindness;
We should be almost equal.
SIGIFRED Yet, for all this,
I would you had appeared among those lords,
And taken his favour.
LUDOLPH Ha! Till now I thought
My friend had held poor Ludolph's honour dear.
What! Would you have me sue before his throne
And kiss the courtier's missal, its silk steps?
Or hug the golden housings of his steed,
Amid a camp, whose steelèd swarms I dared
But yesterday? And, at the trumpet sound,
Bow like some unknown mercenary's flag,

我宁愿让您训斥，也不愿您悲伤。
鲁道夫：我确实相信你。不，不要把
父亲当成儿子的债务人，要么治愈
他对一个叛逆孩子的心病。
我童年的记忆，
可怜地打消了他对我年轻的好意，
尽管他平息了我幼稚的悲伤，
他所有的笑容都源自我的快乐。
不，在不知多少次战斗中
我都会回忆起有父亲的那些日子
尽管我现在头顶着不光彩。
西吉弗雷德：亲爱的王子，你想得太多了——
鲁道夫：我可以这样想吗？
他难道不敢让我精神振奋吗？
带着沉闷严酷的固执
因我犯错爆发出一阵愤怒？
就像鞑靼人猎杀野猪一样，
把我推到世界的最边缘，
几乎要我付出代价吗？
西吉弗雷德：记住他是如何赦免叛军首领的。
鲁道夫：是的，是的，我知道他有高贵的天性
那就是不能践踏落难者。但是他的这点
是他领地上唯一值得骄傲之处。
他冤枉了我，我也误解了他。
他爱过我，我也对他很友好；
我们应该几乎平等。
西吉弗雷德：然而，尽管如此，
我想你会出现在那些领主之中，
并得到他的青睐。
鲁道夫：哈！直到现在我原以为
我的朋友会珍视可怜的鲁道夫的名声。
什么！你能让我在他的宝座前起诉
并亲吻朝臣的遗物，丝绸般的台阶吗？
或者拥抱他骏马的金色配饰，
在密集的兵营中，我竟敢于
但是昨天？而且，在喇叭声中，
像那未知的佣兵旗帜一样鞠躬，

And lick the soilèd grass? No, no, my friend,
I would not, I, be pardoned in the heap,
And bless indemnity with all that scum—
Those men I mean, who on my shoulders propped
Their weak rebellion, winning me with lies,
And pitying forsooth my many wrongs;
Poor self-deceivèd wretches, who must think
Each one himself a king in embryo,
Because some dozen vassals cried—'My Lord!'
Cowards, who never knew their little hearts,
Till flurried danger held the mirror up,
And then they owned themselves without a blush,
Curling, like spaniels, round my father's feet.
Such things deserted me and are forgiven,
While I, least guilty, am an outcast still,
And will be, for I love such fair disgrace.
SIGIFRED I know the clear truth; so would Otho see,
For he is just and noble. Fain would I
Be pleader for you—
LUDOLPH He'll hear none of it;
You know his temper, hot, proud, obstinate;
Endanger not yourself so uselessly.
I will encounter his thwart spleen myself,
To-day, at the Duke Conrad's, where he keeps
His crowded state after the victory,
There will I be, a most unwelcome guest,
And parley with him, as a son should do,
Who doubly loathes a father's tyranny;
Tell him how feeble is that tyranny;
How the relationship of father and son
Is no more valid than a silken leash
Where lions tug adverse, if love grow not
From interchangèd love through many years.
Ay, and those turreted Franconian walls,
Like to a jealous casket, hold my pearl—
My fair Auranthe! Yes, I will be there.
SIGIFRED Be not so rash; wait till his wrath shall pass,

一样卑微地乞求？不，不，我的朋友，
我不会被赦免，
并以所有泡沫祝福弥偿——
我是说那些人，在我面前推波助澜、
以卵击石之叛逆，以谎言赢得了我的信任，
怜悯我的许多错误；
自欺欺人的可怜之辈，必定想着
自己会是未来的国王，
因为大约有几十个封臣喊道——“我的主！”
懦夫，谁都不知道自己的小心思，
直到大祸临头，
他们便恬不知耻，
像西班牙猎狗一样，向父亲摇尾乞怜。
这些事使我冷落，却被原谅了，
虽然我罪责不大，但仍然是一个流浪的人，
而且将会如此，因为我喜欢这种公平的耻辱。
西吉弗雷德：我清楚真相；奥托也会，
因为他是公正而高尚的。我愿意
为您辩护——
鲁道夫：他什么都不会听的。
你知道他的脾气，暴躁、傲慢、固执；
别这样徒劳地伤害自己。
我自己会应付他的暴躁脾气，
今天，康拉德公爵的城堡
在胜利后一直是人山人海，
我将是最不受欢迎的客人，
还应作为儿子与父亲谈判，
而且他更讨厌父亲的专横；
告诉他那种专横有多脆弱；
父子关系
不如丝带结实
狮子也会互相为敌，如果不是
因为多年的共同生活使彼此互生关爱。
对，那建有塔楼的法兰克尼亚的城墙，
像个嫉妒的棺材一样，禁锢着我的宝贝——
美丽的欧兰特！是的，我一定要到那里。
西吉弗雷德：没那么莽撞，等他愤怒消散，

Until his royal spirit softly ebbs
Self-influenced; then, in his morning dreams
He will forgive thee, and awake in grief
To have not thy good morrow.
LUDOLPH Yes, today
I must be there, while her young pulses beat
Among the new-plumed minions of the war.
Have you seen her of late? No? Auranthe,
Franconia's fair sister, 'tis I mean.
She should be paler for my troublous days—
And there it is—my father's iron lips
Have sworn divorcement 'twixt me and my right.
SIGIFRED [aside] Auranthe! I had hoped this whim had passed.
LUDOLPH And, Sigifred, with all his love of justice,
When will he take that grandchild in his arms,
That, by my love I swear, shall soon be his?
This reconcilement is impossible,
For see—but who are these?
SIGIFRED They are messengers
From our great emperor; to you, I doubt not,
For couriers are abroad to seek you out.
[Enter THEODORE and GONFRID]
THEODORE Seeing so many vigilant eyes explore
The province to invite your highness back
To your high dignities, we are too happy.
GONFRID We have no eloquence to colour justly
The emperor's anxious wishes.
LUDOLPH Go. I follow you.
[Exeunt THEODORE and GONFRID]
I play the prude: it is but venturing—
Why should he be so earnest? Come, my friend,
Let us to Friedburg castle.

ACT II

Scene 1 An Antechamber in the Castle.
[Enter LUDOLPH and SIGIFRED]

直到他自己的皇室情绪退却；
然后，在他的晨梦中
他会原谅你，醒来后，没有悲伤，
那便是你的美好明天。
鲁道夫：是的，今天
我必须在那里，而她年轻的脉搏
和那羽翼未丰的士兵们一起跳动。
你最近见过她吗？没有？欧兰特，
法兰克尼亚的漂亮姐姐，我是说。
我不安分的日子里，她脸色应该更苍白——
也就是——我父亲放出狠话
发誓要将我的权利剥夺。
西吉弗雷德：【旁白】欧兰特！我真希望这种心血来潮已过去。
鲁道夫：而且，西吉弗雷德，他带着正义之爱，
把孙子抱在怀里时，
以我的爱，我发誓很快就会成为他的？
这种和解是不可能的，
看看——这些人是谁？
西吉弗雷德：他们是信使
来自我们的伟大皇帝；对你来说，我怀疑不是，
因为差役们正在外面寻找您。
【西奥多和贡弗里德出场】
西奥多：看到那么多警惕的眼睛在探查
此地，以恭请殿下您回去，
我们太高兴了。
贡弗里德：我们无法描述
皇帝的急切愿望。
鲁道夫：走。我随你去。
【贡弗里德和西奥多退场】
我不是装正经：但这只是冒险——
他为什么要如此认真？来吧，我的朋友，
让我们去弗里德堡城堡。

第二幕

布景1：城堡前厅
【鲁道夫和西吉弗雷德出场】

LUDOLPH No more advices, no more cautioning:
I leave it all to fate—to any thing!
I cannot square my conduct to time, place,
Or circumstance; to me 'tis all a mist!
SIGIFRED I say no more.
LUDOLPH It seems I am to wait
Here in the anteroom—that may be a trifle.
You see now how I dance attendance here,
Without that tyrant temper, you so blame,
Snapping the rein. You have medicined me
With good advices; and I here remain,
In this most honourable anteroom,
Your patient scholar.
SIGIFRED Do not wrong me, Prince.
By Heavens, I'd rather kiss Duke Conrad's slipper,
When in the morning he doth yawn with pride,
Than see you humbled but a half-degree!
Truth is, the Emperor would fain dismiss
The nobles ere he sees you.
[Enter GONFRID, from the Council-room]
LUDOLPH Well, sir! What?
GONFRID Great honour to the Prince! The Emperor,
Hearing that his brave son had re-appeared,
Instant dismissed the Council from his sight,
As Jove fans off the clouds. Even now they pass.
[Enter the Nobles from the Council-room. They cross the stage, bowing with respect to LUDOLPH, he frowning on them. CONRAD follows. Exeunt Nobles]
LUDOLPH Not the discoloured poisons of a fen,
Which he who breathes feels warning of his death,
Could taste so nauseous to the bodily sense
As these prodigious sycophants disgust
The soul's fine palate.
CONRAD Princely Ludolph, hail!
Welcome, thou younger sceptre to the realm!
Strength to thy virgin crownet's golden buds,

鲁道夫：不用禀报，不用警告：
我就听天由命——任何事情！
我无法让自己的行为与时间、地点、
或形势相适应；对我来说都是迷雾！
西吉弗雷德：我不多说了。
鲁道夫：似乎我要等待
在前厅里——这可能是小事一桩。
你现在看到我在这里的真实处境
没有暴君的坏脾气，你责怪我
失去对国家的控制。你开导我
用好的建议；我留在这里
在这个最光荣的前厅
你是位耐心的学者。
西吉弗雷德：殿下，请不要误解我。
苍天在上，我宁愿亲吻康拉德公爵的拖鞋，
在他清晨傲慢地打哈欠时，
也不愿看到你如此糟践自己！
事实是，皇帝在见到你前不会理会
那些贵族们。
【贡弗里德从议会大厅入场】
鲁道夫：先生！什么？
贡弗里德：王子非常荣幸！皇帝，
听说他的勇敢儿子再次出现，
马上解散了会议，
就像约夫驱散乌云。即便现在他们都到了。
【贵族们从议会大厅入场。他们穿过舞台，向鲁道夫鞠躬，鲁道夫皱着眉头。康拉德紧随其后。贵族们退场】
鲁道夫：不是沼泽里的变色毒药，
他呼吸着，感觉就是死亡的警告，
感觉到让人的身心厌恶
就像这一大群谄媚者
使灵魂感到一样恶心。
康拉德：鲁道夫王子，欢迎！
欢迎，恭迎年轻殿下莅临鄙下公国！
您威震四海，使此地蓬荜增辉，

That they, against the winter of thy sire,
May burst, and swell, and flourish round thy brows,
Maturing to a weighty diadem!
Yet be that hour far off; and may he live,
Who waits for thee, as the chapped earth for rain.
Set my life's star! I have lived long enough,
Since under my glad roof, propitiously,
Father and son each other re-possess.
LUDOLPH Fine wording, Duke! But words could never yet
Forestall the fates; have you not learnt that yet?
Let me look well—your features are the same;
Your gait the same; your hair of the same shade;
As one I knew some passèd weeks ago,
Who sung far different notes into mine ears.
I have mine own particular comments on't;
You have your own, perhaps.
CONRAD My gracious Prince,
All men may err. In truth I was deceived
In your great father's nature, as you were.
Had I known that of him I have since known,
And what you soon will learn, I would have turned
My sword to my own throat, rather than held
Its threatening edge against a good King's quiet:
Or with one word fevered you, gentle Prince,
Who seemed to me, as rugged times then went,
Indeed too much oppressed. May I be bold
To tell the Emperor you. Will haste to him?
[Exit CONRAD]
LUDOLPH Your Dukedom's privilege will grant so much.
He's very close to Otho, a tight leech!
Your hand—I go. Ha! here the thunder comes
Sullen against the wind! If in two angry brows
My safety lies, then Sigifred, I'm safe.
[Enter OTHO and CONRAD]
OTHO Will you make Titan play the lackey-page

它们可领略到殿下冬天般的威严，
您的威严爆发、扩大，并不断蓬勃发展，
日渐成熟！
可是盼您已久；并愿意活着，
等您光临，就像久旱遇甘露。
为我指明方向！我已经期盼很久
终于荣幸地迎来您大驾光临，
父子重新团聚。
鲁道夫：说得好，公爵！但是语言不可能

阻止命运；你还没悟出此理吗？
让我仔细看看——你的容貌丝毫未变；
你的步态一样；你的头发颜色相同
作为我几周前认识的人，
你今天的说话大相径庭。
我对此有自己看法；
也许你有自己的。
康拉德：我尊贵的王子，
所有人都可能犯错。其实我被骗了
就像殿下有和您伟大的父亲一样的天性。
自从我认识他以来，
而且您很快就会了解，我宁愿把刀
架在自己脖子上，也不会
危及我的好国王：
或让您激动的话一句也不说，文静的王子，
在我看来，你受难的时刻已经过去，
确实太折磨人了。我可以斗胆
告诉皇帝你的到来。马上去见他好吗？
【康拉德退场】
鲁道夫：您的公国将得到很多特权。

他很亲近奥托，就像一只贴身水蛭！
搭把手——我走。哈！风伴着一声闷雷！
如果我的安全取决于那两行愤怒的眉毛，
那么，西吉弗雷德，我就安全了。
【奥托和康拉德出场】
奥托：你能让巨人当仆人吗？

To chattering pigmies? I would have you know
That such neglect of our high Majesty
Annuls all feel of kindred. What is son—
Or friend, or brother, or all ties of blood—
When the whole kingdom, centred in ourself,
Is rudely slighted? Who am I to wait?
By Peter's chair! I have upon my tongue
A word to fright the proudest spirit here! —
Death! —And slow tortures to the hardy fool,
Who dares take such large charter from our smiles!

Conrad, we would be private. Sigifred!
Off! And none pass this way on pain of death!
[Exeunt CONRAD and SIGIFRED]
LUDOLPH This was but half expected, my good sire,
Yet I am grieved at it, to the full height,
As though my hopes of favour had been whole.
OTHO How you indulge yourself! What can you hope for?
LUDOLPH Nothing, my liege; I have to hope for nothing.
I come to greet you as a loving son,
And then depart, if I may be so free,
Seeing that blood of yours in my warm veins
Has not yet mitigated into milk.
OTHO What would you, sir?
LUDOLPH A lenient banishment;
So please you let me unmolested pass
This Conrad's gates, to the wide air again.
I want no more. A rebel wants no more.
OTHO And shall I let a rebel loose again
To muster kites and eagles 'gainst my head?
No, obstinate boy, you shall be kept caged up,
Served with harsh food, with scum for Sunday-drink.
LUDOLPH Indeed!
OTHO And chains too heavy for your life:
I'll choose a gaoler, whose swart monstrous face
Shall be a hell to look upon, and she—

去喋喋不休地谈论侏儒？我会让你知道
如此忽视我们高贵的陛下
废除所有血统。儿子是什么——
朋友、兄弟或所有血缘关系——
当整个王国以我们自己为中心时，
是无礼地怠慢吗？我要等谁？
在彼得的椅子旁！我要说句话
吓唬这里最傲慢的精灵！——
死亡！——慢慢折磨这蛮横的傻瓜，
他居然敢从我们的微笑之中
拿走这么大的特权！
康拉德，我们这是私下见面。西吉弗雷德！
下去！没有人能这样痛苦地死掉！
【西吉弗雷德和康拉德退场】
鲁道夫：我的好陛下，这是我的一半期望，
但是我对此感到非常忧虑，
尽管我寄予的是全部希望。
奥托：你这么迁就自己！你期待什么呢？
鲁道夫:没什么，我的君主。我什么也不期盼。
我是作为忠诚的儿子来向您致意，
然后离开，如果我能如愿的话，
就看在您的血液在我温暖的血管中
流淌的分上。
奥托：先生，你想怎么样？
鲁道夫：宽大的放逐；
所以请你让我毫发无损
通过康拉德的大门，再次回到广阔的天空。
其他都不要。一个叛逆者不需要什么。
奥托：我再次放虎归山
来取我的项上人头？
不，任性的男孩，你该被关进笼子，
供你粗茶淡饭，星期天喝浮渣剩酒。
鲁道夫：真的吗！
奥托：锁链对于你的生活来说太重：
我要选个看守，此人须是凶神恶煞
来看护地狱，而且她——

LUDOLPH Ha!
OTHO Shall be your fair Auranthe.
LUDOLPH Amaze! Amaze!
OTHO Today you marry her.
LUDOLPH This is a sharp jest!
OTHO No. None at all. When have I said a lie?
LUDOLPH If I sleep not, I am a waking wretch.
OTHO Not a word more. Let me embrace my child.
LUDOLPH I dare not. 'Twould pollute so good a father!
O heavy crime! That your son's blinded eyes
Could not see all his parent's love aright,
As now I see it. Be not kind to me—
Punish me not with favour.
OTHO Are you sure,
Ludolph, you have no saving plea in store?
LUDOLPH My father, none!
OTHO Then you astonish me.
LUDOLPH No, I have no plea. Disobedience,
Rebellion, obstinacy, blasphemy,
Are all my counsellors. If they can make
My crooked deeds show good and plausible,
Then grant me loving pardon, but not else,
Good Gods! Not else, in any way, my liege!
OTHO You are a most perplexing, noble boy.
LUDOLPH You not less a perplexing noble father.
OTHO Well, you shall have free passport through the gates.
Farewell!
LUDOLPH Farewell! and by these tears believe,
And still remember, I repent in pain
All my misdeeds!
OTHO Ludolph, I will! I will!
But, Ludolph, ere you go, I would inquire
If you, in all your wandering, ever met
A certain Arab haunting in these parts.
LUDOLPH No, my good lord, I cannot say I did.

鲁道夫：哈！
奥托：她就是你美丽的欧兰特。
鲁道夫：惊奇！惊奇！
奥托：今天你就娶她为妻。
鲁道夫：这就是个大玩笑！
奥托：不，完全不是。我何时说过谎？
鲁道夫：我这是大白天说梦话。
奥托：别再说了。让我拥抱我的孩子。
鲁道夫：我不敢。这会玷污一个好父亲！
哦，重罪！你儿子瞎了眼
看不清他父亲的大爱，
就在此刻我明白了。别对我太宽容——
别用宠爱惩罚我。
奥托：你确定吗？
鲁道夫，你没有其他请求吗？
鲁道夫：我的父亲，没有！
奥托：那你就让我很惊讶。
鲁道夫：不，我没有要求。抗命、
叛逆、固执、亵渎，
都是我的顾问。如果他们可以
使我的放纵行为变好、变合理，
那么，请赐予我关爱和宽恕，除此之外，
天哪！别无选择，我的君主！
奥托：你是个非常有想法、优秀的男孩。
鲁道夫：您也是一位思想丰富、伟大的父亲。
奥托：好吧，你可以自由出入大门。
再见！
鲁道夫：再见！通过这些眼泪相信，
同时也记得，我在痛苦中悔改
我所有的罪行！
奥托：鲁道夫，我会的！我会！
但是，鲁道夫，在你走之前，我想问你
在流浪时是否遇到过
一个在这一带出没的阿拉伯人。
鲁道夫：没有，我的主人，我无法说我见过。

OTHO Make not your father blind before his time;
Nor let these arms paternal hunger more
For an embrace, to dull the appetite
Of my great love for thee, my supreme child!
Come close, and let me breathe into thine ear.
I knew you through disguise. You are the Arab!
You can't deny it. [Embracing him]
LUDOLPH Happiest of days!
OTHO We'll make it so.
LUDOLPH 'Stead of one fatted calf
Ten hecatombs shall bellow out their last,
Smote 'twixt the horns by the death-stunning mace
Of Mars, and all the soldiery shall feast
Nobly as Nimrod's masons, when the towers
Of Nineveh new kissed the parted clouds!

OTHO Large as a God speak out, where all is thine.
LUDOLPH Ay, father, but the fire in my sad breast
Is quenched with inward tears! I must rejoice
For you, whose wings so shadow over me
In tender victory, but for myself
I still must mourn. The fair Auranthe mine!
Too great a boon! I prithee let me ask
What more than I know of could so have changed
Your purpose touching her?
OTHO At a word, this:
In no deed did you give me more offence
Than your rejection of Erminia.
To my appalling, I saw too good proof
Of your keen-eyed suspicion—she is naught!
LUDOLPH You are convinced?
OTHO Ay, spite of her sweet looks.
O, that my brother's daughter should so fall!
Her fame has passed into the grosser lips
Of soldiers in their cups.

奥托：别让为父在有生之年蒙在鼓里；
也不要让父亲得不到渴望的拥抱，
那样便会减少
我对你至爱的欲望，我优秀的孩子！
靠近一点，让我感受一下你的呼吸。
我透过伪装已认出你。你就是那位阿拉伯人！
你不能否认。【拥抱他】
鲁道夫：最幸福的日子！
奥托：我们会做到的。
鲁道夫：那会胜过设宴庆祝
成批百牲祭牛将发出最后的吼叫，
两角间被战神的致命钉头锤击中，
所有士兵将尽情地饱餐一顿
就像宁录[1]的共济会成员一样
那些尼尼微高高的古老塔楼
轻拂升腾的彩云并将其隔开！
奥托：神一般的慷慨陈词，凡事皆有。
鲁道夫：啊，父亲，可我悲伤的胸中之火
被内心的泪水淬灭！我必须为您喝彩，
他们的身影如翅翼萦绕在我
易痛的胜利中，但就我而言
我仍然必须哀悼。我的美人欧兰特！
太棒了！我请问一下
我不知道什么改变了
您对她的看法？
奥托：简而言之：
你拒绝艾米妮亚公主
并不算冒犯我。
令我震惊的是，也是我看到的事实
你非常怀疑——怀疑她一无是处！
鲁道夫：您确信吗？
奥托：噢，尽管她外表甜美。
哦，我哥的女儿就这么失势！
她的名声已经传开并成为
士兵茶余饭后嘴里的谈资。

1　宁录（Nimrod）：这里指勇敢的猎人。

LUDOLPH 'Tis very sad.
OTHO No more of her, Auranthe—Ludolph, come!
This marriage be the bond of endless peace! [Exeunt]

鲁道夫：这的确令人伤心。
奥托：不再谈她了，欧兰特——鲁道夫，快来！
这桩婚姻是永久和平的纽带！【退场】

Scene 2 The Entrance of GERSA's Tent in the Hungarian Camp.

布景 2：匈牙利军营基尔萨的帐篷口

[Enter ERMINIA]
ERMINIA Where! Where! Where shall I find a messenger?
A trusty soul? A good man in the camp?
Shall I go myself? Monstrous wickedness!
O cursed Conrad! Devilish Auranthe!
Here is proof palpable as the bright sun!
O for a voice to reach the Emperor's ears!
[Shouts in the Camp]
[Enter an Hungarian Captain]
CAPTAIN Fair prisoner, you hear those joyous shouts?
The king—ay, now our king—but still your slave,
Young Gersa, from a short captivity
Has just returned. He bids me say, bright Dame,
That even the homage of his rangèd chiefs
Cures not his keen impatience to behold
Such beauty once again. What ails you, lady?
ERMINIA Say, is not that a German, yonder? There!
CAPTAIN Methinks by his stout bearing he should be—
Yes—it is Albert; a brave German knight,
And much in the Emperor's favour.
ERMINIA I would fain
Inquire of friends and kinsfolk, how they fared
In these rough times. Brave soldier, as you pass
To royal Gersa with my humble thanks,
Will you send yonder knight to me?
CAPTAIN I will. [Exit]

【艾米妮亚出场】
艾米妮亚：哪里！在哪里！我在哪可以找到一个信使？
可信赖的人？此营中的好人？
我要自己去吗？太邪恶！
该死的康拉德！可恶的欧兰特！
证据就像灿烂的阳光那样明显！
哦，但愿消息能传到皇帝那儿！
【营地的呐喊声】
【一名匈牙利上尉出场】
上尉：美丽的囚犯，你能听到
那些欢呼声吗？
国王——是的，现在是我们的国王——但仍然是您的奴隶，
年轻的基尔萨，被短暂囚禁后刚回来。
他一直跟我说，聪明的夫人，
即便酋长首领们对他敬意有加
也不能消除他强烈的急切之心
要再次见到这样的美人。夫人，您怎么了？
艾米妮亚：喂，那不是德国人吗？那边？
那里！
上尉：我以为那魁梧的身材应该是他——
是的——他就是阿尔伯特；
一位英勇的德意志骑士，
且大受皇帝的青睐。
艾米妮亚：我很乐意
向他打探朋友和亲戚的情况，他们在这艰难的时期过得如何。勇士，随你过去
向基尔萨王子表达衷心感谢，
你会给我派名骑士吗？
上尉：会的。【退场】

ERMINIA Yes, he was ever known to be a man
Frank, open, generous; Albert I may trust.
O proof! Proof! Proof! Albert's an honest man;
Not Ethelbert the monk, if he were here,
Would I hold more trustworthy. Now!
[Enter ALBERT]
ALBERT Good Gods!
Lady Erminia! Are you prisoner
In this beleaguered camp? Or are you here
Of your own will? You pleased to send for me.
By Venus, 'tis a pity I knew not
Your plight before and, by her son, I swear
To do you every service you can ask.
What would the fairest—?
ERMINIA Albert, will you swear?
ALBERT I have. Well?
ERMINIA Albert, you have fame to lose.
If men, in court and camp, lie not outright,
You should be, from a thousand, chosen forth
To do an honest deed. Shall I confide—?
ALBERT Ay, anything to me, fair creature. Do;
Dictate my task. Sweet woman—
ERMINIA Truce with that.
You understand me not; and, in your speech,
I see how far the slander is abroad.
Without proof could you think me innocent?
ALBERT Lady, I should rejoice to know you so.
ERMINIA If you have any pity for a maid,
Suffering a daily death from evil tongues;
Any compassion for that Emperor's niece,
Who, for your bright sword and clear honesty,
Lifted you from the crowd of common men
Into the lap of honour—save me, knight!
ALBERT How? Make it clear; if it be possible,
I, by the banner of Saint Maurice, swear
To right you.
ERMINIA Possible! —Easy. O my heart!

艾米妮亚：是的，他曾经是个男子汉
坦率、外向、慷慨；阿尔伯特，我也许可以信任。
啊，证明！证明！证明！阿尔伯特是个诚实的人；不是僧侣埃塞尔伯特说的那样，如果他在此，我会更加信赖他。就现在！
【阿尔伯特出场】
阿尔伯特：我的天哪！
艾米妮亚小姐！您是被困在这个营地的囚犯
吗？还是您自愿留在这里？你乐意过来找我。
苍天可见，遗憾我之前不知道
您的困境，对天发誓，我可以
随时为您提供任何服务。
最美丽的小姐，您要帮什么吗——？
艾米妮亚：阿尔伯特，你会发誓吗？
阿尔伯特：我已起誓。呃？
艾米妮亚：阿尔伯特，你会失去名声。
如果男士在法庭和营地上撒谎、不坦率，
您是我千条汉子中精挑细选的君子，
要完成一项正直的大事。我可以托付你吗——？
阿尔伯特：啊，任何事都行，美丽的小姐。请吩咐；请发指令，甜美的女士——
艾米妮亚：停战吧。
你不懂我；而且，从你的话中
我明白了国外的诽谤有多大。
没有证据，您会相信我是清白的吗？
阿尔伯特：小姐，我愿意相信您的清白。

艾米妮亚：如果您同情一位姑娘，
因日常谣言而死；
如果您同情皇帝的侄女，
为了您的利剑和诚实，
请求您不要听信他人
——骑士，帮帮我！
阿尔伯特：怎么帮？请明示；如果可能的话
我，在圣莫里斯的旗帜下发誓
还你清白。
艾米妮亚：可能！——简单。啊，我的心！

This letter's not so soiled but you may read it—
Possible! There—that letter! Read—read it.
[Gives him a letter]
ALBERT [reads it] 'To the Duke Conrad. —Forget the threat you made at parting, and I will forget to send the Emperor letters and papers of yours I have become possessed of. His life is no trifle to me; his death you shall find none to yourself.' [Speaks to himself] 'Tis me
—My life that's pleaded for! [Reads] 'He, for his own sake, will be dumb as the grave. Erminia has my shame fixed upon her, sure as a wen. We are safe. Auranthe.'
A she-devil! A dragon! I her imp!
Fire of Hell! Auranthe—lewd demon!
Where got you this? Where? When?
ERMINIA I found it in the tent, among some spoils
Which, being noble, fell to Gersa's lot.
Come in, and see. [They go in and return]
ALBERT Villainy! Villainy!
Conrad's sword, his corselet, and his helm,
And his letter. Caitiff, he shall feel—
ERMINIA I see you are thunderstruck. Haste, haste away!
ALBERT O I am tortured by this villainy.
ERMINIA You needs must be. Carry it swift to Otho;
Tell him, moreover, I am prisoner
Here in this camp, where all the sisterhood,
Forced from their quiet cells, are parcelled out
For slaves among these Huns. Away! Away!
ALBERT I am gone.
ERMINIA Swift be your steed! Within this hour
The Emperor will see it.
ALBERT Ere I sleep:
That I can swear. [Hurries out]
GERSA [without] Brave captains! Thanks. Enough
Of loyal homage now!
[Enter GERSA]

这封信不是很脏，但您可以读一读
可能！在那里——那封信！读一读。
【把信给他】
阿尔伯特：【读信】“致康拉德公爵。——忘掉你离别时所面临的威胁，我会忘记寄给皇帝我带的信件和文件。他的生活对我来说绝非小事；他的死，你会发现对你自己没有价值。”
【自言自语】这就是我
——这就是我祈求的生活！【读】“他，为了自己，他会保持沉默。艾米妮亚的确使我感到羞耻，她就像烂疮一样。我们很安全，欧兰特。”
她是恶魔！一头怪兽！我是小鬼帮凶！
地狱之火！欧兰特——淫荡的恶魔！
你这是哪里来的？哪里？什么时候？
艾米妮亚：我在帐篷废物中发现的，
高贵的，这落到了基尔萨身上。
进来看看【他们进去又返回】
阿尔伯特：你们干的好事！罄竹难书！
康拉德的剑、腰带和头盔，
还有他的信。凯蒂夫，他会感到——
艾米妮亚：我看你很震惊。赶快，赶紧离开！

阿尔伯特：噢，我被这个恶棍折磨了。
艾米妮亚：您需要的是。迅速带信给奥托；
告诉他，我被囚禁在
这个营地，所有的姐妹，
被迫从安静的牢房分离出来，
被当作奴隶和匈奴人关在一起。快走！快走！
阿尔伯特：我走了。
艾米妮亚：骑上您的快马！
皇帝很快就会看到它。
阿尔伯特：在我睡觉之前：
我可以发誓。【匆忙离去】
基尔萨：【在帐篷外】勇敢的军官们！谢谢。
足够忠诚的敬意！
【基尔萨出场】

ERMINIA Hail, royal Hun!
GERSA What means this, fair one? Why in such alarm?
Who was it hurried by me so distract?
It seemed you were in deep discourse together;
Your doctrine has not been so harsh to him
As to my poor deserts. Come, come, be plain.
I am no jealous fool to kill you both,
Or, for such trifles, rob the adorned world
Of such a beauteous vestal.
ERMINIA I grieve, my Lord,
To hear you condescend to ribald phrase.
GERSA This is too much! Hearken, my lady pure!
ERMINIA Silence! And hear the magic of a name—
Erminia! I am she—the Emperor's niece!
Praised be the Heavens, I now dare own myself!
GERSA Erminia! Indeed! I've heard of her.
Prithee, fair lady, what chance brought you here?
ERMINIA Ask your own soldiers.
GERSA And you dare own your name.
For loveliness you may—and for the rest
My vein is not censorious.
ERMINIA Alas! Poor me!
'Tis false indeed.
GERSA Indeed you are too fair:
The swan, soft leaning on her fledgy breast,
When to the stream she launches, looks not back
With such a tender grace; nor are her wings
So white as your soul is, if that but be
Twin-picture to your face. Erminia!
Today, for the first day, I am a king,
Yet would I give my unworn crown away
To know you spotless.
ERMINIA Trust me one day more,
Generously, without more certain guarantee,
Than this poor face you deign to praise so much;
After that, say and do whate'er you please.

艾米妮亚：您好，王子殿下！
基尔萨：这是什么意思，美人？为什么这样吃惊？
是谁如此分散我的注意力？
你们刚刚似乎在一起深谈；
你对他说的没有那么严重
对于我贫瘠的沙漠而言。来吧，来，简单点。
我不是嫉妒的傻瓜要把你俩杀掉，
或者，为了琐事，抢劫世界上
如此美丽的贵族姑娘。
艾米妮亚：殿下，我感到悲伤，
听到你屈从于粗俗的语言。
基尔萨：这太过分了！听着，我纯洁的女士！
艾米妮亚：别出声！听听名字的魔力——
艾米妮亚！我是她——皇帝的侄女！
苍天在上，我现在敢于公开身份！
基尔萨：艾米妮亚！的确！我听说过她。
漂亮的女士，请问您怎么会在这里？
艾米妮亚：问您自己的士兵。
基尔萨：你敢公开自己的名字。
就您的魅力——还有其他方面
我的血脉不是很正宗。
艾米妮亚：唉！可怜的我啊！
的确是错误的。
基尔萨：的确，你太美丽了，
如天鹅般，依偎着柔软蓬松的胸部，
当她一飞而上时，从不回头
那样温柔典雅；她的翅膀也不及
您的灵魂那样纯洁，如果一样
就是漂亮的双胞胎。艾米妮亚！
今天，第一天，我是国王，
然而我宁可丢掉未戴的王冠
也愿意认识一尘不染的你。
艾米妮亚：再相信我一天，
慷慨一点，在没有其他保证时，
就以您谬赞的这张脸为证；
在此之后，听由您处置。

If I have any knowledge of you, sir,
I think, nay I am sure, you will grieve much
To hear my story. O be gentle to me,
For I am sick and faint with many wrongs,
Tired out, and weary-worn with contumelies.
GERSA Poor lady!
[Enter ETHELBERT]
ERMINIA Gentle prince, 'tis false indeed.
Good morrow, holy father! I have had
Your prayers, though I looked for you in vain.
ETHELBERT Blessings upon you, daughter! Sure you look
Too cheerful for these foul pernicious days.
Young man, you heard this virgin say 'twas false—
'Tis false, I say. What! Can you not employ
Your temper elsewhere, 'mong these burly tents,
But you must taunt this dove, for she hath lost
The Eagle Otho to beat off assault?
Fie! Fie! But I will be her guard myself;
In the Emperor's name, I here demand of you
Herself, and all her sisterhood. She false!
GERSA Peace! Peace, old man! I cannot think she is.
ETHELBERT Whom I have known from her first infancy,
Baptized her in the bosom of the Church,
Watched her, as anxious husbandmen the grain,
From the first shoot till the unripe mid-May,
Then to the tender ear of her June days,
Which, lifting sweet abroad its timid green,
Is blighted by the touch of calumny;
You cannot credit such a monstrous tale.
GERSA I cannot. Take her. Fair Erminia,
I follow you to Friedburg—is't not so?
ERMINIA Ay, so we purpose.
ETHELBERT Daughter, do you so?
How's this? I marvel! Yet you look not mad.
ERMINIA I have good news to tell you, Ethelbert.
GERSA Ho! Ho, there! Guards!

先生，如果我对您有所了解，
我想，而且我相信，您一定会很悲伤
听完我的故事。哦，对我好一点，
因为我病了，因许多不公正而虚弱，
疲惫不堪，疲惫不堪。
基尔萨：可怜的女士！
【埃塞尔伯特出场】
艾米妮亚：温柔的王子，确实是假的。
晨间好，圣父！我已经得到
您的祝福，尽管我曾徒劳地寻找您。
埃塞尔伯特：祝福你，女儿！确保你
在这些肮脏不幸的日子里看上去愉快。

年轻人，你听到这个姑娘说错了——
我说，是假的。什么！你能否
在这些结实的帐篷里不发脾气，
但是你定是嘲弄这只鸽子，因为她失去了
雄鹰般奥托的保护？
嘿！嘿！不过我自己将成为她的守护者。
我以皇帝的名义在这里要求你
她自己，以及她所有的姐妹。她是假的！
基尔萨:和平！和平，老人家！我认为她不是。
我从婴儿期开始就认识她
在教堂里为她施的洗礼，
看着她，彼时焦急的百姓在播种，
从童年到中年
然后到她长大，
她甜美、胆怯、清纯，
因为谣言被带到国外；
你无法相信这个可怕的故事。
基尔萨：我不能。带她去。美丽的艾米妮亚，
我跟你去弗里德堡——不行吗？
艾米妮亚：好的，所以我们目标一致。
埃塞尔伯特：女儿，是吗？
这样行吗？我赞叹！不过你看起来并不生气。
艾米妮亚：我有好消息告诉你，埃塞尔伯特。
基尔萨：哈！在那里！守卫们！

Your blessing, father! Sweet Erminia,
Believe me, I am well nigh sure—
ERMINIA Farewell!
Short time will show.
[Enter Chiefs]
Yes, father Ethelbert,
I have news precious as we pass along.
ETHELBERT Dear daughter, you shall guide me.
ERMINIA To no ill.
GERSA Command an escort to the Friedburg lines.
[Exeunt Chiefs]
Pray let me lead. Fair lady, forget not
Gersa, how he believed you innocent.
I follow you to Friedburg with all speed.
[Exeunt]

圣父，祝福吧！甜蜜的艾米妮亚，
相信我，我几乎可以肯定——
艾米妮亚：再见！
不久我们就会见面。
【首领们登场】
是的，埃塞尔伯特圣父，
我们路过时得到宝贵的消息。
埃塞尔伯特：亲爱的女儿，你带路吧。
艾米妮亚：祝您顺利。
基尔萨：派人护送到弗里德堡防线。
【首领们退场】
请随我来。美丽的小姐，别忘基尔萨，
他相信您的清白。
我全速陪您前往弗里德堡。
【退场】

ACT III

Scene 1 The Country.

[Enter ALBERT]
ALBERT O that the earth were empty, as when Cain
Had no perplexity to hide his head!
Or that the sword of some brave enemy
Had put a sudden stop to my hot breath,
And hurled me down the illimitable gulf
Of times past, unremembered! Better so
Than thus fast-limèd in a cursèd snare,
The limbo of a wanton. This the end
Of an aspiring life! My boyhood passed
In feud with wolves and bears, when no eye saw
The solitary warfare, fought for love
Of honour 'mid the growling wilderness.
My sturdier youth, maturing to the sword,
Won by the siren-trumpets, and the ring
Of shields upon the pavement, when bright-mailed
Henry the Fowler passed the streets of Prague.
Was't to this end I louted and became
The menial of Mars, and held a spear

第三幕

布景 1：乡村

【阿尔伯特出场】
阿尔伯特：大地空空荡荡，就像该隐
无处掩饰自己一样！
还是勇敢的敌人的剑
突然阻止了我的呼吸，
并把我扔下无限的鸿沟
过去的时光，不记得了！这样更好
因此，比起陷入禁区的快军，该死的圈套
肆意的边缘。有抱负的生活
这就结束了！我的童年过去了
在旷野与咆哮的狼和熊争执中，
在没人看得到的
只为爱好荣誉而战中过去了。
我那更坚强的青年，成熟到用剑，
不断获胜，伴随着号角
和人行道上的圆环盾牌，
还有亨利福勒穿过布拉格的街道。
最后，我便屈从成为
战神的奴隶，并手持长矛

Swayed by command, as corn is by the wind?	像玉米一样，随风而动吗？
Is it for this, I now am lifted up	为此，我现在被提升了
By Europe’s thronèd Emperor, to see	在欧洲的皇帝面前
My honour be my executioner—	我很荣幸成为刽子手——
My love of fame, my prided honesty	我爱的名声，引以为豪的诚实
Put to the torture for confessional?	遭受着忏悔的折磨？
Then the damned crime of blurting to the world	然后向世人突然道出这该死的罪行
A woman’s secret! —though a fiend she be,	女人的秘密！——尽管她是一个恶魔，
Too tender of my ignominious life—	我可耻的生活太不稳定了——
But then to wrong the generous Emperor	但是后来就冤枉了慷慨的皇帝
In such a searching point, were to give up	在这样的搜寻点，我的足球灵魂
My soul for football at Hell’s holiday!	在地狱假日，被放弃了！
I must confess—and cut my throat—today?	我必须忏悔——割喉——今天？
Tomorrow? Ho! Some wine!	明天？嗬！喝酒吧！
[Enter SIGIFRED]	【西吉弗雷德出场】
SIGIFRED A fine humour—	西吉弗雷德：一个小幽默——
ALBERT Who goes there? Count Sigifred? Ha! Ha! Ha!	阿尔伯特：谁去那里？伯爵？哈！哈！哈！
SIGIFRED What, man, do you mistake the hollow sky	西吉弗雷德：什么，哥们，你是误把空旷的天空当作拥挤的小酒馆——把树桩
For a thronged tavern—and these stubbed trees	当作旧式的脚手架——我，
For old serge hangings—me, your humble friend,	您卑微的朋友，
For a poor waiter? Why, man, how you stare!	当作可怜的服务生？为什么，哥们，你怎么凝视！
What gipsies have you been carousing with?	你一直在和什么吉卜赛人痛饮？
No, no more wine; methinks you’ve had enough.	不，不能再喝了；你已经喝得太多了。
ALBERT You well may laugh and banter. What a fool	阿尔伯特：你可能会开怀大笑。真是个蠢材
An injury may make of a staid man!	保守的人可能会受伤！
You shall know all anon.	你马上会全部知道。
SIGIFRED Some tavern brawl?	西吉弗雷德：在小酒馆吵架了吗？
ALBERT ’Twas with some people out of common reach;	阿尔伯特：和一些无法企及的人在一起；
Revenge is difficult.	报复很难。
SIGIFRED I am your friend;	西吉弗雷德：我是你的朋友；
We meet again today, and can confer	今天我们又见面，可以商谈
Upon it. For the present I’m in haste.	此事。就目前而言，我很着急。
ALBERT Whither?	阿尔伯特：为什么？

SIGIFRED To fetch King Gersa to the feast.
The Emperor on this marriage is so hot,
Pray Heaven it end not in apoplexy!
The very porters, as I passed the doors,
Heard his loud laugh, and answered in full choir.
I marvel, Albert, you delay so long
From these bright revelries; go, show yourself,
You may be made a duke.
ALBERT Ay, very like:
Pray, what day has his Highness fixed upon?
SIGIFRED For what?
ALBERT The marriage. What else can I mean?
SIGIFRED Today! O, I forgot, you could not know;
The news is scarce a minute old with me.
ALBERT Married today! Today! You did not say so?

西吉弗雷德：为了请基尔萨国王参加盛宴。
这场婚礼皇帝非常热心，
祈求上天，不要突然中止了！
当我经过门时，那些搬运工们，
听到他大声笑，并由全副合唱队伴奏。
我很惊奇，艾伯特，你好久没有
参加这种光鲜的狂欢了；去，露露面，
你可能会被加封公爵。
阿尔伯特：啊，非常可能：
祈祷，殿下定于哪一天？
西吉弗雷德：为什么？
阿尔伯特：结婚。我还能说什么？
西吉弗雷德：今天！哦，我忘了，你不知道；
我也是刚刚得到此喜讯。
阿尔伯特：今天结婚了！今天！你没这么说吗？

SIGIFRED Now, while I speak to you, their comely heads
Are bowed before the mitre.
ALBERT O! Monstrous!
SIGIFRED What is this?
ALBERT Nothing, Sigifred. Farewell!
We'll meet upon our subject. Farewell, count!
[Exit]
SIGIFRED Is this clear-headed Albert? He brain-turned!
'Tis as portentous as a meteor. [Exit]

西吉弗雷德：现在，当我与你交谈时，他们漂亮的头颅
在向主教鞠躬。
阿尔伯特：噢！太奇怪了！
西吉弗雷德：什么事？
阿尔伯特：没事。再见！
我们将继续我们的话题。再见，等着吧！
【退场】
西吉弗雷德：这阿尔伯特头脑清醒吗？他的想法变了！
就像流星一样预示着什么。【退场】

Scene 2 An Apartment in the Castle.

[Enter, as from the Marriage, OTHO, LUDOLPH, AURANTHE, CONRAD, Nobles, Knights, Ladies, etc. Music]

OTHO Now, Ludolph! Now, Auranthe! Daughter fair!
What can I find to grace your nuptial day
More than my love, and these wide realms in fee?

LUDOLPH I have too much.

布景2：城堡中一寓所

【奥托、鲁道夫、欧兰特、康拉德、贵族、骑士、女士等离开婚礼，出场，音乐响起】

奥托：现在，鲁道夫！现在，欧兰特！我美丽的女儿！
除了爱和这广阔的领土，我还能为你们的结婚之日添点什么光彩呢？
鲁道夫：我拥有的太多了。

AURANTHE And I, my liege, by far.
LUDOLPH Auranthe! I have! O, my bride, my love!

Not all the gaze upon us can restrain
My eyes, too long poor exiles from thy face,
From adoration, and my foolish tongue
From uttering soft responses to the love
I see in thy mute beauty beaming forth!
Fair creature, bless me with a single word!
All mine!
AURANTHE Spare, spare me, my Lord; I swoon else.
LUDOLPH Soft beauty! By tomorrow I should die,
Wert thou not mine. [They talk apart]
FIRST LADY How deep she has bewitched him!
FIRST KNIGHT Ask you for her receipt for love philtres.
SECOND LADY They hold the Emperor in admiration.
OTHO If ever king was happy, that am I!
What are the cities 'yond the Alps to me,
The provinces about the Danube's mouth
The promise of fair sail beyond the Rhone;
Or routing out of Hyperborean hordes,
To these fair children, stars of a new age?
Unless perchance I might rejoice to win
This little ball of earth, and chuck it them
To play with!
AURANTHE Nay, my Lord, I do not know.
LUDOLPH Let me not famish.
OTHO [to Conrad] Good Franconia,
You heard what oath I sware, as the sun rose,
That unless Heaven would send me back my son,
My Arab, no soft music should enrich
The cool wine, kissed off with a soldier's smack;
Now all my empire, bartered for one feast,
Seems poverty.
CONRAD Upon the neighbour-plain
The heralds have prepared a royal lists;
Your knights, found war-proof in the bloody field,

欧兰特：我也是，陛下，到目前为止。
鲁道夫：欧兰特！我也拥有了你！哦，我的新娘，我的爱人！
不是所有的目光都可以约束我的眼睛，
太漫长可怜的流放使我看不到你，
人们崇拜你，而我笨嘴拙舌
无法回应温柔的爱意
我看到你光彩照人！
美人，说句祝福我的话！
全都是我的！
欧兰特：殿下，请饶恕我；我已欣喜若狂。
鲁道夫：温柔的美人！永远爱你，
永不分离。【他们分别说道】
第一位女士：她深深地迷住了他！
第一位骑士：请您提供爱的信物。
第二位女士：新婚伉俪令皇帝赞美。
奥托：如果历代国王很幸福，那我也是！
对我来说，阿尔卑斯山以外的城市，
多瑙河河口所在的地方，
跨越罗纳河航行的许诺；
或北极一带奔驰的畜群，
对这些可爱的孩子，新时代的明星，
它们都是什么呢？
如果可能我会为赢得
这个小地球而高兴，并和他们一起把玩！
欧兰特：不，我的主，我不知道。
鲁道夫：让我不要太期待。
奥托：（对康拉德）法兰克尼亚真好，
你听好我发誓，太阳升起时，
除非天堂把我儿子送回，
我的阿拉伯人，轻音乐亦无法
使凉爽的酒变得可口，带着士兵的亲吻；
现在我的帝国上下只为了一场盛宴，
似乎贫穷。
康拉德：在旁边的平原上
先驱们已经准备了一份皇家清单。
您的骑士，在血腥的战场上发现了抗战能力，

Speed to the game.
OTHO Well, Ludolph, what say you?
LUDOLPH My lord!
OTHO A tourney?
CONRAD Or, if't please you best—
LUDOLPH I want no more!
FIRST LADY He soars!
SECOND LADY Past all reason.
LUDOLPH Though heaven's choir
Should in a vast circumference descend
And sing for my delight, I'd stop my ears!
Though bright Apollo's car stood burning here,
And he put out an arm to bid me mount,
His touch an immortality, not I!
This earth, this palace, this room, Auranthe!
OTHO This is a little painful; just too much.
Conrad, if he flames longer in this wise,
I shall believe in wizard-woven loves
And old romances; but I'll break the spell.
Ludolph!
CONRAD He'll be calm, anon.
[A sennet heard faintly]
LUDOLPH You called?
Yes, yes, yes, I offend. You must forgive me;
Not being quite recovered from the stun
Of your large bounties. A tourney, is it not?
CONRAD The trumpets reach us.
ETHELBERT [without] On your peril, sirs,
Detain us!
FIRST VOICE [without] Let not the Abbot pass.

SECOND VOICE [without] No,
On your lives!
FIRST VOICE [without] Holy father, you must not.
ETHELBERT [without] Otho!
OTHO Who calls on Otho?
ETHELBERT [without] Ethelbert!

正加速取胜。
奥托：好吧，鲁道夫，你要说什么？
鲁道夫：陛下！
奥托：比武大赛？
康拉德：或者，如果能让你最开心，
鲁道夫：我什么都不要了！
第一位女士：他在飞翔！
第二位女士：尽一切可能。
鲁道夫：虽然天堂的唱诗班
应该在广阔的周围降落凡间
为我的快乐而唱歌，我会洗耳恭听！
尽管光亮的阿波罗的座驾在这里燃烧着，
他伸出手臂要我乘其坐骑，
他的抚摸不朽，不是我！
是这个地球，这个宫殿，这个房间，欧兰特！
奥托：这有点痛苦。太多了。
康拉德，如果他的智慧火花越旺，
我便会相信巫师编织的爱情
和古老的恋情；但我会破解咒语。
鲁道夫！
康拉德：他会保持镇定，很快。
【隐约听到短号声】
鲁道夫：您叫的吗？
是，是，是，我冒犯了。你必须原谅我
没有从昏迷中恢复过来
您的大赏赐。比赛，不是吗？
康拉德：我们听到了短号声。
埃塞尔伯特：【在寓所外】先生们，有危险，
留住我们！
第一个声音：【在寓所外】不要让修道院院长过去。
第二个声音：【在寓所外】不，用你们的生命保障！
第一个声音：【在寓所外】圣父，您一定不能。
埃塞尔伯特：【在寓所外】奥托！
奥托：谁喊奥托？
埃塞尔伯特：【在寓所外】埃塞尔伯特！

OTHO Let him come in.
[Enter ETHELBERT leading in ERMINIA]
Thou cursèd Abbot, why
Hast brought pollution to our holy rites?
Hast thou no fear of hangmen, or the faggot?
LUDOLPH What portent—what strange prodigy is this?
CONRAD Away!
ETHELBERT You, Duke?
ERMINIA Albert has surely failed me!
Looked at the Emperor's brow upon me bent!
ETHELBERT A sad delay!
CONRAD Away, thou guilty thing!
ETHELBERT You again, Duke? Justice, most noble Otho!
You—go to your sister there and plot again,
A quick plot, swift as thought to save your heads;
For lo! The toils are spread around your den,
The world is all agape to see dragged forth
Two ugly monsters.
LUDOLPH What means he, my lord?
CONRAD I cannot guess.
ETHELBERT Best ask your lady sister,
Whether the riddle puzzles her beyond
The power of utterance.
CONRAD Foul barbarian, cease:
The Princess faints!
LUDOLPH Stab him! O, sweetest wife!
[Attendants bear off AURANTHE]
ERMINIA Alas!
ETHELBERT Your wife?
LUDOLPH Ay, Satan! Does that yerk ye?
ETHELBERT Wife! So soon!
LUDOLPH Ay, wife! O, impudence!
Thou bitter mischief! Venomous bad priest!
How darest thou lift those beetle brows at me?
Me—the prince Ludolph, in this presence here,

奥托：让他进来。
【艾米妮亚引领埃塞尔伯特登场】
你个该诅咒的修道院院长，
为什么玷污我们的圣洁仪式？
您就不怕被绞死或者烧死吗？
鲁道夫：什么预兆——是什么古怪的异兆？
康拉德：赶快走开！
埃塞尔伯特：你呢，公爵？
艾米妮亚：阿尔伯特肯定令我失望了！
看着皇帝的眉头弯向我！
埃塞尔伯特：延误时机太让人难过了！
康拉德：走开，你有罪！
埃塞尔伯特：你再说一次，公爵？正义，最崇高的奥托！
你——去你姐姐那里再行密谋，
快速编造情节，以为可以保命。
瞧瞧！你的老巢充斥着圈套，
世人会瞠目结舌
当两个丑陋的怪物原形毕露。
鲁道夫：阁下，他是什么意思？
康拉德：我猜不到。
埃塞尔伯特：最好问你的姐姐，
谜语是否使她困惑不解
话语的力量。
康拉德：肮脏的野蛮人，停止：
公主晕倒了！
鲁道夫：刺死他！哦，我最亲爱的妻子！
【随从送欧兰特离开】
艾米妮亚：哎呀！
埃塞尔伯特：你的妻子吗？
鲁道夫：嗨，恶魔！那个东西攻击你了吗？
埃塞尔伯特：妻子！这么快！
鲁道夫：哎，妻子！哦，无礼！
你恶作剧！蛇蝎般的坏牧师！
你胆敢抬起那甲虫般的眉毛看我？
我——鲁道夫王子，当面，

Upon my marriage-day, and scandalize
My joys with such opprobrious surprise?
Wife! Why dost linger on that syllable,
As if it were some demon's name pronounced
To summon harmful lightning, and make yawn
The sleepy thunder? Hast no sense of fear?
No ounce of man in thy mortality?
Tremble! for, at my nod, the sharpened axe
Will make thy bold tongue quiver to the roots,
Those grey lids wink, and thou not know it, monk!
ETHELBERT O, poor deceivèd Prince! I pity thee!

Great Otho! I claim justice—
LUDOLPH Thou shalt have 't!
Thine arms from forth a pulpit of hot fire
Shall sprawl distracted! O that that dull cowl
Were some most sensitive portion of thy life,
That I might give it to my hounds to tear!
Thy girdle some fine zealous-painèd nerve
To girth my saddle! And those devil's beads
Each one a life, that I might, every day,
Crush one with Vulcan's hammer!
OTHO Peace, my son;
You far outstrip my spleen in this affair.
Let us be calm, and hear the abbot's plea
For this intrusion.
LUDOLPH I am silent, sire.
OTHO Conrad, see all depart not wanted here.
[Exeunt Knights, Ladies, etc.]
Ludolph, be calm. Ethelbert, peace awhile.
This mystery demands an audience
Of a just judge, and that will Otho be.
LUDOLPH Why has he time to breathe another word?
OTHO Ludolph, old Ethelbert, be sure, comes not

To beard us for no cause; he's not the man
To cry himself up an ambassador

在我结婚之日，造谣诽谤
使我的喜悦蒙受这可耻的意外？
妻子！为什么要纠缠只言片语，
那好像是恶魔的名字
召唤有害的闪电，制造哈欠般
昏昏欲睡的雷声？没恐惧感吗？
不怕要命吗？
颤抖吧！只要我点头，削尖的斧头
会使你胆大妄为的舌头颤抖到根，
使那些灰色的眼睑眨巴，你不知道，和尚！
埃塞尔伯特：哦，可怜的王子！你受骗了，我可怜你！
奥托大帝！我主张正义——
鲁道夫：你不应该！
从烈火熊熊的讲坛伸出你的双臂
蔓延分心！哦，那个沉闷的斗篷
是你一生中最敏感的部分，
我可以让猎狗把它撕成碎片！
用你腰神经的细丝
编制我的马鞍！那些魔鬼的珠子
每个一条命，我每天都可以
用伏尔甘的锤子砸碎一个！
奥托：平静，我的儿子；
在这件事上，你的坏脾气比我的还要大。
让我们保持冷静，听听修道院长的恳求
这次为何扰乱。
鲁道夫：陛下，我沉默。
奥托：康拉德，请所有不相关的人离场。
【骑士和女眷等退场】
鲁道夫，冷静点。埃塞尔伯特，请稍等片刻。
这个谜需要一位观众来做出公正的裁决
奥托将是合适的人选。
鲁道夫：为什么还能轮到他再次说话呢？
奥托：鲁道夫，老埃塞尔伯特，肯定，不是
无缘无故地顶撞我们；他不是那个声称
自己是大使的人
却没有递交国书。

Without credentials.
LUDOLPH I'll chain up myself.
OTHO Old Abbot, stand here forth. Lady Erminia,
Sit. And now, Abbot! What have you to say?
Our ear is open. First we here denounce
Hard penalties against thee, if 't be found
The cause for which you have disturbed us here,
Making our bright hours muddy, be a thing
Of little moment.
ETHELBERT See this innocent!
Otho! Thou father of the people called,
Is her life nothing? Her fair honour nothing?

鲁道夫：我将束缚自己。
奥托:老修道院长，上前站到这里。艾米妮亚，
坐下。现在，修道院长！你要说什么？
我们洗耳恭听。首先我们要谴责
并对你进行严厉处罚，
如果找不到
你在这里打扰我们的原因，
让我们的美好时光变得混乱
浪费我们的时间。
埃塞尔伯特：瞧这个天真的人！
奥托！你是人民口中的国父啊，
她的生命一文不值吗？她的名誉不算什么吗？

Her tears from matins until even-song
Nothing? Her burst heart nothing? Emperor!
Is this your gentle niece—the simplest flower
Of the world's herbal—this fair lily blanched
Still with the dews of piety, this meek lady
Here sitting like an angel newly-shent,
Who veils its snowy wings and grows all pale—
Is she nothing?
OTHO What more to the purpose, Abbot?
LUDOLPH Whither is he winding?
CONRAD No clue yet!
ETHELBERT You have heard, my liege, and so, no doubt, all here,
Foul, poisonous, malignant whisperings;
Nay open speech, rude mockery grown common,
Against the spotless nature and clear fame
Of the Princess Erminia, your niece.
I have intruded here thus suddenly,
Because I hold those base weeds, with tight hand,

她黎明祈祷时在哭泣，没什么？
她心碎了，没什么？皇帝！
这是你那温柔的侄女吗？世界上最淳朴的
花朵——而这朵洁白的百合却变得苍白了
虔诚的露珠在上面滚动，这位温柔的女士
像刚受辱的天使一样坐在这里，
谁遮住了它雪白的翅膀，面色苍白
她什么都不是？
奥托：还有什么目的，修道院长？
鲁道夫：他为什么纠缠？
康拉德：还没有头绪！
埃塞尔伯特:陛下，您已经听说了，毫无疑问，
都在这里，
所有肮脏的、有毒的、恶意的流言；
从不公开的言语、粗鲁的嘲笑变得普遍，
都是针对本质纯洁和名声清白的
艾米妮亚公主，你的侄女。
我突然闯入这里，
因为我用手紧紧握住那些基础杂草，

Which now disfigure her fair growing stem,
Waiting but for your sign to pull them up
By the dark roots, and leave her palpable,
To all men's sight, a lady, innocent.

现在，它毁掉了她长得还不错的茎，
等待着，只待您把它们拔起
顺着那些黑根，留给她应有的清白，
在所有人眼中，
她都是纯洁的姑娘。

The ignominy of that whispered tale
About a midnight gallant, seen to climb
A window to her chamber neighboured near,
I will from her turn off, and put the load
On the right shoulders; on that wretch's head,
Who, by close stratagems, did save herself,
Chiefly by shifting to this lady's room
A rope-ladder for false witness.
LUDOLPH Most atrocious!
OTHO Ethelbert, proceed.
ETHELBERT With sad lips I shall:
For, in the healing of one wound, I fear
To make a greater. His young highness here
Today was married.
LUDOLPH Good.
ETHELBERT Would it were good!
Yet why do I delay to spread abroad
The names of those two vipers, from whose jaws
A deadly breath went forth to taint and blast
This guileless lady?
OTHO Abbot, speak their names.
ETHELBERT A minute first. It cannot be—but may
I ask, great judge, if you today have put
A letter by unread?
OTHO Does 't end in this?
CONRAD Out with their names!
ETHELBERT Bold sinner, say you so?
LUDOLPH Out, tedious monk!
OTHO Confess, or by the wheel—
ETHELBERT My evidence cannot be far away;
And, though it never come, be on my head
The crime of passing an attaint upon
The slanderers of this virgin.
LUDOLPH Speak aloud!
ETHELBERT Auranthe, and her brother there.
CONRAD Amaze!
LUDOLPH Throw them from the windows!

那个私底下编造的谎言
大约午夜时分，有人被看见攀爬
靠近她的房间的窗户，
我会从她身上关掉，然后把负载
放在右肩上；在那可恶的头上，
谁通过亲密策略确实救了自己，
主要是转移到这位女士的房间
假证人的绳梯。
鲁道夫：最恶劣的行径！
奥托：埃塞尔伯特，继续说。
埃塞尔伯特：我满含悲伤：
因为，在伤口愈合过程中，我害怕
在伤口上撒盐。年轻的殿下
今天结婚了
鲁道夫：好。
埃塞尔伯特：会很好吗！
但是我为什么要推迟到以后公开
这两个毒蛇的名字，他们嘴巴里
致命的一口气就会玷污和摧毁
这位诚实的女士？
奥托：修道院长，说出他们的名字。
埃塞尔伯特：稍等。我不能——但是
我可以问一问，伟大的法官，你今天是否收到
一封拆读的信？
奥托：难道这就是最后结果吗？
康拉德：把他们的名字说出来！
埃塞尔伯特：无耻的罪人，你也这么说吗？
鲁道夫：说出来，讨厌的修道士！
奥托：坦白，或死在车轮之下——
埃塞尔伯特：我的证据近在咫尺；
而且，尽管它永远不会来，但在我这
诽谤者要玷污这位处女就是犯罪。

鲁道夫：大声说！
埃塞尔伯特：欧兰特和她的兄弟在那里。
康拉德：太让人震惊了！
鲁道夫：把它们从窗户扔出去！

OTHO Do what you will!
LUDOLPH What shall I do with them?
Something of quick dispatch, for should she hear,
My soft Auranthe, her sweet mercy would
Prevail against my fury. Damnèd priest!
What swift death wilt thou die? As to the lady
I touch her not.
ETHELBERT Illustrious Otho, stay!
An ample store of misery thou hast,
Choke not the granary of thy noble mind
With more bad bitter grain, too difficult
A cud for the repentance of a man
Grey-growing. To thee only I appeal,
Not to thy noble son, whose yeasting youth
Will clear itself, and crystal turn again.
A young man's heart, by Heaven's blessing, is
A wide world, where a thousand new-born hopes

Empurple fresh the melancholy blood:
But an old man's is narrow, tenantless
Of hopes, and stuffed with many memories,
Which, being pleasant, ease the heavy pulse—
Painful, clog up and stagnate. Weight this matter
Even as a miser balances his coin;
And, in the name of mercy, give command
That your knight Albert be brought here before you.
He will expound this riddle; he will show
A noon-day proof of bad Auranthe's guilt.
OTHO Let Albert straight be summoned.
[Exit one of the Nobles]
LUDOLPH Impossible!
I cannot doubt—I will not—no—to doubt
Is to be ashes! —withered up to death!
OTHO My gentle Ludolph, harbour not a fear;
You do yourself much wrong.
LUDOLPH O, wretched dolt!
Now, when my foot is almost on thy neck,

奥托：放手去干吧！
鲁道夫：我该怎么处理他们？
她应该很快就会听到一些消息，
我温柔的欧兰特，她的慈悲心
会融化我的愤怒。该死的牧师！
您会死于什么暴亡？至于那位女士
我不碰她。
埃塞尔伯特：杰出的奥托，留下来！
你有很多苦难，
不要让你那高尚的思想苦味更加糟，
太难了，为不断成熟人的悔改而欢呼。
我只请求您，
而不是您高尚的儿子，
年轻人成长时将清者自清，
会脱颖而出。
在上帝的庇佑下，
年轻人的心就是一个广阔的世界，
一千个新生的希望
用新鲜的忧郁气质调养：
但是老人心胸狭窄，没有理想希望，
充满许多回忆，
令人愉快的是，这会减轻心理负担——
痛苦，阻塞还有停滞。权衡这件事
即使守财奴也能够平衡其钱财。
并且，以怜悯的名义发出命令
将您的骑士艾伯特带到您这里。
他将解开这个谜底。他将能使
坏人欧兰特的罪行大白于天下。
奥托：召唤阿尔伯特。
【一名贵族退场】
鲁道夫：不可能！
我不会怀疑——我不会——不——怀疑
即便化为灰烬！——海枯石烂也不怀疑！
奥托：我温柔的鲁道夫，不要恐惧。
你错怪自己了。
鲁道夫：噢，可怜的笨蛋！
现在，我的脚就要踩到你脖子上了，

Wilt thou infuriate me? Proof! Thou fool!	你还激怒我吗？证据！你这个笨蛋！
Why wilt thou tease impossibility	你为什么要拿不可能的事情开玩笑
With such a thick-skulled persevering suit?	还如此固执己见？
Fanatic obstinacy! Prodigy!	死顽固！死神童！
Monster of folly! Ghost of a turned brain!	愚蠢的怪物！转脑鬼！
You puzzle me—you haunt me—when I dream	在我做梦时，你迷惑我——你困扰我——
Of you my brain will split! Bald sorcerer!	并使你我的大脑崩裂！你个秃头巫师！
Juggler! May I come near you? On my soul	把戏精！我可以靠近你吗？我正在想
I know not whether to pity, curse, or laugh.	我真不知道该怜悯、诅咒还是嘲笑你。
[Enter ALBERT, and the Nobleman]	【阿尔伯特和贵族出场】
Here, Albert, this old phantom wants a proof!	过来，阿尔伯特，这个老幽灵要证据！
Give him his proof! A camel's load of proofs!	给他证据！大把的证据！
OTHO Albert, I speak to you as to a man	奥托：阿尔伯特，
Whose words once uttered pass like current gold;	我把你当成一个男子汉跟你说话！ 你的话要像金子一样掷地有声；
And therefore fit to calmly put a close	这有利于平息这个短暂的风波。
To this brief tempest. Do you stand possessed	你确实掌握了不利于
Of any proof against the honourableness	我们新婚女儿欧兰特女士
Of Lady Auranthe, our new-spoused daughter?	声誉的证据？
ALBERT You chill me with astonishment. How's this?	阿尔伯特：您把我惊出一身冷汗。 怎么回事？
My Liege, what proof should I have 'gainst a fame	陛下，我拿什么证据才能摆脱这种子虚乌有的
Impossible of slur? [OTHO rises]	玷污名声的诽谤？【奥托站了起来】
ERMINIA O wickedness!	艾米妮亚：哦，邪恶！
ETHELBERT Deluded monarch, 'tis a cruel lie.	埃塞尔伯特：蒙蔽了君主，这是一个残酷的 谎言。
OTHO Peace, rebel-priest!	奥托：安静，叛乱牧师！
CONRAD Insult beyond credence!	康拉德：对信任的严重玷污！
ERMINIA Almost a dream!	艾米妮亚：简直就是一场梦！
LUDOLPH We have awaked from	鲁道夫：我们从一个愚蠢的梦中醒来
A foolish dream that from my brow hath wrung	愤怒的露珠在我的眉间扭动。
A wrathful dew. O folly! Why did I	哦，笨蛋！我为什么
So act the lion with this silly gnat?	要用这种愚蠢的蚊子扮演狮子呢？
Let them depart. Lady Erminia!	让他们离开。艾米妮亚小姐！
I ever grieved for you, as who did not?	我曾经为您伤心，谁不会呢？
But now you have, with such a brazen front,	但现在，您如此无耻的前线之行，
So most maliciously, so madly striven	如此歹毒，如此疯狂的努力

To dazzle the soft moon, when tenderest clouds
Should be unlooped around to curtain her;
I leave you to the desert of the world
Almost with pleasure. Let them be set free
For me! I take no personal revenge
More than against a nightmare, which a man
Forgets in the new dawn. [Exit Ludolph]
OTHO Still in extremes! No, they must not be loose.

ETHELBERT Albert, I must suspect thee of a crime

So fiendish—
OTHO Fear'st thou not my fury, monk?
Conrad, be they in your safe custody
Till we determine some fit punishment.
It is so mad a deed, I must reflect
And question them in private; for perhaps,
By patient scrutiny, we may discover
Whether they merit death, or should be placed
In care of the physicians.
[Exeunt OTHO and Nobles, ALBERT following]
CONRAD My guards, ho!
ERMINIA Albert, wilt thou follow there?
Wilt thou creep dastardly behind his back,
And shrink away from a weak woman's eye?
Turn, thou court-Janus! Thou forget'st thyself;
Here is the Duke, waiting with open arms,
[Enter Guards]
To thank thee; here congratulate each other;
Wring hands; embrace; and swear how lucky 'twas
That I, by happy chance, hit the right man
Of all the world to trust in.
ALBERT Trust! To me!
CONRAD [aside] He is the sole one in this mystery.
ERMINIA Well, I give up, and save my prayers for

使柔和的月亮炫目，最薄的云彩
也在她的周围落幕；
我非常乐意把您留在沙漠之中。
让他们自由吧
为了我！我不计个人恩怨
权当一场噩梦，男子汉会
在黎明时忘记噩梦。【鲁道夫退场】
奥托：仍然处于极端状态！不，他们一定不能被放走。
埃塞尔伯特：阿尔伯特，我必须怀疑你这是犯罪
如此险恶——
奥托：您不害怕我的愤怒吗，修道士？
康拉德，你负责看管他们
直到我确定如何惩罚他们。
这太疯狂了，我必须回头
私下审问他们；因为也许，
耐心审查后，我们会发现
他们该处死，还是该治疗。

【奥托和贵族退场，阿尔伯特紧跟其后】
康拉德：我的守卫，你们好！
艾米妮亚：阿尔伯特，您会跟去那里吗？
你卑鄙地巴结他，
让弱女子也小觑你？
你变了，谄媚的贾努斯[1]！你忘记自己是谁；
公爵大人到，张开双臂等待，
【守卫出场】
感谢你；在这里互相祝贺吧；
握手；拥抱；并发誓有幸
碰巧碰上合适的人
全世界最信赖的人。
阿尔伯特：相信我！
康拉德：【旁白】他是谜中唯一的知情者。
艾米妮亚：好吧，我放弃，并保留对天堂的

1 贾努斯（Janus）：（古罗马的）两面神，也指门神。

Heaven!
You, who could do this deed, would ne'er relent,
Though, at my words, the hollow prison-vaults
Would groan for pity.
CONRAD Manacle them both!
ETHELBERT I know it—it must be—I see it all!

Albert, thou art the minion!
ERMINIA Ah! too plain—
CONRAD Silence! Gag up their mouths! I cannot bear
More of this brawling. That the Emperor
Had placed you in some other custody!
Bring them away. [Exeunt all but ALBERT]
ALBERT Though my name perish from the book of honour,
Almost before the recent ink is dry,
And be no more remembered after death,
Than any drummer's in the muster-roll;
Yet shall I season high my sudden fall
With triumph o'er that evil-witted duke!
He shall feel what it is to have the hand
Of a man drowning, on his hateful throat.
[Enter GERSA and SIGIFRED]
GERSA What discord is at ferment in this house?
SIGIFRED We are without conjecture; not a soul
We met could answer any certainty.
GERSA Young Ludolph, like a fiery arrow, shot
By us.
SIGIFRED The Emperor, with crossed arms, in thought.
GERSA In one room music, in another sadness,
Perplexity everywhere!
ALBERT A trifle mere!
Follow; your presences will much avail
To tune our jarrèd spirits. I'll explain. [Exeunt]

祈祷！
如此卑鄙之人永远不会有恻隐之心，
不过，以我而言，空旷的监狱地牢
会因遗憾而呻吟。
康拉德：铐上他们俩！
埃塞尔伯特：我知道——这一定是——我看到了一切！
艾伯特，你就是奴才！
艾米妮亚：啊！太简单了——
康拉德：沉默！把他们的嘴堵上！我不能再容忍这种争吵。皇帝
会将您交由其他人看管！
带他们走。【除阿尔伯特外，全部退场】
阿尔伯特：尽管我名字将会从荣誉册上消失，
几乎是在新墨汁变干之前，
而且死后不再被记住，
就像鼓手从海员名单中消失一样；
不过我会随时随地突然蒸发掉的
一旦那个邪恶狡诈的公爵得势！
他会像溺水者抓住最后一根稻草一样
抓住他可恶的喉咙。
【基尔萨和西吉弗雷德出场】
基尔萨：这房子里有什么不和谐之处？
西吉弗雷德：我们猜不到。
我们没有见到一个人可以确定地回答问题。
基尔萨：年轻的鲁道夫，像火热的箭一样
被我们射了出去。
西吉弗雷德：皇帝正双臂交叉在思考。
基尔萨：几家欢乐几家愁，
到处都充满着困惑！
阿尔伯特：琐事而已！
您的光临将非常有利于
我们调动的情绪。我会解释的。【退场】

ACT IV

Scene 1 AURANTHE's Apartment.

[AURANTHE and CONRAD discovered]

CONRAD Well, well, I know what ugly jeopardy

We are caged in; you need not pester that
Into my ears. Prithee, let me be spared
A foolish tongue, that I may bethink me
Of remedies with some deliberation.
You cannot doubt but 'tis in Albert's power
To crush or save us?

AURANTHE No, I cannot doubt.
He has, assure yourself, by some strange means,
My secret; which I ever hid from him,
Knowing his mawkish honesty.

CONRAD Cursed slave!

AURANTHE Ay, I could almost curse him now myself.
Wretched impediment! Evil genius!
A glue upon my wings, that cannot spread,
When they should span the provinces! A snake,
A scorpion, sprawling on the first gold step,
Conducting to the throne, high canopied.

CONRAD You would not hear my counsel, when his life
Might have been trodden out, all sure and hushed;
Now the dull animal forsooth must be
Entreated, managed! When can you contrive
The interview he demands?

AURANTHE As speedily
It must be done as my bribed woman can
Unseen conduct him to me; but I fear
'Twill be impossible, while the broad day
Comes through the panes with persecuting glare.
Methinks, if 't now were night I could intrigue
With darkness, bring the stars to second me,
And settle all this trouble.

CONRAD Nonsense! Child!

第四幕

布景 1：欧兰特寓所

【欧兰特和康拉德出场】

康拉德：好吧，好吧，我知道我们眼下是什么难堪的危险处境；
你不必给我说这些。
求你，别让我再听你唠叨，
让我好好想想有什么补救措施。
你不会怀疑，
只有阿尔伯特的威力能够毁掉或者拯救我们？

欧兰特：不，我不会怀疑。
放心，他以某种奇怪方式保证保守
我的秘密；我曾经向他隐瞒的秘密，
我一直了解他那种令人厌恶的诚实。

康拉德：该诅咒的奴隶！

欧兰特：哦，我自己现在都要诅咒他了。
可怜的障碍！邪恶的天才！
我翅膀有胶水，无法展开，
他们本应穿越那些地方！像一条蛇，
一只蝎子，已经开启了坚实的第一步，
笨拙地爬向那带有高高华盖的宝座。

康拉德：你不听到我的忠告，

要小心解决掉他，一切须稳妥，不出声；
现在这个笨蛋肯定
在想办法，求见你！你要谋划
按其要求接见吗？

欧兰特：我买通的女人很快会悄悄地把他带到我这；
但大白天的，
我担心他不可能在众目睽睽之下
穿过窗格。
我想，如果现在是晚上，我会趁黑用计，
借着星光，
解决所有这些麻烦。

康拉德：废话！孩子！

See him immediately; why not now?
AURANTHE Do you forget that even the senseless doorposts
Are on the watch and gape through all the house?
How many whisperers there are about,
Hungry for evidence to ruin me;
Men I have spurned, and women I have taunted?
Besides, the foolish prince sends, minute whiles,
His pages—so they tell me—to inquire
After my health, entreating, if I please,
To see me.
CONRAD Well, suppose this Albert here;
What is your power with him?
AURANTHE He should be
My echo, my taught parrot! But I fear
He will be cur enough to bark at me;
Have his own say; read me some silly creed
'Bout shame and pity.
CONRAD What will you do then?
AURANTHE What I shall do, I know not: what I would
Cannot be done; for see, this chamber-floor
Will not yield to the pick-axe and the spade—
Here is no quiet depth of hollow ground.
CONRAD Sister, you have grown sensible and wise,
Seconding, ere I speak it, what is now,
I hope, resolved between us.
AURANTHE Say, what is 't?
CONRAD You need not be his sexton too: a man
May carry that with him shall make him die
Elsewhere—give that to him; pretend the while
You will tomorrow succumb to his wishes,
Be what they may, and send him from the Castle

On some fool's errand; let his latest groan
Frighten the wolves!
AURANTHE Alas! He must not die!
CONRAD Would you were both hearsed up in stifling lead!

马上见他；为什么不现在就见？
欧兰特：你忘了，就连无意识的门柱

都在注视着整个房子吗？
附近不知有多少造谣者，
渴望获得毁灭我的证据；
我拒绝过的男人，我嘲笑过的女人？
此外，愚蠢的王子会在片刻之间到来，
他的侍卫们——他们告诉我——要向我问安，
如果我乐意，
要来见我。
康拉德：好吧，假设这个艾伯特在此；
你有什么手段对付他？
欧兰特：他本该是
我的回声，我的鹦鹉！但我担心
他会像杂狗那样冲我咆哮；
有自己的发言权；给我读一些愚蠢的信条
什么羞耻与怜悯。
康拉德：那你会怎么办？
欧兰特：我怎么办，我不知道：我做什么
都不行；瞧，即使这房间的地板
也不会屈从于铁斧和铁锹——
这空旷地面的深处也是暗流涌动。
康拉德：姐姐，您变得明睿而明智，
其次，我说的是现在，
我希望，在我们之间解决。
欧兰特：说，什么？
康拉德：你也不必做他的杂役，一个男人
愿他随身携带都会要他的命
随时随地——交给他；假装一阵子
就说你明天便会随他愿望，
随他们愿，将他送出城堡
随便派个什么差事；
让他用最新的吟声
吓退群狼！
欧兰特：唉！他不该死！
康拉德：你希望你们俩都被扼杀吗？

Detested—
AURANTHE Conrad, hold! I would not bear
The little thunder of your fretful tongue,
Though I alone were taken in these toils,
And you could free me; but remember, sir,
You live alone in my security:
So keep your wits at work, for your own sake,
Not mine, and be more mannerly.
CONRAD Thou wasp!
If my domains were emptied of these folk,
And I had thee to starve—
AURANTHE O, marvellous!
But Conrad, now be gone; the host is looked for;
Cringe to the Emperor, entertain the lords.
And, do ye mind, above all things, proclaim
My sickness, with a brother's saddened eye,
Condoling with Prince Ludolph. In fit time
Return to me.
CONRAD I leave you to your thoughts. [Exit]
Auranthe's pride!
AURANTHE [sola] Down, down, proud temper! Down,

Why do I anger him when I should kneel?
Conrad! Albert! Help! Help! What can I do?

O wretched woman! Lost, wrecked, swallowed up,
Accursèd, blasted! O, thou golden crown,
Or bing along the serene firmament
Of a wide empire, like a glowing moon;
And thou, bright sceptre! Lustrous in my eyes—
There—as the fabled fair Hesperian tree,
Bearing a fruit more precious! Graceful thing,
Delicate, godlike, magic! Must I leave
Thee to melt in the visionary air,
Ere, by one grasp this common hand is made
Imperial? I do not know the time
When I have wept for sorrow; but methinks

讨厌——
欧兰特：康拉德，稍等！我受不了
你这种说话的口气，
尽管我独自处于这煎熬之中，
你让我自己待会儿；但记住，先生，
你是我唯一的安全依靠：
因此，为了自己，继续发挥聪明才智，
不是为我，要更加斯文。
康拉德：你就是一只黄蜂！
如果我的公国中没有这群人，
我就让你饿死——
欧兰特：噢，真不可思议！
不过康拉德，现在就离开；去找主人；
去奉承皇帝，对付好诸位贵族。
而且，你记住，首要的是宣称
我病了，你要带着兄弟的悲伤，
安慰鲁道夫亲王。合适的时间
回来见我。
康拉德：我离开后你好好想一想。【退场】
我骄傲的欧兰特！
欧兰特：【独自说道】平静，平静，自负的脾气！
平静下来，
为什么我在应屈服时还激怒他？
康拉德！阿尔伯特！帮我！帮我！我怎
么办？
哦，可怜的女人！迷失，毁灭，吞噬，
被诅咒，被咒骂！哦，你的金冠冕，
环绕着宁静的天穹
在广阔的帝国中，如发光的月亮；
而你，光明的权杖！我眼中的光泽——
那里——就像传说中美丽的西方树，
结出的果实更珍贵！这高雅的东西，
精美，似神，魔幻！我必须放手
让你融化在虚幻的空气中，
而此前，这只普通手就可以变成皇室的？
我不知道何时
我要为悲伤而哭泣；不过我想

I could now sit upon the ground, and shed
Tears, tears of misery. O, the heavy day!
How shall I bear my life till Albert comes?
Ludolph! Erminia! Proofs! O heavy day!
Bring me some mourning weeds, that I may 'tire
Myself, as fits one wailing her own death:
Cut off these curls, and brand this lily hand,
And throw these jewels from my loathing sight—
Fetch me a missal, and a string of beads—
A cup of bittered water, and a crust—
I will confess, O holy Abbot! —How!
What is this? Auranthe! Thou fool, dolt,
Whimpering idiot! Up! Up! And quell!
I am safe! Coward! Why am I in fear?
Albert! He cannot stickle, chew the cud
In such a fine extreme—impossible!
Who knocks?
[Goes to the door, listens, and opens it]
[Enter ALBERT]
Albert, I have been waiting for you here
With such an aching heart, such swooning throbs
On my poor brain, such cruel—cruel sorrow,
That I should claim your pity! Art not well?
ALBERT Yes, lady, well.
AURANTHE You look not so, alas!
But pale, as if you brought some heavy news.
ALBERT You know full well what makes me look so pale.
AURANTHE No! Do I? Surely I am still to learn
Some horror; all I know, this present, is
I am near hustled to a dangerous gulf,
Which you can save me from—and therefore safe,
So trusting in thy love; that should not make
Thee pale, my Albert.

ALBERT It doth make me freeze.
AURANTHE Why should it, love?

我现在可以坐在地上，流下眼泪，
苦恼的眼泪。哦，沉重的一天！
在艾伯特到来之前，我该如何过？
鲁道夫！艾米妮亚！证据！沉重的日子！
带给我一些哀悼的杂草，让我
累我自己，就像人为自己的死亡哀悼：
剪掉这些卷发，给这洁白的手打上烙印，
从我讨厌的视线中扔掉这些珠宝——
请给我一本祈祷书和一串珠子——
一杯苦水和一块面包皮——
我要忏悔，哦，神圣的修道院院长！——如何！
这是什么？欧兰特！你个傻瓜，
智障者！起来！起来！平静一点！
我很安全！懦夫！我为什么害怕？
阿尔伯特！他不会反对，不会反悔
在如此美好的特殊时刻——不可能！
谁敲门？
【走到门口，听了一下，开门】
【阿尔伯特出场】
阿尔伯特，我一直在这里等你
如此痛心，如此心醉悸动
我可怜的大脑中，如此残酷——残酷的悲伤，
我需要你的同情！你不太好？
阿尔伯特：是的，小姐，不太好。
欧兰特：你看上去不是很好，唉！
但你脸色苍白，好像带来一些郁闷消息。
阿尔伯特：你完全知道让我看起来如此苍白的原因。
欧兰特：不！我知道吗？当然我还要了解
一些恐怖之事；我现在所知道的是
我差点要被逼到一个危险的境地，
你可以从中拯救我——然后才可安全，
因此，相信你的爱；
那不应该让你苍白，
我的阿尔伯特。
阿尔伯特：这确实使我不寒而栗。
欧兰特：为什么这样呢，亲爱的？

ALBERT You should not ask me that,
But make your own heart monitor, and save
Me the great pain of telling. You must know.
AURANTHE Something has vexed you, Albert. There are times
When simplest things put on a sombre cast;
A melancholy mood will haunt a man,
Until most easy matters take the shape
Of unachievable tasks; small rivulets
Then seem impassable.
ALBERT Do not cheat yourself
With hope that gloss of words, or suppliant action,
Or tears, or ravings, or self-threatened death,
Can alter my resolve.
AURANTHE You make me tremble;
Not so much at your threats, as at your voice,
Untuned, and harsh, and barren of all love.
ALBERT You suffocate me! Stop this devil's parley,
And listen to me; know me once for all.
AURANTHE I thought I did. Alas! I am deceived.
ALBERT No, you are not deceived. You took me for
A man detesting all inhuman crime;
And therefore kept from me your demon's plot
Against Erminia. Silence? Be so still—
For ever! Speak no more; but hear my words,
Thy fate. Your safety I have bought today
By blazoning a lie, which in the dawn
I'll expiate with truth.
AURANTHE O cruel traitor!
ALBERT For I would not set eyes upon thy shame;
I would not see thee dragged to death by the hair,
Penanced, and taunted on a scaffolding!
Tonight, upon the skirts of the blind wood
That blackens northward of these horrid towers,
I wait for you with horses. Choose your fate.
Farewell.
AURANTHE Albert, you jest; I'm sure you must.

阿尔伯特：你不应该问我，
但你要管好自己，不要逼我说出来。
你必须清楚。
欧兰特：阿尔伯特，有事使你烦恼。
有时极简单的事会使人郁闷；
忧郁的情绪会困扰人，
直到无法完成的任务变成
最容易的事情；有时一条小溪
也显得不可逾越。
阿尔伯特：不要欺骗自己
别希望用好话、哀求、
哭闹、胡言乱语或自杀威胁，
改变我的决心。
欧兰特：你让我颤抖；
与其说威胁，不如说你的声音，
无调，苛刻，没有一点爱意。
阿尔伯特：你让我窒息！停止魔鬼般的谈判，
听我一次劝；你完全了解我的。
欧兰特：我以为我做到了。唉！我受骗了。
阿尔伯特：不，你没有被欺骗。你把我
当成憎恶所有不人道罪行的人；
因此，不让我知道你恶魔般
污蔑艾米妮亚的阴谋。保持沉默？这样永
远——保持沉默！
你不要再说了；但要听我说几句，
你的命运。我今天拿谎言保住了你的安全，但
黎明时我会讲出实情来赎罪。
欧兰特：啊，残酷的叛徒！
阿尔伯特：因为我不想看到你可耻的下场；
我不希望看到你命悬一线，
免得一边忏悔，
一边在断头台上被人嘲讽！
今晚，在树林边缘
黑暗降临至恐怖塔楼的北面时，
我备好马等你。选择你的命运吧。
再见。
欧兰特：阿尔伯特，你开玩笑；我相信你在

逗我。

You, an ambitious soldier! I, a Queen,
One who could say, —Here, rule these provinces!
Take tribute from those cities for thyself!
Empty these armouries, these treasuries,
Muster thy warlike thousands at a nod!
Go! Conquer Italy!
ALBERT Auranthe, you have made
The whole world chaff to me. Your doom is fixed.
AURANTHE Out, villain! Dastard!
ALBERT Look there to the door!
Who is it?
AURANTHE Conrad, traitor!
ALBERT Let him in.
[Enter CONRAD]
Do not affect amazement, hypocrite,
At seeing me in this chamber.
CONRAD Auranthe?
ALBERT Talk not with eyes, but speak your curses out

Against me, who would sooner crush and grind
A brace of toads, than league with them t'oppress
An innocent lady, gull an Emperor,
More generous to me than autumn sun
To ripening harvests.
AURANTHE No more insult, sir!
ALBERT Ay, clutch your scabbard; but, for prudence' sake,
Draw not the sword; 'twould make an uproar, Duke,
You would not hear the end of. At nightfall
Your lady sister, if I guess aright,
Will leave this busy castle. You had best
Take farewell too of worldly vanities.
CONRAD Vassal!
ALBERT Tomorrow, when the Emperor sends
For loving Conrad, see you fawn on him.
Good even!

你，一个有抱负的士兵！我，女王，
可以发号施令，——这里，统治这些地方！
让这些城市为你自己进贡！
把这些军械库、宝库搬空，
轻轻点头可集合数千将士！
去！征服意大利！
阿尔伯特：欧兰特，你已让全世界嘲笑我。
你的厄运已注定。
欧兰特：滚出去，混蛋！懦夫！
阿尔伯特：去看看门那里！
谁在那里？
欧兰特：康拉德，叛徒！
阿尔伯特：让他进来。
【康拉德出场】
别假装吃惊，伪君子，
到这个房间见我。
康拉德：欧兰特？
阿尔伯特：不要挤眉弄眼，但说出骂我的话，
我会很快碾碎
一群讨厌的家伙，而不是联合起来欺负
一位无辜的女士，欺骗皇帝，
他于我宽宏大量胜似秋日
之于在成熟的庄稼。

欧兰特：先生，别再侮辱人了！
阿尔伯特：啊，抓紧你的刀鞘；但是，
为了谨慎起见，
不要拔剑；这会引起骚乱，公爵，
您不会听到结尾的。傍晚
你姐姐，如果我猜对了，
会离开这繁忙的城堡。你最好
也告别世俗的虚荣心。
康拉德：来人！
阿尔伯特：明天，当皇帝召见
忠诚的康拉德时，请你讨好他。
晚安！

AURANTHE You'll be seen!
ALBERT See the coast clear then.
AURANTHE [as he goes] Remorseless Albert! Cruel, cruel, wretch!
[She lets him out]
CONRAD So, we must lick the dust?
AURANTHE I follow him.
CONRAD How? Where? The plan of your escape?
AURANTHE He waits
For me with horses by the forest-side,
Northward.
CONRAD Good, good! He dies. You go, say you?
AURANTHE Perforce.
CONRAD Be speedy, darkness! Till that comes,
Fiends keep you company! [Exit]
AURANTHE And you! And you!
And all men! Vanish! Oh! Oh! Oh!
[Retires to an inner apartment]

欧兰特：你会被看见的！
阿尔伯特：然后会看清海岸。
欧兰特：【在他走的时候】冷酷的阿尔伯特！残忍，残忍，卑鄙！
【她让他出去】
康拉德：所以，我们必须让步？
欧兰特：我跟着他。
康拉德：如何？哪里？你的逃生计划？
欧兰特：他在等我，
在森林边带着马，
朝北面。
康拉德：好，好！他死定了。你去，你说吗？
欧兰特：这是肯定的。
康拉德：快点来，黑暗！直到
恶魔伴你陪伴！【退场】
欧兰特：你！你！
包括所有人！消失！哦！哦！哦！
【退到寓所里面】

Scene 2 An Apartment in the Castle.
[Enter LUDOLPH and Page]
PAGE Still very sick, my Lord; but now I went
[Knowing my duty to so good a Prince;]
And there her women in a mournful throng
Stood in the passage whispering: if any
Moved 'twas with careful steps and hushed as death;
They bade me stop.
LUDOLPH Good fellow, once again
Make soft enquiry; prithee be not stayed
By any hindrance, but with gentlest force
Break through her weeping servants, till thou com'st
E'en to her chamber door, and there, fair boy—
If with thy mother's milk thou hast sucked in
Any diviner eloquence—woo her ears
With plaints for me, more tender than the voice
Of dying Echo, echoed.
PAGE Kindest master!

布景2：城堡中一寓所
【鲁道夫和侍卫出场】
侍卫：我主人仍然很虚弱。但现在我早该走了
【知道我有责任照顾好王子；】
通道上挤满一群她悲痛的女人
窃窃私语：如果任何人被打动
便迈着小心的脚步，死寂一般；
他们请我停下来。
鲁道夫：好朋友，再一次
温柔地询问一下；不要留下
不管任何阻碍，不过以最轻柔的力量
打断她哭泣的仆人，直到你
到她的房间门口，在那里，漂亮的男孩——
如果你已经吮吸了母亲的奶，
任何神圣的口才——充斥她的耳朵
对我来说，悲叹比渐渐消失的回声更温柔，
回声回荡。
侍卫：您是最和蔼亲切的主人！

To know thee sad thus, will unloose my tongue
In mournful syllables. Let but my words reach
Her ears and she shall take them coupled with
Moans from my heart and sighs not counterfeit.
May I speed better! [Exit Page]
LUDOLPH Auranthe! My Life!
Long have I loved thee, yet till now not loved:
Remembering, as I do, hard-hearted times
When I had heard even of thy death perhaps,
And thoughtless! Suffered thee to pass alone
Into Elysium! Now I follow thee
A substance or a shadow, wheresoe'er
Thou leadest me—whether thy white feet press,
With pleasant weight, the amorous-aching earth
Or through the air thou pioneerest me,
A shade! Yet sadly I predestinate!
O unbenignest Love, why wilt thou let
Darkness steal out upon the sleepy world
So wearily, as if night's chariot wheels
Were clogged in some thick cloud. O, changeful Love,

Let not her steeds with drowsy-footed pace
Pass the high stars, before sweet embassage
Comes from the pillowed beauty of that fair
Completion of all delicate nature's wit.
Pout her faint lips anew with rubious health,
And with thine infant fingers lift the fringe
Of her sick eyelids; that those eyes may glow
With wooing light upon me, ere the morn
Peers with disrelish, grey, barren, and cold.
[Enter GERSA and Courtiers]
Otho calls me his Lion—should I blush
To be so tamed? So—
GERSA Do me the courtesy
Gentlemen to pass on.
COURTIER We are your servants.
[Exeunt Courtiers]

知道您如此难过，我无法表达悲伤。
只要让我带话给她，她便会加倍
我内心的呻吟和没有掩饰的叹息。

我最好加快速度！【侍卫退场】
鲁道夫：欧兰特！我的生命！
我爱你已久，但到现在仍不被你爱：
像我一样，回想起艰辛的时光
甚至当我听到你的死讯时，
思想几乎停止！为你独自一人
进入极乐世界而煎熬！现在我跟随你的
身体或影子，无论何处
你要领着我——无论您的白脚是否按动，
重量宜人、多情的地球
或者在你先行的氛围中，
阴影！可悲这是我命中注定！
哦，无良的爱，你为什么要让
黑暗掩盖了昏昏欲睡的世界
如此疲倦，仿佛夜晚的战车车轮
被一些厚厚的云堵塞。哦，多变的爱，
不要让她的骏马迈着沉睡步伐
通过点点繁星，在甜蜜的使徒
自那位睡美人处来，完成所有
微妙的自然智慧之前。
红润健康的薄唇重新露出，
稚嫩的手指撩起她生病眼皮的刘海；

那双眼睛闪着光芒
渴望地看着我，天明之前
同伴们带着嫌恶、灰暗、贫瘠和冷漠。
【基尔萨和大臣们出场】
奥托视我为得力助手——我应该羞愧
如此驯服？如此——
基尔萨：请你们向我致敬
先生们继续前进。
大臣：我们是您的仆人。
【大臣们退场】

LUDOLPH It seems then, Sir, you have found out the man	鲁道夫：先生，看来您已找到了那个人
You would confer with—me?	你会同意——我吗?
GERSA If I break not	基尔萨：如果不是要打断
Too much upon your thoughtful mood, I will	您过分关切的心情，我会
Claim a brief while your patience.	请您稍微耐心一等。
LUDOLPH For what cause	鲁道夫：原因何在
Soe'er I shall be honoured.	我将受到尊敬。
GERSA I not less.	基尔萨：我一点不知。
LUDOLPH What may it be? No trifle can take place	鲁道夫：可能是什么？琐事不会发生在
Of such deliberate prologue, serious 'haviour.	这刻意的序幕中，肯定是严肃行为。
But be it what it may I cannot fail	但不管怎样我没有听到
To listen with no common interest—	有共同兴趣的话题——
For though so new your presence is to me,	尽管你刚到，我并不知道，
I have a soldier's friendship for your fame—	我们的战友之情是因为你的声望——
Please you explain.	请你解释一下原因。
GERSA As thus—for, pardon me,	基尔萨：这事——因为，对不起，
I cannot in plain terms grossly assault	我不能简单粗暴地拒绝
A noble nature; and would faintly sketch	您高贵的本性；我可以概括描述
What your quick apprehension will fill up,	以满足您眼下的关切之情，
So finely I esteem you.	因为我十分尊敬您。
LUDOLPH I attend.	鲁道夫：我参加。
GERSA Your generous father, most illustrious Otho,	基尔萨：您慷慨的父亲，最杰出的奥托，
Sits in the banquet-room among his chiefs:	在宴会厅他坐在首领中间：
His wine is bitter, for you are not there,	他喝着苦酒，因为你不在，
His eyes are fixed still on the open doors,	他的眼睛仍然注视着敞开的门，
And every passer in he frowns upon,	他会皱眉看所经过的每个路人，
Seeing no Ludolph comes.	但结果发现到来的不是鲁道夫。
LUDOLPH I do neglect—	鲁道夫：我确实忽略了——
GERSA And for your absence, may I guess the cause?	基尔萨：我猜出，是因为您的缺席吗?
LUDOLPH Stay there! No! Guess? More princely you must be	鲁道夫：待在那里！不！猜测? 你表现得更像王子
Than to make guesses at me. 'Tis enough.	就给我的这些推测。够了。
I'm sorry I can hear no more.	抱歉，我再不听了。
GERSA And I	基尔萨：我也是
As grieved to force it on you so abrupt;	难过地把它突然强加于您；
Yet, one day, you must know a grief whose sting	然而，有一天，您一定会

Will sharpen more the longer 'tis concealed.
LUDOLPH Say it at once, sir! Dead—dead—is she dead?
GERSA Mine is a cruel task: she is not dead—
And would, for your sake, she were innocent.
LUDOLPH Hungarian! Thou amazest me beyond
All scope of thought; convulsest my heart's blood
To deadly churning! —Gersa, you are young
As I am; let me observe you face to face:
Not grey-browed like the poisonous Ethelbert,
No rheumèd eyes, no furrowing of age,
No wrinkles where all vices nestle in
Like crannied vermin—no! But fresh and young

And hopeful featured. Ha! By Heaven you weep
Tears, human tears! Do you repent you then
Of a cursed torturer's office! Why shouldst join—
Tell me—the league of Devils? Confess—confess
The lie!
GERSA Lie! —But begone all ceremonious points

Of honour battailous! I could not turn
My wrath against thee for the orbèd world.
LUDOLPH Your wrath, weak boy? Tremble at mine unless
Retraction follow close upon the heels
Of that late stounding insult. Why has my sword
Not done already a sheer judgement on thee?
Despair, or eat thy words! Why, thou wast nigh
Whimpering away my reason! Harkee, Sir,
It is no secret that Erminia,
Erminia, Sir, was hidden in your tent—
O blessed asylum! Comfortable home!
Begone! I pity thee; thou art a gull—
Erminia's fresh puppet—
GERSA Furious fire!
Thou mak'st me boil as hot as thou canst flame!

知道长痛不如短痛。
鲁道夫：先生，快说吧！死了——死了——她死了吗？
基尔萨：这是个残酷差事，她还没有死——
因为你，她本是无辜的。
鲁道夫：你个匈牙利人！让我无法想象的
惊讶不已；使我心潮翻动
并被致命地搅动！——基尔萨，你还年轻
如我一般；让我仔细地看看你：
你不像恶毒的埃塞尔伯特，眉毛花白，
眼睛有眼屎，有年龄的沟痕，
像皱纹里满是坏水且断裂的害虫——不！而你朝气蓬勃
充满希望。哈！天哪，你在流泪，
那是人泪！那你会后悔
自己成为被诅咒的歪曲者的帮凶！为什么要加入——
告诉我——与恶魔同流合污？坦白——承认这弥天大谎！
基尔萨：弥天谎言！——但要抛开
所有为荣誉而战的礼节
之于这个旋转的世界
我无法对你发怒。
鲁道夫：你的愤怒，软弱的家伙？
在我面前发抖吧，除非你收回
接踵而来的令人震惊的侮辱。
我为什么
就没有把你看清楚？
绝望，或食言！为什么，你不听我的解释！听着，先生，
艾米妮亚并不是什么秘密，
先生，艾米妮亚藏在你的营帐里——
哦，保佑庇护！舒适的港湾！
滚开！我可怜你，你就是个笨蛋——
艾米妮亚的新玩偶——
基尔萨：怒火！
你使我怒火中烧！

And in thy teeth I give thee back the lie!
Thou liest! Thou, Auranthe's fool! A wittol!
LUDOLPH Look! Look at this bright sword;
There is no part of it to the very hilt
But shall indulge itself about thine heart!
Draw! But remember thou must cower thy plumes,
As yesterday the Arab made thee stoop.
GERSA Patience! Not here, I would not spill thy blood
Here underneath this roof where Otho breathes,
Thy father—almost mine—
LUDOLPH O faltering coward!
[Re-enter Page]
Stay, stay; here is one I have half a word with—
Well? What ails thee, child?
PAGE My lord…
LUDOLPH What wouldst say?
PAGE They are fled!
LUDOLPH They! Who?
PAGE When anxiously
I hastened back, your grieving messenger,
I found the stairs all dark, the lamps extinct,
And not a foot or whisper to be heard.
I thought her dead, and on the lowest step
Sat listening; when presently came by
Two muffled up—one sighing heavily,
The other cursing low, whose voice I knew
For the Duke Conrad's. Close I followed them
Through the dark ways they chose to the open air;
And, as I followed, heard my lady speak.
LUDOLPH Thy life answer the truth!
PAGE The chamber's empty!
LUDOLPH As I will be of mercy! So, at last,
This nail is in my temples!
GERSA Be calm in this.
LUDOLPH I am.
GERSA And Albert too has disappeared;
Ere I met you, I sought him everywhere;

我要以牙还牙！
你在说谎！你，欧兰特的傻瓜！绿帽侠！
鲁道夫：看！看这把锋利的剑；
可以随时刺入你的心脏！

拔剑！但请记住，你一定会畏缩发抖，
就像昨天阿拉伯人逼你弯腰一样。
基尔萨：且慢！不能在此，我不能血溅
奥托的屋顶下，
您的父亲——几乎是我的——
鲁道夫：噢，畏首畏尾的懦夫！
【侍卫再次出场】
等一下，等一下；我有话要说——
嗯？孩子，你怎么了？
侍卫：我的主人……
鲁道夫：你要说什么？
侍卫：他们逃了！
鲁道夫：他们！谁？
侍卫：我匆忙回来，你悲伤的使者，
我发现台阶漆黑一片，灯都熄了，

听不到一点脚步声或说话声。
我以为她死了，便坐在最低的台阶
一听；很快两个身影闪过
——一个沉重地叹了口气，
另一个低声咒骂，我听出他的声音
那是康拉德公爵的。我紧紧跟随他们
他们穿过黑暗到了空旷之处；
而且，跟着时，听到我家女主人讲话。
鲁道夫：你要拿命保证这是真相！
侍卫：房间是空的！
鲁道夫：虽然我会被饶恕！所以，最后，
我将独自忍受这痛苦！
基尔萨：请冷静。
鲁道夫：我很冷静。
基尔萨：而且阿尔伯特也消失了；
我见你前，我到处找过他；

You would not hearken.
LUDOLPH Which way went they, boy?
GERSA I'll hunt with you.
LUDOLPH No, no, no. My senses are
Still whole. I have survived. My arm is strong,
My appetite sharp—for revenge! I'll no sharer
In my feast; my injury is all my own,
And so is my revenge, my lawful chattels!
Terrier, ferret them out! Burn—burn the witch!
Trace me their footsteps! Away! [Exeunt]

你不会听的。
鲁道夫：孩子，他们走哪条路？
基尔萨：我会和你一起追捕他们。
鲁道夫：不，不，不。我的神志
仍然很清醒。我还活着。我的手臂结实，
我的胃口很好——为了雪耻！我不会分享
我的盛宴；我的伤害是我自己的，
我要亲自雪耻，这是我自己的事！
缇犬，把它们放出来！烧——烧死这个女巫！
给我追踪他们！出发！【退场】

ACT V

Scene 1 A Part of the Forest.
[Enter CONRAD and AURANTHE]
AURANTHE Go no further; not a step more. Thou art
A master-plague in the midst of miseries.
Go—I fear thee! I tremble every limb,
Who never shook before. There's moody death
In thy resolvèd looks! Yes, I could kneel
To pray thee far away. Conrad, go! Go!—
There! Yonder underneath the boughs I see
Our horses!
CONRAD Aye, and the man.
AURANTHE Yes, he is there!
Go, go—no blood! No blood! Go, gentle Conrad!
CONRAD Farewell!
AURANTHE Farewell, for this Heaven pardon you.

[Exit AURANTHE]
CONRAD If he survive one hour, then may I die
In unimagined tortures—or breathe through
A long life in the foulest sink o' the world!
He dies. 'Tis well she do not advertize
The caitiff of the cold steel at his back. [Exit CONRAD]
[Enter LUDOLPH and Page]
LUDOLPH Missed the way, boy? Say not that on your

第五幕

布景 1：森林中某地
【康拉德和欧兰特出场】
欧兰特：不要再走了；一步也别走了。
你就是一个灾星。
走开——我害怕你！我四肢颤抖，
从来没有这么抖过。在你坚决的表情里
杀气腾腾！是的，我可以跪下
向远方为你祈祷。康拉德，走！走！——
那里！我看到树枝下
我们的马！
康拉德：对，还有那个男人。
欧兰特：是的，他在那里！
走，走——不许杀他！不许杀他！走吧，
温柔的康拉德！
康拉德：再见！
欧兰特：再见，请上苍宽恕你吧。
【欧兰特退场】
康拉德：如果他存活一小时，那么我就得死
在无法想象的酷刑中——或在尘世最脏的深
渊中度过漫长的一生！
如果他死了。只要她不说
黑锅就由他背了，皆大欢喜。【康拉德退场】

【鲁道夫和侍卫出场】
鲁道夫：迷路了，孩子？

peril!
PAGE Indeed, indeed I cannot trace them further.
LUDOLPH Must I stop here? Here solitary die?
Stifled beneath the thick oppressive shade
Of these dull boughs—this oven of dark thickets—

Silent—without revenge? Pshaw! —Bitter end—
A bitter death—a suffocating death—
A gnawing—silent—deadly, quiet death!
Escaped? —Fled? —Vanished? Melted into air?
She's gone! I cannot clutch her! No revenge!
A muffled death, ensnared in horrid silence!
Sucked to my grave amid a dreary calm!
O, where is that illustrious noise of war,
To smother up this sound of labouring breath,
This rustle of the trees!
[AURANTHE shrieks at a distance]
PAGE My Lord, a noise!
This way—hark!
LUDOLPH Yes, yes! A hope! A music!
A glorious clamour! Now I live again! [Exeunt]

Scene 2 Another Part of the Forest.
[Enter ALBERT (wounded)]
ALBERT O for enough life to support me on
To Otho's feet!
[Enter LUDOLPH]
LUDOLPH Thrice villainous, stay there!
Tell me where that detested woman is,
Or this is through thee!
ALBERT My good Prince, with me
The sword has done its worst; not without worst

Done to another—Conrad has it home!
I see you know it all!
LUDOLPH Where is his sister?
[AURANTHE rushes in]

说了不会有危险！
侍卫：是的，是的，我无法继续追踪它们。
鲁道夫：我必须在这里停止吗？在这里孤死？
窒息在浓密的压迫阴影下
在这些枯枝烂树中——这个深色灌木丛的
大烤炉中——
沉默——不报仇？哼！——悲惨结局——
痛苦的死亡——令人窒息的死亡——
痛苦——沉默——致命，安静的死亡！逃
避？——逃走？——消失？融化成空气？
她走了！我不能抓住她！没有报仇！
压抑的死亡，笼罩在可怕的寂静中！
在沉闷的平静中被我的坟墓吞没！
哦，战争的辉煌之音在哪里，
树木的沙沙声吞没了，
这费力的呼吸声音！
【欧兰特在远处尖叫】
侍卫：主人，有声音！
这边——听！
鲁道夫：是，是的！有希望！是音乐！
光彩夺目！现在我又活了！【退场】

布景2：森林中另一地方
【阿尔伯特出场（带着伤）】
阿尔伯特：哦，愿有足够的力气支撑我走到
奥托的跟前！
【鲁道夫出场】
鲁道夫：十恶不赦的恶棍，待在那里！
告诉我那个可憎的女人在哪里，
或者就是你窝藏了！
阿尔伯特：我的好王子，
这把剑已置我于死地；
也置另一个人于死地
——康拉德使物尽其用了！
我看你都知道了！
鲁道夫：他的姐姐在哪里？
【欧兰特冲了进来】

AURANTHE Albert!
LUDOLPH Ha! There! There! —He is the paramour!—
There—hug him—dying! O, thou innocence,

Shrive him and comfort him at his last gasp,
Kiss down his eyelids! Was he not thy love?
Wilt thou forsake him at his latest hour?
Keep fearful and aloof from his last gaze,
His most uneasy moments, when cold death
Stands with the door ajar to let him in?
ALBERT O, that that door with hollow slam would close
Upon me sudden, for I cannot meet,
In all the unknown chambers of the dead,
Such horrors!
LUDOLPH Auranthe! What can he mean?
What horrors? Is it not a joyous time?
Am I not married to a paragon
'Of personal beauty and untainted soul?'
A blushing fair-eyed purity! A sylph,
Whose snowy timid hand has never sinned
Beyond a flower plucked, white as itself?
Albert, you do insult my bride—your mistress—
To talk of horrors on our wedding night.

ALBERT Alas! Poor Prince, I would you knew my heart!

'Tis not so guilty—
LUDOLPH Hear, he pleads not guilty!
You are not? Or, if so, what matters it?
You have escaped me, free as the dusk air,
Hid in the forest—safe from my revenge.
I cannot catch you! You should laugh at me,
Poor cheated Ludolph! Make the forest hiss

欧兰特：阿尔伯特！
鲁道夫：哈！那里！那里！——他就是
情夫！——
在那里——拥抱他——快死了！哦，你是无
辜的，
听他忏悔吧，在奄奄一息时安慰他吧，
亲吻他的眼皮！他不是你最爱的人吗？
你要在他最后的时刻离开他吗？
你在他最后的凝视中保持恐惧和超然，
在他最不安的时刻，当他站在半开的门前
快要冻死时
你会让他进去吗？
阿尔伯特：噢，那门会砰的一声
突然关上，因为我不曾见过，
在所有不知的死者的房间里的这种情况，
太可怕了！
鲁道夫：欧兰特！他是什么意思？
难道恐怖？难道不是快乐的时光？
难道我没娶到一位优秀的
"美人且没有污点的灵魂？"
她脸色红润眼神清纯！真是一个窈窕淑女[1]，
她雪白羞怯的小手从未犯过罪
除了摘下花朵，她和花一样的洁白？
阿尔伯特，你确实玷污了我的新娘——你的女
主人——
在我们的新婚之夜大话恐怖之事。
阿尔伯特：哎呀！可怜的王子，我想你知道
我的心！
不是那么肮脏——
鲁道夫：听，他不认罪！
你没罪？或者，如果有罪，有什么关系呢？
你逃脱了我，自由如黄昏的空气，
隐藏在森林中——免受我的报复。
我抓不到你！你应该嘲笑我，
可怜的鲁道夫被骗了！让森林发出嘶嘶声

1　窈窕淑女（sylph）：Sylph 是传说中居住在空气中的精灵，可能合成自拉丁语 sylva（森林、树林）和 nympha（水仙子、仙女），文中指欧兰特。

With jeers at me! You tremble—faint at once,
You will come to again. O cockatrice,
I have you! Whither wander those fair eyes
To entice the Devil to your help, that he
May change you to a spider, so to crawl
Into some cranny to escape my wrath?
ALBERT Sometimes the counsel of a dying man
Doth operate quietly when his breath is gone:
Disjoin those hands—part—part, do not destroy
Each other—forget her! Our miseries
Are equal shared, and mercy is—
[ALBERT dies]
There goes a spotted soul
LUDOLP HA boon
When one can compass it. Auranthe, try
Your oratory; your breath is not so hitched—
Ay, stare for help—
Howling in vain along the hollow night!
Hear him! He calls you—sweet Auranthe, come!

AURANTHE Kill me!
LUDOLPH No! What? Upon our marriage-night?
The earth would shudder at so foul a deed—
A fair bride! A sweet bride! An innocent bride!
No, we must revel it, as 'tis in use
In times of delicate brilliant ceremony:
Come, let me lead you to our halls again!
Nay, linger not—make no resistance, sweet—
Will you? —Ah wretch, thou canst not, for I have

The strength of twenty lions 'gainst a lamb!
Now—one adieu for Albert! —Come away!
[Exeunt]

嘲笑我！你发抖——立刻晕倒，
您将再次苏醒。哦，你就是一条毒蛇[1]
我捕到你了！那双美丽的眼睛到处游动
为了吸引魔鬼来帮助你，他
可能会让你变成蜘蛛，所以爬行
为了逃避我的愤怒而断裂为几段？
阿尔伯特：有时候一个垂死之人的忠告
会在他呼吸停止后，继续无声地发挥作用：
分手吧——分开——分开，不要彼此毁灭
——忘记她！
我们一样的痛苦，宽容是——
【阿尔伯特死了】
一个有污点的灵魂消失了
鲁道夫：这是他的福报。
欧兰特，试试你的口才；你的呼吸
不是那么急促——
唉，在寻求帮助——
在空旷的夜晚徒然地吼叫！
听听他！他在呼唤你——甜蜜的欧兰特，
来吧！
欧兰特：杀了我！
鲁道夫：不！什么？在我们新婚之夜？
大地会为如此肮脏的罪行而颤抖——
美丽的新娘！甜美的新娘！纯洁的新娘！
不，我们必须物尽其用，
在这精美辉煌的仪式上尽情狂欢：
来，让我再次带你进入我们的大厅！
不，不缠绵——不反抗，宝贝——
可以吗？——哎呀，可怜，你不能，
因为我有二十头狮子的力量
对付一只羔羊！
现在——向阿尔伯特告别！——走开！
【退场】

1　毒蛇（cockatrice）：传说中鸡身蛇尾怪，一种头如鸡、身体如双足飞龙、尾如蛇的怪物，没有羽，却有鳞，也就是鸡蛇兽，人被它看一眼即可致死。

Scene 3 An inner Court of the Castle.
[Enter SIGIFRED, GONFRID, and THEODORE meeting]
THEODORE Was ever such a night?
SIGIFRED What horrors more?
Things unbelieved one hour, so strange they are,
The next hour stamps with credit.
THEODORE Your last news?
GONFRID After the Page's story of the death
Of Albert and Duke Conrad?
SIGIFRED And the return
Of Ludolph with the Princess.
GONFRID No more, save
Prince Gersa's freeing Abbot Ethelbert,
And the sweet lady, fair Erminia, from prison.
THEODORE Where are they now? Hast yet heard?
GONFRID With the sad Emperor they are closeted;
I saw the three pass slowly up the stairs,
The lady weeping, the old Abbot cowled.
SIGIFRED What next?
THEODORE I ache to think on't.
GONFRID 'Tis with fate.
THEODORE One while these proud towers are hushed as death.
GONFRID The next our poor Prince fills the arched rooms
With ghastly ravings.
SIGIFRED I do fear his brain.
[Exeunt into the Castle.]
GONFRID I will see more. Bear you so stout a heart?

布景 3：城堡内院
【西吉弗雷德、贡弗里德和西奥多出场，并会见】
西奥多：曾经有这样一个夜晚吗？
西吉弗雷德：还有更恐怖的事吗？
一小时前，情况怪异得难以置信，
而一小时后却尘埃落定盖棺定论。
西奥多：你有最新消息吗？
贡弗里德：侍卫讲过阿尔伯特和康拉德公爵的死讯之后吗？
西吉弗雷德：还有鲁道夫与公主回来的消息。
贡弗里德：没有更多消息，只有基尔萨王子能够把埃塞尔伯特院长和那位可爱的女士艾米妮亚从监狱释放出来的消息。
西奥多：他们现在在哪里？还没消息吗？
贡弗里德：他们和悲伤的皇帝一道被关在密室；
我看到三个人缓缓上楼，
有位女士哭泣，老院长穿着斗篷。
西吉弗雷德：接下来呢？
西奥多：我不想再想。
贡弗里德：这是命。
西奥多：这些引以为傲的塔楼因死亡而安静下来。
贡弗里德：接下来就是我们可怜王子的
恐怖的胡言乱语充斥拱顶的房间。
西吉弗雷德：我真担心他脑子会有问题。
【退入城堡】
贡弗里德:我会看到更多。需要大心脏来承受吗?

Scene 4 A Cabinet, opening towards a Terrace.
[OTHO, ERMINIA, ETHELBERT, and a Physician, discovered]
OTHO O, my poor boy! My son! My son! My Ludolph!
Have ye no comfort for me, ye physicians

布景 4：一密室，朝露台开放
【奥托、艾米妮亚、埃塞尔伯特和一名医生出场】
奥托：噢，我可怜的孩子！我的儿子！我的儿子！我的鲁道夫！

Of the weak body and soul?	你们医生，能让我虚弱的身心 有所安慰吗？
ETHELBERT ’Tis not in medicine Either of heaven or earth can cure, unless Fit time be chosen to administer.	埃塞尔伯特：那不是天上人间的药物 能治愈的，除非 选择合适的时机。
OTHO A kind forbearance, holy Abbot—come Erminia; here, sit by me, gentle girl; Give me thy hand—hast thou forgiven me?	奥托：宽容一点，神圣的院长——快来， 艾米妮亚；过来，坐在我身边，温柔的孩子； 把手给我——你原谅我吗？
ERMINIA Would I were with the saints to pray for you!	艾米妮亚：我和圣徒们一起为您祈祷！
OTHO Why will ye keep me from my darling child?	奥托：为何要让我和我亲爱的孩子分开？
PHYSICIAN Forgive me, but he must not see thy face.	医生：原谅我，但他肯定再也看不到您了。
OTHO Is then a father’s countenance a Gorgon? Hath it not comfort in it? Would it not Console my poor boy, cheer him, heal his spirits?	奥托：那么我父亲的容颜就是戈耳工？ 难道这不能有所安慰？难道不能 安慰我可怜的孩子，为他加油，治愈他的情绪？
Let me embrace him, let me speak to him; I will! Who hinders me? Who’s Emperor?	让我拥抱他，让我跟他说话； 我一定要！谁阻碍我？谁是皇帝？
PHYSICIAN You may not, Sire; ’twould overwhelm him quite, He is so full of grief and passionate wrath; Too heavy a sigh would kill him or do worse. He must be saved by fine contrivances, And most especially we must keep clear Out of his sight a father whom he loves; His heart is full, it can contain no more, And do its ruddy office.	医生：陛下，您不可以；这会让他 不堪重负， 他已经太过悲伤和愤怒。 沉重的叹息会杀死他或变得更糟。 我们必须好好想办法能使他得救， 最重要的是，我们必须保持冷静 在他眼中，您就是他所爱的父亲； 他已经想得太多，无法容纳更多， 只能让其慢慢恢复正常。
ETHELBERT Sage advice; We must endeavour how to ease and slacken The tight-wound energies of his despair, Not make them tenser.	埃塞尔伯特：明智的建议； 我们必须努力让他绝望 让他紧张的情绪放松再放松， 不要使其绷得更紧。
OTHO Enough! I hear, I hear. Yet you were about to advise more—I listen.	奥托：够了！我听到了，我听到了。 但是，你们要提出更多建议——我在听。
ETHELBERT This learned doctor will agree with me, That not in the smallest point should he be thwarted, Or gainsaid by one word; his very motions, Nods, becks and hints, should be obeyed with care,	埃塞尔伯特：这位博学的医生会同意我的看法， 他连最小的刺激都不应再经受， 或一言不发；他的动作， 点头、胡须和提示应谨慎对待，

Even on the moment: so his troubled mind
May cure itself.
PHYSICIAN There are no other means.
OTHO Open the door: let's hear if all is quiet.
PHYSICIAN Beseech you, Sire, forbear.
ERMINIA Do, do.
OTHO I command!
Open it straight—hush! —Quiet! —My lost boy!
My miserable child!
LUDOLPH [indistinctly without] Fill fill my goblet—here's a health!
ERMINIA O, close the door!
OTHO Let, let me hear his voice; this cannot last—
And fain would I catch up his dying words
Though my own knell they be—this cannot last—
O let me catch his voice—for lo! I hear
A whisper in this silence that he's dead!
It is so! Gersa?
[Enter GERSA]
PHYSICIAN Say, how fares the prince?
GERSA More calm—his features are less wild and flushed;
Once he complained of weariness.
PHYSICIAN Indeed!
'Tis good—'tis good; let him but fall asleep,
That saves him.
OTHO Gersa, watch him like a child;
Ward him from harm—and bring me better news!
PHYSICIAN Humour him to the height. I fear to go;
For should he catch a glimpse of my dull garb,
It might affright him, fill him with suspicion
That we believe him sick, which must not be.
GERSA I will invent what soothing means I can.
[Exit GERSA]
PHYSICIAN This should cheer up your Highness; the weariness
Is a good symptom, and most favourable;

即使在那一刻：他混乱的情绪
可以慢慢恢复。
医生：没有其他方法。
奥托：打开门，让我们静静聆听。
医生：陛下，恳求您。
艾米妮亚：动手，动手。
奥托：我命令！
直接打开——安静！——安静！——我迷失的孩子！我悲惨的孩子！
鲁道夫:【含糊不清】斟满我的酒杯——为健康干杯！
艾米妮亚：哦，关上门！
奥托：让我听听他的声音；这不会持续很久——
我愿意听听他的垂死之语
尽管可能是回光返照，但这不会持续太久——
哦，让我听听他的声音——哦！我听到
他几乎无声的低语说他已经死了！
的确是这样！基尔萨呢？
【基尔萨出场】
医生：请说一下，王子的情况怎么样？
基尔萨：比较平静——他的情况不再那么狂野和激动。
偶尔抱怨疲倦了。
医生：的确太累了！
很好——很好；让他睡吧
睡着对他好。
奥托：基尔萨，像照顾孩子一样地照看他；
保护他免受伤害——我要听到更好的消息！
医生：尽量去迎合他吧。我怕得回避一下；
因为他一瞥见我这身呆板的衣服，
可能会吓坏他，并使他充满怀疑
我们以为他生病了，这一定不是。
基尔萨：我将会想办法让他平静。
【基尔萨退场】
医生：这将使殿下振作起来；疲倦
是一个好征兆，而且最有利于康复；
这给了令我愉快的希望。

It gives me pleasant hopes. Please you, walk forth
Upon the terrace; the refreshing air
Will blow one half of your sad doubts away.
[Exeunt]

请向前走
到露台上；清新的空气
将会消除您一半的疑惑。
【退场】

Scene 5 A Banqueting Hall, brilliantly illuminated, and set forth with all costly magnificence, with supper-tables, laden with services of gold and silver. A door in the back scene, guarded by two Soldiers. Lords, Ladies, Knights, Gentlemen, etc., whispering sadly, and ranging themselves; part entering and part discovered.

布景5：宴会厅，灯火通明，布置气派，摆放着巨大的餐桌，摆满了金银餐具。后面一扇门，由两名士兵守卫。贵族、女士、骑士、男士们等等，悲伤地窃窃私语，四下徘徊；部分正在进入，部分站在那里。

FIRST KNIGHT Grievously are we tantalized, one and all;
Swayed here and there, commanded to and fro
As though we were the shadows of a sleep,
And linked to a dreaming fancy. What do we here?
GONFRID I am no seer; you know we must obey
The Prince from A to Z, though it should be
To set the place in flames. I pray hast heard
Where the most wicked Princess is?
FIRST KNIGHT There, sir,
In the next room. Have you remarked those two
Stout soldiers posted at the door?
GONFRID For what? [They whisper]
FIRST LADY How ghast a train!
SECOND LADY Sure this should be some splendid burial.
FIRST LADY What fearful whispering! See, see—Gersa there!
[Enter GERSA]
GERSA Put on your brightest looks; smile if you can;

Behave as all were happy; keep your eyes
From the least watch upon him; if he speaks
To any one, answer collectedly,
Without surprise, his questions, howe'er strange.
Do this to the utmost—though, alas! With me

第一个骑士：一个接一个的伤心事弄得我们干着急。
被命令来来回回地往返跑，
仿佛我们就是睡着的阴影，
与梦中幻想联系在一起。我们在此做什么？
康拉德：我不是先知；你知道我们必须服从
所有王子，即使是
在此纵火。我请问
最邪恶的公主听到了吗？
第一个骑士：在这，先生，
在隔壁房间。你注意到那两个
站在门口的胖士兵吗？
贡弗里德：为了什么？【他们耳语】
第一位女士：多么可怕的队列！
第二位女士：这肯定是一场气派的葬礼。

第一位女士：多么可怕的耳语！看，看——基尔萨来了！
【基尔萨出场】
基尔萨：展现最亮丽的外表；如果可以的话，请带着微笑；
表现出所有人都很快乐；尽量注视着他；如果他对任何人说话，都集体回答，
不管他的问题多么奇怪，都别惊讶。
尽最大努力做到这点——唉！
即使我的妙方

The remedy grows hopeless! Here he comes—
Observe what I have said—show no surprise.
[Enter LUDOLPH, followed by SIGIFRED and Page]
LUDOLPH A splendid company! Rare beauties here!
I should have Orphean lips, and Plato's fancy,
Amphion's utterance, tonèd with his lyre,
Or the deep key of Jove's sonorous mouth,
To give fit salutation. Methought I heard,
As I came in, some whispers—what of that?
'Tis natural men should whisper; at the kiss
Of Psyche given by Love, there was a buzz
Among the gods! —and silence is as natural.
These draperies are fine, and, being a mortal,
I should desire no better; yet, in truth,
There must be some superior costliness,
Some wider-domèd high magnificence!
I would have, as a mortal I may not,
Hangings of heaven's clouds, purple and gold,
Slung from the spheres; gauzes of silver mist,
Looped up with cords of twisted wreathèd light,
And tasselled round with weeping meteors!
These pendent lamps and chandeliers are bright
As earthly fires from dull dross can be cleansed;
Yet could my eyes drink up intenser beams
Undazzled—this is darkness. When I close
These lids, I see far fiercer brilliances—
Skies full of splendid moons, and shooting stars,
And spouting exhalations, diamond fires,
And panting fountains quivering with deep glows!
Yes—this is dark—is it not dark?
SIGIFRED My Lord,
'Tis late; the lights of festival are ever
Quenched in the morn.
LUDOLPH 'Tis not tomorrow then?
SIGIFRED 'Tis early dawn.

会变得无望！他来了——遵守我所说的——
表现出很平常的样子。
【鲁道夫出场，随后西吉弗雷德和侍卫出场】
鲁道夫：出色的伴侣！这里难得的美女！
我应有俄耳甫斯的歌声，柏拉图的幻想，
安菲翁的口才，与他的里尔琴配合，
或朱庇特声音洪亮的嘴巴，
给予合乎时宜的致意。当我进来时，
我想我听到有人耳语——那是什么？
男人们天生就该窃窃私语；亲吻
爱恋的赛吉[1]，众神之中发出了嗡嗡声！
——沉默是自然的。
这些帷幔很好，而且，我作为凡人，
不该有更好的奢望；然而，实际上
肯定是更加的奢侈，
更加的宏伟和壮丽！
作为凡人，我可能不会，
拥有天堂的云朵，紫色和金色的吊坠，
从天空掉下来；银色的薄雾
缠绕着扭曲的花环灯线，
哭泣的流星围着流苏！
这些吊灯和枝形吊灯很鲜亮
可以清除沉渣带来的地上火；
可是我的眼睛受不了较强烈的光束
眼花缭乱——这是黑暗。当我闭上
眼睛，我就会看到遥远的亮光——
满是灿烂的月亮和流星的天空，
喷出气体，喷出钻石火，
如气喘的喷泉颤抖着发出深邃的光芒！
是——天黑了——不暗吗？
西吉弗雷德：我的好主人，
太迟了；节日的灯光始终
在早晨熄灭。
鲁道夫：那不就是明天吗？
西吉弗雷德：是黎明。

1 赛吉（Psyche）：有时译为赛克、普绪喀或普赛克，希腊神话中的心灵之神，人类灵魂的化身，以少女的形象出现；与小爱神厄洛斯——罗马神话中的丘比特相爱，本诗中的男孩即厄洛斯。

GERSA Indeed full time we slept;
Say you so, Prince?
LUDOLPH I say I quarrelled with you;
We did not tilt each other—that's a blessing,
Good gods! No innocent blood upon my head!
SIGIFRED Retire, Gersa
LUDOLPH There should be three more here:
For two of them, they stay away perhaps,
Being gloomy-minded, haters of fair revels—
They know their own thoughts best. As for the third,
We'll have her presently; ay, you shall see her,
And wonder at her, friends, she is so fair;
Deep blue eyes, semi-shaded in white lids,
Finished with lashes fine for more soft shade,
Completed by her twin-arched ebon brows;
White temples of exactest elegance,
Of even mould felicitous and smooth;
Cheeks fashioned tenderly on either side,
So perfect, so divine that our poor eyes
Are dazzled with the sweet proportioning,
And wonder that 'tis so—the magic chance!
Her nostrils, small, fragrant, faery-delicate;
Her lips—I swear no human bones e'er wore
So taking a disguise—you shall behold her!
She is the world's chief jewel, and by heaven
She's mine by right of marriage! —She is mine!
Patience, good people, in fit time I send
A summoner. She will obey my call,
Being a wife most mild and dutiful.
First I would hear what music is prepared
To herald and receive her—let me hear!
[A soft strain of music]
SIGIFRED Bid the musicians soothe him tenderly.
LUDOLPH Ye have none better? No—I am content;

'Tis a rich sobbing melody, with reliefs
Full and majestic; it is well enough,

基尔萨：确实，我们整夜都在睡觉；
应该说您也是如此，王子？
鲁道夫：我说我和你吵架了；
我们没有互相攻击——真是幸运，
天哪！我身上没有无辜的人命！
西吉弗雷德：退下，基尔萨
鲁道夫：这里应该还有三个：
因为其中两个，他们待在远处，
心态阴郁，讨厌合理的狂欢，
他们最了解自己。至于第三个
她马上就会到我们这里；对，你们会看到她，
朋友们，让人奇怪的是，她是如此美丽；
深蓝色的眼睛，半遮盖在白色的眼睑中，
睫毛细腻，倩影柔和，
她的乌眉如一双弯弓；
最精致的白皙太阳穴，
模样标致得体且光滑；
两边是柔嫩的脸颊，
如此完美，如此神圣，只是可怜我们的眼睛
这清新匀称的身姿让人眼花缭乱，
奇怪——这真是个神奇的机会！
她的鼻孔精巧，气息芳香微妙；
她的嘴唇——我发誓要销魂化骨
因此，假扮一下——你将看到她！
她是世上的头号宝贝，命中注定
按照婚姻权她是我的人！——她是我的！
耐心，好人，我会适时
召唤她。她会听我的话
成为最温和尽责的妻子。
首先我要听备好的音乐
欢迎并接待她——让我听听！
【轻柔的音乐】
西吉弗雷德：命令乐师们好好抚慰他。
鲁道夫：有没有更好的选择？不——我很满意；
那是深情的哭诉曲调，带着几分轻松
饱满又威严；曲调悦耳，

And will be sweeter, when ye see her pace
Sweeping into this presence, glistened o'er
With emptied caskets, and her train upheld
By ladies, habited in robes of lawn,
Sprinkled with golden crescents, others bright
In silks, with spangles showered, and bow'd to

By Duchesses and pearlèd Margravines!
Sad, that the fairest creature of the earth—
I pray you mind me not—'tis sad, I say,
That the extremest beauty of the world
Should so entrench herself away from me,
Behind a barrier of engendered guilt!
SECOND LADY Ah! What a moan!
FIRST KNIGHT Most piteous indeed!
LUDOLPH She shall be brought before this company,
And then—then—
FIRST LADY He muses.
GERSA O, Fortune, where will this end?
SIGIFRED I guess his purpose! Indeed he must not have
That pestilence brought in—that cannot be,
There we must stop him.
GERSA I am lost! Hush, hush!
He is about to rave again.
LUDOLPH A barrier of guilt! I was the fool,
She was the cheater! Who's the cheater now,
And who the fool? The entrapped, the cagèd fool,
The bird-limed raven? She shall croak to death
Secure! Methinks I have her in my fist,
To crush her with my heel! Wait, wait! I marvel

My father keeps away. Good friend—ah! Sigifred!
Do bring him to me—and Erminia
I fain would see before I sleep—and Ethelbert,
That he may bless me, as I know he will
Though I have cursed him.

当你看到她的脚步，走到你面前时，
会变得更甜美，带着闪亮的小空匣，
姑娘们托着她的裙裾
她们都穿着整齐的草绿色礼服
缀满金色的月牙，其他人穿着亮丽的
丝绸衣服，光彩照人，向公爵夫人和侯爵夫人们鞠躬！
可悲的是，这地球上最美的人——
我祈求你不要介意我——我很难过，
这世间最漂亮的女人
就这么让自己远离我，
随后便产生罪恶之感！
第二位夫人：啊！多么感人的悲叹！
第一位骑士：的确是最哀婉的悲叹！
鲁道夫：她要被带到这些人面前，

然后——然后——
第一位夫人：他沉思着。
基尔萨：噢，命运，这将在哪里结束？
西吉弗雷德：我猜到他的想法！的确，他一定不能
把这种祸害带进来——那可不行，
我们必须阻止他。
基尔萨：我迷糊了！安静！安静！
他又要胡言乱语。
鲁道夫：罪恶之感！我曾是傻瓜，
她曾是骗子！那现在谁又是骗子，
谁又是傻瓜？被困、被囚的傻瓜，
被鸟胶粘住的乌鸦？她会一直嘶叫到死
被牢牢困住！我想她一直在我的手掌心
我会用脚将她踩为粉末！等等，等一下！我很惊奇
我父亲不在。好朋友——啊！西吉弗雷德！
一定要请他过来——还有艾米妮亚
我愿意在睡前看到——埃塞尔伯特，
我知道他会祝福我
虽然我曾诅咒过他。

SIGIFRED Rather suffer me	西吉弗雷德：宁可我受苦
To lead you to them.	也要带您见到他们。
[Exit SIGIFRED]	【西吉弗雷德退场】
LUDOLPH No, excuse me, no!	鲁道夫：不，对不起，不！
The day is not quite done. Go bring them hither.	一天还没结束。去把他们请到这里。
Certes, a father's smile should, like sunlight,	诚然，父亲的微笑应该像阳光一样，
Slant on my sheavèd harvest of ripe bliss.	斜倚在我那浓烈又成熟的幸福之中。
Besides, I thirst to pledge my lovely bride	此外，我渴望向我可爱的新娘保证
In a deep goblet: let me see—what wine?	一切都在高脚杯中：让我看看——什么酒？
The strong Iberian juice, or mellow Greek?	浓浓的伊比利亚果酒，芳醇的希腊风味酒？
Or pale Calabrian? Or the Tuscan grape?	清淡的卡拉布里亚酒？托斯卡纳的葡萄酒？
Or of old Aetna's pulpy wine presses,	或就是埃特纳[1]山区的陈酿葡萄酒，
Black stained with the fat vintage, as it were	被收获期的葡萄果肉染成了黑色
The purple slaughter-house, where Bacchus' self	仿佛紫色的屠宰场，在此巴克科斯
Pricked his own swollen veins? Where is my Page?	刺肿自己的静脉？我的侍卫在哪？
PAGE Here, here!	侍卫：这里，这里！
LUDOLPH Be ready to obey me; anon thou shalt	鲁道夫：准备好按我说的办；马上
Bear a soft message for me; for the hour	记住我的临终之言；因为时机一成熟
Draws near when I must make a winding up	我就要揭开新娘之谜
Of bridal mysteries—a fine-spun vengeance!	——精心筹划的复仇！
Carve it on my tomb, that when I rest beneath,	把它刻在我的墓碑上，我在九泉之下，
Men shall confess—This Prince was gulled and cheated,	人们就会明白——王子遭欺骗、被蒙蔽，
But from the ashes of disgrace he rose	然而他会从耻辱的灰烬中升华
More than a fiery dragon, and did burn	胜似燃烧的火龙，
His ignominy up in purging fires!	的确是凤凰涅槃！
Did I not send, sir, but a moment past,	先生，我不是刚才派人，
For my father?	去请我父亲了吗？
GERSA You did.	基尔萨：您派人去请了。
LUDOLPH Perhaps 'twould be	鲁道夫：也许他没有来
Much better he came not.	会更好点。
[Enter OTHO, ERMINIA, ETHELBERT, SIGIFRED, and Physician]	【奥托、艾米妮亚、埃塞尔伯特、西吉弗雷德和医生出场】
GERSA He enters now!	基尔萨：他现在来了！
LUDOLPH O thou good man, against whose sacred head	鲁道夫：哦，您是好人，我还反对神圣的您

1　埃特纳（Aetna）：埃特纳火山在意大利的西西里岛东岸，海拔 915 米以下，土壤肥沃，布满葡萄园，由当地出产的葡萄酿成的葡萄酒远近闻名，使该地区成为人口稠密、经济兴旺的地区。

I was a mad conspirator, chiefly too
For the sake of my fair newly wedded wife,
Now to be punished—do not look so sad!
Those charitable eyes will thaw my heart,
Those tears will wash away a just resolve,
A verdict ten times sworn! Awake—awake—
Put on a judge's brow, and use a tongue
Made iron-stern by habit! Thou shalt see
A deed to be applauded, 'scribed in gold!
Join a loud voice to mine, and so denounce
What I alone will execute!
OTHO Dear son,
What is it? By your father's love, I sue
That it be nothing merciless!
LUDOLPH To that demon?
Not so! No! She is in temple-stall
Being garnished for the sacrifice, and I,
The Priest of Justice, will immolate her
Upon the altar of wrath! She stings me through! —
Even as the worm doth feed upon the nut,
So she, a scorpion, preys upon my brain!
I feel her gnawing here! Let her but vanish,
Then, father, I will lead your legions forth,
Compact in steelèd squares, and spearèd files
And bid our trumpets speak a fell rebuke
To nations drowsed in peace!
OTHO Tomorrow, son,
Be your word law; forget today—
LUDOLPH I will
When I have finished it! Now, now I'm pight,
Tight-footed for the deed!
ERMINIA Alas! Alas!
LUDOLPH What angel's voice is that? Erminia!
Ah! Gentlest creature, whose sweet innocence
Was almost murdered; I am penitent,
Wilt thou forgive me? And thou, holy man,
Good Ethelbert, shall I die in peace with you?

我曾是个疯狂的阴谋家，主要还是
因为我那新婚的妻子，
现在该受到惩罚——别那么难过！
您那宽容的眼神会融化我的心，
那眼泪会冲走坚守正义的决心，
发誓判决十次！醒醒——醒醒——
像法官般清醒，说话斩钉截铁！
您将见证世人称赞之事，
金字雕刻、铭记传颂！
和我一起大声疾呼，谴责
我一个人就能执行的案件！
奥托：亲爱的儿子，
它是什么？我会以父亲的爱，控告它
绝不手软！
鲁道夫：对那个恶魔？
别这样！别！她是庙宇里的
祭品陪衬，我，
司法祭司，在愤怒的祭坛上
将她献祭！她伤害了我！——
即便蠕虫也以坚果为食，
因此她，一只毒蝎，折磨我的大脑！
我觉得她就是个祸害！只要让她消失，
然后，父亲，我将带领军队所向披靡，
精简武器和人员
军号声一路向前
使各族人民和平久安！
奥托：明天，儿子，
你说的话就是法律；忘记今天——
鲁道夫：我一定要落实！现在，我正在努力，
脚踏实地地做事！
艾米妮亚：哎呀！唉！
鲁道夫：那是哪位天使的声音？艾米妮亚！
啊！最温柔的人，天真可爱
几乎被人谋杀；我很懊悔，
你能原谅我吗？你，圣洁的人，
好埃塞尔伯特，我能和你一起平静地死吗？
艾米尼亚：死，我的主人！

ERMINIA Die, my lord!
LUDOLPH I feel it possible.
OTHO Physician?
PHYSICIAN I fear me he is past my skill.
OTHO Not so!
LUDOLPH I see it—I see it—I have been wandering!
Half-mad—not right here—I forget my purpose.
Bestir—bestir—Auranthe! Ha! Ha! Ha!
Youngster! Page! Go bid them drag her to me!
Obey! This shall finish it! [Draws a dagger]
OTHO O my son! My son!
SIGIFRED This must not be—stop there!
[Exit Page]
LUDOLPH Am I obeyed?
A little talk with her—no harm—haste! Haste!

Set her before me—never fear I can strike.
SEVERAL VOICES My Lord! My Lord!
GERSA Good Prince!
[The doors open. Enter Page. Several women are seen grouped about AURANTHE in the inner room]
LUDOLPH Why do ye trouble me? Out—out away!
There she is! Take that! And That! No, no—
That's not well done. Where is she?
PAGE Alas! My Lord, my Lord! They cannot move her!
Her arms are stiff—her fingers clenched and cold!
LUDOLPH She's dead! [Staggers and falls into their arms]
ETHELBERT Take away the dagger.
GERSA Softly; so!
OTHO Thank God for that!
SIGIFRED It could not harm him now.
GERSA No! —Brief be his anguish!
LUDOLPH She's gone—I am content—Nobles, good night!
Where is your hand, father? —What sultry air!

鲁道夫：我觉得有可能。
奥托：医生？
医生：我恐怕无法医治了。
奥托：不是这样！
鲁道夫：我明白了——我明白了——我一直在流浪！
疯了——不就在这——我忘记了我的初心。
振作——振作——欧兰特！哈！哈！哈！
年轻人！侍卫！去叫他们把她拖到我面前！
执行命令！这就了结了！【拔出匕首】
奥托：啊，我的儿子！我的儿子！
西吉弗雷德：这一定不是——到此为止！
【侍卫退场】
鲁道夫：服从我的命令了吗？
和她说两句——不会伤害她——快点！
快点！
带她到我面前——别怕我不会伤她。
【场外音】我的主人！我的主人！
基尔萨：好王子！
【门开了。侍卫上场。在内室，看到几名妇女聚集在欧兰特周围】
鲁道夫：你为什么要烦我？出去——出去！
她在这里！就这样！就这样！不，不——
还不行。她在哪？
侍卫：唉！我的主人，我的主人！
他们没法挪动她！
她的双臂僵硬——手指紧握又冰冷！
鲁道夫：她死了！【蹒跚倒在他们怀中】

埃塞尔伯特：拿走匕首。
基尔萨：轻点；因此！
奥托：感谢上帝！
西吉弗雷德：现在不能伤害他。
基尔萨：不！——让他少受点痛苦吧！
鲁道夫：她走了——我很满意——贵族们，晚安！
父王，您的手在哪里？——空气太闷热！

We are all weary—faint—set ope the doors—

我们都很疲倦——浑身无力——把门打开——

I will to bed! —Tomorrow—[Dies]

我要睡觉了！明天——【鲁道夫死亡】

[The curtain falls]

【幕布落下】

3 其他

1. The Cap and Bells; or, The Jealousies

A FAERY TALE—UNFINISHED

I

In midmost Ind, beside Hydaspes cool,
There stood, or hovered, tremulous in the air
A faery city, 'neath the potent rule
Of Emperor Elfinan—famed everywhere
For love of mortal women, maidens fair,
Whose lips were solid, whose soft hands were made
Of a fit mould and beauty, ripe and rare,
To pamper his slight wooing, warm yet staid:
He loved girls smooth as shades, but hated a mere shade.

II

This was a crime forbidden by the law;
And all the priesthood of his city wept,
For ruin and dismay they well foresaw,
If impious prince no bound or limit kept,
And faery Zendervester overstepped.
They wept, he sinned, and still he would sin on,
They dreamt of sin, and he sinned while they slept;
In vain the pulpit thundered at the throne,
Caricature was vain, and vain the tart lampoon.

III

Which seeing, his high court of parliament

1. 饰铃帽；又名，嫉妒

一则童话——未完成

一

在印度中央，凉爽的希达斯派斯河旁，
那坐落或悬空盘绕着一座仙灵之城，
在埃尔菲南国王强大的统治下战栗。
埃尔菲南大帝——他那是出了名的
喜欢人间女子和美丽少女
爱她们的丰唇，柔嫩之手，
美丽、成熟、曼妙婀娜的身姿，
他并不殷勤地泛滥求爱，温暖却保守：
喜欢姑娘光柔如影，却讨厌只是影子。

二

这是法律禁止的罪行；
城中祭司都为之哭泣。
因为他们清楚地预见到毁灭和惊慌，
如果不虔诚的国王不受约束或限制，
仙子赞德韦斯特就会越过雷池。
他犯罪，他们哭泣，他仍然犯罪，
他们梦见罪恶的同时，他还在犯罪；
布道对着宝座轰鸣，却是徒劳，
讽刺画亦徒然，刻薄言语也枉然。

三

只见他的国会法院

Laid a remonstrance at his Highness' feet,
Praying his royal senses to content
Themselves with what in faery land was sweet,
Befitting best that shade with shade should meet:
Whereat, to calm their fears, he promised soon
From mortal tempters all to make retreat—
Ay, even on the first of the new moon,
An immaterial wife to espouse as heaven's boon.

向殿下进谏，
祈求他高贵的感官
在甜美的仙境里得到满足，
那里什么样的女子都有：
因此，为了平息他们的恐惧，他很快
答应从那所有的人间诱惑中撤离——
唉，即使新月第一天，
他要娶一个天赐的仙族妻子。

IV

Meantime he sent a fluttering embassy
To Pigmio, of Imaus sovereign,
To half beg, and half demand, respectfully,
The hand of his fair daughter Bellanaine.
An audience had, and speeching done, they gain
Their point, and bring the weeping bride away;
Whom, with but one attendant, safely lain
Upon their wings, they bore in bright array,
While little harps were touched by many a lyric fay.

四

同时他派了个带翼的使团
到伊玛斯国统治的庇米奥城，
半请求半强求，毕恭毕敬地向
他美丽的女儿贝拉尼恩求婚。
说罢听罢，他们获准
将哭泣的新娘带走；
她只有一个随从，安全地躺在
求亲使团的翅膀上，他们排着整齐的队形，
此刻许多抒情小仙弹着小竖琴。

V

As in old pictures tender cherubim
A child's soul through the sapphired canvas bear,
So, through a real heaven, on they swim
With the sweet princess on her plumaged lair,
Speed giving to the winds her lustrous hair;
And so she journeyed, sleeping or awake,
Save when, for healthful exercise and air,
She chose to promener à l'aile, or take
A pigeon's somerset, for sport or change's sake.

五

就像旧画中温柔的小天使
像孩童的灵魂穿过蓝色帆布熊那般，
他们穿游在真正的天空，
可爱的公主在羽穴中，
靓丽的头发随风飘动；
她就这样旅行，或醒或睡，
为了锻炼身体，呼吸新鲜空气，
她就在翅膀上走动，有时为了
好玩或变个花样，便乘鸽子上下飞舞。

VI

'Dear Princess, do not whisper me so loud,'
Quoth Corallina, nurse and confidant,
'Do not you see there, lurking in a cloud,
Close at your back, that sly old Crafticant?
He hears a whisper plainer than a rant.

六

"亲爱的公主，对我讲悄悄话别这么大声。"
科拉琳娜，她的保姆和心腹说，
"你没看见吗，他潜伏在云里，
就在你背后，那狡猾的克拉蒂坎特？
他听到悄悄话比咆哮声更清楚。

Dry up your tears, and do not look so blue;
He's Elfinan's great state-spy militant,
His running, lying, flying footman too—
Dear mistress, let him have no handle against you!'

擦干你的眼泪，不要那么忧郁；
他是埃尔菲南国里好斗的间谍，
也是个能跑能卧能飞的仆人——
亲爱的女主人，可别让他对你不利！”

VII

'Show him a mouse's tail, and he will guess,
With metaphysic swiftness, at the mouse;
Show him a garden, and with speed no less,
He'll surmise sagely of a dwelling house,
And plot, in the same minute, how to chouse
The owner out of it; show him a—' 'Peace!
Peace! Nor contrive thy mistress' ire to rouse!'
Returned the Princess, 'my tongue shall not cease
Till from this hated match I get a free release.

七

“只给他看老鼠的尾巴，他就能
不可思议地迅速猜中老鼠；
给他看花园，
他就能飞速地准确推测出是住宅，
给他情节，同一分钟内，他便能
把主人给骗出去；给他——”“安静！
安静！别激起你女主人的怒火！”
公主回答说，“我永远不会沉默，
除非我从这厌恶的婚姻中解脱。”

VIII

'Ah, beauteous mortal!' 'Hush!' quoth Coralline,
'Really you must not talk of him, indeed.'
'You hush!' replied the mistress, with a shine
Of anger in her eyes, enough to breed
In stouter hearts than nurse's fear and dread:
'Twas not the glance itself made Nursey flinch,
But of its threat she took the utmost heed,
Not liking in her heart an hour-long pinch,
Or a sharp needle run into her back an inch.

八

“啊，美丽的人类！”“嘘！”科拉琳娜说道，
“真的，你千万别谈论他。”
“你别说了！”女主人回答。
她眼中闪着的愤怒足以滋养
比保姆的忧惧更为坚实的心：
瞥视本身并未使保姆退缩，
但她对它的威胁极为注意，
就如同揪心一小时，
或是尖针扎进她背部一英寸。

IX

So she was silenced, and fair Bellanaine,
Writhing her little body with ennui,
Continued to lament and to complain,
That Fate, cross-purposing should let her be
Ravished away far from her dear countree;
That all her feelings should be set at naught,
In trumping up this match so hastily,
With lowland blood; and lowland blood she thought
Poison, as every staunch true-born Imaian ought.

九

于是她沉默了，美丽的贝拉尼恩，
厌烦地扭动她的娇小身躯，
继续悲叹抱怨，
联姻的命数竟让她
远离她亲爱的母国；
她万念俱灰，
这桩与低地人的亲事如此仓促，
而她一向把低地血统视为毒药，
正如每个坚定的伊玛斯族裔都会这么想。

X
Sorely she grieved, and wetted three or four
White Provence rose-leaves with her faery tears,
But not for this cause—alas! She had more
Bad reasons for her sorrow, as appears
In the famed memoirs of a thousand years,
Written by Crafticant, and publishèd
By Parpaglion and Co. (Those sly compeers
Who raked up every fact against the dead)
In Scarab Street, Panthea, at the Jubal's Head.

十
她悲痛万分，弄湿了三四片花瓣，
白色普罗旺斯玫瑰瓣上挂着她仙女的泪珠，
但不是因为这个原因——唉！她有更多
悲伤的不幸理由，因着那
克拉蒂坎特编写，帕尔帕格利翁公司出版
就在潘西亚圣甲虫街上的犹八头的
（那些狡猾的同伴搜集了
所有不利于死者的事实）
著名千年回忆录。

XI
Where, after a long hypercritic howl
Against the vicious manners of the age,
He goes on to expose, with heart and soul,
What vice in this or that year was the rage,
Backbiting all the world in every page;
With special strictures on the horrid crime
(Sectioned and subsectioned with learning sage),
Of faeries stooping on their wings sublime
To kiss a mortal's lips, when such were in their prime.

十一
在一番长久愤世嫉俗地
控诉这个时代的恶行后，
他继续全心全意揭露，
这年或那年什么罪恶盛行，
在每一页上中伤全世界；
尤其严加批驳如下可怕的罪行，
（仿效圣贤分门别类）
仙灵大权在握却弯下庄严的翅膀
亲吻人类的嘴唇。

XII
Turn to the copious index, you will find
Somewhere in the column, headed letter B,
The name of Bellanaine, if you're not blind;
Then pray refer to the text, and you will see
An article made up of calumny
Against this highland princess, rating her
For giving way, so over-fashionably,
To this new-fangled vice, which seems a burr
Stuck in his moral throat, no coughing e'er could stir.

十二
转向丰富的索引，你会看到
以字母 B 开头的某列，
贝拉尼恩的名字，如果你不是盲人；
然后参考正文，你会找到
一篇诽谤这位高地公主的文章，
说她这般轻易地就向
这新兴恶习屈服，
他道德的喉咙似乎卡了一根刺，
怎么咳也咳不出去。

XIII
There he says plainly that she loved a man!
That she around him fluttered, flirted, toyed,
Before her marriage with great Elfinan;

十三
他明明白白提到她爱过一个男人！
在和埃尔菲南国王成婚前，
她在他身边翕动、调情、玩闹；

That after marriage too, she never joyed
In husband's company, but still employed
Her wits to 'scape away to Angle-land;
Where lived the youth, who worried and annoyed
Her tender heart, and its warm ardours fanned
To such a dreadful blaze, her side would scorch her hand.

XIV

But let us leave this idle tittle-tattle
To waiting-maids, and bedroom coteries,
Nor till fit time against her fame wage battle.
Poor Elfinan is very ill at ease—
Let us resume his subject if you please:
For it may comfort and console him much
To rhyme and syllable his miseries;
Poor Elfinan! Whose cruel fate was such,
He sat and cursed a bride he knew he could not touch.

XV

Soon as (according to his promises)
The bridal embassy had taken wing,
And vanished, bird-like, o'er the suburb trees,
The Emperor, empierced with the sharp sting
Of love, retired, vexed and murmuring
Like any drone shut from the fair bee-queen,
Into his cabinet, and there did fling
His limbs upon a sofa, full of spleen,
And damned his House of Commons, in complete chagrin.

XVI

'I'll trounce some of the members,' cried the Prince
'I'll put a mark against some rebel names,
I'll make the Opposition benches wince,
I'll show them very soon, to all their shames,
What 'tis to smother up a Prince's flames;
That ministers should join in it, I own,
Surprises me! —They too at these high games!

婚后不喜欢和丈夫在一起，她从未高兴过，
但也没有被废黜，
她的思绪逃到盎格鲁大地；
那里住着个少年，让她温柔的心
又愁又恼，满心爱慕煽成
如此可怕的火焰，烫热之身会把手都烤焦。

十四

不过，让我们把守候少女、床帏私事
这种闲言碎语放一放，
到合适的时候再为她正名。
可怜的埃尔菲南很不自在——
请允许我们继续他的话题：
用押韵和音节讲述他的痛苦
可能让他深感安慰；
可怜的埃尔菲南！命运对他如此残忍，
他坐着诅咒明知触碰不到的新娘。

十五

很快（依他诺言）
送亲使团腾空而起，
又销声匿迹，像鸟停在近郊树上一样，
国王，被爱的利刃刺穿
窝着火嘴里嘟哝着，
就像被美丽蜂后拒之门外的雄蜂，
退回他房中，然后粗暴地
躺到沙发上，怒火中烧，
悔恨交加咒骂着下议院。

十六

"我要痛打几个成员，"国王喊道，
"我要给一些叛徒的名字做上记号，
我要让反对党议员退缩，
我很快就会让他们羞愧难当，
什么才能扑灭国王的怒火；
我认为部长们也应该加入，
我惊讶得很！——他们也玩这种高级游戏！

Am I an Emperor?
Do I wear a crown?
Imperial Elfinan, go hang thyself or drown!'

我是国王吗?
我戴着王冠吗?
埃尔菲南大帝，你要么上吊，要么淹死!"

XVII

'I'll trounce 'em! —There's the square-cut chancellor,
His son shall never touch that bishopric;
And for the nephew of old Palfior,
I'll show him that his speeches made me sick,
And give the colonelcy to Phalaric;
The tip-toe marquis, moral and gallant,
Shall lodge in shabby taverns upon tick;
And for the Speaker's second cousin's aunt,
She shan't be maid of honour—by heaven that she shan't!'

十七

"我要打败他们！——轴方的大臣嘛
他儿子永远当不上主教;
老帕尔菲奥的侄子呢，
我要让他知道他说话让我恶心，
把上校身份赐给费拉里克。
那用脚尖走路、勇敢高尚的侯爵，
他就要住在壁虱环绕的客栈里;
众议院主席二表哥的姑妈，
她没资格做伴娘——天哪，她没资格!"

XVIII

'I'll shirk the Duke of A.; I'll cut his brother;
I'll give no garter to his eldest son;
I won't speak to his sister or his mother!
The Viscount B. shall live at cut-and-run;
But how in the world can I contrive to stun
That fellow's voice, which plagues me worse than any,
That stubborn fool, that impudent state-dun,
Who sets down every sovereign as a zany—
That vulgar commoner, Esquire Biancopany?'

十八

"我要避开 A 公爵；砍了他哥哥;
不给他大儿子骑士勋章;
不跟他姐姐或妈妈说话!
子爵 B 可以保住小命;
可我究竟怎样才能设法让那家伙闭嘴呢，
他的声音比什么都让我难受，
那个顽固的白痴，讨债一样放肆，
把每个君主都当作小丑的——
粗俗乡绅议员比安科帕尼呢?"

XIX

'Monstrous affair! Pshaw! Pah! What ugly minx
Will they fetch from Imaus for my bride?
Alas! My wearied heart within me sinks,
To think that I must be so near allied
To a cold dullard fay—ah, woe betide!
Ah, fairest of all human loveliness!
Sweet Bertha! What crime can it be to glide
About the fragrant pleatings of thy dress,
Or kiss thine eyes, or count thy locks, tress after tress?'

十九

"可怕的事情！呸！呸！他们会从伊玛斯
给我找来个什么轻佻的丑女人做新娘?
唉！一想到我就要娶个冷淡的蠢女人
我厌烦的心就往下一沉，
——啊，多不幸啊!
啊，人间最美的尤物!
亲爱的贝莎！在你衣服芬芳的褶皱旁飞行
或者吻你的眼睛，一绺绺数你的头发
能算什么罪行?"

XX
So said, one minute's while his eyes remained
Half lidded, piteous, languid, innocent;
But, in a wink, their splendour they regained,
Sparkling revenge with amorous fury blent.
Love thwarted in bad temper oft has vent:
He rose, he stamped his foot, he rang the bell,
And ordered, some death-warrants to be sent
For signature—somewhere the tempest fell,
As many a poor felon does not live to tell.

二十
说着，他眼睛停留了一会儿
半闭的眼睛哀怨无声又天真；
但转眼间，他们又恢复了往日的神采，
报复与多情的狂怒交杂着闪耀。
爱情中受挫的暴脾气常有发泄出口：
他站起来，跺着脚，摇着铃，
要来一些死刑执行令——
在那暴风雨降临的地方签名，
许多可怜的重罪犯马上就丢了小命。

XXI
'At the same time Eban' (this was his page,
A fay of colour, slave from top to toe,
Sent as a present, while yet under age,
From the Viceroy of Zanguebar—wise, slow,
His speech, his only words were "yes" and "no",
But swift of look, and foot, and wing was he),
'At the same time, Eban, this instant go
To Hum the soothsayer, whose name I see
Among the fresh arrivals in our empery.'

二十一
"同时埃班"（这是他那页，
他是个彻头彻尾的黑仙奴，
未成年就被桑格巴尔总督当作礼物送来，
桑格巴尔总督有学问，性子慢，
发言只说'是'与'不是'，
但他目光敏捷，脚步轻快，翅膀灵迅），
"同时，埃班，马上到
预言家胡姆那去，他的名字出现在
我们帝国新成员中。"

XXII
'Bring Hum to me! But stay—here, take my ring,
The pledge of favour, that he not suspect
Any foul play, or awkward murdering,
Though I have bowstrung many of his sect;
Throw in a hint, that if he should neglect
One hour, the next shall see him in my grasp,
And the next after that shall see him necked,
Or swallowed by my hunger-starvèd asp—
And mention ('tis as well) the torture of the wasp.'

二十二
"叫胡姆来见我！等等，带上我的戒指，
作为信物，他不会怀疑
任何不公平的交易或笨拙的谋杀，
虽然我已经击溃了他很多教派；
给他一个暗示，如果他胆敢忽视，
下个时辰，他就会在我手里，
再下一秒，脖子就会被扭断，
或者被我饥饿的角蝰蛇吞掉
还要提起（少不了）黄蜂的折磨。"

XXIII
These orders given, the Prince, in half a pet,
Let o'er the silk his propping elbow slide,
Caught up his little legs, and, in a fret,

二十三
下完这些命令，国王的气消了一半，
丝绸滑过他撑着的手肘，
搭到小腿上，焦躁不安地，

Fell on the sofa on his royal side.
The slave retreated backwards, humble-eyed,
And with a slave-like silence closed the door,
And to old Hum through street and alley hied;
He 'knew the city', as we say, of yore,
For shortest cuts and turns, was nobody knew more.

落在他坐的那侧沙发上。
奴隶向后退，眼睛低垂，
顺从并默默关上了门，
快速穿过大街小巷到老胡姆那去；
他"熟悉这座城市"，如同我们之前所说，
在捷径和转弯方面，没人比他知道的更多。

XXIV

It was the time when wholesale houses close
Their shutters with a moody sense of wealth,
But retail dealers, diligent, let loose
The gas (objected to on score of health),
Conveyed in little soldered pipes by stealth,
And make it flare in many a brilliant form,
That all the powers of darkness it repell'th,
Which to the oil-trade doth great scathe and harm,
And supersedeth quite the use of the glow-worm.

二十四

那是批发商店关门的时候，
百叶窗显示出盈利时好时坏，
但勤快的零售商拧松了
煤气（不顾及健康），
用焊过的小管子偷偷传输，
让它以许多绝妙的形式燃烧，
驱散了一切黑暗，
对石油贸易造成了巨大伤害，
完全取代了萤火虫的作用。

XXV

Eban, untempted by the pastry-cooks
(Of pastry he got store within the palace),
With hasty steps, wrapped cloak, and solemn looks,
Incognito upon his errand sallies,
His smelling-bottle ready for the alleys.
He passed the hurdy-gurdies with disdain,
Vowing he'd have them sent on board the galleys;
Just as he made his vow, it 'gan to rain,
Therefore he called a coach, and bade it drive amain.

二十五

埃班，不受糕点厨师的诱惑
（他在宫殿里存了很多糕点），
脚步匆忙，身披斗篷，表情严肃，
为完成此次任务做了番伪装，
他的嗅盐瓶已在街巷准备好。
他轻蔑地从手摇弦琴旁走过，
发誓要把它们送上划桨帆船；
就在他起誓之时，下起了雨，
于是他叫来一辆马车，吩咐它全速前进。

XXVI

'I'll pull the string,' said he, and further said,
'Polluted Jarvey! Ah, thou filthy hack!
Whose springs of life are all dried up and dead,
Whose linsey-woolsey lining hangs all slack,
Whose rug is straw, whose wholeness is a crack;
And evermore thy steps go clatter-clitter;
Whose glass once up can never be got back,

二十六

"我来驾车，"他说，接着又说，
"邋遢的车夫！啊，你肮脏的马匹！
生命的源泉已经枯竭死亡，
棉毛的内衬松松垮垮地垂着，
稻草的围毯，整体已经开裂；
咔嗒吧嗒的脚步不停地响；
打开的玻璃就再也关不上，

Who prov'st, with jolting arguments and bitter,
That 'tis of modern use to travel in a litter.'

一路剧烈地颠簸，
乘轿子出行是时新的做法。”

XXVII

'Thou inconvenience! Thou hungry crop
For all corn! Thou snail-creeper to and fro,
Who while thou goest ever seem'st to stop,
And fiddle-faddle standest while you go;
I' the morning, freighted with a weight of woe,
Unto some lazar-house thou journeyest,
And in the evening tak'st a double row
Of dowdies, for some dance or party dressed,
Besides the goods meanwhile thou movest east and west.'

二十七

“你举步维艰！辛苦劳碌却食不果腹！
来来回回慢慢吞吞，
前进着似乎要停下来，
乏味地停滞后又前进；
早晨载着一车沉痛，
到你经行的麻风病院，
晚上又排成两队
接舞会或派对上身着华服的懒散女人，
除开货物，你还东奔西跑。”

XXVIII

'By thy ungallant bearing and sad mien,
An inch appears the utmost thou couldst budge;
Yet at the slightest nod, or hint, or sign,
Round to the curb-stone patient dost thou trudge,
Schooled in a beckon, learned in a nudge,
A dull-eyed Argus watching for a fare;
Quiet and plodding, thou dost bear no grudge
To whisking tilburies, or phaetons rare,
Curricles, or mail-coaches, swift beyond compare.'

二十八

“凭你失礼的举止和悲哀的神态，
你似乎至多能挪一英寸；
然而即便最轻微的点头线索或示意，
你也会曳车去向路边的病人，
在手势和轻推中学习并训练，
像凡眼阿耳戈斯[1]那般等着车费；
安静而迟缓，你不会怨恨那些轻便马车
如无顶二轮车，或稀有的四轮敞篷车，
双马二轮车，或迅捷无比的邮车。”

XXIX

Philosophizing thus, he pulled the check,
And bade the Coachman wheel to such a street,
Who, turning much his body, more his neck,
Louted full low, and hoarsely did him greet:
'Certes, Monsieur were best take to his feet,
Seeing his servant can no further drive
For press of coaches, that tonight here meet
Many as bees about a straw-capped hive,
When first for April honey into faint flowers they dive.'

二十九

他这样思索着，核查了一番，
吩咐车夫把车开到了一条街上，
他转动大半个身子，扭着脖子，
深鞠一躬，沙哑地问候：
“真的，先生最好自己走两步，
看呀，您的仆人不能再驱车前行，
今晚在此碰头的车子实在太多。
许多蜜蜂围着稻草盖的蜂房，
四月采到初开花朵的蜜时，它们便潜进去。”

1 阿耳戈斯：希腊神话中的百眼巨人，头上长有一百只眼睛，睡觉时只闭上一两只眼睛。

XXX
Eban then paid his fare, and tip-toe went
To Hum's hotel; and, as he on did pass
With head inclined, each dusky lineament
Showed in the pearl-paved street as in a glass;
His purple vest, that ever peeping was
Rich from the fluttering crimson of his cloak,
His silvery trousers, and his silken sash
Tied in a burnished knot, their semblance took
Upon the mirrored walls, wherever he might look.

三十
埃班付了车费，轻轻悄悄地走向
胡姆的酒店；他继续前行
低着头，每个模糊的轮廓
在珍珠铺就的街道上就像在镜中一样；
紫色马甲，深红斗篷飘动
不时地招来很多人的窥视，
那银色裤子上的丝绸腰带
打了个铮亮的结，无论他向哪看，
都像是在镜面的墙壁上。

XXXI
He smiled at self, and, smiling, showed his teeth,
And seeing his white teeth, he smiled the more;
Lifted his eye-brows, spurned the path beneath,
Showed teeth again, and smiled as heretofore,
Until he knocked at the magician's door;
Where, till the porter answered, might be seen,
In the clear panel, more he could adore—
His turban wreathed of gold, and white, and green,
Mustachios, ear-ring, nose-ring, and his sabre keen.

三十一
他朝自己笑了笑，露出了牙齿，
看到自己洁白的牙齿，他笑得更欢了；
他扬起眉毛，踢了踢脚下的路，
又露出牙齿，笑得跟以前一样，
这时他敲响了魔法师的门；
敲到门房回答为止，望着门上的
透明面板，他更加喜欢自己——
头上裹着的那金黄、雪白、青绿的头巾，
胡子、耳环、鼻环和那锋利的军刀。

XXXII
'Does not your master give a rout tonight?'
Quoth the dark Page. 'Oh, no!' returned the Swiss,
'Next door but one to us, upon the right,
The Magazin des Modes now open is
Against the Emperor's wedding—and, sir, this
My master finds a monstrous horrid bore,
As he retired, an hour ago I wis,
With his best beard and brimstone, to explore
And cast a quiet figure in his second floor.'

三十二
“你的主人今晚不参加晚会吗？”
黑皮肤的男侍说。“哦，不！”瑞士人回应，
“我们右边隔壁的隔壁，
《时尚杂志》正在公开
反对国王的婚礼——还有，先生，
我的主人发现了个可怕的情况，
我知道一小时前他回来过，
用最好的胡须和硫黄占一卦，
在二楼留下一个安静的身影。”

XXXIII
'Gad! He's obliged to stick to business!
For chalk, I hear, stands at a pretty price;
And as for aqua-vitae—there's a mess!

三十三
“该死！他不得不做要紧事！
我听说白垩可以卖个好价钱；
至于生命之水——简直一团糟！

The dentes sapientiae of mice,
Our barber tells me too, are on the rise—
Tinder's a lighter article—nitre pure
Goes off like lightning—grains of Paradise
At an enormous figure! Stars not sure! —
Zodiac will not move without a sly douceur!'

老鼠智齿的价格嘛，
我们的理发师也告诉我，正在上涨——
火绒是种更轻的物品——纯硝石
像闪电一样消失——在大数目面前
不过沧海一粟！星星还不确定！——
没点私下的赏钱，黄道十二宫可就不动了！"

XXXIV

'Venus won't stir a peg without a fee,
And master is too partial, entre nous,
To—' 'Hush—hush!' cried Eban, 'sure that is he
Coming down stairs. By St Bartholomew!
As backwards as he can—is't something new?

Or is't his custom, in the name of fun?'
'He always comes down backward, with one shoe',
Returned the porter, 'off, and one shoe on,
Like, saving shoe for sock or stocking, my man John!'

三十四

"不给钱维纳斯可不会跨出一条腿，
主人又过于偏心，莫要对他人讲——"
"嘘——嘘！"埃班叫道，"肯定是他
在沿圣巴塞洛缪教堂[1]逐级而下！
尽他所能倒着下来！——难道不是件新
鲜事？
还是说为了好玩，他习惯这么做？"
"他总是倒退着下来，只穿一只鞋。"
看门人回答说，"一脚穿鞋，一脚赤裸，
就像把鞋子当作袜子穿一样，约翰兄弟！"

XXXV

It was indeed the great Magician,
Feeling, with careful toe, for every stair,
And retrograding careful as he can,
Backwards and downwards from his own two pair:
'Salpietro!' exclaimed Hum, 'is the dog there?
He's always in my way upon the mat!'
'He's in the kitchen, or the Lord knows where,'
Replied the Swiss, 'the nasty, yelping brat!'
'Don't beat him!' returned Hum, and on the floor came pat.

三十五

确实是那个伟大的魔法师，
用脚尖小心翼翼地感触每一级楼梯，
尽可能小心地倒着走，
用两只脚从上往下倒退：
"萨尔皮埃特罗！"胡姆喊，"狗在那儿吗？
他总是在席垫子上挡我的道！"
"他在厨房里，天知道他在哪儿。"
瑞士人答道，"那个讨人厌、哇哇叫的小崽子！"
"别打他！"胡姆回道，从垫子走到地板上。

XXXVI

Then facing right about, he saw the Page,
And said: 'Don't tell me what you want, Eban;
The Emperor is now in a huge rage—
'Tis nine to one he'll give you the rattan!

三十六

然后他朝向右，看到了侍从，
他说："不用告诉我你来做什么，埃班；
国王现在愤怒得很——
十之八九他会打你！

1 英国一座哥特式教堂，已有600年历史。

Let us away!' Away together ran
The plain-dressed sage and spangled blackamoor,
Nor rested till they stood to cool, and fan,
And breathe themselves at th'Emperor's chamber door,
When Eban thought he heard a soft imperial snore.

我们逃跑吧！”衣着朴素的智者
和身着闪亮衣服的黑奴一起逃走，
直到国王卧房门前他们才停下，
站着冷冷静，扇扇风，喘喘气，
埃班料想智者听到了国王的轻鼾。

XXXVII

'I thought you guessed, foretold, or prophesied,
That's Majesty was in a raving fit?'
'He dreams,' said Hum, 'or I have ever lied,
That he is tearing you, sir, bit by bit.'
'He's not asleep, and you have little wit,'
Replied the Page, 'that little buzzing noise,
Whate'er your palmistry may make of it,
Comes from a play-thing of the Emperor's choice,
From a Man-Tiger-Organ, prettiest of his toys.'

三十七

“我想你已经猜到，预知，或预言，
陛下大发雷霆了吧？”
“他进入梦乡了，”胡姆说，“要不是我撒谎，
先生，他恐怕正在一点一点地折磨你。”
“他没睡着，你也没脑子。”
男侍回答道：“不管你相手术如何，
那小小的嗡嗡声，
不过是国王选的玩具罢了，
是个虎皮风琴，最漂亮的玩具。”

XXXVIII

Eban then ushered in the learned seer:
Elfinan's back was turned, but, ne'ertheless,
Both, prostrate on the carpet, ear by ear,
Crept silently, and waited in distress,
Knowing the Emperor's moody bitterness;
Eban especially, who on the floor 'gan
Tremble and quake to death—he feared less
A dose of senna-tea or nightmare Gorgon
Than the Emperor when he played on his Man-Tiger-Organ.

三十八

埃班随后引着博学的预言家进来：
但即便这样，埃尔菲南只转了下身子，
两个人就都趴在地毯上，耳贴着耳，
默默匍匐着，痛苦等待着，
饱尝国王喜怒无常之苦；
尤其是埃班，在地板上
颤抖哆嗦得要死——
一剂番泻叶茶或
梦魇戈耳工与演奏虎皮风琴的国王相比，
都没能使他如此的惧怕。

XXXIX

They kissed nine times the carpet's velvet face
Of glossy silk, soft, smooth, and meadow-green,
Where the close eye in deep rich fur might trace
A silver tissue, scantly to be seen,
As daisies lurked in June-grass, buds in treen.
Sudden the music ceased, sudden the hand
Of majesty, by dint of passion keen,

三十九

他们亲吻了光绸地毯丝绒面料九次，

柔软，光滑，草绿的颜色，
厚厚的毛绒中间，凑近些，眼睛可以找到
一张银色的薄纸，很难发现
就像六月草丛中藏着的雏菊和树上的蓓蕾。
音乐戛然而止，国王的手也突然停下

Doubled into a common fist, went grand,
And knocked down three cut glasses, and his best ink-stand.

由于强烈的激情，
弯曲成一个普通的拳头，越来越使劲
打翻了三个雕花玻璃杯和他最好的墨水台。

XL

Then turning round, he saw those trembling two.
'Eban,' said he, 'as slaves should taste the fruits
Of diligence, I shall remember you
Tomorrow, or the next day, as time suits,
In a finger conversation with my mutes—
Begone! —for you, Chaldean! Here remain!
Fear not, quake not, and as good wine recruits
A conjurer's spirits, what cup will you drain?
Sherry in silver, hock in gold, or glassed champagne?'

四十

接着他转过身，看到那两人在发抖。
"埃班，"他说，"勤奋的奴隶
有好果子吃，我会记住你。
明天，或后天，看时间，
用哑语和我交流，退下吧！——
至于你，迦勒底[1]占星师！留在这里！
不要害怕，不要发抖，好酒能振作
魔法师的精神，那你要喝什么？
银杯雪利烈白，金杯霍克白干，还是玻璃杯的香槟？"

XLI

'Commander of the Faithful!' answered Hum,
'In preference to these, I'll merely taste
A thimble-full of old Jamaica rum.'
'A simple boon!' said Elfinan, 'thou mayst
Have Nantz, with which my morning-coffee's laced.'
'I'll have a glass of Nantz, then,' said the Seer,
'Made racy (sure my boldness is misplaced!)
With the third part (yet that is drinking dear!)
Of the least drop of crème de citron, crystal clear.'

四十一

"您忠诚的司令！"胡姆回答，
"除开这些，只想尝尝
一顶针老牙买加朗姆酒。"
"简单的赏赐！"埃尔菲南说，"你可以
喝白兰地，我早上兑着咖啡喝。"
"那我要一杯白兰地，"预言家说，
"要想有独特风味（当然我的大胆用错地方了！）
掺上滴第三层（但那样喝很贵！）枸橼蜜酒，晶莹剔透。"

XLII

'I pledge you, Hum! And pledge my dearest love,
My Bertha!' 'Bertha! Bertha!' cried the sage,

'I know a many Berthas!' 'Mine's above
All Berthas!' sighed the Emperor. 'I engage,'

Said Hum, 'in duty, and in vassalage,

四十二

"我向你保证，胡姆！以我最亲爱的，
我的贝莎向你保证！""贝莎！贝莎！"智者叫道，
"我认识的贝莎可太多了！""我认识
所有叫贝莎的！"国王叹了一口气。"我职责所在，"
胡姆说，"职责所在，以侍从身份，

1 迦勒底（Chaldea）：巴比伦王国南部一地区。

To mention all the Berthas in the Earth—
There's Bertha Watson, and Miss Bertha Page,
This famed for languid eyes, and that for mirth—
There's Bertha Blount of York—and Bertha Knox of Perth.'

列举世上所有贝莎——
有贝莎·沃森，贝莎·佩姬小姐，
一个双眼无神出了名，一个出了名的欢乐
约克郡的贝莎·布朗特——还有珀斯的贝莎·诺克斯。"

XLIII

'You seem to know—' 'I do know,' answered Hum,

'Your Majesty's in love with some fine girl
Named Bertha, but her surname will not come,
Without a little conjuring.' ''Tis Pearl,
'Tis Bertha Pearl what makes my brains so whirl;
And she is softer, fairer than her name!'
'Where does she live?' asked Hum. 'Her fair locks curl
So brightly, they put all our fays to shame! —
Live? —O! At Canterbury, with her old grand-dame.'

四十三

"你似乎知道——""我真知道，"胡姆回答说，
"陛下爱上了一个漂亮姑娘
叫作贝莎，但她却不愿嫁给您，
没一点魔法的话。""这是珀尔，
是贝莎·珀尔让我头脑转个不停；
人比其名更温柔，更美丽！"
"她住在哪儿？"胡姆问道，"她的金发卷得
那么闪亮，让我们所有的仙女自惭形秽！——
住在哪儿？——哦！在坎特伯雷和她老祖母一起住。"

XLIV

'Good! good!' cried Hum, 'I've known her from a child!
She is a changeling of my management.
She was born at midnight in an Indian wild;
Her mother's screams with the striped tiger's blent,
While the torch-bearing slaves a halloo sent
Into the jungles; and her palanquin,
Rested amid the desert's dreariment,
Shook with her agony, till fair were seen
The little Bertha's eyes ope on the stars serene.'

四十四

"好！好！"胡姆叫道，"她小时候我就认识她！
她是我负责调包的生灵[1]，
午夜时分，她出生在印第安荒野；
她母亲的尖叫混着斑纹虎的咆哮，
举着火把的奴隶们欢呼着
进入丛林；她的轿子，
在沙漠的沉闷中停歇，
她痛苦地颤抖着，直到有人发现
小贝莎的眼睛安静地望着星星。"

XLV

'I can't say,' said the monarch, 'that may be
Just as it happened, true or else a bam!
Drink up your brandy, and sit down by me,
Feel, feel my pulse, how much in love I am;

四十五

"我不能说，"君主说，"或许
如你所言，不管是真是假！
喝光你的白兰地，坐到我身旁，
感受，感受我的脉搏，我有多爱她；

1 尤指故事中被偷换后留下的孩童。

And if your science is not all a sham,
Tell me some means to get the lady here.'
'Upon my honour!' said the son of Cham,
'She is my dainty changeling, near and dear,
Although her story sounds at first a little queer.'

如果你的法术不全是糊弄人的，
告诉我把那位小姐弄到这儿来的办法。"
"我以名誉做担保！"可汗之子说，
"她是我可爱的换生灵，极其亲密，
虽然她的故事一开始听起来有点奇怪。"

XLVI

'Convey her to me, Hum, or by my crown,
My sceptre, and my cross-surmounted globe,
I'll knock you'—'Does your majesty mean—down?
No, no, you never could my feelings probe
To such a depth!' The Emperor took his robe,
And wept upon its purple palatine,
While Hum continued, shamming half a sob,
'In Canterbury doth your lady shine?
But let me cool your brandy with a little wine.'

四十六

"把她带给我，胡姆，不然我就用王冠，
我的权杖，我的十字架，
打你"——"陛下是说——打倒吗？
不，不，你永远无法这么深切地
了解我的感受！"国王穿上他的长袍，
在紫色御袍上哭泣，佯装呜咽，
胡姆一边继续说：
"在坎特伯雷，您的小姐出众吗？
让我给您的白兰地加点酒冷却一下。"

XLVII

Whereat a narrow Flemish glass he took,
That since belonged to Admiral de Witt,
Admired it with a connoisseuring look,
And with the ripest claret crowned it,
And, ere one lively bead could burst and flit,
He turned it quickly, nimbly upside down,
His mouth being held conveniently fit
To save 'the creature'. 'Best in all the town!'
He said, smacked his moist lips, and gave a pleasant frown.

四十七

他拿起一只狭窄的佛兰德杯，
那是威特上将的，
他用一种品鉴的眼光欣赏它，
酿熟透的红葡萄酒为它加冕，
还没等鲜葡萄炸开飞出，
他敏捷地把它倒了过来，
他拱着嘴刚好可以
拯救这"小家伙"。"全城最好的酒！"
他说着，咂了咂沾湿的嘴，满足地皱了下眉头。

XLVIII

'Ah! Good my Prince, weep not!' And then again
He filled a bumper. 'Great Sire, do not weep!
Your pulse is shocking, but I'll ease your pain.'
'Fetch me that ottoman, and prithee keep
Your voice low,' said the Emperor, 'and steep
Some lady's-fingers nice in Candy wine;
And prithee, Hum, behind the screen do peep

四十八

"啊！我的好君主，不要哭！"然后
他又倒满了一杯。"伟大的陛下，别哭了！
您脉搏跳得厉害，但我可以减轻您的痛苦。"
"帮我将那把软凳搬来，请压低
您的声音，"国王说，"务必
将那女士的手指蘸入糖果酒里；
胡姆，请定要在屏风后窥视

For the rose-water vase, magician mine!
And sponge my forehead—so my love doth make me pine.'

那玫瑰水花瓶，我的魔法师！
用海绵擦擦我额头——我的心上人让我憔悴。"

XLIX

'Ah, cursèd Bellanaine!' 'Don't think of her,'
Rejoined the Mago, 'but on Bertha muse;
For, by my choicest best barometer,
You shall not throttled be in marriage noose.
I've said it, Sire; you only have to choose
Bertha or Bellanaine.' So saying, he drew
From the left pocket of his threadbare hose,
A sampler hoarded slyly, good as new,
Holding it by his thumb and finger full in view.

四十九

"啊，该死的贝拉尼恩！""别想她，"
魔法师接着说，"但贝莎一事；
我精选了最好的预示，
婚姻的套索才不至勒死您。
我说过了，陛下；您只需选择
贝莎或贝拉尼恩。"说着，他掏出
从他破旧长筒袜的左口袋里，
一个狡黠藏起来的采样器，完好如新，
他用拇指和食指拿着，一览无余。

L

'Sire, this is Bertha Pearl's neat handy-work,
Her name, see here, Midsummer, ninety-one.'
Elfinan snatched it with a sudden jerk,
And wept as if he never would have done,
Honouring with royal tears the poor homespun,
Whereon were broidered tigers with black eyes,
And long-tailed pheasants, and a rising sun,
Plenty of posies, great stags, butterflies
Bigger than stags, a moon—with other mysteries.

五十

"陛下，这是贝莎·珀尔精巧的手工，
她的名字，看这儿，仲夏，九十一。"
埃尔菲南猛地一把抓住了它，
他哭泣着，仿佛他永远不会那样做，
用高贵的泪水来纪念贫穷的手织品，
上面绣着黑眼睛的老虎，
还有长尾巴野鸡，还有初升的太阳，
大捆的花束、大牡鹿和蝴蝶
比牡鹿还大，一弯月亮——和其他神秘图案。

LI

The monarch handled o'er and o'er again
These day-school hieroglyphics with a sigh;
Somewhat in sadness, but pleased in the main,
Till this oracular couplet met his eye
Astounded: Cupid I—do thee defy!
It was too much. He shrunk back in his chair,
Grew pale as death, and fainted—very nigh!
'Pho! Nonsense!' exclaimed Hum, 'now don't despair;
She does not mean it really. Cheer up, hearty—there!'

五十一

君主一遍又一遍触摸着
这些日校的象形文字伴一声叹息；
虽然有些悲伤，但总的来说很高兴，
直到这神谕般的对句映入他眼帘，
他大吃一惊：丘比特，我——向你挑战！
这太过分了。他往椅子里一缩
神色变得像死了一样苍白，昏倒了——非常可怕！
"呵！一派胡言！"胡姆叫道，"现在不要绝望；
她不是认真的。打起精神来，心肝宝贝
——瞧！"

LII

'And listen to my words. You say you won't,
On any terms, marry Miss Bellanaine;
It goes against your conscience—good! Well, don't.
You say you love a mortal. I would fain
Persuade your honour's Highness to refrain
From peccadilloes. But, Sire, as I say,
What good would that do? And, to be more plain,
You would do me a mischief some odd day,
Cut off my ears and hands, or head too, by my fay!'

五十二

"听我的话。你说你无论如何
都不会娶贝拉尼恩小姐；
这昧了您的良心——好！很好，不会。
您说您爱一个人类。我很乐意
劝说殿下节制，别犯这种
过错。但是，陛下，如我所言，
那又有什么用？说得更明白些，
您总有一天会害了我，
割掉我的耳朵和手，或砍掉我的头，我保证！"

LIII

'Besides, manners forbid that I should pass any
Vile strictures on the conduct of a prince
Who should indulge his genius, if he has any,
Not, like a subject, foolish matters mince.
Now I think on't, perhaps I could convince
Your Majesty there is no crime at all
In loving pretty little Bertha, since
She's very delicate—not over tall—
A faery's hand, and in the waist, why—very small.'

五十三

"再说，礼数让我不能
卑鄙地苛责君王的作为
若他有天资，就应当尽情发挥，
而非如臣民般为愚蠢的事情烦恼。
现在我想不行，也许我能使
陛下确信爱上漂亮的小贝莎
根本就不是犯罪，因为
她那么精致——不算太高——
仙灵的手，还有腰肢，哎——多纤细呀。"

LIV

'Ring the repeater, gentle Hum!' ''Tis five,'
Said gentle Hum, 'the nights draw in apace;
The little birds I hear are all alive;
I see the dawning touched upon your face;
Shall I put out the candles, please your Grace?'
'Do put them out, and, without more ado,
Tell me how I may that sweet girl embrace—
How you can bring her to me.' 'That's for you,
Great Emperor! To adventure, like a lover true.'

五十四

"鸣响连发枪，好胡姆！""凌晨五点了"，
温和的胡姆说，"黑夜很快就会过去；
我听到小鸟都活跃了起来；
我看见曙光抚摸着你的脸；
我把蜡烛熄灭好吗，陛下？"
"灭了吧，然后，休要再劝，
只需告诉我怎样能把那可爱女孩拥入怀中——
你怎样才可以把她带到我身边？""那么，
伟大的国王！去冒险吧，像真正的情人那样。"

LV

'I fetch her!' — 'Yes, an't like your Majesty;
And as she would be frightened wide awake
To travel such a distance through the sky,

五十五

"我把她带来！"——"是的，不像陛下您；
在天空中穿行这么远的距离
她会被吓醒，

Use of some soft manoeuvre you must make,
For your convenience, and her dear nerves' sake.
Nice way would be to bring her in a swoon,
Anon, I'll tell what course were best to take;
You must away this morning.' 'Hum! So soon?'
'Sire, you must be in Kent by twelve o'clock at noon.'

您得用些小妙招，
为了你方便，也为她脆弱的神经着想。
最好的办法就是把她弄晕，
很快，我就会告诉您，我们最好用什么法子。
您今天上午必须离开。”“胡姆！这么快？”
“陛下，您必须在中午十二点以前到肯特郡。”

LVI

At this great Caesar started on his feet,
Lifted his wings, and stood attentive-wise.
'Those wings to Canterbury you must beat,
If you hold Bertha as a worthy prize.
Look in the Almanack—Moore never lies—
April the twenty-fourth, this coming day,
Now breathing its new bloom upon the skies,
Will end in St Mark's Eve—you must away,
For on that eve alone can you the maid convey.'

五十六

这位伟大的恺撒站了起来，
抬起翅膀，专注地站着。
“您必须振翅飞往坎特伯雷，
如果您认为贝莎是有价值的奖赏。
看看年鉴——穆尔从不说谎——
四月二十四，这天即将到来，
正对着天空展露它的新姿，
将结束于圣马克前夜——您必须离开，
因为只有那晚，您才能把她带回。”

LVII

Then the magician solemnly 'gan frown,
So that his frost-white eyebrows, beetling low,
Shaded his deep-green eyes, and wrinkles brown
Plaited upon his furnace-scorchèd brow:
Forth from his hood that hung his neck below,
He lifted a bright casket of pure gold,
Touched a spring-lock, and there in wool, or snow
Charmed into ever-freezing, lay an old
And legend-leavèd book, mysterious to behold.

五十七

之后魔法师严肃地皱起眉头，
他那霜白的眉毛低垂着，
遮住了他深绿色眼睛和棕色皱纹
在他被火炉炙烤的眉头上结着辫：
他从脖子下面的兜帽里，
举起一只纯金明晃晃的小箱子，
碰了一下弹簧锁，里面羊毛或是雪对着
一个躺着的永远冰冻的老人施法，
那传世之书，看起来很神秘。

LVIII

'Take this same book, —it will not bite you, Sire—
There, put it underneath your royal arm;
Though it's a pretty weight it will not tire,
But rather on your journey keep you warm.
This is the magic, this the potent charm,
That shall drive Bertha to a fainting fit!
When the time comes, don't feel the least alarm,

五十八

“拿着这本书，——它不会咬您的，陛下——
喏，把它放在您胳膊下面；
虽然它很重，但不会累着您，
反而让您在旅途中保持温暖。
这是魔法，强大的魔法，
会把贝莎逼到晕厥！
时辰到了，一点也别惊慌，

Uplift her from the ground, and swiftly flit
Back to your palace, where I wait for guerdon fit.'

把她从地上抱起来，迅速飞回
您的宫殿去吧，我在那儿等着奖赏呢。"

LIX

'What shall I do with that same book?' 'Why merely
Lay it on Bertha's table, close beside
Her work-box, and 'twill help your purpose dearly.
I say no more.' 'Or good or ill betide,
Through the wide air to Kent this morn I glide!'
Exclaimed the Emperor. 'When I return,
Ask what you will—I'll give you my new bride!
And take some more wine, Hum—O Heavens! I burn
To be upon the wing! Now, now, that minx I spurn!'

五十九

"那本书怎么用？""啊，只需
把它放在贝莎的桌子上，紧挨着她的
针线盒，这会对您达成目的大有帮助。
我不再多说。""不论结果好坏，
今早我都要飞越长空去肯特郡！"
国王喊道。"我回来问你要什么赏赐的时
候——就是我把新娘带回来给你看的时候！
再喝点酒，胡姆——噢，天哪！我翅膀都快烧
起来了！
现在，现在，那我唾弃的那个轻佻姑娘呢！"

LX

'Leave her to me,' rejoined the magian,
'But how shall I account, illustrious fay!
For thine imperial absence? Pho! I can
Say you are very sick, and bar the way
To your so loving courtiers for one day;
If either of their two Archbishops' graces
Should talk of extreme unction, I shall say
You do not like cold pig with Latin phrases,
Which never should be used but in alarming cases.'

六十

"她的事就交给我吧，"魔法师回答道，
"可是我该如何向大名鼎鼎的仙女解释！
您不在皇宫里？呵！我可以
说您病得很重，拖住您
无比忠诚的朝臣们一天；
如果两位大主教中的一位
要谈起临终涂油礼，我就说，
您不喜欢用拉丁语说把人用冷水给泼醒，
只有在无可奈何的情况下才会这么做。"

LXI

'Open the window, Hum; I'm ready now!'
'Zooks!' exclaimed Hum, as up the sash he drew,
'Behold, your Majesty, upon the brow
Of yonder hill, what crowds of people!' 'Whew!
The monster's always after something new,'
Returned his Highness, 'they are piping hot
To see my pigsney Bellanaine. Hum! Do
Tighten my belt a little—so, so—not
Too tight. The book! —My wand! —So, nothing is
forgot.'

六十一

"打开窗户，胡姆；现在我准备好了！"
"好运！"胡姆一边说，一边拉腰带，
"陛下，请看，那边山顶上
人多拥挤啊！""唷！
怪物总是在追求新东西。"
殿下回答道，"他们对我那
亲爱的贝拉尼恩趋之若鹜。胡姆！
把我的裤带勒紧点——紧点，紧点——不要
太紧了。那本书！——我的魔杖！——看来都
带齐了。"

LXII

'Wounds! How they shout!' said Hum, 'and there, — see, see!
The Ambassador's returned from Pigmio!
The morning's very fine—uncommonly!
See, past the skirts of yon white cloud they go,
Tinging it with soft crimsons! Now below
The sable-pointed heads of firs and pines
They dip, move on, and with them moves a glow
Along the forest side! Now amber lines
Reach the hill top, and now throughout the valley shines.'

六十二

"天哪！他们喊得多起劲！"胡姆说，"那儿，——瞧，瞧！
迎亲使团从庇米奥回来了！
早晨天气很好——好得出奇！
您看，他们穿过远方白云的裙边，
用柔和的深红做点缀！现在他们朝着
冷杉和松树黝黑的树尖
向下飞，沿着森林一侧
行进着发光！现在琥珀色的航线
到达了山顶，整个山谷都在发光。"

LXIII

'Why, Hum, you're getting quite poetical!
Those *nows* you managed in a special style.'
'If ever you have leisure, Sire, you shall
See scraps of mine will make it worth your while,
Tit-bits for Phoebus! —Yes, you well may smile.

Hark! Hark! The bells!' 'A little further yet,
Good Hum, and let me view this mighty coil.'
Then the great Emperor full graceful set
His elbow for a prop, and snuffed his mignonette.

六十三

"哎，胡姆，你变得很有诗情了！
你用独特的方式描述了这一切。"
"若您有闲暇，陛下，您就可以
发现这段时间我的废料称得上
福波斯的边边角角！——对，您完全可一笑置之。
听！听！钟声！""听得再仔细点，
好胡姆，让我看看这结实的绳索。"
此时，伟大的国王十分优雅地
撑着胳膊肘，嗅了嗅木樨草。

LXIV

The morn is full of holiday: loud bells
With rival clamours ring from every spire;
Cunningly-stationed music dies and swells
In echoing places; when the winds respire,
Light flags stream out like gauzy tongues of fire;
A metropolitan murmur, lifeful, warm,
Comes from the northern suburbs; rich attire
Freckles with red and gold the moving swarm;
While here and there clear trumpets blow a keen alarm.

六十四

早晨充满着节日氛围：响亮的钟声
从每处塔尖争相响起；
巧妙的音乐此起彼伏，
此起彼伏；风吹起来的时候，
轻盈的旗帜如薄纱般吐出火舌；
国都的低语充满来自北郊的
生机和温暖；流动的人群盛装出行，
缀着火红和亮金的颜色；
到处都响着喇叭尖锐清晰的警报声。

LXV

And now the faery escort was seen clear,
Like the old pageant of Aurora's train,
Above a pearl-built minster, hovering near:
First wily Crafticant, the chamberlain,
Balanced upon his grey-grown pinions twain,
His slender wand officially revealed;
Then black gnomes scattering sixpences like rain;
Then pages three and three; and next, slave-held,
The Imaian 'scutcheon bright—one mouse in argent field.

六十五

现在仙灵护卫队清晰可见，
如同奥罗拉古老盛行的队列，
在珍珠建造的大教堂上空，盘旋着：
带头的是狡猾的内侍克拉蒂坎特，
他那对灰色羽翼保持着平衡，
细长的魔杖正式露了面；
之后黑色小矮人撒下小钱，
如同下雨一般；侍从三三结对；
之后伊玛斯闪亮的标志由奴隶托起——
一只银色田野里的老鼠。

LXVI

Gentlemen pensioners next; and after them,
A troop of wingèd Janizaries flew;
Then slaves, as presents bearing many a gem;
Then twelve physicians fluttering two and two;
And next a chaplain in a cassock new;
Then Lords in waiting; then (what head not reels
For pleasure?) the fair Princess in full view,
Borne upon wings—and very pleased she feels
To have such splendour dance attendance at her heels.

六十六

接着是离休绅士；在他们之后，
一群带翼禁卫军飞了过去；
然后是陪嫁奴隶，带着许多宝石；
十二名医生，两两振翅；
再然后是身着教士服的牧师；
之后是等待的上院议员；（谁不目眩神迷？）
美丽的公主在翅膀上，
对此一览无余——她非常高兴
身后有这般壮观的舞蹈做伴。

LXVII

For there was more magnificence behind.
She waved her handkerchief. 'Ah, very grand!'
Cried Elfinan, and closed the window-blind.
'And, Hum, we must not shilly-shally stand—
Adieu! Adieu! I'm off for Angle-land!
I say, old Hocus, have you such a thing
About you—feel your pockets, I command—
I want, this instant, an invisible ring—
Thank you, old mummy! Now securely I take wing.'

六十七

后面还有更壮观的东西。
她挥动着手帕。"啊，真壮丽！"
埃尔菲南叫道，关上了百叶窗。
"啊，胡姆，我们不能犹豫不决地站着——
再见！再见！我要去盎格鲁大地了！
我说，老巫师，你有没有这么件东西
——我命令你，摸摸你的口袋——
我即刻就要一枚隐形的戒指——
谢谢你，老妈妈！现在我可以放心地飞翔了。"

LXVIII

Then Elfinan swift vaulted from the floor,
And lighted graceful on the window-sill;

六十八

然后埃尔菲南迅速从地上跳了起来，
发着光优雅地落在窗台上；

Under one arm the magic book he bore,
The other he could wave about at will;
Pale was his face, he still looked very ill.
He bowed at Bellanaine, and said, 'Poor Bell!
Farewell! Farewell! And if for ever! Still
For ever fare thee well!' —and then he fell
A-laughing! —Snapped his fingers!—Shame it is to tell!

一只胳膊下夹着那本魔法书，
另一只手可以随意挥动；
他脸色苍白，脸色还是很不好。
他向贝拉尼恩鞠了一躬，说："可怜的贝尔！
别了！别了！可能永别了！
永远不再会了！"——接着他倒了下去。
一声笑！——他打了个响指！——羞于启齿！

LXIX

'By'r Lady! He is gone!' cries Hum, 'and I
(I own it) have made too free with his wine;
Old Crafticant will smoke me by the bye!
This room is full of jewels as a mine—
Dear valuable creatures, how ye shine!
Sometime today I must contrive a minute,
If Mercury propitiously incline,
To examine his scrutoire, and see what's in it,
For of superfluous diamonds I as well may thin it.'

六十九

"姑奶奶！他可算消失了！"胡姆叫道，"我
（我承认）喝他的酒太随意了；
老克拉蒂坎特会顺带收拾我的！
这个房间像个宝库，满是珠宝——
亲爱的值钱宝贝，你们多耀眼啊！
今天我得找个时间，
如果水星向有利方向倾斜，
就查查他的写字台，看看里面有什么，
多余的钻石嘛，我也可以把它磨薄。"

LXX

'The Emperor's horrid bad—yes, that's my cue!'
Some histories say that this was Hum's last speech;
That, being fuddled, he went reeling through
The corridor, and scarce upright could reach
The stair-head; that being glutted as a leech,
And used, as we ourselves have just now said,
To manage stairs reversely, like a peach
Too ripe, he fell, being puzzled in his head
With liquor and the staircase: verdict—found stone dead.

七十

"国王坏得透顶——是的，这就是我的暗示！"
有些历史记载说这是胡姆最后的话；
他喝得糊里糊涂，踉踉跄跄
走过走廊，几乎不能直立地够着
楼梯顶口；像水蛭那样喝得过多，
正如我们方才所说，习惯性
逆行爬楼梯，如同熟得烂透的桃子，
一头栽地，脑子里混乱
充斥着酒和楼梯：结果——死僵了。

LXXI

This as a falsehood Crafticanto treats;
And as his style is of strange elegance,
Gentle and tender, full of soft conceits

七十一

这就是欺骗克拉蒂坎特的下场；
他的风格出奇地优雅，
温文尔雅，充满了温柔的幻想

(Much like our Boswell's) we will take a glance
At his sweet prose, and, if we can, make dance
His woven periods into careless rhyme.
O, little faery Pegasus! Rear—prance—
Trot round the quarto—ordinary time!
March, little Pegasus, with pawing hoof sublime!

（多像我们鲍斯韦尔[1]的作品）我们会看一眼
看他优美的散文，如果可以，翩翩起舞，
他把各时期编织成无忧的韵律。
哦，小飞马珀伽索斯[2]！向后——腾跃——
踏着四拍小跑——常见的节拍！
用你那超群的蹄掌前进吧，小飞马！

LXXII

Well, let us see—tenth book and chapter nine—
Thus Crafticant pursues his diary:
''Twas twelve o'clock at night, the weather fine,
Latitude thirty-six; our scouts descry
A flight of starlings making rapidly
Toward Tibet. Mem. —birds fly in the night;
From twelve to half-past—wings not fit to fly
For a thick fog—the Princess sulky quite
Called for an extra shawl, and gave her nurse a bite.'

七十二

好吧，让我们看看——第十本书和第九章——
是克拉蒂坎特写的日记：
"现在是晚上十二点，天气很好，
我们的侦察兵在纬度三十六方向发现
一群快速飞行的椋鸟
飞往西藏。备忘录。——鸟儿在夜里飞翔；
从十二点到十二点半——翅膀不适合飞行，
因为雾太大——公主很生气，
多要了条披肩，还咬了她保姆一口。"

LXXIII

'Five minutes before one—brought down a moth
With my new double-barrel—stewed the thighs
And made a very tolerable broth—
Princess turned dainty; to our great surprise,
Altered her mind, and thought it very nice.
Seeing her pleasant, tried her with a pun,
She frowned. A monstrous owl across us flies
About this time—a sad old figure of fun;

Bad omen—this new match can't be a happy one.'

七十三

"还有五分钟到凌晨一点——
打下只飞蛾，
我用新的双管枪——煨炖了大腿，
做了一锅还过得去的肉汤——
公主变得很挑剔；令我们大为惊讶的是，
她改变了主意，觉得它很美味。
看到她很开心，我们就一语双关地试探她，
她皱起了眉头。一只巨大的猫头鹰飞过我们头顶。
大约这时——一个悲伤滑稽的老人出现了；
不祥之兆——这对新组合不可能是好兆头。"

LXXIV

'From two to half-past, dusky way we made,
Above the plains of Gobi—desert, bleak;

七十四

"从两点到两点半，我们走了一条昏暗的路，
在戈壁平原上——荒凉，阴冷；

1 鲍斯韦尔（Boswell）：詹姆斯·鲍斯韦尔（1740—1795），英国家喻户晓的文学大师，传记作家，现代传记文学的开创者，出生于苏格兰贵族家庭。
2 珀伽索斯（Pegasus）：希腊神话中最著名的奇幻生物之一，由墨杜萨与海神波塞冬所生，角色是马神。

Beheld afar off, in the hooded shade
Of darkness, a great mountain (strange to speak)
Spitting, from forth its sulphur-baken peak,
A fan-shaped burst of blood-red, arrowy fire,
Turbaned with smoke, which still away did reek,
Solid and black from that eternal pyre,
Upon the laden winds that scantly could respire.'

远远望去，黑暗荫庇下
一座大山（说来奇怪）
从硫黄灼烧的顶峰吐着唾沫，
一阵血红扇形的笔直火焰，
由烟雾包裹着，仍发着恶臭，
从那永恒的焚薪喷出，坚实幽黑，
四周的空气几乎不能呼吸。"

LXXV

'Just upon three o'clock a falling star
Created an alarm among our troop,
Killed a man-cook, a page, and broke a jar,
A tureen, and three dishes, at one swoop,
Then passing by the Princess, singed her hoop.
Could not conceive what Coralline was at—
She clapped her hands three times and cried out
"Whoop!"
Some strange Imaian custom. A large bat
Came sudden 'fore my face, and brushed against my hat.'

七十五

"就在三点钟，一颗流星落下，
给我方军队造成了恐慌，
杀了一名男厨，一位侍从，打碎了一个罐子，
一个盖碗，三个盘子，一下子
穿到公主身边，烧着了她的裙摆。
想不到那竟是科拉琳娜——
她拍了三次手，叫道：'嗬！'

奇怪的伊玛斯习俗。一只大蝙蝠
突然出现在我面前，擦过我的帽子。"

LXXVI

'Five minutes thirteen seconds after three,
Far in the west a mighty fire broke out.
Conjectured, on the instant, it might be
The city of Balk—'twas Balk beyond all doubt.
A griffin, wheeling here and there about,
Kept reconnoitring us—doubled our guard—
Lighted our torches, and kept up a shout,
Till he sheered off—the Princess very scared—
And many on their marrowbones for death prepared.'

七十六

"三点五分十三秒，
遥远的西部燃起了熊熊大火。
我立刻猜想，或许是巴尔克城，
毋庸置疑——正是巴尔克城。
一只狮鹫四处盘旋，
不断侦察我们——我们加倍警惕——
点燃火把，不停叫喊，
直到他躲开——公主非常害怕——
许多人都做好了死亡的准备。"

LXXVII

'At half-past three arose the cheerful moon—
Bivouacked for four minutes on a cloud—
Where from the earth we heard a lively tune
Of tambourines and pipes, serene and loud,
While on a flowery lawn a brilliant crowd

七十七

"三点半钟，快活的月亮升起来了——
在云端露营四分钟——
我们从某处听到了铃鼓和风笛，
欢快的曲调，宁静而响亮，
而鲜花盛开的草坪上有一群光彩的人

Cinque-parted danced, some half-asleep reposed
Beneath the green-faned cedars, some did shroud
In silken tents, and 'mid light fragrance dozed,
Or on the open turf their soothèd eyelids closed.'

分五组起舞，有些人半睡半醒，
绿色雪松下有人在丝帐里伴着淡香入睡，
或是在开阔草地上，
他们舒服地合上了眼皮。"

LXXVIII

'Dropped my gold watch, and killed a kettledrum—
It went for apoplexy—foolish folks! —
Left it to pay the piper—a good sum
(I've got a conscience, maugre people's jokes).
To scrape a little favour 'gan to coax
Her Highness' pug-dog—got a sharp rebuff.
She wished a game at whist—made three revokes—
Turned from myself, her partner, in a huff.
His Majesty will know her temper time enough.'

七十八

"我的金表掉在地上，砸坏了一个铜鼓，
它是用来治疗中风的——愚蠢家伙！——
让它来承担费用——一大笔钱
（不怕别人笑话，我还存有良心）。
稍稍哄骗公主的狮子狗代为受过
——却一点也未得逞。
她想玩惠斯特牌——都三次有牌不跟——
怒气冲冲转过身去，不理睬我，她的牌友。
陛下迟早会知道她的脾气。"

LXXIX

'She cried for chess—I played a game with her.
Castled her king with such a vixen look,
It bodes ill to his Majesty (refer
To the second chapter of my fortieth book,
And see what hoity-toity airs she took).
At half-past four the morn essayed to beam—
Saluted, as we passed, an early rook—
The Princess fell asleep, and, in her dream,
Talked of one Master Hubert, deep in her esteem.'

七十九

"她喊着要下象棋——我和她下了一盘。
一副泼妇神气，把她象棋的王囚了起来，
这对陛下来说是个不祥之兆（参考
我第四十本书第二章，
看看她那傲慢的样子）。
四点半钟，天蒙蒙亮——
一辆早到的车在我们经过时向我们敬礼——
公主睡着了，在梦里
梦到了一位休伯特老师，她非常敬重他。"

LXXX

'"About this time, making delightful way,
Shed a quill-feather from my larboard wing—
Wished, trusted, hoped 'twas no sign of decay—
Thank heaven, I'm hearty yet! —" 'Twas no such thing.
At five the golden light began to spring,
With fiery shudder through the bloomèd east.
At six we heard Panthea's churches ring—
The city all her unhived swarms had cast,

八十

"'就在这时，我左翼上
优雅地脱落了一根大翎毛——
祝愿，期盼，希望这不是衰败的迹象——
谢天谢地，我身体还好！——'没有这种事。
五点钟，金色的阳光开始照耀大地，
炽热的光颤抖着穿过鲜花盛开的东方。
六点钟，我们听到潘西亚的教堂响了起来——
城中的街上人潮涌动，

To watch our grand approach, and hail us as we passed.'

观看我们盛大的到来，在我们经过时向我们欢呼。”

LXXXI

'As flowers turn their faces to the sun,
So on our flight with hungry eyes they gaze,
And, as we shaped our course, this, that way run,
With mad-cap pleasure, or hand-clasped amaze.
Sweet in the air a mild-toned music plays,
And progresses through its own labyrinth.
Buds gathered from the green spring's middle-days,
They scattered—daisy, primrose, hyacinth—
Or round white columns wreathed from capital to plinth.'

八十一

“如同花儿把脸转向太阳，
他们用饥饿的眼睛注视着我们飞行，
我们变换路线的时候，向这儿向那儿飞，
他们像疯了一般快乐，或是惊讶地紧握双手。
空中弹奏着柔和悦耳的音乐，
在自己的迷宫中穿行。
他们洒着绿色仲春时收集的花蕾，
——雏菊、报春花、风信子——
或从顶部到地基都饰有花的圆形白柱。”

LXXXII

'Onward we floated o'er the panting streets,
That seemed throughout with upheld faces paved.
Look where we will, our bird's-eye vision meets
Legions of holiday; bright standards waved,
And fluttering ensigns emulously craved
Our minute's glance; a busy thunderous roar,
From square to square, among the buildings raved,
As when the sea, at flow, gluts up once more
The craggy hollowness of a wild reefèd shore.'

八十二

“我们向前漂过欢呼的街道，
看起来似乎都铺满了仰望的面孔。
看看我们那鸟瞰视野交汇的地方
庆典的军队；欢快标准地挥手，
舞动着彩色旗帜争先恐后渴望着
能够扫视我们一眼；一声巨大的疾鸣，
席卷一个又一个广场，在房屋间咆哮，
就像涨潮的大海再次吞没
崎岖空旷的珊瑚礁海岸。”

LXXXIII

'And "Bellanaine for ever!" shouted they,
While that fair Princess, from her wingèd chair,
Bowed low with high demeanour, and, to pay
Their new-blown loyalty with guerdon fair,
Still emptied, at meet distance, here and there,
A plenty horn of jewels. And here I
(Who wish to give the devil her due) declare
Against that ugly piece of calumny,
Which calls them Highland pebble-stones not worth a fly.'

八十三

“‘永远的贝拉尼恩！’他们喊道，
而那美丽的公主，从带翼的椅子上起身，
以高贵的姿态深深鞠了一躬，作为他们
新近忠诚于她的奖赏。
适当距离处，各处仍饰有
大量珠宝。在此我
（某人想让魔鬼给她应得的报应）宣布
对抗那丑陋的诽谤，把它们称作
高地鹅卵石，一文不值。”

LXXXIV

'Still "Bellanaine!" they shouted, while we glide
Slant to a light Ionic portico,
The city's delicacy, and the pride
Of our Imperial Basilic. A row
Of lords and ladies, on each hand, make show
Submissive of knee-bent obeisance,
All down the steps; and, as we entered, lo!
The strangest sight—the most unlooked-for chance—
All things turned topsy-turvy in a devil's dance.'

八十四

"'贝拉尼恩!'我们飞行时，他们仍喊着，
斜对着伊奥尼亚柱式门廊，
显示出城市的精致
和我们尊贵帝国的骄傲。
一列领主和夫人都
恭敬顺从地行屈膝礼，
我们踏上所有台阶的时候，瞧!
最奇怪的景象——最想不到的际遇——
在魔鬼的舞蹈中，一切都乱了套。"

LXXXV

''Stead of his anxious Majesty and court
At the open doors, with wide saluting eyes,
Congées and scapegraces of every sort,
And all the smooth routine of gallantries,
Was seen, to our immoderate surprise,
A motley crowd thick gathered in the hall,
Lords, scullions, deputy-scullions, with wild cries
Stunning the vestibule from wall to wall,
Where the Chief Justice on his knees and hands doth crawl.'

八十五

"敞开的门前并非焦虑的陛下和王室
大睁着行礼的眼睛，
各式美味佳肴，
和所有顺畅的例行殷勤，
令我们大吃一惊的是，
一大群形形色色的人聚在大厅里，
上院议员、助厨、仆役，大声哭喊着，
让前厅每堵墙都晕头转向，
首席法官双膝跪地，双手匍匐前进。"

LXXXVI

'Counts of the palace, and the state purveyor
Of moth's-down, to make soft the royal beds,
The Common Council and my fool Lord Mayor
Marching a-row, each other slipshod treads;
Powdered bag-wigs and ruffy-tuffy heads
Of cinder wenches meet and soil each other;
Toe crushed with heel ill-natured fighting breeds,
Frill-rumpling elbows brew up many a bother,
And fists in the short ribs keep up the yell and pother.'

八十六

"宫廷伯爵和国家供应商
用蛾绒铺就宫廷软床，
还有众议院和我愚蠢的市长大人
一字排开，相互踩着踏跟鞋;
乡下丫头扑粉的松垮假发
挨着乱蓬蓬的脑袋互相弄脏;
她们好斗的劣根性使相互踩压接踵而至
弄皱的手肘又惹出许多麻烦，
拳头打在肋骨上，继续大喊大叫。"

LXXXVII

'A Poet, mounted on the Court-Clown's back,
Rode to the Princess swift with spurring heels,

八十七

"一个诗人，骑在宫廷小丑背上，
穿着高跟鞋向公主加速飞奔，

And close into her face, with rhyming clack,
Began a Prothalamion—she reels,
She falls, she faints! While laughter peals
Over her woman's weakness. "Where!" cried I,
"Where is his Majesty?" No person feels
Inclined to answer; wherefore instantly
I plunged into the crowd to find him or to die.'

靠近她的脸，伴着有节奏的咔嗒声，
婚礼预祝歌开始奏响——她震惊，
倒下，晕厥！此时她女性的柔弱
引来哄堂大笑。'哪里！'我喊道，
'陛下在哪里？'没人打算
回答；所以我立即
冲进人群去找他，要不就去死。"

LXXXVIII

'Jostling my way I gained the stairs, and ran
To the first landing, where, incredible!
I met, far gone in liquor, that old man,
That vile impostor Hum—'
So far so well,
For we have proved the Mago never fell
Down stairs on Crafticanto's evidence;
And therefore duly shall proceed to tell,
Plain in our own original mood and tense,
The sequel of this day, though labour 'tis immense!

八十八

"我挤着上了楼，跑到
第一个缓步台，此处，不可思议！
我遇到了那个醉醺醺的老头，
那个卑鄙的骗子胡姆——"
到目前为止一切顺利，
因为我们已证实魔法师从未下楼，
克拉蒂坎特没有说谎；
因此，我要好好续讲清楚，
我们最初的心情和紧张中，
这一天的结局，虽然劳心费力！

LXXXIX

Now Hum, new fledged with high authority,
Came forth to quell the hubbub in the hall….

八十九

现在，胡姆羽翼丰满，威望很高，
出来平息大厅里的喧闹。……

2. Lines Rhymed in a Letter Received (by J. H. Reynolds) from Oxford

The Gothic looks solemn—
The plain Doric column
Supports an old Bishop and crosier;
The mouldering arch,
Shaded o'er by a larch
Stands next door to Wilson the Hosier.

Vicè—that is, by turns—
O'er pale faces mourns

2. 诗于雷诺兹牛津来信[1]

哥特式建筑庄严肃穆——
多立克圆柱自然朴素
承载着老主教及其权杖；
那衰败衰落的拱形门，
掩蔽于一棵落叶松下
矗立在威尔逊的店铺旁。

副校长——就是，依次——
悼唁那位面色苍白、

1 这首诗济慈作于1817年9月，描写牛津大学，其时诗人正在牛津访友。

The black-tassled trencher and common hat;
The chantry boy sings,
The steeple bell rings,
And as for the Chancellor—dominat.

There are plenty of trees,
And plenty of ease,
And plenty of fat deer for parsons;
And when it is venison,
Short is the benison—
Then each on a leg or thigh fastens.

戴黑流苏帽的学士；
小教堂男孩唱着圣歌，
尖塔钟声正悠扬回荡，
那位校长——高高在上。

此处树木繁多葳蕤，
多姿多彩舒适惬意，
有许多肥鹿供牧师享用；
如有鹿肉飨宴之时，
祝福简短转瞬即逝——
转眼间众人便纵情朵颐。

3. The Poet

At morn, at noon, at eve, and middle night,
He passes forth into the charmèd air,
With talisman to call up spirits rare
From plant, cave, rock, and fountain. To his sight

The husk of natural objects opens quite
To the core, and every secret essence there
Reveals the elements of good and fair,
Making him see, where Learning hath no light.
Sometimes above the gross and palpable things
Of this diurnal sphere, his spirit flies
On awful wing; and with its destined skies
Holds premature and mystic communings;
Till such unearthly intercourses shed
A visible halo round his mortal head.

3. 诗人[1]

清晨、晌午、黄昏、午夜，
他都会漫步在迷人的空气里，
用护身符召唤神灵
伴着植物、洞穴、岩石和清泉。目之所及

自然之物敞开面纱展露无遗
直至核心最深处的神秘真谛，
这昭示着世间真善美的原理，
也使他顿悟到学海无涯之理。
偶尔，在地球的白天粗糙而
触手可及之物上，他的灵魂
凭庞大的双翼翱翔；与苍穹
通灵，写下原始神秘的词令；
直至这脱俗的密语超越天际
给他凡人之体加冕神圣光环。

4. See, the Ship in the Bay Is Riding

See, the ship in the bay is riding,
Dearest Ellen, I go from thee—
Boldly go, in thy love confiding,
Over the deep and trackless sea:

4. 瞧，港湾之舟正要扬帆启航[2]

瞧，港湾之舟正要扬帆启航，
最爱的埃伦，我勇敢地离开——
伴着你深信不疑的爱情密语，
穿越深邃无垠、人迹罕至的大海：

1　有人说这首诗并非济慈所作，但根据写作风格、诗的特点和意境，基本可以判定为济慈所作。
2　有人说这首诗也非济慈所作，但根据写作风格、诗的特点和意境，基本可以判定为济慈所作。

When thy dear form no longer is near me,
This soothing thought shall at midnight cheer me:
'My love is breathing a prayer for me'.

When the thunder of war is roaring,
When the bullets around me fly,
When the rage of the tempest pouring,
Blends the billowy sea and sky,
Yet shall my heart, to fear a stranger,
Cherish its fondest hopes for thee—
This dear reflection disarming danger,
'My love is breathing a prayer for me'.

当我魂牵梦萦的倩影不在身旁，
欣慰之念使我于深夜踔厉奋发：
“我的爱在呼吸间为我祈祷。”

有时如战争雷霆般肆意咆哮，
有时如枪林弹雨在身边呼啸，
有时又如暴风雨般狂怒倾泻，
把那汹涌的海天融为一体，
虽然我的心，惧怕陌生人，
却对你怀有最深情的希冀——
珍贵念想使危险烟消云散，
“我的爱在呼吸间为我祈祷。”

5. Hence Burgundy, Claret, and Port

Hence Burgundy, Claret, and Port,
Away with old Hock and Madeira,
Too couthly ye are for my sport;
There's a beverage brighter and clearer.
Instead of a pitiful rummer,
My wine overbrims a whole summer;
My bowl is the sky,
And I drink at my eye,
Till I feel in the brain
A Delphian pain—

5. 勃艮第、波尔多、波尔图

勃艮第、波尔多、波尔图，
抑或是老牌霍克、马德拉[1]，
温雅如汝，皆非吾之乐趣；
椒浆桂酒如斯，澄澈清香。
琼浆玉露觥筹杯樽难酣畅，
杯杓漫边，整夏芳馥肸蚃；
酒碗即是浩瀚穹苍，
目力所及醉览风光，
直至脑袋昏聩震荡
乃德尔斐神谕降临[2]——

1 这两行诗中济慈所提到的是五种名牌葡萄酒，其中勃艮第（Burgundy）产于法国西南勃艮第地区，也是产于此地的葡萄酒的统称，被称为“法国葡萄酒之王”。波尔多红葡萄酒（Claret），Claret（克拉雷）是英国人对波尔多紫红酒的昵称，源自法语“CLAIRE”。波尔多是世界公认的著名葡萄酒产地，波尔多酒的口感柔顺细致，风情万种，有“法国葡萄酒皇后”的美称。波尔图（Port）是葡萄牙的加强葡萄酒，是世界上最著名的醇酒之一，生产于位于葡萄牙北部省份的杜罗河谷。Hock 是德国莱茵产葡萄酒的古称，它源于德国莱茵河流域和邻近法国阿尔萨斯产区的白葡萄酒，因为不需长时间存储，酒中也无沉淀，所以瓶身细长。马德拉（Madeira），大西洋中的群岛名，也是该地产的白葡萄酒，是一种用葡萄酒和葡萄烧酒勾兑而成的酒，是酒精型加强葡萄酒。济慈诗中的酒往往是他借以神思和促使物我同一的载体。但这首作品的诗境已远超于此，升华至诗人之意不在酒，在乎山水、在乎醉美自然为其赐予的灵感和激情。

2 德尔斐（Delphi）：指德尔斐的阿波罗神殿，始建于公元前 8 世纪，殿内有一块圣石，标志着那里是宇宙的中心，（阿波罗）德尔斐的（Delphian 或 Delphic）神谕往往模棱两可、晦涩难懂，令人难以窥见其真谛。相传这是太阳神阿波罗在人间居住的地方，位于一个山谷之中。在希腊神话故事里，每天清晨，太阳神的车驾从这里起飞，将阳光照向整个人间。

Then follow, my Caius! Then follow!
On the green of the hill
We will drink our fill
Of golden sunshine,
Till our brains intertwine
With the glory and grace of Apollo!

随后，我的凯厄斯[1]！随后驾临！
叠翠绿意青山旖旎
吾侪笃定一醉方息，
饱酌熠熠金光朝曦，
直至我等心醉神迷，
共享阿波罗之荣耀！

1 在希腊神话中，凯厄斯意指塞萨利的拉皮斯英雄。宇宙之初，凯厄斯最先独自诞生，是无边无际、充满黑暗和光亮的载体，是世界之滥觞，即混沌空间。根据奥维德的《变形记》第十二卷，凯厄斯最初是一个女人，叫凯尼斯，是被海神波塞冬绑架并强奸的女人（波塞冬还强奸了墨杜萨，并使她被其守护神雅典娜赶了出去）。在强奸了凯尼斯之后，波塞冬很高兴，答应帮凯尼斯实现一个愿望。凯尼斯心急如焚，要求把自己变成一个男人，这样她就永远不会再被侮辱和受委屈了。波塞冬满足了这个愿望，也给了凯尼斯无法穿透的皮肤。此后，凯尼斯的拼写被改为凯厄斯，以标志他的转变。据说，凯厄斯死于拉皮斯和半人马之间的战斗中。在《伊利亚特》中，内斯特将凯厄斯列为他年轻时代的早期英雄之一，“地球培育出的最强壮的人，对抗最强大敌人的最强壮的人，一个被他们彻底摧毁的野蛮山地部落”。

参考文献

Aileen, W, 1963. John Keats: The Making of a Poet [M]. New York: Viking: 131.

Barnard, J, 1973/1977/1988. John Keats: The Complete Poem [C]. 3rd ed. John Barnard. London: Penguin Books.

Barnard, J, 1990. Endymion: "Pretty Paganism" and "Purgatory Blind" [C] // Hermione de Almeida. Critical essays on John Keats. Massachusetts: G. K. Hall & Co: 51.

Béres, R. K, 2020. Hrileena Ghosh: John Keats' Medical Notebook—Text, Context, and Poems [J]. *The Review of English Studies*, 72 (303): 199–201.

Bloom, H, 1965. Keats and Embarrassments of Poetic Tradition [C] // Frederick W. Hilles & Harold Bloom. From Sensibility to Romanticism: Essays Presented to Frederick A. Pottle. New York: Oxford UP: 516.

Borgmeier, R, 2004. Keats, John [C] // Engler B., Kreutzer E., Müller K., Nünning A. Englischsprachige Autoren. Stuttgart: J. B. Metzler.

Callaghan, M, 2020. Byron, Shelley, and Keats, and the Limits of Letters [C] // Callaghan M., Howe A. Romanticism and the Letter. Cham: Palgrave Macmillan.

Carey, J, 1999. Milton's Satan [C]. Dennis Danielson. The Cambridge Companion to Milton. Cambridge: Cambridge UP: 160–174.

Carter, R, 1996. John Keats (1795–1821): Poet and Physician [J]. *World Journal of Surgery*, 20: 375–377.

Earnest, D. S, 1905. Hyperion: A Facsimile of Keats' Autograph Manuscript & Transliteration of the Manuscript of *The Fall of Hyperion: A Dream & Introductions and Notes* [M]. Oxford: Clarendon: 489–492.

Eisner, E, 2016. A Friendly Return of the Author: John Keats (1795–1821) [C] // Franssen G., Honings R. Celebrity Authorship and Afterlives in English and American Literature. London: Palgrave Macmillan.

Engineered Words, 2022. Poetry Analysis-Modern Love [Z]. *Engineered Words*. engineeredwordswordpress.com, 1–4 Langley CourtLondon WC2E 9JYUnited Kingdom0102030456789, Blog at WordPress.com. Mar. 17, 2022.

Evert, W, 1965. Aesthetic and Myth in the Poetry of Keats [M]. Princeton: Princeton UP.

Finney, C. L, 1963. The Evolution of Keats's Poetry [M]. New York: Russell & Russell. Inc.

Hester, S. V, 2018. How Interesting He Looks in Dying: John Keats and Consumption [J]. *The Keats-Shelley Review*, 32 (1): 58–63.

Jessica, R, 2020. Necrobotany and the Green Burials of John Keats [J]. *Nineteenth-Century Contexts*, 42 (4): 407–418.

John, D. C, 2016. On John Keats and Blue Zones [J]. *Baylor University Medical Center Proceedings*, 29 (2): 220–223.

Jones, L. & Smee, M, 1973. The Seventh Key [M]. London: Longman.

Keats, J, 1958. The Letters of John Keats [M]. Cambridge: Cambridge University Press.

Keats, J, 1994. The Complete Poems of John Keats [C]. Hertfordshire: Wordsworth Editions Limited.

Keats, J, 2006. The Complete Poems [M]. John Barnard. London: Penguin Books.

Keats, J, 2017. Modern Love [Z].Poets.org. Academy of American Poets, Feb. 03,2017.

Kim, Blank G, 2023. Keats's Reading/Reading Keats: Essays in Memory of Jack Stillinger [J]. *European Romantic Review*, 34 (4): 484–491.

McGann, J, 1979. Keats and Historical Methods in Literary Criticism [J]. *Modern Language Notes*, 94 (5): 988–1032.

Malay, M, 2021. John Keats and the Sound of Autumn: Reading Poetry in a Time of Extinction [C]. // McHugh S., McKay R., Miller J. The Palgrave Handbook of Animals and Literature. Cham: Palgrave Macmillan.

Nicholas, R, 2017. Charles Armitage Brown, John Keats and Plymouth [J]. *The Keats-Shelley Review*, 31(2): 120–135.

Norton & Company, 1979. The Norton Anthology of English Literature Vol. 2 [C]. 4th ed. New York: W. W. Norton & Company: 798.

Richers, J, 2002. John Keats's Odes and Masculinities [C] // Steffen T. Masculinities-Maskulinitäten. Stuttgart: J. B. Metzler.

Ricks, C, 1974. Keats and Embarrassment [M]. Oxford: Oxford University Press.

Roe, N, 2021. John Keats, Medicine, and Poetry [J]. *The Lancet*, 397(10278): 962–963.

Schulkins, R, 2014. Keats, Modesty and Masturbation [M]. Surrey: Ashgate Publishing Limited: 26.

Sean, P. F. H. & Sarah, H, 2017. Keats Memorial Lecture: How did John Keats's Medical Training Influence His Poetry? [J]. *The Keats-Shelley Review*, 31 (2): 136–146.

Sha, R. C, 2014. John Keats and Some Versions of Materiality [J]. Romanticism: The Journal of Romantic Culture and Criticism, 20(3): 233–245.

Sharp, R. A, 1979. Keats, Skepticism, and the Religion of Beauty [M]. Athens: University of Georgia: 13.

Townsend, C, 2021. The Very Music of the Name: Uncertainty as Aesthetic Principle in Keats's Endymion [J]. *Nineteenth-Century Literature*, 75 (4): 441–472.

Ulmer, W. A, 2017. John Keats, Reimagining History [M]. Cham: Palgrave Macmillan.

Ulmer, W. A, 2021. Serpent's Tongue: The Byronism of Lamia [J]. *Studies in Philology*, 118 (1): 181–206.

Vendler, H, 1983. The Odes of John Keats [M]. Massachusetts: Harvard UP.

Whale, J, 2005. John Keats [M]. Hampshire: Palgrave Macmillan.

William, W, 1981. Introduction to Keats [M]. New York: Methuen & Co.

White, R. S, 1987. Keats as a Reader of Shakespeare [M]. London: The Athlone Press.

White, R. S, 2010. John Keats: A Literary Life [M]. Hampshire: Palgrave Macmillan.

陈军，2017. 抒情诗性的四个维度 [D]. 上海：上海外国语大学.

崔丹，2019. 焦虑与超越：济慈诗歌中的身份认同书写研究 [D]. 长春：东北师范大学.

崔丹，2020. 诗画越界、希腊泛神论与人文主义升华：论济慈对弥尔顿的继承与超越 [J]. 英语文学研究（1）：61–76.

窦静静，2014. 约翰·济慈与顾城的玄思特性 [D]. 广州：华南理工大学.

傅修延，2001. 济慈诗歌与诗论的现代价值 [M]. 北京：北京大学出版社.

傅修延，2008. 济慈评传 [M]. 北京：人民文学出版社.

傅修延，2021. 从“消极的能力”“诗人无自我”到“想象之美为真”：论济慈诗歌观点的有机统一性 [J]. 外国文学研究（2）：44–57.

胡瑞霞，2014. 自我灵魂的歌者：约翰·济慈《夜莺颂》赏析（英文）[J]. 语文学刊（1）：61–62.

黄擎，许诚，2015. 约翰·济慈“消极感受力”内涵解析 [J]. 外国文学研究，37（6）：92–100.

黄维樑，李璐，2022. 从变异学理论看余光中对济慈诗的翻译 [J]. 华文文学评论（8）：26–50.

季亚科诺娃，1990. 英国浪漫主义文学 [M]. 沈阳：辽宁大学出版社.

济慈，2002. 济慈书信集 [M]. 北京：东方出版社.

济慈，2018. 水中的音符：济慈诗选 [M]. 桂林：广西师范大学出版社.

济慈，2019/2020. 济慈诗选 [M]. 哈尔滨：北方文艺出版社.

济慈，2003/2005. 济慈书信选 [M]. 天津：百花文艺出版社.

济慈，1988. 英国诗选 [M]. 上海：上海译文出版社.

济慈，2012. 济慈名著译述 [M]. 台北：九歌出版社.

济慈，1958. 济慈诗选 [M]. 北京：人民文学出版社.

济慈，2019. 济慈诗选 [M]. 北京：中国宇航出版社.

济慈，1983. 济慈诗选 [M]. 上海：上海译文出版社.

李怡燕，2021. 济慈诗歌中的“结核美学”[J]. 名作欣赏（21）：128–130.

李宗宏，2022. 济慈诗歌全译：英汉对照本（上）[M]. 北京：中国人民大学出版社.

刘保安，2010. 近十年来国内的济慈研究综述 [J]. 内江师范学院学报（11）：79–82.

刘炳善，1993. 英国文学简史 [M]. 郑州：河南人民出版社.

刘茂生，2021. 济慈诗歌中的“音景”与生态伦理叙事：以《夜莺颂》《秋颂》为例 [J]. 英语研究（2）：35–44.

刘烜，1983. 闻一多评传 [M]. 北京：北京大学出版社：177.

刘治良，2004. 悲伤欢乐都是歌：读济慈五首十四行诗 [J]. 贵州大学学报（社会科学版）（4）：83–85.

柳志英，2008. 济慈的宗教与诗 [D]. 天津：天津师范大学 .

罗杰鹦，2019. 济慈与拉斐尔前派：游离于社会与美术传统之间 [J]. 文化艺术研究（4）：156–164.

罗益民，2003. 心灵的朝圣者：约翰·济慈的宗教观 [J]. 四川外语学院学报，19（5）：27–36.

罗义华，2005. 约翰·济慈的诗歌与道德关系研究 [J]. 外国文学研究（5）：51–57.

马月兰，2008. 从“无情的妖女”看济慈的宗教观 [J]. 世界文学评论（1）：35–37.

南健翀，2007.“大音希声，大象无形”与约翰·济慈《希腊古瓮颂》中诗学思想之比较 [J]. 西安外国语大学学报，15（2）：31–33.

史钰军，1999. 济慈六大颂诗诗体初探 [J]. 浙江大学学报（人文社会科学版）（1）：67–71.

谭君强，2021. 济慈《圣亚尼节前夕》叙事修辞解读 [J]. 外国文学研究（2）：70–79.

钱超英，1991. 关于“美即是真，真即是美”：约翰·济慈《希腊古瓮颂》及其他 [J]. 外国文学研究（1）：21–26.

沈敬萍，2015. 约翰·济慈《秋颂》中的物质美 [J]. 齐鲁师范学院学报，30（1）：100–103.

唐伟胜，2021. 为物所惑：济慈颂歌中的复魅叙事 [J]. 外国文学研究（2）：58–69.

王琳，2020. 余光中与穆旦的济慈十四行诗翻译对比研究 [J]. 华文文学评论（0）：42–58.

魏媛媛，2015. 济慈长诗中的希腊神话和英国元素 [D]. 北京：中国社会科学院研究生院.

夏晓柳，郭海霞，2023. 约翰·济慈诗歌中的病夫形象与道德力量 [J]. 文学教育（上）（9）：70–73.

熊丽泓，2011. 大地的歌者 不朽的夜莺：济慈诗歌宗教思想研究 [D]. 兰州：兰州大学.

徐广联，1993. 爱的大纛 诗的丰碑：济慈诗作的现代性简论 [J]. 扬州师院学报（社会科学版）（3）：78–82.

徐玉凤，2018. 济慈诗学观研究 [M]. 北京：光明日报出版社.

杨巧南，吴永强，2022. 约翰·济慈《秋颂》独特的美学艺术风格释论 [J]. 广东外语外贸大学学报（2）：133–144.

袁霜霜，2019. 身体、疾病与诗：论肺结核与济慈诗学 [J]. 文化研究（2）：171–185.

章燕，2011. 两种诗歌传统的交融：从《墓畔的哀思》诗群看屠岸十四行诗的艺术特色 [J]. 诗探索（1）：53–63.

章燕，2019. 崇高的美在夜莺的歌声中永不凋零：《屠岸译文集》（八卷本）序 [C]// 屠岸译文集. 哈尔滨：北方文艺出版社.

赵明炜，毛卓亮，2009. 正在消失的感觉主义者：作为肺结核患者的约翰·济慈 [J]. 外国语文，25（1）：61–65.

周桂君，2006. 注视：约翰·济慈的莎评范式 [J]. 东北师大学报（5）：104–108.

周桂君，2018. 跨文化视阈下的济慈诗论和他的诗 [M]. 北京：商务印书馆.

朱炯强，1981. 露珠培育出来的鲜花：谈约翰·济慈和他的抒情诗 [J]. 外国文学研究（4）：72–75.

附　录

济慈年表

1795 年

10 月 31 日，约翰·济慈（John Keats）出生于伦敦芬斯伯利街（Finsbury）。

1797 年（1—2 岁）

2 月 28 日，弟弟乔治（George Keats）出生。

1799 年（3—4 岁）

11 月 18 日，弟弟汤姆（Tom Keats）出生。

1801 年（5—6 岁）

4 月 26 日，弟弟爱德华（Edward Keats）出生。

1802 年（6—7 岁）

弟弟爱德华夭折。

1803 年（7—8 岁）

6 月 3 日，妹妹弗朗西斯·玛丽·芳妮·济慈（Frances Mary Fanny Keats）出生。

济慈进入伦敦北郊恩菲尔德镇（Enfield）的私立学校。时任校长为克拉克先生（John Clarke）。

1804 年（8—9 岁）

4 月 16 日，父亲托马斯·济慈坠马身故。

6 月 27 日，母亲弗兰西斯改嫁。

1805 年（10 岁）

外祖父去世。

1806–1809 年（11—14 岁）

母亲与继父分居。济慈随外祖母等住在伦救北郊埃德蒙顿镇（Edmonton）。

1809 年（13—14 岁）

济慈开始喜欢阅读文学书籍。

1810 年（14—15 岁）

3 月，母亲因肺病去世。

1811 年（15—16 岁）

济慈从恩菲尔德学校毕业，到埃德蒙顿镇外科医生哈蒙德（Hammond）处当学徒。其间，济慈时常到克拉克校长家借阅书籍，并将罗马诗人维吉尔（Virgil）的拉丁语长诗《埃涅伊德》译为英语。

1812 年（16—17 岁）

济慈开始从克拉克校长之子查尔斯·考登·克拉克（Charles Cowden Clarke）处借阅斯宾塞的作品。

1813 年（17—18 岁）

结识画家约瑟夫·赛文（Joseph Severn，1793—1879），并成为挚友。

1814 年（18—19 岁）

创作第一首诗《仿斯宾塞》。

12 月，外祖母去世。

1815 年（19—20 岁）

10 月 1 日，济慈离开哈蒙德诊所，进入伦敦郭盖尔斯医院学习当药剂师。

1816 年（20—21 岁）

5 月 5 日，济慈在《观察家》（*The Examiner*，又名《探索者》或《探索家》）首次发表诗作《哦，孤独！如果我必须和你为伴》。

7 月 25 日，济慈成为药剂师协会持证会员。

10 月，济慈创作十四行诗《初探恰普曼的〈荷马史诗〉》，初遇《观察家》杂志主编李·亨特。

11 月，济慈与两位弟弟一起住在齐普塞德街。结识雪莱、哈兹利特、海顿、雷诺兹等人。

12 月，济慈弃医从文。

1817 年（21—22 岁）

3 月 3 日，济慈出版第一本诗集《诗歌》。

4 月，济慈离开伦敦，在卡瑞士布鲁克、马盖特岛、坎特伯雷、黑斯廷斯等地，专研莎士比亚著作。开始写作长诗《恩底弥翁》第一部。

6—8 月，济慈回到伦敦，结识贝莱、布朗、戴尔克。完成《恩底弥翁》第二部。

9—10 月，济慈到牛津拜访，并与贝莱一起参观莎士比亚的故乡埃文河畔斯特拉福德镇。后来，阅读弥尔顿、华兹华斯的作品，并创作《恩底弥翁》第三部。

11 月 22 日，济慈给贝莱写信，提及“想象力的真实性”——“想象力以为是美，而通过想象力摄取的一定也是真的，无论存在与否”，并直言“想要过一个充满感觉而不是充满思索的人生”。

11 月 28 日，济慈完成《恩底弥翁》第四部。

12 月，在伦敦与华兹华斯、兰姆等见面，为杂志写戏剧评论。

12 月 28 日，在给弟弟乔治的信中写道，“任何艺术的卓越之处在于，因其无限接近美与真，可将所有的不快蒸发。”在同一封信中，提出“客体感受力”——“一个人能够停留于不确定、神秘、疑惑中，而不是急不可耐地探寻所谓真理或理性”的能力。

1818 年（22—23 岁）

1 月，济慈多次拜访华兹华斯。

2 月 27 日，济慈在写给约翰·泰勒的信中，提出“诗歌的信念”。

3—4 月，济慈住在廷茅斯照顾身患肺病的弟弟汤姆，并开始写作《伊莎贝拉》。

4 月下旬，《恩底弥翁》出版。

9 月，在汉普斯特德镇初遇芳妮·布劳恩（Fanny Brawne），对其一见钟情。《英国评论家》《布拉克伍德》发文抨击《恩底弥翁》，甚至对济慈进行人身攻击。同时，济慈开始写作《海伯利安》等诗歌。

12 月 1 日，汤姆因肺病去世。之后，济慈搬入汉普斯特德镇的温特华斯寓所，与布朗同住。

1819 年（23—24 岁）

1 月，济慈创作《圣阿格尼斯之前夜》。

2 月 13—17 日，济慈创作《圣马克之前夜》。

3—4 月，济慈放弃《海伯利安》。布劳恩一家也搬到温特华斯寓所，济慈与芳妮的接触日渐频繁。

4 月 21 日至 5 月，济慈创作《无情的美女》《赛吉颂》《夜莺颂》《希腊古瓮颂》《忧郁颂》《懒惰颂》等作品。

7—8 月，济慈出现肺结核症状。同期，创作《拉米娅》第一部，并与布朗合作完成《奥托大帝》。

8—10 月，济慈与布朗一同搬到温切斯特居住，写作《拉米娅》第二部、《秋颂》。同时，开始写作《海伯利安的覆亡》，随后放弃。

10—12 月，回到温特华斯寓所居住，与芳妮订婚。

1820 年（24—25 岁）

1 月，弟弟乔治回国筹资，济慈陷入经济困境。

2 月 3 日，济慈第一次肺出血。

5 月，济慈搬至肯特希镇，临近李·亨特家。

6 月 22 日，济慈第二次严重肺出血，入住李·亨特家。

7 月，济慈诗集出版，包括《拉米娅》《伊莎贝拉》《圣阿格尼斯之前夜》等其他诗歌，获李·亨特、兰姆等人好评。

8 月，因芳妮的来信被拆，济慈离开李 · 亨特家，回到温特华斯寓所居住，芳妮在旁照料。婉拒雪莱邀请他前往意大利过冬。

9 月 17 日，济慈赴意大利养病，由年长其两岁的挚友、画家约瑟夫 · 赛文陪赴罗马。

11 月，济慈抵达罗马。

1821 年（25 岁）

1 月，济慈病情严重恶化。

2 月，济慈交代赛文，墓碑上不写名字，仅刻墓志铭："此地长眠者，声名水上书。"

2 月 23 日，济慈病逝于罗马。

跋

悠然的诗，悠然的心

约翰·济慈，文学名宿、诗林之冠。我和许多读者一样，既是他的敬慕者，又为其扼腕叹息。未曾想机缘巧合，我竟成了济慈诗歌的译者。初读济慈的诗作是在大学期间，当时许国璋系列英语教材的第五册选用了《蝈蝈和蟋蟀》（俞大絪主编）。这首诗以生活和自然中的美为主题，咏诵美无时不有、无处不在、无所不及，在牡丹和玫瑰的笑靥中，也在蝈蝈和蟋蟀的歌声里。

春和景明，万物向阳处姹紫嫣红；秋意盎然，金风玉露间橙黄橘绿。济慈的诗里蕴含着广阔的时空，那是一个美丽的天宇、金色的海洋、诗歌的王国。天地间，蓝天、绿草、羊群、白雪，青白分明，相映成趣；树梢上，燕子、蝴蝶、云雀、布谷鸟，莺啼蝶飞，一片欢欣；芳草旁，雏菊、藤蔓、罂粟、白屈菜，繁茂悠然，竞相芬芳……这一切都是他的诗，都是他的歌。朝露、花朵、阳光、柔风、细雨，亲情、友情、爱情，甚至蝈蝈和蟋蟀，皆可构筑出清新的画意；夜莺、梦幻、睡眠、遐思，心灵、忧郁、懒惰、古瓮，以至于死亡，亦能抒发出永恒的曲调。

悠然的诗，悠然的心，醉美诗林处处春。通过欣赏和翻译济慈的诗歌，我们认识了一个热爱自然、与自然为友的浪漫主义诗人，也对浪漫主义诗歌有了更深刻的认识。自然，对于身处闹市的我们就是一处港湾，是奢侈的馈赠。何不跟随诗人的脚步，一起走进自然，感受自然的美妙、诗歌的旖旎、诗人的浪漫！济慈的诗歌宛如一缕清风，为我们送来人间的美好，徐徐吹拂我们的心灵，悠然滋润，清澈如许。

衰兰送客咸阳道，天若有情天亦老（唐·李贺）。不满 26 岁的济慈因肺结核在罗马病逝，入葬罗马的新教坟场。临终前，济慈嘱咐好友赛文，不要将他的名字刻在墓碑上。赛文依照济慈的遗愿，只在墓碑上写了“一位年轻的英国诗人”和济慈生前为自己撰写的墓志铭：Here Lies One Whose Name was writ in Water。中文译作“此地长眠者，声名水上书”（译者借译）。也许诗人希望自己的名字能像水中“音符”和“浮萍”，象征“浮萍尚有相逢日，人岂全无见面时”般的诗意和对生活的眷念吧（我们以为 in Water 译为“水上”“用水”“水中”都好，各有意境，符合语用）。身前，他写诗；身后，诗写他。

两百年诗海悠悠。做一个世界的水手，奔赴所有的港口（To be a sailor of the world bound for all ports）（美·惠特曼）；诺奖诗人布罗茨基也曾说，“读诗的人更靠近幸福”。诚如此，我愿做水手，愿做读诗人，亦愿做译诗者，把济慈的诗捧在手里，献给读者，传递芳香。若如此，才是诗能醉人何必酒，书亦香吾不须花。

斯人已逝，诗作永存！

李宗宏
2022 壬寅春—2023 癸卯夏 写于兰州大学

图书在版编目（CIP）数据

济慈诗歌全译. 下：汉文、英文 / 李宗宏译释. --
北京：中国人民大学出版社，2023.10
全人教育英语专业本科教材系列
ISBN 978-7-300-32181-3

Ⅰ. ①济… Ⅱ. ①李… Ⅲ. ①英语—阅读教学—高等
学校—教材 Ⅳ. ①H319.37

中国国家版本馆CIP数据核字（2023）第174406号

全人教育英语专业本科教材系列
济慈诗歌全译（英汉对照本 / 下）
李宗宏　译释
Jici Shige Quanyi (Ying-han Duizhaoben/Xia)

出版发行	中国人民大学出版社		
社　　址	北京中关村大街31号	**邮政编码**	100080
电　　话	010—62511242（总编室）		010—62511770（质管部）
	010—82501766（邮购部）		010—62514148（门市部）
	010—62515195（发行公司）		010—62515275（盗版举报）
网　　址	http://www.crup.com.cn		
经　　销	新华书店		
印　　刷	北京昌联印刷有限公司		
开　　本	889 mm × 1194 mm　1/16	**版　　次**	2023 年 10 月第 1 版
印　　张	18.75	**印　　次**	2023 年 10 月第 1 次印刷
字　　数	466 000	**定　　价**	58.00 元

中国人民大学出版社读者信息反馈表

尊敬的读者：

感谢您购买和使用中国人民大学出版社的 ____________________ 一书，我们希望通过这张小小的反馈表来获得您更多的建议和意见，以改进我们的工作，加强我们双方的沟通和联系。我们期待着能为更多的读者提供更多的好书。

请您填妥下表后，寄回或传真回复我们，对您的支持我们不胜感激！

1. 您是从何种途径得知本书的：

□书店 □网上 □报纸杂志 □朋友推荐

2. 您为什么决定购买本书：

□工作需要 □学习参考 □对本书主题感兴趣 □随便翻翻

3. 您对本书内容的评价是：

□很好 □好 □一般 □差 □很差

4. 您在阅读本书的过程中有没有发现明显的专业及编校错误，如果有，它们是：

____

____

____

5. 您对哪些专业的图书信息比较感兴趣：

____

____

____

6. 如果方便，请提供您的个人信息，以便于我们和您联系（您的个人资料我们将严格保密）：

您供职的单位：______________________________

您教授的课程（教师填写）：______________________________

您的通信地址：______________________________

您的电子邮箱：______________________________

请联系我们：黄婷 程子殊 王新文 王琼 鞠方安

电话：010-62512737，62513265，62515580，62515573，62515576

传真：010-62514961

E-mail：huangt@crup.com.cn chengzsh@crup.com.cn wangxw@crup.com.cn crup_wy@163.com jufa@crup.com.cn

通信地址：北京市海淀区中关村大街甲59号文化大厦15层 邮编：100872

中国人民大学出版社